Bildungsmonitoring und Bildungscontrolling
in nationaler und internationaler Perspektive

AF210467

Waxmann Verlag GmbH
Steinfurter Straße 555, 48159 Münster
info@waxmann.com

Wolfgang Böttcher, Wilfried Bos,
Hans Döbert, Heinz Günter Holtappels (Hrsg.)

Bildungsmonitoring und Bildungscontrolling in nationaler und internationaler Perspektive

Dokumentation zur Herbsttagung der Kommission
Bildungsorganisation, -planung, -recht (KBBB)

Waxmann 2008
Münster / New York / München / Berlin

Bibliografische Informationen der Deutschen Nationalbibliothek

Die Deutsche Nationalbibliothek verzeichnet diese Publikation in
der Deutschen Nationalbibliografie; detaillierte bibliografische
Daten sind im Internet über http://dnb.d-nb.de abrufbar.

ISBN 978-3-8309-2028-1

© Waxmann Verlag GmbH, 2008
Postfach 8603, 48046 Münster

www.waxmann.com
info@waxmann.com

Umschlaggestaltung: Christian Averbeck, Münster
Umschlagfoto: Jutta Rotter, www.photocase.com
Satz: Stoddart Satz- und Layoutservice, Münster
Druck: Hubert & Co., Göttingen

Gedruckt auf alterungsbeständigem Papier,
säurefrei gemäß ISO 9706

Inhalt

6

Internationale Schulleistungsuntersuchungen und Schulleistungstests

Implementierung und Evaluation von Steuerungsinstrumenten

Wolfgang Böttcher, Wilfried Bos, Hans Döbert & Heinz Günter Holtappels

Bildung unter Beobachtung

Internationale Schulleistungsstudien wie TIMSS, IGLU/PIRLS und PISA haben in der deutschen Schulpolitik, Schulpraxis und auch in der Bildungsforschung den entscheidenden Impuls für eine Vielzahl an Aktivitäten gegeben, die durchweg das Ziel haben, die Qualität der pädagogischen Arbeit in Schule und Unterricht zu verbessern. Deutschland holt damit etwa seit Mitte der 1990er Jahre die Diskussionen über die Verbesserung der Qualität von Bildungseinrichtungen nach, die in den bei TIMSS und PISA erfolgreichen Staaten etwa 15 Jahre früher begonnen hatten. Internationale Schulleistungsstudien können ein Problembewusstsein schaffen, aber sie liefern keine hinreichende Antwort auf die Frage nach den Merkmalen, die für die unterschiedliche „Produktivität" der Schulsysteme verantwortlich sind. Verstärkt wurde also nach Instrumenten gefragt, mit denen über die Qualität in Bildungseinrichtungen zuverlässig informiert und diese systematisch verbessert und evaluiert werden kann.

Die Bildungsreformen, die in einer großen Zahl von Staaten durchgeführt wurden, folgen einigen allgemeinen Prinzipien, die ihre Herkunft aus Theorien moderner Unternehmensführung kaum verleugnen können. Als grundlegend kann die Idee der Dezentralisierung oder Delegation gelten, die im Kern besagt, dass man denjenigen, die Aufgaben erledigen müssen, auch eine weitgehende Freiheit bei der Bearbeitung lässt: Die „operative" Ebene wird somit gestärkt. Mit dem zweiten Grundprinzip der Reform werden Maßnahmen der Dezentralisierung durch Re-Zentralisierung austariert (Böttcher, 2002, 127ff.). Sie sichern, dass der Staat das „Heft nicht aus der Hand gibt". International vergleichende Studien (vgl. z.B. Schwippert & Bos, 2003) identifizieren als ein zentrales Instrument, das diesem Prinzip folgt, die kontinuierliche, systematische Beobachtung des Bildungssystems, also ein Bildungsmonitoring.

In der Bildungsreform kann man das Grundprinzip „Dezentralisierung" leicht entdecken. Begriffe wie Autonomie, erhöhte Selbstständigkeit oder Profilbildung verweisen auf die Stärkung und Ausdifferenzierung der Einzelorganisationen, die zusammengenommen ein je spezifisches Segment oder Organisationsfeld innerhalb des Bildungswesens formen. Im Organisationsfeld Schule, das Gegenstand fast aller im vorliegenden Band versammelten Beiträge ist, hat sich heute in allen Bundesländern die Idee der selbstständigen Schulen durchgesetzt (vgl. Rürup, 2007) – jedenfalls rhetorisch. Durch den im Steuerungsprinzip „Autonomie" angelegten Schul-Wettbewerb, der ja per definitionem auf Differenz abstellt, ist wenigstens eine gewisse Einheitlichkeit des Gesamtsystems, die aufgrund des staatlichen – und keinesfalls beliebigen – Bildungsauftrages zu sichern ist, gefährdet. Die Gewährung von Freiheit rechtfertigt – oder erzwingt gar – die Einforderung von Orientierung an Systemvorgaben die Ergebnisse betreffend und eine einzelschulische Rechenschaftslegung gegenüber dem Staat. Autonomie erfordert also eine Sicherung der Leistungserbringung durch zentrale Zielvorgaben wie auch Verfahren der Beobachtung der „Produktion" und der Ergebnismessung. Der Preis der – mehr oder weniger großen – Freiheit ist, dass

Schulen nunmehr auf dem Prüfstand stehen (vgl. OECD, 1995). Die Spannung inner-halb der „neuen Steuerung" kommt bereits früh in dem Titel eines programmatischen Buches von Theo Liket zum Ausdruck: Freiheit und Verantwortung (1993).

Die Differenz zwischen alter und neuer Steuerung lässt sich knapp beschreiben: Während in der Vergangenheit vor allem die Bereitstellung von Ressourcen im Vorder-grund von bildungspolitischer Steuerung stand („Input-Steuerung"), gewinnen zuneh-mend der Umgang mit Maßnahmen der Qualitätssicherung (Prozessgestaltung) sowie die systematische Erfassung von Bildungsergebnissen, solchen mit eher kurzfristigem Charakter („Output") und solchen mit eher längerfristigen Wirkungen („Outcomes"), an Bedeutung.
     Die logische Konsequenz aus diesem Verständnis ist, auf Ergebnisse abzielendes Steuerungswissen zu erhalten bzw. es zu generieren und Steuerungshandeln damit ziel-gerichteter zu machen. Ein international verbreiteter Weg ist, dieses Steuerungswissen durch Systemmonitoring zu gewinnen.

Systemmonitoring, allgemein gesprochen, meint die dauerhafte, datengestützte Beobachtung der Entwicklung der Gesellschaft insgesamt wie ihrer Teil- bzw. Sub-systeme – und damit auch des Bildungswesens. Es ist also ein institutionalisierter Beobachtungs- und Analyseprozess auf Basis empirisch gesicherter Daten. Es hat im Wesentlichen drei Funktionen: die Beobachtung, Analyse und Darstellung wesentlicher Aspekte eines Systems, verbunden mit der Funktion der Systemkontrolle einschließlich der Angleichung von Leistungsmaßstäben (Benchmarks), sowie die Funktion, „Steue-rungswissen" zu generieren bzw. zu erweitern und „Steuerungshandeln" begründbarer und zielgerichteter zu gestalten. Systemmonitoring enthält vor allem durch die An-gleichung von Leistungsmaßstäben im Verhältnis zu anderen Staaten eine international vergleichende Komponente.

Monitoring im Bildungswesen oder Bildungsmonitoring bezeichnet die kontinuier-liche, datengestützte Information von Bildungspolitik und Öffentlichkeit über Rah-menbedingungen, Verlaufsmerkmale, Ergebnisse und Erträge von Bildungsprozessen. Es macht das Bildungsgeschehen in der Gesellschaft transparent und ist damit Grundlage für Zieldiskussionen und politische Entscheidungen. Im Zentrum eines Bildungsmonitoring steht die Arbeit der Institutionen des Bildungswesens, von der Kinderkrippe bis zur Weiterbildung im Erwachsenenalter.

Anfang 2006 hat die KMK eine Gesamtstrategie zum Bildungsmonitoring in Deutsch-land beschlossen. Seine wichtigsten Bestandteile sind:
• internationale Schulleistungsuntersuchungen,
• zentrale Überprüfung des Erreichens der Bildungsstandards in einem Länderver-gleich (in der 4., 9. und 10. Klasse),
• Vergleichsarbeiten in Anbindung an die Bildungsstandards zur landesweiten Über-prüfung der Leistungsfähigkeit einzelner Schulen,
• gemeinsame Bildungsberichterstattung von Bund und Ländern.

Die derzeit vorherrschende Theorie des „neuen output-orientierten Steuerungsmodells" legt den Schluss nahe, dass Bildungssysteme „steuerbar" sind (vgl. Fend, 2006). In welchem Maße das möglich ist, welche Rolle dabei der Vorgabe von Bildungsstandards und einem Bildungsmonitoring zukommt und welche wissenschaftlich-theoretischen

Anforderungen an seine wichtigsten Bestandteile zu stellen sind, das sind sowohl aus theoretischer und methodologischer wie auch aus empirischer Perspektive offene Fragen. Sie waren Gegenstand der Fachtagung, die hier dokumentiert wird.

Der vorliegende Band befasst sich also mit bedeutenden schulpolitischen Instrumenten, die schulische Rechenschaftslegung sichern und schulische Leistungserbringung prüfen wollen: Bildungsstandards, indikatorengestützte Bildungsberichterstattung, internationale und nationale Leistungsvergleiche sowie Schulinspektionen. Sie alle zeichnen sich dadurch aus, dass sie ein neues Paradigma der Steuerung der Schule und des Schulwesens stützen: die Outputorientierung mit dem Bestreben, schulische Leistungen zu verbessern. Das vorliegende Buch ist in vier Hauptkapitel gegliedert: (1) Bildungsstandards sind zwar einerseits Vorgaben für das Unterrichten, sie werden aber von der Politik als outputorientierte Instrumente betrachtet (vgl. z.B. KMK, 2005), da sie die Kompetenzen beschreiben, die Schüler tatsächlich auch erreichen sollen. Dadurch erhalten sie einen anderen Grad an Verbindlichkeit als Lehrpläne, die lediglich beschreiben, was die Schule den Schüler anbieten soll (oder muss). (2) Bildungsberichte dokumentieren anhand von relevanten Indikatoren den Zustand und die Entwicklung des Bildungswesens und orientieren den Blick auf Problembereiche und Handlungsfelder. (3) Schulinspektionen interessieren sich für schulische und unterrichtliche Strukturen und Prozesse als Kontextbedingungen für die schulische Leistungserbringung. (4) Last but not least verkörpert die Testung der Schülerleistungen sozusagen in „Reinkultur" das Paradigma der Ergebnisorientierung. Ob und inwieweit diese Instrumente die Qualität des deutschen Schulsystems zu steigern vermögen, bleibt abzuwarten. Aber sie werden sich daran messen lassen müssen, ob sie die großen Probleme lösen: ob sie die enge Verkoppelung von sozialer Herkunft und Schulerfolg lockern, ob sie den Anteil der Risikoschüler deutlich senken und ob sie das Kompetenzniveau aller Schüler heben können.

Einige kritische Bemerkungen sollten an dieser Stelle nicht fehlen:

1. Wenn sich die Schulpolitik am Modell der dezentralen Unternehmenssteuerung orientiert, sollte sie zur Kenntnis nehmen, dass in der Ökonomie damit ein Gegenmodell zu klassischen Kontrollverfahren entwickelt wurde (vgl. zum Folgenden Böttcher, 2007). Mit erhöhter Autonomie auf der Ebene der „Operation" wird die Entscheidungskaskade, welche die Funktionen Zielvorgabe, Kontrolle und Aufgabenausführung trennt und hierarchisch ordnet, abgelöst (vgl. Wildemann, 2003, S. 337). Damit wird die verrichtungsorientierte Organisation zugunsten einer durchgängigen Produktverantwortung überwunden. Für die operative Ebene heißt das, dass Qualität eines Produktes oder einer Dienstleistung nicht in einer externen Endkontrolle „abgenommen" wird, sondern dass Qualität in jeder Phase der Arbeitsprozesse zu sichern ist. Dieser Wendung von der Kontrolle zu einem System kontinuierlichen Ist-Soll-Vergleiches entspricht der „Strategie der Selbstkontrolle durch die Mitarbeiter" (Wildemann, 2003, S. 342). Hierdurch kann auch eine Minimierung der Kosten für Qualitätssicherung erreicht werden, denn externe Kontrollsysteme erfordern nicht nur erfahrungsgemäß hohe Personalkosten, der Befund mangelnder Qualität am Ende der Arbeitsprozesse vernichtet auch die gesamte geleistete Arbeit samt der weiteren aufgebrachten Ressourcen.

2. Das Modell erfordert nicht nur Veränderungen auf der operativen Ebene. Im Gegenteil sind die Umstrukturierungen auf der Ebene der Führung von Organisationen von größerer Bedeutung. Hier werden strategische Ziele und Modelle ihrer Kommunikation entwickelt, hier liegt die Verantwortung (das Ressourcen- sowie das Wissensmanagement), die alle Teile der Organisation so mit Mitteln und Handlungswissen ausstattet, dass die Ziele auch erreicht werden können.

3. Alle Beobachtungs- und Prüfinstrumente sind notwendigerweise an Instrumente der Qualitätsentwicklung zu koppeln. Nicht, dass die Analyse von Stärken und Schwächen sinnlos ist, aber sie wird dann zumindest zweifelhaft, wenn aus ihr keine Konsequenzen für ein neues Handeln folgen, das die Stärken bewahrt oder gar entwickelt und die Schwächen kompensiert. Um ein nahe liegendes Bild zu benutzen: Diagnose ohne Therapie führt selten zu Verbesserungen, weitaus häufiger zu Verzweiflung.

4. Das Bildungswesen ist ein soziales System, es ist dominiert von Menschen mit der Fähigkeit, ihre Interessen zu wahren, und die über ausgeprägte professionelle Orientierungen verfügen. Gleichzeitig sind die technologischen Kenntnisse des Systems beschränkt. Hieraus kann man nicht zuletzt schließen, dass Reformprozesse durch aufwendige Verfahren der Kommunikation gestützt werden müssen (vgl. Krüger, 2002). Per Dekret lässt sich Wandel nicht realisieren – zumal dies der Idee der Stärkung der Schulen widerspräche.

Es ist bemerkenswert, dass alle Maßnahmen der schulpolitischen Steuerungsversuche die Schulen und die dort tätigen Akteure ansprechen. Hier, also auf der operativen Ebene, soll Reform verankert sein. Unsere kritischen Hinweise, das dürfte deutlich sein, adressieren hingegen die Bildungspolitik. Wir appellieren an die Bereitschaft der Politik, die Theorien, die Implementierung und die Wirkung ihrer Konzepte und Maßnahmen ebenfalls unter Beobachtung zu stellen und extern evaluieren zu lassen. Dies ist eine wesentliche Bedingung dafür, dass Reform gelingen kann. Der notwendige Wandel muss auf allen Ebenen des Systems präsent sein, die Verantwortung an die Schulen zu delegieren, ohne Führungsverantwortung zu übernehmen, ist kaum verantwortungsvoll.

Die Beiträge des vorliegenden Bandes sind für eine Konferenz der Kommission Bildungsorganisation, -planung, -recht in der Sektion Empirische Bildungsforschung der Deutschen Gesellschaft für Erziehungswissenschaft angefertigt worden. Die Tagung fand am 28. und 29.09.2007 im Rathaus Schöneberg in Berlin statt. Die Herausgeber danken allen Referentinnen und Referenten der Tagung, insbesondere denen, die ihren Beitrag für diese Publikation zu Verfügung gestellt haben. Gedankt sei auch ausdrücklich dem Kultusminister des Landes Sachsen-Anhalt, Herrn Prof. Dr. Jan-Hendrik Olbertz, der die Tagung mit einer durchaus kritischen Übersicht zu Steuerungsabsichten und -instrumenten der KMK eröffnete. Dank geht auch an das Bundesministerium für Bildung und Forschung, dessen finanzielle Unterstützung es uns ermöglichte ausländische Experten und Nachwuchswissenschafter nach Berlin einzuladen. Vor allem aber sei Frau Katrin Isermann und ihrem Team des DIPF-Berlin gedankt, die die Organisation der Tagung übernommen hatten. Für das Zustandekommen des vorliegenden Bandes „Bildungsmonitoring und Bildungscontrolling in nationaler und internationaler Perspektive" danken wir Frau Dr. Kathrin Dedering, die mit ihrer redaktionellen Arbeit die Fäden zusammenhielt.

Literatur

Böttcher, W. (2002): *Kann eine ökonomische Schule auch eine pädagogische sein? Schulentwicklung zwischen Neuer Steuerung, Organisation, Leistungsevaluation und Bildung.* Weinheim/München: Juventa.

Böttcher, W. (2007). Zur Funktion staatlicher „Inputs" in der dezentralisierten und output-orientierten Steuerung. In: H. Altrichter, T. Brüsemeister & J. Wissinger (Hrsg.): *Educational Governance. Handlungskoordination und Steuerung im Bildungssystem* (S. 185–206). Wiesbaden: VS Verlag für Sozialwissenschaften.

Fend, H. (2006). *Neue Theorie der Schule.* Weinheim/München: Juventa.

Krüger, W. (2002). *Excellence in Change. Wege zur strategischen Erneuerung.* Wiesbaden: Gabler.

Liket, T. (1993): *Freiheit und Verantwortung.* Gütersloh: Bertelsmann Stiftung.

Organization for Economic Co-operation and Development (OECD) (1995): *Schools under Scrutiny.* Paris: OECD.

Schwippert, K. & Bos, W. (2003). Systemmonitoring. In: Arbeitsgruppe internationale Vergleichsstudie (Hrsg.): *Vertiefender Vergleich der Schulsysteme ausgewählter PISA-Staaten* (S. 135–148). Berlin: Bundesministerium für Bildung und Forschung. (BMBF).

Sekretariat der Ständigen Konferenz der Kultusminister der Länder in der Bundesrepublik Deutschland (KMK) (Hrsg.) (2005). *Bildungsstandards der Kultusministerkonferenz. Erläuterungen zur Konzeption und Entwicklung.* München/Neuwied: Luchterhand.

Wildemann, H. (2003). Dezentralisierung von Kompetenz und Verantwortung. In: H.-J. Bullinger, H.-J.Warnecke & E. Westkämper (Hrsg.): *Neue Organisationsformen im Unternehmen* (S. 334–351) (2. Aufl.). Berlin u.a.: Springer.

Hans Döbert

Indikatorengestützte Bildungsberichterstattung – eine Einführung

In der Vergangenheit hat es in Deutschland mehrfach Versuche einer Bildungsberichterstattung gegeben. So legte der Deutsche Bildungsrat 1975 einen Bericht über
Entwicklungen im Bildungswesen vor (Deutscher Bildungsrat 1975). Darüber hinaus
sind die vom Bundesministerium für Bildung und Wissenschaft (BMBW) im Jahr
1976 herausgegebene „Bildungspolitische Zwischenbilanz" (vgl. BMBW, 1976) wie
auch der „Bericht der Bundesregierung über die strukturellen Probleme des föderativen Bildungswesens" aus dem Jahr 1978 zu erwähnen (vgl. Deutscher Bundestag,
1978); beide wurden jedoch nicht fortgesetzt. Stärker analytisch ausgerichtete
Bestandsaufnahmen wurden seitens der Forschung vorgelegt, so z.B. der von einer
Arbeitsgruppe des Max-Planck-Instituts für Bildungsforschung seit 1979 unregelmäßig veröffentlichte Bericht „Das Bildungswesen in der Bundesrepublik Deutschland –
Strukturen und Entwicklungen im Überblick" (zuletzt: Cortina, Baumert et al., 2003),
der vom Deutschen Institut für Internationale Pädagogische Forschung (Weishaupt, Weiß
et al.) 1988 publizierte Band „Perspektiven des Bildungswesens der Bundesrepublik
Deutschland", ferner die seit 1980 vom Dortmunder Institut für Schulentwicklung im
Zweijahresrhythmus herausgegebenen „Jahrbücher der Schulentwicklung" sowie der
2001 zum zweiten Mal in erweiterter Form erschienene Band „Bildung und Soziales
in Zahlen" (Böttcher, Klemm & Rauschenbach, 2001). Einen analytischen Bezug hat
auch das „Gutachten für Bildung in Deutschland" (Weißhuhn, 2001) sowie die Studie
„Bildung und Lebenslagen – Auswertungen und Analysen für den zweiten Armuts- und
Reichtumsbericht der Bundesregierung" (Weißhuhn & Große Rövekamp, 2004). Zu
nennen sind im Übrigen historische Analysen der Bildungsentwicklung in Deutschland
seit 1945.[1] Eine relativ umfassende und differenzierte Darstellung zur Situation der
Erhebung und Bereitstellung statistischen Datenmaterials findet sich in dem von der
Bund-Länder-Kommission für Bildungsplanung und Forschungsförderung (BLK) 2002
herausgegebenen Bericht „Vergleichende internationale Bildungsstatistik. Sachstand
und Vorschläge zur Verbesserung".[2] Einen Überblick über wichtige Teilaspekte des
Bildungsbereichs gibt auch der Band „Im Blickpunkt: Bildung in Deutschland" des
Statistischen Bundesamtes (2003).

Fragen der Bildung werden im Übrigen auch in der allgemeinen gesellschaftlichen
Berichterstattung thematisiert (Wirtschafts- und Sozialberichterstattung, „Armuts- und
Reichtumsbericht" der Bundesregierung; aber auch der „Datenreport" des Statistischen
Bundesamt). Im Unterschied zu anderen gesellschaftlichen Bereichen, für die regel-
mäßig umfassende Situations- und Entwicklungsanalysen vorgelegt werden, fehlten
bislang entsprechende Berichte im Sinne einer Gesamtschau für den Bildungsbereich.
Dieses Defizit konnte bisher auch durch den Rückgriff auf internationale und sup-

---

1   Vgl. insbesondere Führ (1996) und Führ & Furck (1998).
2   Heft 103 der Materialien zur Bildungsplanung und Forschungsförderung.

ranationale Berichtssysteme nicht kompensiert werden.[3] Eine qualitativ neue Phase einer Bildungsberichterstattung begann 2002/03 mit dem im Auftrag der KMK vorgelegten Bildungsbericht, mit den im Auftrag des BMBF erstellten Konzepten zur Bildungsberichterstattung im Rahmen der Expertisen zur non-formalen und informellen Bildung im Kindes- und Jugendalter sowie zur beruflichen Bildung und Weiterbildung/lebenslanges Lernen[4] sowie vor allem 2006 mit dem ersten nationalen Bildungsbericht.[5]

Indikatorengestützte Bildungsberichterstattung als Bestandteil eines Bildungsmonitorings

Im Vorwort ist bereits auf den Wechsel von der Input- zur Output- bzw. Outcome-Steuerung im bildungspolitischen Bereich hingewiesen und auf die Bedeutung eines Systemmonitorings als Instrument zur Gewinnung jenes Steuerungswissens abgehoben worden, das im Rahmen der neuen Steuerung erforderlich ist (vgl. S. 8). Monitoring im Bildungsbereich ist hier definiert worden als die kontinuierliche, datengestützte Information von Bildungspolitik und Öffentlichkeit mit unterschiedlichen Mitteln (vgl. Vorwort) über Rahmenbedingungen, Verlaufsmerkmale, Ergebnisse und Erträge von Bildungsprozessen. Es macht das Bildungsgeschehen in der Gesellschaft transparent und ist damit Grundlage für Zieldiskussionen und politische Entscheidungen. Im Zentrum eines Bildungsmonitoring steht die Arbeit der Institutionen des Bildungswesens, von der Kinderkrippe bis zur Weiterbildung im Erwachsenenalter.

Diesem Themenspektrum widmet sich der Beitrag von *Rainer Lehmann*. Er stellt internationale Ansätze der verschiedenen Strategien eines Bildungsmonitorings dar und gibt einen Überblick über aktuelle internationale Diskussionen. Lehmann zeigt vor allem die epochalen Auswirkungen der internationalen Schulleistungsvergleiche auf Politik, Steuerung und Bildungsforschung in Deutschland. Darüber hinaus thematisiert er Erweiterungen jenseits des allgemeinbildenden Schulwesens.

Der Beitrag von *Gisela Feller* wendet sich dem Monitoring am Beispiel der Weiterbildung zu. Insbesondere stellt sie das Indikatorenkonzept des wb**monitor** dar

---

3   Bekanntestes Beispiel internationaler Berichterstattung sind die Bemühungen der OECD, mit einer fortlaufenden Weiterentwicklung der OECD-Bildungsindikatoren einen internationalen Vergleich der Bildungssysteme zu ermöglichen. Jedes Jahr veröffentlicht die OECD die beiden Bände „Bildung auf einen Blick" (zuletzt 2005) und „Bildungspolitische Analyse" (zuletzt 2003). Durch die OECD-Bildungsindikatoren werden Informationen zu Funktionsweise, Entwicklung und Auswirkungen von Bildung zur Verfügung gestellt.
      Die Europäische Kommission veröffentlicht in regelmäßigen Abständen (zuletzt 2005) ihre „Key Data on Education in Europe". Dieser Bericht enthält, neben den Strukturen der einzelnen Bildungsbereiche in den Mitgliedstaaten sowie in den Beitrittsländern, Informationen zur Bildungsbeteiligung und zu den Abschlüssen in den EU-Staaten. Qualitätsfragen bleiben aber unberücksichtigt. Der „Bericht über die Qualität der schulischen Bildung in Europa – Sechzehn Qualitätsindikatoren" (2000) stellt Qualitätsfragen in den Mittelpunkt und versucht anhand von sechzehn Bildungsindikatoren, den Input und Kontext des Lernens, die schulischen Prozesse und deren Steuerung sowie den Output bzw. die Wirkung der Schule zu beleuchten.
      Als neuere Entwicklungen sind zu nennen: der „European Report on Quality Indicators of Lifelong Learning" (2002), die „Europäischen Benchmarks" (2003) und der „Indikatorenbericht zum Arbeitsprogramm" (2004).
      Zur Bildungsberichterstattung in weiteren europäischen Staaten s. *Döbert, Hörner et al.* (2004).
4   Vgl. Avenarius, Ditton et al. (2003); Baethge, Buss & Lanfer (2003), Rauschenbach, Leu et al. (2003).
5   Vgl. Konsortium Bildungsberichterstattung (2006).

und diskutiert Fragen und Berechnungen des Klimaindex. Bei allen Einschränkungen kommt sie zu dem Schluss, dass der wb**monitor** Klimaindex als Signalwert für politische Steuerung betrachtet werden kann.

Inka Bormann wendet sich dem Fortschrittsmonitoring mittels Indikatoren zu. Auf der Grundlage von Indikatoren zu „Bildung für nachhaltige Entwicklung", die von einer internationalen Expertengruppe entwickelt wurden, beschreibt sie den Entwicklungshintergrund und den Anwendungskontext dieser Indikatoren. Dabei nimmt sie auch den Aspekt des Wissenstransfers in den Blick.

Konzeptionelle Grundlagen der Bildungsberichterstattung

Bildungsberichterstattung soll ganz allgemein das Bildungsgeschehen in einer Gesellschaft transparent machen und damit Grundlage für öffentliche Diskussionen über Bildungsziele und für bildungspolitische Entscheidungen sein. Ihre Hauptergebnisse der Bildungsberichterstattung sind ein in regelmäßigen Abständen veröffentlichter Bildungsbericht sowie eine öffentlich zugängliche Homepage mit vertiefenden und ergänzenden Informationen. Kern jeder Bildungsberichterstattung ist ein überschaubarer, systematischer, regelmäßig aktualisierbarer Satz von Indikatoren.

Die nationalen Bildungsberichte in Deutschland, die alle zwei Jahre erscheinen sollen, sind durch drei grundlegende Merkmale charakterisiert:
- Die Bildungsberichterstattung orientiert sich an einem Bildungsverständnis, nach dem sich die *Ziele von Bildung in den drei Dimensionen* „individuelle Regulationsfähigkeit", „gesellschaftliche Teilhabe und Chancengleichheit" sowie „Humanressourcen" niederschlagen. Die genannten Zieldimensionen beinhalten mehr als nur ein Verständnis von Bildung. Bildung zielt in erster Linie auf individuelle Entfaltung, Persönlichkeitsentwicklung, Aneignung und Mitgestaltung von Kultur. Bildung wird daher in der Regel aus der Perspektive des Individuums betrachtet. Die drei Zieldimensionen hingegen sind vom Bildungssystem her gedacht. Das entspricht dem Auftrag der Bildungsberichterstattung, die vor allem Aussagen über gesellschaftliche, insbesondere institutionalisierte Rahmenbedingungen für Bildung machen soll. Die drei Zieldimensionen differenzieren diesen Auftrag aus der Systemperspektive aus.
- Über das Spektrum der Bildungsstufen hinweg werden unter der Leitidee der *Bildung im Lebenslauf* Umfang und Qualität der institutionellen Angebote, aber auch deren Nutzung durch die Individuen erfasst. Gegenwärtig kann die Perspektive von Bildung im Lebenslauf nur näherungsweise aufgegriffen werden, da die aktuelle Datenbasis eine Rekonstruktion individueller Bildungsverläufe nicht oder nur sehr eingeschränkt ermöglicht.
- Die Bildungsberichterstattung erfolgt *indikatorengestützt* über alle Bildungsbereiche hinweg.

Diese grundlegenden Merkmale sind zugleich wesentliche Kriterien für die Entwicklung, Auswahl und Darstellung von Indikatoren. Vor allem für die Umsetzung des Merkmals der indikatorengestützten Darstellung über alle Bildungsbereiche hinweg spielen darüber hinaus weitere Kriterien eine wichtige Rolle. Zu ihnen gehören aktuelle sowie langfristig bedeutsame Probleme des Bildungswesens, die Relevanz der Themen für bildungspolitische Steuerungsfragen sowie Forschungsbefunde über Problembereiche im Bildungssystem und kritische Phasen in Bildungsverläufen. Auch der Verfügbarkeit und Aussagefähigkeit von Daten ist Rechnung zu tragen.

Wie bei jeder Darstellung von komplexen Systemen, durch Abstraktion auf eine geringe Anzahl von Beschreibungsgrößen zu kommen, tritt auch hier das Problem auf, dass durch die gewählte Vorgehensweise die Komplexität zwar handhabbarer wird, die Beschreibung des Systems jedoch an Differenziertheit verliert. Eine Bildungsberichterstattung auf der Basis von quantitativen Indikatoren ist, aufgrund des Hauptanliegens der Berichterstattung, handlungs- und steuerungsrelevante Informationen für Politik und Verwaltung bereitzustellen sowie dem Informationsbedürfnis von Wissenschaft und interessierter Öffentlichkeit in konzentrierter Form gerecht zu werden, trotz der damit verbundenen Einschränkungen der optimale Weg zur Präsentation systematischer, wiederholbarer und gesicherter Informationen. Damit wird keineswegs in Abrede gestellt, dass auch Aspekte, die nicht unmittelbar erfassbar und/oder quantifizierbar sind, für das Bildungssystem wichtig sind.

Es gibt verschiedene Ansätze, Indikatoren begrifflich zu fassen. Verbreitet ist ein engeres Indikatorenverständnis, wonach Konstrukte mit einem klar definierten Messmodell als Indikatoren bezeichnet werden. Andererseits findet sich in der nationalen und internationalen Bildungsberichterstattung ein weiter Indikatorenbegriff (vgl. etwa Fitz-Gibbon, 1996; Fitz-Gibbon & Tymms, 2002; Bottani & Tuijnman, 1994), der Indikatoren als komplexere Konstrukte auffasst, die sich aus verschiedenen statistischen Kennziffern zusammensetzen. Jeder dieser Ansätze hat Vor- und Nachteile. Ihre konkrete Abwägung hängt vom Ziel der Nutzung der Indikatoren, von den Steuerungsintentionen, von den jeweiligen Kontextbedingungen, von den Präferenzen der jeweiligen Auftraggeber usw. ab.

Die nationale Bildungsberichterstattung in Deutschland stützt sich auf diesen weiten Indikatorenbegriff. Aus der Sicht der Autoren des nationalen Bildungsberichts hat er viele Vorteile. So lässt sich etwa eine Anhäufung einer Vielzahl von „Indikatoren", die ansonsten für eine hinreichende Beschreibung von Bildungsprozessen und -ergebnissen erforderlich wären, vermeiden und wenige „zentrale" Indikatoren mit hoher Aussagekraft darstellen. Indikatoren sind grundsätzlich konzeptionell begründet, ausdifferenziert und auf empirisch gesicherter Basis – in der Regel als eine bestimmte Kombination statistischer Kennziffern – darzustellen. Über die konzeptionelle Basis hinaus sollen Indikatoren in der Regel Handlungsrelevanz und Anwendungsbezug haben, indem sie ein Bild aktueller oder möglicher Probleme aufzeigen. Dafür müssen sie bestimmte Qualitätskriterien erfüllen:

- Indikatoren basieren auf regelmäßiger (periodischer) Erhebung und sollen damit Änderungen im Zeitverlauf aufzeigen;
- darüber hinaus müssen sie objektive, reliable und valide Informationen enthalten;
- sie stellen eine auf ein bestimmtes Ziel hin gerichtete Auswahl, Transformation und Kombination von Daten dar, die normative und definitorische Bezüge (theoretischer Hintergrund) benötigen;
- Indikatoren sollten Querverbindungen untereinander zulassen, da sich vertiefende Einblicke in den Zustand eines zu beschreibenden Systems erst aus der Verflechtung und Gruppierung von Indikatoren ergeben. Diesem Aspekt wird mit dem Indikatorenentwicklungsprogramm im Rahmen der nationalen Bildungsberichterstattung besondere Rechnung getragen.

Insgesamt hat sich die Bildungsberichterstattung in Deutschland innerhalb weniger Jahre etabliert. Über den nationalen Bildungsbericht hinaus gehen zunehmend mehr Länder dazu über, länderspezifischen Bildungsberichte zu erarbeiten. Länderbildungsberichte liegen vor in Schleswig-Holstein, Bayern und Baden-Württemberg. Noch 2008 sollen die Berichte in Berlin/Brandenburg, Hamburg und Sachsen folgen. Auch eine Reihe von Kommunen geht inzwischen dazu über, regionale Bildungsberichte zu erstellen (z.B. Offenbach, München, Dortmund, Tübingen). Weitere Berichte sind auf regionaler wie Landesebene in Arbeit. Auch an den nächsten beiden nationalen Bildungsberichten (2008 und 2010) wird gearbeitet. Als indikatorengestütztes Berichtskonzept wird es jedoch noch einige Zeit dauern, bis die Datenlage so weit vorangeschritten ist, dass diese sowohl in den einzelnen Themenbereichen als auch mit Blick auf den Gesamthorizont der Bildung im Lebenslauf die wichtigsten Bildungsprozesse umfassend und im Zeitverlauf abbildet.

Vor diesem Hintergrund des Beginns einer auf Dauer angelegten Bildungsberichterstattung auf verschiedenen Ebenen und mit unterschiedlichen thematischen Zugängen ist es verständlich, dass die weiteren Beiträge zur indikatorengestützten Bildungsberichterstattung sich vor allem konzeptionellen Fragen zuwenden. Der Beitrag von *Rudolf Kutz* stellt die Bildungsberichterstattung in den Kontext des externen Qualitätsmanagements eines Landes, nämlich Baden-Württembergs. Die jeweiligen Funktionen von Bildungszielen, Bildungsstandards und Kompetenzen werden für ein externes und internes Qualitätsmanagement diskutiert sowie deren Operationalisierung in Form von Indikatoren für eine qualitätsorientierte Bildungsberichterstattung verdeutlicht.

Auch der Beitrag von *René Kremkow* diskutiert Fragen der Bildungsberichterstattung am Beispiel eines Bundeslandes (Sachsen). Krempkow geht vor allem auf die Validität und Zuverlässigkeit von Indikatoren, so genannten objektiven und so genannten subjektiven, für den Bereich der Hochschule ein. Er leitet aus seiner Analyse den Schluss ab, dass subjektive Indikatoren, bei gleichen Ansprüchen an Validität und Reliabilität der Durchführung und Auswertung entsprechender Untersuchungen wie bei objektiven Indikatoren, durchaus für eine indikatorengestützte Bildungsberichterstattung geeignet sind.

Das Konzept und den Aufbau einer regionalen Bildungsberichterstattung verdeutlicht *Uwe Lehmpfuhl* am Beispiel des Bildungsberichts der Stadt Dortmund. Die Indikatoren wurden für die drei inhaltlichen Schwerpunkte (Bildungsangebote und -beteiligung, vertiefende Analyse zur sozialen Komposition der Schülerschaft, Aktivitäten des Schulträgers) so bestimmt, dass der Bildungsbericht vor allem als Entwicklungsinstrument für die Bildungslandschaft in Dortmund dient.

Literatur

Avenarius, H., Ditton, H., Döbert, H., Klemm, K., Klieme, E. & Rürup, M. (2003). *Bildungsbericht für Deutschland. Erste Befunde*. Opladen: Leske + Budrich.

Baethge, M., Buss, K.-P. & Lanfer, C. (2003). *Konzeptionelle Grundlagen für einen Nationalen Bildungsbericht – Berufliche Bildung und Weiterbildung/Lebenslanges Lernen*. Reihe Bildungsreform. Band 7. Bonn: Bundesministerium für Bildung und Forschung.

Böttcher, W., Klemm, K. & Rauschenbach, T. (Hrsg.) (2001). *Bildung und Soziales in Zahlen. Statistisches Handbuch zu Daten und Zahlen im Bildungsbereich*. München & Weinheim: Juventa.

Bundesministerium für Bildung und Wissenschaft (BMBW) (Hrsg.) (1976). *Bildungspolitische Zwischenbilanz*. Bonn: Universitätsdruckerei.

Bund-Länder-Kommission für Bildungsplanung und Forschungsförderung (BLK) (Hrsg.) (2002). *Vergleichende internationale Bildungsstatistik. Sachstand und Vorschläge zur Verbesserung*. Materialien zur Bildungsplanung und Forschungsförderung, Heft 103. Bonn: BLK.

Cortina, K.S., Baumert, J., Leschinsky, A. & Mayer, K.-U. (Hrsg.) (2003). *Das Bildungs-wesen in der Bundesrepublik Deutschland: Strukturen und Entwicklungen im Über-blick.* Reinbek: Rowohlt.

Deutscher Bildungsrat (Hrsg.) (1975). *Bericht '75. Entwicklungen im Bildungswesen.* Stuttgart: Klett.

Deutscher Bundestag (Hrsg.) (1978). *Bericht der Bundesregierung über die strukturellen Probleme des föderativen Bildungssystems.* Bundestagsdrucksache 8/1551. Bonn.

Fitz-Gibbon, C. (1996) Monitoring School Effectiveness: Simplicity and Complexity. In: J. Gray, D. Reynolds, C. Fitz-Gibbon & D. Jesson (eds.) *Merging Traditions: The Future of Research on School Effectiveness and School Improvement.* London: Cassell.

Fitz-Gibbon, C. T. (1996). *Monitoring Education. Indicators, Quality and Effectiveness.* London: Cassell.

KMK (2002) – *Wichtige Beschlüsse der Kultusministerkonferenz „Qualitätssicherung in Schulen im rahmen von nationalen und internationalen Leistungsvergleichen – Ent-wicklung Bildungsstandards?* Beschluss vom 17./18.10.2002.

Konsortium Bildungsberichterstattung (Hrsg.) (2006). *Bildung in Deutschland. Ein indika-torengestützter Bericht mit einer Analyse zu Bildung und Migration.* Bielefeld: Bertelsmann. s.a.: www.bildungsbericht.de.

OECD (2006). *Education Policy Analysis. Focus on Higher Education. 2005–2006* Edition. Paris: OECD.

OECD (2007). *Education at a Glance 2007.* OECD Indicators. Paris: OECD.

Statistisches Bundesamt (2003). *Im Blickpunkt: Bildung in Deutschland.* Wiesbaden: Statistisches Bundesamt.

Weishaupt, H., Weiss, M., Recum, H. von & Haug, R. (1988). *Perspektiven des Bildungs-wesens der Bundesrepublik Deutschland. Rahmenbedingungen, Problemlagen, Lösungsstrategien.* Baden-Baden: Nomos.

Weißhuhn, G. (2001). *Gutachten zur Bildung in Deutschland.* Bonn: Bundesministerium für Bildung und Forschung.

Weißhuhn, G. & Große Rövekamp, J. (2004). *Bildung und Lebenslagen – Auswertungen und Analysen für den zweiten Armuts- und Reichtumsbericht der Bundesregierung.* Berlin: Bundesministerium für Bildung und Forschung.

Rainer H. Lehmann

Internationale Ansätze zu einer Strategie des Bildungsmonitoring – aktuelle Diskussion und mögliche Konsequenzen für Deutschland

Dem Ziel, die Strategie des Bildungsmonitoring der OECD in den breiteren Kontext analoger internationaler Ansätze zu stellen, nähere ich mich in vierfacher Weise:
- Ich beginne mit einigen Hinweisen zur allgemeinen Problemlage, so wie sie sich mir in gegenwärtigen Diskussionen darstellt. In diesem Zusammenhang mögen einige Vorschläge zur Klärung der einschlägigen Begrifflichkeit hilfreich sein.
- An Stelle des m.E. vergeblichen Versuchs aber, einen umfassenden Katalog der notwendigen Elemente des Bildungsmonitoring zu entwerfen und in seiner Vollständigkeit theoretisch zu begründen, beziehe ich mich – zweitens – pragmatisch auf die knapp zu umreißende Geschichte der international vergleichenden Bildungsforschung, um daraus – durchaus eklektisch und vorläufig – einige Schlussfolgerungen zu deren Zielen, Möglichkeiten und Grenzen zu gewinnen.
- Diese Möglichkeiten und Grenzen lassen sich – drittens – an den epochalen Auswirkungen international vergleichender Bildungsforschung auf die davon betroffenen Bildungssysteme ablesen. Hierfür taugt gerade das deutsche allgemeinbildende Schulwesen als Beispiel, namentlich mit seinen immer wieder als ‚Schock‘ beschriebenen Reaktionen auf die Publikation internationaler Referenzdaten.
- Viertens schließlich ist von thematischen Erweiterungen der international vergleichenden Bildungsforschung zu handeln, soweit sie in ihrer Notwendigkeit derzeit kaum zu bestreiten sind und teilweise auch schon konkret vorbereitet werden.

1. Zur aktuellen Problemlage – Kontroversen und Bedingungen für deren Auflösung

In der deutschen Öffentlichkeit zeugen die Reaktionen auf die Veröffentlichung von Ergebnissen internationaler Schulleistungsvergleiche seit der ersten TIMS-Studie (Baumert et al., 1997) von zunehmender Sensibilität für Probleme, die durch die relative Position deutscher Schülerinnen und Schüler im internationalen Leistungsvergleich markiert werden. Dass die trotz früherer Indizien weitgehend unerwartete Differenz zwischen Selbst- und Außenwahrnehmung der Erträge pädagogischer Bemühungen in Deutschland als hochgradig besorgniserregend galt und gilt, wird vor allem im Licht der Qualifikationsfunktion (vgl. Fend, 1974) der Schule im Kontext globalen Wettbewerbs verständlich. Wenn inzwischen auch die unterschiedlichen Bildungserfolge in gesellschaftlichen Teilgruppen vor dem Hintergrund internationaler Vergleichswerte immer häufiger thematisiert werden, lässt sich dies als empirisch fundierte Reflexion differenzieller Allokationsfunktionen beschreiben und in seiner Bedeutung mit den Zusammenhängen zwischen Bildungserfolgen im deutschen Bildungswesen und einerseits und der kulturellen, sozialen, ökonomischen und politischen Partizipation seiner Absolventen andererseits begründen.[1]

In jedem Falle ist inzwischen der nach schlechten Erfahrungen in den siebziger Jahren des 20. Jahrhunderts formulierte Konsens in der Bildungsforschung gefährdet, teilweise auch zerbrochen, im Hinblick auf die Formulierung bildungspolitischer Konsequenzen Zurückhaltung zu üben, namentlich aber in Fragen der Schulsystemstruktur in Deutschland. So werden die einschlägigen Datensätze z.B. für Versuche benutzt, Effekte divergenter bildungspolitischer Entscheidungen, etwa die Dauer der Grundschule betreffend, nachzuweisen und damit entsprechende Empfehlungen zu begründen (vgl. z.B. Wößmann, 2007). Nun sind aber solche Begründungsrelationen in mehrfacher Hinsicht mit Problemen behaftet. Selbst unter der (äußerst schwierig einzulösenden, in der Regel in methodische Fragen sich auflösenden) Voraussetzung, dass es gelänge, Kausalbeziehungen nachzuweisen, stehen in aller Regel die Fragen, die sich mit der Pluralität, der Konkurrenz, der Kompatibilität und der Erreichbarkeit maßgeblicher Ziele verbinden, einer Politik begründenden Rolle der Bildungsforschung entgegen. Dem widerspricht es nicht, die mit bestimmten bildungspolitischen Maßnahmen verbundenen Annahmen, Erwartungen und Erfolgsbehauptungen mit dem Instrumentarium der Empirischen Bildungsforschung zu thematisieren.

Angesichts dessen erscheint es vernünftig, die aus der Bindung an das Konzept der „Steuerung" abgeleiteten normativen Konnotationen des aus dem Englischen übernommenen Begriffs des „Systemmonitoring" dadurch zu vermeiden, dass für dessen Übersetzung der Terminus „Bildungsberichterstattung" gewählt wird. Der hohe Aufwand, der für internationale Bildungsforschung in der Tat zu leisten ist, ist zwar letztlich nur mit der Hoffnung auf deren Beiträge zur Qualitätssicherung und Qualitätsverbesserung im Bildungswesen zu rechtfertigen. Diese Beiträge sind aber indirekt und nicht mit logischen Schlussfolgerungen zu verwechseln. Eben diesem Sachverhalt trägt die Betonung des Deskriptiven, allenfalls der Analyse, in der Aufgabenbeschreibung der Bildungsberichterstattung Rechnung.

Im Übrigen ist, wie es zu Recht das Arbeitsthema einer der Arbeitsgruppen dieser Tagung formuliert, jedwede forschungsbezogene Bildungsberichterstattung „indikatorengestützt". Vorschlägen folgend, die für andere gesellschaftliche Bereiche entwickelt worden sind (z.B. von Bradshaw et al., 2007, für den Bericht der Europäischen Union zum Kindeswohl in Industrieländern; vgl. auch UNICEF, 2007), wäre der Indikatorenbegriff auf direkt gemessene bzw. aus direkten Messungen abgeleitete Variablen zu beschränken. Die Einbeziehung von Netzen theoretischer Relationen, die ganze Komplexe des Bildungswesens repräsentieren sollen, würde eine so verstandene Bildungsberichterstattung mit schwer lösbaren Einigungsproblemen belasten.

Ein kurzer Abriss der Geschichte internationaler Schulleistungsvergleiche möge dieses indirekt wirksame, gleichwohl unter bestimmten Umständen sehr langfristig wirksame Potenzial entsprechender Studien für Aufgaben der Qualitätsentwicklung und -verbesserung verdeutlichen.

---

1   Es fällt auf, dass in der langen Zeit nahezu kanonisch geltenden schultheoretischen Trias von Qualifikation, Allokation und Legitimation die Legitimationsfunktion der Schule bisher kaum von der empirischen Bildungsforschung in den Blick genommen worden ist.

2. Kurzer Abriss der Geschichte internationaler Schulleistungsvergleiche

2.1 Studien der International Association for the Evaluation of Educational Achievement (IEA)

Es gehört zu den Ironien der Bildungsgeschichte, dass der Anstoß zu den erst viel später in Deutschland politisch wirksam gewordenen internationalen Schulleistungsvergleichen aus einem in Hamburg – im dortigen UNESCO-Institut für Pädagogik – im Jahre 1958 stattfindenden Expertentreffen hervorgegangen ist. Mit der so genannten „Machbarkeitsstudie" („*Feasibility Study*") der späteren *International Association for the Evaluation of Educational Achievement* (IEA), die fünf kognitive Bereiche (Mathematik, Leseverständnis, Geographie, Naturwissenschaften, nonverbale Grundfähigkeit) in zwölf Ländern zum Gegenstand hatte, wurde 1959 eine stetige Folge von Vergleichsuntersuchungen begonnen, an denen Deutschland nur bis 1971 („*Six-Subjects Survey*"; vgl. Walker, 1976; Postlethwaite, Weiler & Roeder, 1980), und dann nach langer Pause erst wieder seit 1991 – sporadisch – in repräsentativer Form teilgenommen hat. Die „*Classroom Environmement Study*" der IEA von 1984–1985 (Anderson, Ryan & Shapiro, 1989) wurde in Deutschland als nicht repräsentative, regional auf Bayern begrenzte Untersuchung realisiert (Helmke 1992; vgl. Weinert & Helmke, 1997), ebenso wie auch die „*International Study of Written Composition*", die 1985 auf die Freie und Hansestadt Hamburg beschränkt bleiben musste (Purves, 1992).

Einige aus deutscher Perspektive herausragende Ergebnisse seien hier genannt:
*   Die „*First International Mathematics Study*" von 1964 (Husén, 1967), an der in Deutschland nur einige Bundesländer teilgenommen hatten, ergab zwar, dass die deutschen Gymnasien international konkurrenzfähige Ergebnisse erzielten, angesichts der vergleichsweise geringen Bildungsbeteiligung in Deutschland ließ sich indessen aber auch erschließen, dass der Ertrag des deutschen Bildungswesens insgesamt keineswegs eine Spitzenleistung im internationalen Vergleich darstellte (Postlethwaite 1967, S. 78ff.).
*   Die „*IEA Reading Literacy Study*" (vgl. Elley, 1994), deren Datenerhebung 1990–1991 stattfand, war die erste gesamtdeutsch repräsentative Vergleichsstudie. Auch hier zeigte sich, dass die Schulleistungen deutscher Schülerinnen und Schüler, hier bezogen auf die Jahrgangsstufen 3 und 8, im Durchschnitt unter den Lernständen vergleichbarer Länder lagen, namentlich im Bezugsrahmen der Mitgliedstaaten der OECD, und zwar in beiden deutschen Bildungssystemen gleichermaßen. Das gegliederte Sekundarschulwesen der ‚alten Bundesrepublik' entsprach leistungsmäßig sehr genau den im fraglichen Schuljahr noch existierenden Einheitsschulen (den ‚Polytechnischen Oberschulen') der ehemaligen Deutschen Demokratischen Republik (Lehmann et al., 1995). Darüber hinaus unterschieden sich diese beiden Bildungssysteme auch nicht hinsichtlich des Zusammenhanges zwischen dem Bildungshintergrund der Eltern und den erreichten Schulleistungen ihrer Kinder. Angesichts der Konzentration öffentlicher Aufmerksamkeit auf innerdeutsche Ähnlichkeiten – sowohl im Hinblick auf die jeweils erreichten Bildungserfolge als auch unter dem Gesichtspunkt sozialer Selektivität – ist es vielleicht verständlich, dass im Jahre 1992 der Leistungsaspekt des internationalen Vergleichs relativ wenig beachtet wurde.

- 1994–1995 wurden die Daten für die „*Third International Mathematics and Science Study*" (TIMSS) der IEA erhoben. Diese Studie sollte in jedem Teilnehmerland nach den internationalen Vorgaben diejenigen Paare benachbarter Klassenstufen umfassen, die jeweils zusammen die meisten Neunjährigen und Vierzehnjährigen enthielten (TIMSS I und II). Die Zielgruppe für TIMSS III repräsentierte das letzte voruniversitäre Schuljahr der Sekundarstufe II. Darüber hinaus wurde in TIMSS III zwischen mathematischer und naturwissenschaftlicher Grundbildung und fortgeschrittenen Kompetenzen unterschieden, die üblicherweise nur in studienvorbereitenden Bildungsgängen (in Deutschland also in der gymnasialen Oberstufe) erworben werden. Bei letzteren wurde dann nochmals differenziert zwischen verschiedenen Angebots- bzw. Anforderungsniveaus, hierzulande zwischen den Grund und Leistungskursen (vgl. Baumert et al., 2000). In Deutschland wurde das so skizzierte Forschungsdesign noch in mehrfacher Hinsicht erweitert: Im Rahmen von TIMSS II wurde im Verlauf der Jahrgangsstufe 8 ein kurzer Längsschnitt über ein Schuljahr verwirklicht. Zusätzlich wurde in einer Stichprobe von 100 Schulklassen der Unterricht über diesen Zeitraum hinweg regelmäßig videographiert. TIMSS III untersuchte neben den Gymnasien auch eine erhebliche Vielfalt berufsbezogener Bildungsgänge. TIMSS I dagegen konnte in Deutschland nicht zuletzt wegen der genannten komplexen Erweiterungen aus finanziellen Gründen im ursprünglichen Zeitplan nicht verwirklicht werden. Aber auch so waren die Ergebnisse geeignet, die oben genannte Beunruhigung der Öffentlichkeit – den „TIMSS-Schock" – hervorzurufen und damit den Weg zu bereiten für die so genannten „Konstanzer Beschlüsse" der Kultusministerkonferenz der Länder vom Oktober 1997 zur Teilnahme an länderübergreifenden Vergleichsuntersuchungen zum Lern- und Leistungsstand von Schülerinnen und Schülern sowie für die Ausschreibung eines großzügigen Forschungs- und Entwicklungsprogramms zur Verbesserung des mathematisch-naturwissenschaftlichen Unterrichts.
- Das seit 2001 auf die Entwicklung einer längeren Zeitreihe in Fünf-Jahres-Intervallen ausgelegte IEA-Projekt „*Progress in International Reading Literacy Study*" (PIRLS; Mullis et al., 2003) ist in Deutschland unter der Bezeichnung „Internationale Grundschul-Lese-Untersuchung" (Bos et al., 2003) publiziert worden. Es bezieht sich im Kern auf das Leseverständnis Zehnjähriger, wurde in Deutschland jedoch um Aufgaben aus dem TIMSS-I-Bestand erweitert. Auf diese Weise konnte – zugegeben, mit erheblicher zeitlicher Verschiebung – auch im mathematisch-naturwissenschaftlichen Bereich Anschluss an die internationalen Befunde von 1994/95 gesucht werden. Inhaltlich bestätigte IGLU, gemessen an den Befunden von 1991, auch für die Grundschulen insgesamt eine mittlere Position der deutschen Schülerinnen und Schüler. Ob die gegenüber den Sekundarschulen etwas günstigere relative Position der Primarschulen allgemeine Schlussfolgerungen über deren Qualität oder über negative Auswirkungen der Struktur und der pädagogischen Arbeit in den Mittelstufen zulässt, braucht hier nicht diskutiert zu werden.

Eine weitere IEA-Studie mit deutscher Beteiligung war die „*Civic Education Study*" (CivEd, Torney-Purta et al., 2001; Händle et al., 1999; Oesterreich, 2002). In Vorbereitung befindet sich gegenwärtig eine international vergleichende Untersuchung der Erträge unterschiedlicher Formen der Mathematiklehrerausbildung: „*Teacher Education Study – Mathematics*" (Tatto et al., 2008). Nicht unerwähnt bleiben dürfen freilich auch neuere Lücken deutscher Beteiligung. So liegen zu den Abschlusserhebungen der beiden IEA-Studien zur informationstechnischen Bildung „*Computers in Education*"

(COMPED; vgl. Pelgrum & Plomp, 1993) und *„Second Information Technology Study"* (SITES; vgl. Kozma, 2003; Schulz-Zander et al., 2003) keine deutschen Daten vor. Für die *„Civic Education Study"* wurde auf Datenerhebungen in der voruniversitären Zielgruppe (vgl. Amadeo et al. 2002) verzichtet, obwohl die DFG die Finanzierung der internationalen Projektkoordination mit der Auflage verbunden hatte, nicht nur Vierzehnjährige, sondern auch junge Erwachsene in allen Teilnehmerländern zu untersuchen. In der inzwischen auf die Konstruktion einer Zeitreihe umgestellten TIMSS-Folge schließlich – jetzt: *„Trends in International Mathematics and Science Study"* (vgl. Mullis et al., 2004) – wird, soweit bekannt, auf Beschluss der KMK gemeinsam mit der PIRLS-Zeitreihe vorläufig nur der Grundschulstrang verfolgt. Diese Entscheidung ist mit bedingt durch die hohen Überschneidungen zwischen der Zielpopulation II in TIMSS und der für das *Programme for International Student Assessment* (PISA) gewählten Zielgruppe.

2.2 PISA: Programme for International Student Assessment der Organisation for Economic Co-operation and Development (OECD)

Die OECD, 1948 unter dem Namen *Organisation for European Economic Co-operation* (OEEC) als Bündnis für den wirtschaftlichen Wiederaufbau nach dem Zweiten Weltkrieg gegründet und auch seither primär mit wirtschaftlichen Zielsetzungen aktiv, hatte schon früh den Zusammenhang zwischen volkswirtschaftlicher und sozialer Entwicklung einerseits und der jeweiligen Qualität und Quantität der Bildungsangebote andererseits thematisiert und 1968 mit dem *Centre for Educational Research and Innovation* (CERI) eine auf Bildungsforschung spezialisierte Einrichtung geschaffen. Auf Initiative der USA wurde dann 1987 das *International Education Indicators Project* (INES) ins Leben gerufen, das in vier ‚Netzwerken' arbeitet, nämlich

• Netzwerk A: *Educational Outcomes* (Bildungserfolg),
• Netzwerk B: *Education and Labor Market Destinations* (Bildung und Übergang in den Arbeitsmarkt),
• Netzwerk C: *Features of Schools* (Qualität von Schulen) und
• Netzwerk D: *Attitudes and Expectations* (Einstellungen und Erwartungen).

Hieraus erwuchs die seit 1992 jährlich erscheinende Folge von indikatorengestützten, international vergleichenden Bildungsberichten *„Education at a Glance"* (deutsch: „Bildung auf einen Blick"). Im Bereich der Schulleistung gründeten sich diese Berichte anfangs vor allem auf die IEA-Studien. Die Notwendigkeit, die Bildungsberichterstattung der OECD auf eine dauerhafte und verlässliche Grundlage zu stellen, erforderte die Festlegung einer Strategie für die regelmäßige Erhebung und Verrechnung einschlägiger Daten. Diese nahm in der zweiten Hälfte des letzten Jahrzehnts des zwanzigsten Jahrhunderts unter dem Namen *Programme for International Student Assessment* (PISA) feste Gestalt an, ein Name, der seither in Deutschland zum populären Inbegriff für internationale Vergleichsstudien und für die damit regelmäßig verbundenen ‚Kränkungen des nationalen Selbstbewusstseins' geworden ist.

Es hätte für die OECD eigentlich nahe gelegen, PISA mit seinen Schulleistungsindikatoren in fortentwickelter Form auf das existierende kooperative Netzwerk der IEA, auf deren Itembanken und Auswertungsroutinen zu gründen. Entsprechende Bemühungen der IEA, ihre in TIMSS, CivEd, PIRLS und anderen Studien bewährten Zentren für Datenanalyse in Chestnut Hill, Massachussetts, und Hamburg als Auftragnehmer in das Projekt PISA zu integrieren, blieben aber erfolglos.

Die Anlage von PISA sieht, beginnend mit dem Jahr 2000, einen neunjährigen Zyklus mit Datenerhebungen in dreijährigem Abstand vor. Untersucht werden die Leistungsbereiche („Domänen") Leseverständnis, Mathematik und Naturwissenschaften mit der Zielgruppe fünfzehnjähriger Schülerinnen und Schüler, und zwar so, dass in jeder Erhebung einer dieser drei Domänen das Hauptaugenmerk gilt, während die beiden anderen als ‚Nebenaspekte' für die Erstellung von Zeitreihen Berücksichtigung finden.

Die ersten internationalen Vergleichsdaten aus PISA wurden mit dem Schwerpunkt Leseverständnis im Dezember 2001 publiziert (OECD, 2001). 2004 folgten die Befunde aus der zweiten Erhebungswelle, nunmehr mit besonders umfassenden Untersuchungen zum Bereich der Mathematik (OECD, 2004). Die Daten der dritten Teilstudie mit dem Hauptgegenstand Naturwissenschaften wurden wie geplant 2006 erhoben. Wie im Falle der IEA-Studien sollen hier wiederum einige besonders wichtige Ergebnisse exemplarisch genannt werden:

- PISA 2000 hat erneut bestätigt, dass deutsche Schülerinnen und Schüler *im Durchschnitt* Leistungsstände haben, die im internationalen Vergleich eher mittelmäßig sind; die Betonung der damit einhergehenden hohen Anteile Jugendlicher, die unter dem Gesichtspunkt ihres Leseverständnisses als Kernelement der Grundbildung und ihrer Vorbereitung auf „Lebenslanges Lernen" als zu einer „Risikogruppe" gehörig betrachtet werden müssen (Baumert et al., 2001), hat das öffentliche Bewusstsein von Modernisierungserfordernissen im deutschen Bildungswesen massiv verstärkt.
- PISA 2000 hat darüber hinaus mit den Befunden zum Zusammenhang zwischen sozialer Herkunft und schulformspezifischen Lernangeboten bzw. zwischen sozialer Herkunft und erreichtem Lernstand (d.h., zum so genannten „Sozialgradienten") die Diskussion über die Bildungsgerechtigkeit in einem Maße intensiviert, das seit Georg Pichts „Die deutsche Bildungskatastrophe" (1964) und Ralf Dahrendorfs „Bildung ist Bürgerrecht" (1965) nicht mehr zu beobachten war.
- PISA 2000 und erneut PISA 2003 beruhten auf Stichproben, die *für den internationalen Vergleich* hinsichtlich der über das Lebensalter definierten internationalen Zielgruppe der 15-Jährigen jeweils knapp 25 Schüler aus ca. 220 zufällig ausgewählten Schulen umfassten. Die Studie wurde jedoch *für innerdeutsche Vergleiche* – im Design der PISA-Ergänzungsstudie (PISA-E) so erweitert, dass jedes Bundesland für sich eine den internationalen Anforderungen genügende Stichprobe bereitstellte, also als „Quasi-Nation" in die internationalen Vergleichstabellen eingereiht werden konnte. Die beobachteten Differenzen in Paarvergleichen zwischen den Bundesländern entsprachen in einigen Fällen deutlich mehr als einem Schuljahr (Baumert et al., 2002).

3. Epochale Auswirkungen der Internationalen Schulleistungsvergleiche

Der politische Misserfolg der Bemühungen um eine strukturelle Schulreform in der Bundesrepublik Deutschland (vgl. Hüfner et al., 1986) hatte mit der Auflösung des Deutschen Bildungsrats 1975 unter dem Stichwort „Schulentwicklung" zu einer Konzentration auf ‚innere Bildungsreformen' geführt, die sich auch als Perspektivenwechsel von den Produktvariablen (den so genannten *„outcome variables"*) zu

Prozessvariablen hin beschreiben lässt. Begleitet war diese Entwicklung von der Thematisierung immer neuer Zielbereiche, ohne dass nennenswerte Versuche unternommen worden wären, die entsprechenden Erträge systematisch zu untersuchen.

Die Zusammenhänge zwischen den im internationalen Vergleich erkennbaren Defiziten im Bildungssystem und der zu erwartenden sozialen und wirtschaftlichen Entwicklung ließen es indessen als zwingend erscheinen, das Bildungssystem nicht zuletzt unter Berücksichtigung ausländischer Erfahrungen im besonderen Hinblick auf seine Erträge zu modernisieren. Die so eingeleiteten Veränderungen sind in dem Sinne als „epochal" zu bezeichnen, als tief greifende institutionelle Veränderungen als mittelfristig unvermeidlich erscheinen.

Ein Blick auf die letzte Phase der Bildungspolitik der Deutschen Demokratischen Republik zeigt, dass trotz der dortigen Vermeidung internationaler Vergleiche bildungspolitische Korrekturen – etwa im Hinblick auf den Zeitpunkt und die Quoten für die Zuweisung zur Erweiterten Oberschule, dem funktionalen Äquivalent für die Gymnasiale Oberstufe – jeweils nach Maßgabe erwarteter Konsequenzen für die volkswirtschaftlichen Erträge erfolgt sind. Die von formalen Prinzipien geprägte Anpassung der ostdeutschen Bildungsangebote an die Vorgaben der Bundesrepublik im Zuge des Beitritts steht nun ihrerseits auf dem Prüfstand ertragsorientierter Vergleiche.

Die Auswirkungen der internationalen Schulleistungsvergleiche können in vier Schwerpunkten zusammengefasst werden. Es handelt sich um

• veränderte Zielbestimmungen,
• evaluationsgestützte Verbesserungen im didaktisch-methodischen Bereich,
• Erweiterungen der Forschungsbasis im Anschluss bzw. in Anlehnung an die internationalen Vergleichsstudien und
• die Einführung von Maßnahmen der Qualitätsbeobachtung auf der Ebene der Bundesländer.

3.1 Veränderte Zielbestimmungen

Bereits in der Reaktion auf TIMSS war ein „Arbeitsstab Forum Bildung" in der Geschäftsstelle der Bund-Länder-Kommission für Bildungsplanung und Forschungsförderung (BLK), also in gemeinsamer Verantwortung von Bundesregierung und den Ländern, gegründet worden, der die Aufgabe hatte, in Zusammenarbeit mit Experten Empfehlungen für die Qualitätsverbesserung im Bildungswesen zu erarbeiten. Der in deren Präambel (Arbeitsstab Forum Bildung, 2001, S. 3) ausgedrückte übergreifende Leitgedanke markiert eine Rückbesinnung auf bzw. Neuorientierung an der Qualifikationsfunktion der Schulen, die in den vorangegangenen Jahren in solcher Deutlichkeit selten und kaum wirksam artikuliert worden war.

„Bildungspolitik steht vor der doppelten Herausforderung, die Voraussetzungen dafür zu schaffen,

• Wissen und Kompetenzen zu vermitteln, die über die Zukunft des Einzelnen, aber auch der Gesellschaft und Wirtschaft entscheiden, sowie
• Angesichts immer höherer Qualifikationsanforderungen Ausgrenzung zu vermeiden und schon bestehende Ausgrenzung abzubauen."

Diese Reformstrategie hatte von Anfang an den Begriff der „Kompetenz" im Mittelpunkt, der als integraler Bestandteil zu den theoretischen Grundlagen der neueren Schulleistungsstudien gehört.

Folgerichtig wurde in der Ausarbeitung dieses Programms versucht, Anschluss an die internationalen Bemühungen um die „Definition und Auswahl von Schlüsselkompetenzen" im Rahmen des OECD-Projekts „Defining and Selection of Competencies: Theoretical and Conceptual Foundations" (DeSeCo, Rychen & Salganik, 2001) zu gewinnen, das sich seinerseits eng an den Vergleichsstudien orientierte. Die theoretische Herausarbeitung des Kompetenzbegriffs durch F.E. Weinert (2001) gilt anerkanntermaßen als Kernstück dieses Projekts und ist im Übrigen maßgeblich geworden für die deutschen Bemühungen um verbindliche Bildungsstandards (vgl. das so genannte „Klieme-Gutachten": Bundesministerium für Bildung und Forschung, 2003).

Die Entwicklung von Bildungsstandards als „operationalisierten", d.h. letztlich über Testaufgaben bzw. Aufgabenklassen definierten, konkreten Zielsetzungen dessen, was in den Kernbereichen schulischen Lernens erreicht werden soll, sind ohne den Bezug zum international definierten Erkenntnisstand der Sache nach wie auch im methodischen Vorgehen kaum denkbar. Indem sich die KMK in ihrer Sitzung von 24./25.05.2002 darauf festgelegt hat, unter Regie des dafür gegründeten *Instituts zur Qualitätsentwicklung im Bildungswesen an der Humboldt-Universität zu Berlin* (IQB) verbindliche Kriterien für den Primarbereich (Jahrgangsstufe 4), den Hauptschulabschluss (Jahrgangsstufe 9) und den Mittleren Schulabschluss (Jahrgangsstufe 10) entwickeln und erproben zu lassen, ist letztlich der unmittelbare Anschluss an die internationalen Schulleistungsvergleiche vollzogen worden. Am deutlichsten ist dies vielleicht an der Entwicklung von Bildungsstandards für die Fremdsprachen Englisch und Französisch erkennbar, wo die maßgeblichen Kompetenzstufen durch den „Common European Framework" des Europarats (Council of Europe, 2001) gegeben sind, den es nun in Tests zu übersetzen gilt. Für diese und die analogen Aufgaben in den Bereichen Deutsch, Mathematik und Naturwissenschaften wurde von der KMK im Dezember 2003 an der Humboldt-Universität zu Berlin das „Institut zur Qualitätsentwicklung im Bildungswesen" (IQB) gegründet.

3.2   Evaluationsgestützte Verbesserungen im didaktisch-methodischen Bereich

Der gelegentlich unter dem Motto „Entwickeln statt Messen!" gehörten Kritik, die Kosten für die aufwändigen internationalen Studien seien besser angelegt in Bemühungen um eine direkte Verbesserung des Unterrichts, ist frühzeitig, nämlich ebenfalls schon in der Reaktion auf TIMSS, dadurch begegnet worden, dass vergleichsweise großzügig ausgestattete Forschungs- und Entwicklungsprogramme ausgeschrieben wurden, die sich in ihrer Ausrichtung vorzugsweise an den Befunden der Vergleichsprojekte (z.B. an der oben erwähnten Video-Studie) orientieren sollten.

Auf der Grundlage einer eng an TIMSS angelegten Expertise vom November 1997 wurde das BLK-Projekt „Steigerung der Effizienz des mathematisch-naturwissenschaftlichen Unterrichts" (SINUS) in Zusammenarbeit mehrerer wissenschaftlicher Institute konzipiert, das im Herbst 2003 durch das Nachfolgeunternehmen „SINUS-Transfer" ersetzt wurde. Ziel war es, die Unterrichtspraxis in den einschlägigen Fächern empiriegesteuert zu verbessern, wobei die einbezogenen Schulen – im August 2005 waren dies bereits 1.870 Institutionen – möglichst als Multiplikatoren wirken sollten. Diejenigen „SINUS-Schulen" die in flächendeckenden Untersuchungen oder zufallsmäßig in die Vergleichsstudien einbezogen waren, wurden und werden mit besonderer

Aufmerksamkeit auf den Ertrag der methodisch-didaktischen Erprobungen hin untersucht.

Auf der Forschungsebene hat die Deutsche Forschungsgemeinschaft (DFG) gleichfalls in Reaktion auf TIMSS im April 2000 ein problemorientiertes und interdisziplinäres Schwerpunktprogramm „Bildungsqualität von Schule" (BIQUA) eingerichtet, das bis zum Ende seiner Laufzeit (2006) vom Institut für die Pädagogik der Naturwissenschaften" (IPN) an der Universität Kiel koordiniert wurde und in das neben neu gewonnenen Wissenschaftlerinnen und Wissenschaftlern viele der ursprünglich an TIMSS mitwirkenden Forscherinnen und Forscher einbezogen waren. Die Arbeitsbereiche

- Qualitätsverbesserung durch Förderung der Kompetenzen von Lehrerinnen und Lehrern,
- Qualitätsverbesserung durch Förderung auf Unterrichtsebene,
- Qualitätsverbesserung durch Förderung der Kompetenzen von Schülerinnen und Schülern sowie
- Berücksichtigung schulischer und außerschulischer Kontextfaktoren

verdeutlichen auch hier – namentlich im Kontext von TIMSS – die Ausrichtung an der Erprobung und Überprüfung konkreter Ansätze zur Qualitätssteigerung angesichts erkannter Beeinträchtigungen des Lernerfolgs bzw. vermuteter Möglichkeiten für deren Überwindung.

Es ist hier von Belang, dass die Aufwendungen allein für die beiden genannten Forschungs- und Entwicklungsprogramme ein Mehrfaches der Kosten für die auslösende TIMS-Studie betrugen und betragen.

3.3 Erweiterungen der Forschungsbasis im Anschluss bzw. in Anlehnung an die internationalen Vergleichsstudien

Zu den wichtigsten Leerstellen der international vergleichenden Bildungsforschung gehört der Bereich der Fremdsprachen, der mangels eines entsprechenden Interesses in den englischsprachigen Ländern nicht zum Kernprogramm von PISA gehört, in vielen europäischen Ländern aber und nicht zuletzt auch in Deutschland erhebliche curriculare Anteile für sich beansprucht. So hatte die IEA seit der *„Six-Subjects Study"* mit ihren Komponenten Englisch und Französisch als Fremdsprache (1970/71) trotz intensiver Vorarbeiten seitens der potenziellen Teilnehmerländer wegen fehlender Finanzierung der internationalen Projektkoordination keine entsprechende Untersuchung mehr realisieren können. In ähnlicher Weise hat sich in den Lenkungsgremien von PISA bisher keine Mehrheit für die Aufnahme dieser Fragestellungen gefunden, obwohl Fremdsprachlichkeit prinzipiell auch durch die OECD im Kontext von DeSeCo Anerkennung als Schlüsselqualifikation gefunden hat.

Angesichts dieser Sachlage war es nur konsequent, dass die KMK parallel zur Ausschreibung für die Realisierung von PISA 2003 ein Projekt zu den schulisch erworbenen Kompetenzen in den Bereichen Deutsch und Englisch ausschrieb. Dieses wurde von einem Konsortium unter Federführung des Deutschen Instituts für Internationale Pädagogische Forschung (DIPF), Frankfurt am Main, unter dem Namen „Deutsch Englisch Schülerleistungen International" (DESI) realisiert. Ein erster Band zu den methodischen Grundlagen wurde bereits publiziert (Beck & Klieme, 2007); mit der Veröffentlichung der eigentlichen Befunde ist im folgenden Jahr zu rechnen (DESI-Konsortium, 2008). Wohl vor allem wegen der Sonderrolle des Deutschen ist die internationale Verankerung dieser Studie nur unvollständig gelungen. Neben der Kooperation im Methodenbereich – beispielsweise in der Zusammenarbeit mit der Johns-Hopkins University, Baltimore, MD, USA – konnten substanzielle Vergleichsdaten nur für Österreich und den deutschsprachigen Teil der italienischen Region *Alto Ádige* (Südtirol) gewonnen werden. Die im Rahmen von DESI entwickelten Verfahren haben Eingang gefunden in die Definition von Standards für die Fächer Deutsch und Englisch durch das IQB an der Humboldt-Universität und sind seither stetig fortentwickelt worden.

Eine weitere internationale Vergleichsstudie verdient hier Berücksichtigung, weil es in diesem Falle gelungen ist, unabhängig von den internationalen Hauptakteuren IEA und OECD sowie den zentralen nationalen Institutionen des Bundes und der Länder einen politisch überaus wichtigen, bisher forschungsmäßig jedoch weitgehend vernachlässigten Bereich völlig eigenständig zu erschließen. „*Youth and History*" ist eine vergleichende Studie zum Geschichtsbewusstsein und zu seinen kognitiven, affektiven, motivationalen und projektiven Konstituenten, die in 27 Ländern mit einigen Sondergruppen (etwa den Palästinensern in Israel im Unterschied zum Autonomiegebiet) verwirklicht wurde (vgl. Angvik & von Borries, 1997).

Umgekehrt finden jedoch zunehmend Elemente, die sich in der deutschen Bildungsforschung bewährt haben, Eingang in das Kernprogramm von PISA. So ist etwa aus den Zusatzuntersuchungen, die vom deutschen PISA-Konsortium in die Studie des Jahres 2000 integriert worden waren, die metakognitive Komponente, in der für die Selbstregulation des Lernens zwischen flexiblen Elaborationsstrategien und Kontrollstrategien unterschieden wird, für die internationale PISA-Studie 2003 übernommen worden (PISA-Konsortium Deutschland, 2004, S. 208). Verfahren zur Messung der Problemlösungsfähigkeit, die zunächst von einer Arbeitsgruppe um Eckhard Klieme für die Hamburger Längsschnittstudie LAU entwickelt worden waren und sich dort bewährt hatten (Lehmann, Gänsfuß & Peek, 1999), wurden von PISA als vierte Hauptdimension in das Testprogramm aufgenommen (PISA-Konsortium Deutschland, 2004, S. 147ff.).

3.4 Einführung von Maßnahmen der Qualitätsbeobachtung auf der Ebene der Bundesländer

Es entspricht der Übertragung der Begründung internationaler Schulleistungsvergleiche auf die föderale Struktur des deutschen Bildungswesens, dass die Bundesländer in steigendem Maße die Legitimationsfiguren, die theoretischen Ansätze und die empirisch-methodischen Verfahren und Techniken in ihren eigenen Verantwortungsbereichen umzusetzen bestrebt sind.

Die Freie und Hansestadt Hamburg hatte mit einer solchen „empirischen Wende der Bildungspolitik" 1995/96 den Anfang gemacht, als dort in einer, später zu einer die gesamte Sekundarstufe umfassenden Längsschnittstudie erweiterten, curricular breit instrumentierten Vollerhebung erstmals Rechenschaft über die Lernstände, die „Lernausgangslage", nahezu einer gesamten Klassenstufe abgelegt wurde (daher das Akronym „LAU" für die „**L**ern**a**usgangslage**u**ntersuchung"; vgl. Lehmann & Peek, 1997). War dieses Projekt noch aus internen Gründen ohne expliziten Bezug zu den Ergebnissen internationaler Vergleiche begonnen worden, so gilt für eine Reihe analoger Aktivitäten in den Bundesländern, die einzeln (vgl. Helmke & Jäger, 2002) oder in Projektverbünden (vgl. Hosenfeld, Groß Ophoff & Bittins, 2006) realisiert wurden und werden, dass im Hintergrund stets die internationalen Vergleiche, namentlich aber die Bundesländer- und Schulformvergleiche mitgedacht sind, für die die „Konstanzer Beschlüsse" der Punkt ohne Wiederkehr waren.

Dementsprechend entstehen auch auf der Ebene der Bundesländer ‚Qualitäts-agenturen', zu deren Aufgabe die Entwicklung, Adaptation, Durchführung und Aus-wertung der landesweiten oder zumindest landesweit repräsentativen Lernstands-erhebungen gehören. Von hier aus ist es nur mehr ein kleiner Schritt zur Verknüpfung entsprechender Routinen mit zentralen Abschlussprüfungen, eine Entwicklung, die in ihren schulgesetzlichen Grundlagen, ihren praktischen Vorläufen und den Vorbe-reitungen zur definitiven Einführung bereits weit fortgeschritten ist.

4. Ausblick: Thematische Erweiterungen jenseits des allgemeinbildenden Schulwesens

In dem Maße, wie das Konzept des Lebenslangen Lernens nicht nur normativ in die Bildungstheorie eingeführt ist, sondern mit zwingenden ökonomischen Argumenten als eine Bedingung individueller Entfaltung wie auch gesellschaftlichen Bestandes heraus-gearbeitet wird, erscheint eine Ausweitung der im Bereich allgemeinbildender Schulen inzwischen anscheinend fest verankerten Tradition laufender Systembeobachtung als nahezu unabweisbar. Tatsächlich hat die nationale wie auch die internationale Bildungsberichterstattung diesen Aspekt längst aufgegriffen und nachdrücklich ver-folgt, wie ein Vergleich älterer Ausgaben von „Education at a Glance" / „Bildung auf einen Blick" mit den jüngsten belegt und wie es auch die Fortentwicklung der Bildungsberichterstattung in Deutschland zeigt. Allerdings sind die Voraussetzungen für den Vergleich von Kenngrößen jenseits des Bereichs traditioneller IEA-Studien und des sie z.T. ablösenden PISA-Programms teilweise recht ungünstig, namentlich dann, wenn auch Übergänge zwischen den Institutionen zu erfassen sind.

1. Vorschulischer Bereich:
Über die fundamentale Bedeutung qualitätvoller Angebote im vorschulischen Bereich ist kaum ein Zweifel möglich. Ansätze, hierfür auch langfristige outcomes zu defi-nieren, zu messen und dem internationalen Vergleichen zugänglich zu machen, gab bzw. gibt es (cf. das über viele Jahre sich erstreckende IEA Pre-Primary Project: Montie, Xiang & Schweinhart, 2007). Angesichts der politischen Anstrengungen, Ver-besserungen in den entsprechenden Bereichen zu ermöglichen, wird auch der Anspruch auf einen ‚Wirksamkeitsnachweis' solcher Investitionen längerfristig unabweisbar.

2. Sonderpädagogische Förderung
Selbst wenn man die Probleme des internationalen Vergleichs hier zunächst zu-rückstellt (weil dieser angesichts der international stark variierenden Quoten für die Inklusion in Regelschulen keine sehr realistische Perspektive darstellt), sind die me-thodischen Herausforderungen in diesem Segment des Bildungswesens auch im nati-onalen Referenzrahmen nicht gering. Abgesehen auch von dem häufig hervorgehobe-nen Gegensatz zwischen summativer Evaluation und Förderdiagnostik sind Fragen der Modellierung langfristiger individueller Lernzuwächse oder Zusammenhänge mit der Eignungsdiagnostik im Kontext der Übergänge in die Berufsausbildung bisher wenig untersucht worden.

3. Berufliche Bildung

Dafür, dass hier besonderer Handlungsbedarf besteht, gibt es mittlerweile Belege aus einer ganzen Reihe internationaler Institutionen, die hier eine wichtige Rolle spielen könnten und bereits konkrete Vorarbeiten leisten:

- *OECD* hat das Programm „Definiton and Selection of Competencies" mit dem Ziel der Identifikation von Schlüsselqualifikationen initiiert („*DeSeCo*"; vgl. Rychen & Salganik, 2001, 2003);
- *Statistics Canada* hat durch seine Einbindung in die vorbildliche kanadische „Labour Market Survey" und in umfassender internationaler Zusammenarbeit im Bereich der Erhebung von Grundqualifikationen Erwachsener in diesem Bereich ein ausgeprägtes Profil entwickelt; vgl. die internationalen Projekte *„International Adult Literacy Survey"* (IALS) und *„Adult Literacy and Life Skills Survey"* (ALL), von denen Deutschland immerhin die erste Chance realisiert hat (vgl. Lehmann & Peek, 1999. Die OECD, die sich im Rahmen von IALS erst in einem späten Stadium engagiert hatte, bereitet inzwischen ein eigenes *„Programme for the International Assessment of Adult Competencies"* (PIAAC) vor.
- In der Bundesrepublik gab es parallel eine Initiative für ein „Berufsbildungs-PISA", die durch eine Machbarkeitsstudie (Baethge, Achtenhagen et al., 2006) unter dem neuen Namen *„Large-scale Assessment – Vocational Education and Training"* (LSA-VET), die offenbar zunehmend auch im europäischen Ausland Interesse findet. Aus den Bundesländern – zunächst aus der Freien und Hansestadt Hamburg und Berlin, inzwischen auch weiteren – liegen bereits empirische Untersuchungsergebnisse vor (vgl. u.a. Lehmann & Seeber, 2007).
- Im Bereich international vergleichender Untersuchungen im tertiären Bildungssektor sind erst allererste Schritte unternommen worden, bezeichnenderweise zunächst auf dem Sektor der Lehrerbildung. Mit den Studien *„Mathematics Teaching in the 21st Century"* (MT21; vgl. Blömeke, Kaiser & Lehmann, 2008) und *„Teacher Education Study – Mathematics"* (TEDS-M; Tatto et al., 2008) liegen erste Befunde vor.

Auf all diesen Forschungsfeldern besteht ersichtlich noch erheblicher Entwicklungsbedarf. Auch herrscht keineswegs durchgehend Klarheit hinsichtlich der Konsequenzen für das eigene Bildungssystem und die der Vergleichsländer. Eine Alternative dazu, die eigene Strategie des Bildungsmonitoring mit entsprechenden internationalen Ansätzen im Sinne einer Optimierung der Erkenntnismöglichkeiten zu verzahnen, ist aber schwerlich zu erkennen.

Literatur

Amadeo, J.-A., Torney-Purta, J., Lehmann, R., Husfeldt, V., & Nikolova, R. (2002). *Civic Knowledge and Engagement: An IEA Study of Upper Secondary Students in Sixteen Countries*. Amsterdam: IEA.

Anderson, L.W., Ryan, D.W. & Shapiro, B.J. (Eds.) (1989). *The IEA classroom environment study. International Association for the Evaluation of Educational Achievement.* Oxford: Pergamon Press.

Angvik, M., von Borries, B. & Körber, A. (1996). *Report to the students and teachers: youth and history, the comparative European project on historical consciousness among teenagers.* Hamburg: Universität, Fachbereich Erziehungswissenschaft.

Arbeitsstab Forum Bildung in der Geschäftsstelle der Bund-Länder-Kommission für Bildungsplanung und Forschungsförderung (Hrsg.) (2001). *Empfehlungen des Forum Bildung. Ergebnisband 1.* Bonn: Forum Bildung.

Baethge, M., Achtenhagen, F., Arends, L., Babic, E., Baethge-Kinsky, V. & Weber, S. (2006). *Berufsbildungs-PISA: Machbarkeitsstudie.* Stuttgart: Franz Steiner Verlag.

Baumert, J., Bos, W. & Lehmann, R. (2000). *TIMSS/III. Dritte Internationale Mathematik- und Naturwissenschaftsstudie – Mathematische und naturwissenschaftliche Bildung am Ende der Schullaufbahn.* Band 2: Mathematische und physikalische Kompetenzen am Ende der gymnasialen Oberstufe. Opladen: Leske + Budrich.

Baumert, J., Klieme, E., Tillmann, K.-J. & Weiß, M. (Hrsg.) (2002). *PISA 2000 - Die Länder der Bundesrepublik Deutschland im Vergleich. Zusammenfassung zentraler Befunde.* Berlin: Max-Planck-Institut für Bildungsforschung.

Baumert, J., Lehmann, R.H., Lehrke, M., Schmitz, B. Clausen, M., Hosenfeld, I., Köller, O. & Neubrand, J. (1997). *TIMSS – Mathematisch-naturwissenschaftlicher Unterricht im internationalen Vergleich. Deskriptive Befunde.* Opladen: Leske + Budrich

Baumert, J., Lehmann, R., Lehrke, M., Schmitz, B., Clausen, M., Hosenfeld, I., Köller, O. & Neubrand, J. (1997). *TIMSS: Third International Mathematics and Science Study: Dritte Internationale Mathematik- und Naturwissenschaftsstudie. Anlage, Fragestellung und Durchführung der TIMS-Studie in der Bundesrepublik Deutschland.* Berlin: Max-Planck-Institut für Bildungsforschung.

Baumert, J., Klieme, E., Neubrand, M., Prenzel, M., Schiefele, U., Schneider, W., Stanat, P., Tillmann, K.-J. & Weiß, M. (Hrsg.) (2001). *PISA 2000. Basiskompetenzen von Schülerinnen und Schülern im internationalen Vergleich.* Opladen: Leske + Budrich.

Beck, B. & Klieme, E. (2007). *Sprachliche Kompetenzen: Konzepte und Messung. DESI-Studie (Deutsch-Englisch-Schülerleistungen-International).* Weinheim/Basel: Beltz.

Blömeke, S., Kaiser, G. & Lehmann, R. (Hrsg.) (2008). *Professionelle Kompetenz angehender Lehrerinnen und Lehrer. Wissen, Überzeugungen und Lerngegelegenheiten deutscher Mathematikstudierender und -referendare.* Münster u.a.: Waxmann.

Bos, W., Lankes, E.-M., Prenzel, M., Schwippert, K., Walther, G. & Valtin, R. (Hrsg.) (2003). *Erste Ergebnisse aus IGLU. Schülerleistungen am Ende der vierten Jahrgangsstufe im internationalen Vergleich.* Münster u.a.: Waxmann.

Bradshaw, J., Hoelscher, P. & Richardson, D. (2007). An Index of Child Well-Being in the European Union. *Social Indicators Research, 80* (1), 133–177.

Bundesministerium für Bildung und Forschung, Referat Öffentlichkeitsarbeit (Hrsg.) (2003). *Zur Entwicklung nationaler Bildungsstandards*: eine Expertise. Bonn: BMBF.

Council of Europe (2001). *Common European Framework of Reference for Languages: Learning, Teaching, Assessment.* Cambridge: Cambridge University Press

Dahrendorf, R. (1965). *Bildung ist Bürgerrecht: Plädoyer für eine aktive Bildungspolitik.* Hamburg: Nannen-Verlag.

DESI-Konsortium (Hrsg.) (2008). *Unterricht und Kompetenzerwerb zu Deutsch und Englisch.* Weinheim: Beltz.

Elley, W.B. (Ed.) (1994). *The IEA Study of Reading Literacy: Achievement and Instruction in Thirty-two School Systems.* Oxford: Pergamon Press.

Fend, H. (1974). *Gesellschaftliche Bedingungen schulischer Sozialisation. Soziologie der Schule I.* Weinheim/Basel: Beltz.

Händle, Chr., Oesterreich, D. & Trommer, L. (1999). *Aufgaben Politischer Bildung in der Sekundarstufe 1.* Opladen: Leske + Budrich.

Helmke, A. (1992). Unterrichtsqualität und Unterrichtseffekte – Ergebnisse der Münchner Studie. *Der Mathematikunterricht, 38* (5), 40–58.

Helmke, A. & Jäger, R.S. (2002). *Das Projekt MARKUS: Mathematik-Gesamterhebung Rheinland-Pfalz: Kompetenzen, Unterrichtsmerkmale, Schulkontext.* Landau: Empirische Pädagogik e.V.

Hosenfeld, I., Groß Ophoff, J. & Bittins, P. (2006). Vergleichsarbeiten und Schulentwicklung. In: *Schulmanagement-Handbuch 118,* 25. Jg. München: Oldenbourg.

Hüfner, K., Naumann, J., Köhler, H. & Pfeffer, G. (1986). *Hochkonjunktur und Flaute. Bildungspolitik in der Bundesrepublik Deutschland 1967–1980.* Stuttgart: Klett-Cotta.

Husén, T. (Hrsg.) (1967). *A Comparison of Twelve Countries: International Study of Achievement in Mathematics.* 2 vols. Stockholm: Almquist & Wiksell.

Kozma, R. (Hrsg.) (2003). *Technology, innovation, and educational change: A global perspective.* Eugene: OR: International Society for Educational Technology.

Lehmann, R., Peek, R., Pieper, I., von Stritzky, R. (1995). *Leseverständnis und Lesegewohnheiten deutscher Schüler und Schülerinnen.* Weinheim/Basel: Beltz.

Lehmann, R.H. & Peek, R. (1999). Outcomes of Vocational Education/Training versus General Education. Results from the German Contribution to the International Adult Literacy Survey. In: F. van Wieringen & G. Attwell (Eds.): *Vocational and Adult Education in Europe* (pp. 409–422). Dordrecht/Boston/London: Kluwer.

Lehmann, R., Peek, R., Gänsfuß, R., Lutkat, S., Mücke, S. & Barth, I. (2000). *Qualitätsuntersuchungen an Schulen zum Unterricht in Mathematik (QuaSUM).* Potsdam: Ministerium für Bildung, Jugend und Sport.

Lehmann, R.H., Peek, R. (1996): *Aspekte der Lernausgangslage von Schülerinnen und Schülern der fünften Klassen an Hamburger Schulen: Zur Anlage der Untersuchung.* In: Hamburg macht Schule, 8 (4), 28–30.

Lehmann, R.H. & Seeber, S. (Hrsg.) (2007). *ULME III. Untersuchung von Leistungen, Motivation und Einstellungen der Schülerinnen und Schüler in den Abschlussklassen der Berufschulen.* Hamburg: Behörde für Bildung und Sport, Amt für Bildung.

Montie, J., Xiang, Z., & Schweinhart, L.J. (2007). *The Role of Preschool Experience in Children's Development: Longitudinal Findings From 10 Countries.* Ypsilanti, MI: High/Scope Press.

Mullis, I.V.S. et al. (2003). *PIRLS 2001 International Report. IEA's Study of Reading Literacy Achievement in Primary Schools in 35 Countries. International Association for the Evaluation of Educational Achievement.* Chestnut Hill, MA: PIRLS International Study Center.

Mullis, I.V.S., Martin, M.O., Gonzalez, E.J. & Chrostowski, S.J. (2004). *Findings From IEA's Trends in International Mathematics and Science Study at the Fourth and Eighth Grades.* Chestnut Hill, MA: TIMSS & PIRLS International Study Center, Boston College.

Oesterreich, D. (2002). *Politische Bildung von 14-Jährigen in Deutschland.* Opladen: Leske + Budrich.

Organisation for Economic Co-operation and Development (2001). *PISA. Knowledge and Skills for Life. First Results from PISA 2000.* Paris: OECD Publishing.

Organisation for Economic Co-operation and Development (2004). *PISA. Learning for Tomorrow's World. First Results from PISA 2003.* Paris: OECD Publishing.

Organisation for Economic Co-operation and Development (2007). *Education at a glance. 2007.* OECD indicators. Paris: OECD Publishing.

Pelgrum, W.J. & Plomp, T. (Eds.) (1993). *The IEA Study of Computers in Education: Implementation of an Innovation in 21 Education Systems.* Oxford: Pergamon Press.

Picht, G. (1964). *Die deutsche Bildungskatastrophe.* Olten: Walter-Verlag.

PISA-Konsortium Deutschland (Hrsg.) (2004). *PISA 2003. Der Bildungsstand der Jugendlichen in Deutschland – Ergebnisse des zweiten internationalen Vergleichs.* Münster u.a.: Waxmann.

Postlethwaite, T.N. (1967). *School Organisation and Student Achievement.* Stockholm/New York: Almqvist & Wiksell/John Wiley & Sons.

Postlethwaite, T.N., Weiler, H. & Roeder, P.-M. (Hrsg.) (1980). *Schulen im Leistungsvergleich. Bedingungen für erfolgreiches Lernen.* Stuttgart: Klett-Cotta.

Purves, A.C. (Ed.) (1992). *The IEA study of written composition.* Vol. 2. Education and performance in fourteen countries. Oxford u.a.: Pergamon Press.

Rychen, D.S. & Salganik, L.H. (2001). *Defining and selecting key competencies.* Seattle/ Toronto/Bern/Göttingen: Hogrefe & Huber.

Rychen, D.S. & Salganik, L.H. (2003). *Key Competencies for a Successful Life and a Well-Functioning Society.* Seattle/Toronto/Bern/Göttingen: Hogrefe & Huber.

Schulz-Zander, R., Dalmer, R., Petzel, T., Büchter, A., Beer, D. & Stadermann, M. (2003). *Innovative Praktiken mit Neuen Medien in Schulunterricht und Organisation – IPSO.* Nationale Ergebnisse der internationalen IEA-Studie SITES, Modul 2 (Second Information Technology in Education Study). Abschlussbericht. Dortmund: Institut für Schulentwicklungsforschung.

Tatto, M.T., Schwille, J., Senk, S., Ingvarson, L., Peck, R., & Rowley, G. (2008). *Teacher Education and Development Study in Mathematics (TEDS-M): Conceptual framework.* East Lansing: MI: Teacher Education and Development International Study Center, College of Education, Michigan State University.

Torney-Purta, J. et al. (2001). *Citizenship and education in twenty-eight countries. Civic knowledge and engagement at age fourteen.* Amsterdam: International Association for the Evaluation of Educational Achievement.

UNICEF (2007). *Child poverty in perspective: An overview of child well-being in rich countries. A comprehensive assessment of the lives and well-being of children and adolescents in the economically advanced nations.* Florence: Innocenti Research Centre.

Walker, D.A. (1976). *The IEA Six Subject Survey: An Empirical Study of Education in Twenty-One Countries.* Stockholm/New York: Almqvist & Wiksell/John Wiley & Sons.

Weinert, F.E. (2001). *Leistungsmessungen in Schulen.* Weinheim/Basel: Beltz.

Weinert, F.E. & Helmke, A. (Hrsg.) (1997). *Entwicklung im Grundschulalter.* Weinheim: Psychologie Verlags Union.

Wößmann, L. (2007). Letzte Chance für gute Schulen. Die 12 großen Irrtümer und was wir wirklich ändern müssen. München: Zabert Sandmann Verlag.

Uwe Lehmpfuhl

Lokale Bildungsberichterstattung als Instrument zur Entwicklung regionaler Bildungslandschaften – das Beispiel Dortmund

1. Einführung

Im folgenden Beitrag wird am Beispiel der Stadt Dortmund der Frage nachgegangen, inwiefern lokale Bildungsberichte gleichzeitig auch als Instrumente zur Weiterentwicklung regionaler Bildungslandschaften genutzt werden können. Im Zentrum stehen dabei Entstehungsgeschichte und Struktur des ersten kommunalen Bildungsberichts für die Stadt Dortmund. Er wurde im Dezember 2007 der Dortmunder Bildungskommission vorgestellt, wurde Anfang 2008 veröffentlicht und ist damit einer der ersten Berichte dieser Art in Deutschland. Der Zugang über den Entstehungszusammenhang wurde für diesen Beitrag gewählt, um die systematische Einbettung dieses Berichts in die Vielzahl kommunaler Entwicklungsaktivitäten zu verdeutlichen, mit denen sich die Stadt Dortmund in den letzten acht Jahren um eine qualitätsorientierte Weiterentwicklung der eigenen Schul- und Bildungslandschaft bemüht hat.

Ausgangspunkt und Bezugsrahmen dieser Aktivitäten sind die Empfehlungen der nordrhein-westfälischen Bildungskommission aus dem Jahre 1995, die deshalb im folgenden Kapitel in den für die Dortmunder Entwicklung relevanten Auszügen dargestellt werden. Anschließend werden dann die wichtigsten Stationen und Elemente der aktuellen Schulentwicklung in Dortmund skizziert, deren Beginn auf das Jahr 1999 zu datieren ist. Zu diesen Elementen gehörten seit dem Jahr 2001 auch Aktivitäten, die in der Rückschau als Vorläufer der aktuellen Bildungsberichterstattung eingeordnet werden können. Auf sie wird im vierten Kapitel dieses Beitrags näher eingegangen, bevor dann Struktur und Bestandteile des Kommunalen Bildungsberichts 2007 vorgestellt werden. Der Beitrag schließt mit einem Ausblick über das geplante weitere Vorgehen der Stadt im Umgang mit diesem Bericht, durch den abschließend noch einmal deutlich gemacht werden soll, inwiefern dieser Bericht von den Verantwortlichen als Entwicklungsinstrument verstanden und genutzt wird.

2. Die Empfehlungen der Bildungskommission NRW als Bezugsrahmen für die Dortmunder Schulentwicklung

Im Jahre 1995 veröffentlichte die Bildungskommission beim Ministerpräsidenten des Landes Nordrhein-Westfalen („Rau-Kommission") unter dem Titel „Zukunft der Bildung – Schule der Zukunft" ihre Denkschrift mit Empfehlungen zur Weiterentwicklung des Schulsystems. Sie enthielt im Kapitel „Strukturen und Koordination des Bildungsangebots" auch eine Reihe von Anregungen zum Thema „Regional gestaltete Bildungslandschaften", die auf eine stärkere Regionalisierung der Organisationsstrukturen im Bildungssystem abzielten.

„Die Kommission möchte mit ihrem Vorschlag ‚Regional gestaltete Bildungslandschaften' dazu anregen, in den Regionen eine Infrastruktur
miteinander vernetzter Bildungsangebote zu entwickeln und zu sichern,
die für die Nutzer transparent und als System ökonomisch sind" (Bildungskommission NRW, 1995, S. 284). Dabei sollen als „Bildungsregion
in der Regel Kreise und kreisfreie Städte gelten" (ebd., S. 288).

Aufgrund ihrer Bedeutung für die Dortmunder Entwicklung werden die konkreten
Empfehlungen der Kommission zu diesem Thema im Folgenden kurz vorgestellt. Die
Empfehlungen zielten darauf ab, die Gesamtheit aller Bildungsangebote der unterschiedlichen Träger in die Betrachtung der jeweiligen Bildungsregion einzubeziehen
und postulierten den Anspruch, die Bedürfnisse der Region bei der Gestaltung dieser Vielfalt in angemessener Form zu berücksichtigen. An den hierzu erforderlichen,
langfristig anzulegenden Planungs- und Entwicklungsprozessen sollten alle regional
bedeutsamen Akteure im Bildungsbereich beteiligt werden (ebd., S. 285).

Als „Instrumente der Kooperation und Selbstkoordination für die lokal und regional
verantwortete Schul- und Bildungspolitik" wurden regionale „Bildungskommissionen"
favorisiert, die bei allen Schulträgern des Landes eingerichtet werden und dort als
„Ausschüsse besonderen Rechts" an die Stelle der Schulausschüsse treten sollten
(ebd., S. 292f.). Ihnen sollten – neben Vertretern der verschiedenen Bildungsträger –
auch andere Vertreter öffentlicher wie privater Institutionen und Verbände angehören,
die für die jeweilige Bildungsregion relevant sind. Bildungskommissionen sind nach
diesem Verständnis ressort- und verwaltungsübergreifende Institutionen, die durch die
Beteiligung von Institutionen, die nicht zur Bildungsverwaltung gehören, gleichzeitig
eine neue Qualität von öffentlicher Information und Entscheidung ermöglichen sollen.

Um die regionale Entwicklung des Bildungsbereichs in den Regionen datengestützt
begleiten und steuern zu können, sollten sich diese Kommissionen verschiedener
Instrumente bedienen. Hierzu gehörte zum einen eine regionale „Rahmenplanung" für
die Schulentwicklung, die (je nach Zuschnitt der jeweiligen Bildungsregion) zwischen
den beteiligten Schulträgern interkommunal abzustimmen wäre. Anders als die bis dahin gebräuchlichen Verfahren, die Schulentwicklungsplanung eher im Sinne einer rein
quantitativ ausgerichteten Versorgungsplanung auf kommunaler Ebene behandelt hatten, sollten diese neuen Planungsformen auch qualitative Aspekte berücksichtigen und
die Bildungsplanung überdies mit anderen kommunalen Gestaltungsbereichen (z.B.
Jugendhilfeplanung) verknüpfen (ebd., S. 289).

Die „qualitative" Schulentwicklung sollte darüber hinaus durch die Einrichtung regionaler „Entwicklungsfonds" vorangetrieben werden. Mit ihrer Hilfe sollten nicht nur
Innovationsprojekte an einzelnen Schulen gezielt gefördert werden können, sondern
es ging auch darum, „einen Ausgleich zwischen Schulen" herzustellen, die „unter unterschiedlichen Standortbedingungen arbeiten" müssen (ebd., S. 293f.). Statt dem bis
dahin geltenden „Gießkannenprinzip" war hier demnach eine stärker bedarfsorientierte
Ressourcenverteilung beabsichtigt.

Zur Evaluation sowohl der vorhandenen „regionalen Schulstrukturen und Bildungsangebote" als auch der auf regionaler Ebene zu initiierenden Entwicklungsvorhaben sahen die Empfehlungen der Rau-Kommission eine „regelmäßige Berichterstattung" vor, die konzeptionell in zweigeteilter Form gedacht wurde. So gehörte
neben dem „Regionalen Schulbericht" auch ein „Regionaler Berufsbildungsbericht" zu
den vorgeschlagenen Monitoring-Instrumenten.

Wiewohl das in diesen Empfehlungen der Kommission enthaltene Regionalisierungskonzept aus heutiger Sicht sicher einiger Ergänzungen bedürfte, ist es als programmatischer Innovationsanspruch nach Einschätzung des Verfassers nach wie vor aktuell und wurde bislang auch nur ansatzweise umgesetzt (vgl. etwa das Modellvorhaben „Selbstständige Schule" in NRW und vergleichbare Projekte in anderen Bundesländern). Insofern erscheint es nicht überraschend, dass dieses Konzept von den politisch Verantwortlichen in der Stadt Dortmund in den folgenden Jahren als Orientierungsrahmen für die Dortmunder Schulentwicklung genutzt worden ist.

3. Zentrale Stationen und Elemente der kommunalen Schul- bzw. Qualitätsentwicklung in Dortmund seit 1999

Noch weniger überraschend erscheint diese Bezugnahme, wenn man sich vor Augen führt, dass der 1999 erstmals in dieses Amt gewählte Oberbürgermeister von Dortmund, Dr. Gerhard Langemeyer, zuvor als Schuldezernent der Stadt selbst Mitglied der Bildungskommission NRW gewesen ist und an der Formulierung dieser Empfehlungen mitgearbeitet hatte.

Zu Beginn seiner ersten Amtszeit im Jahr 1999 wird ein aus fünf „Bausteinen" bestehendes Konzept zur „Förderung einer innovativen Schulentwicklung" auf den Weg gebracht und anschließend schrittweise umgesetzt (vgl. Stadt Dortmund 2008, S. 149f.). Es beinhaltet die im Folgenden kurz erläuterten Handlungsschwerpunkte:

Kommunikation koordinieren: Gemeint ist hiermit die Einrichtung der „Dortmunder Schulkoordinierungskonferenz", in der die Sprecher/innen aller Schulformen, die Leitungsebene der Schulverwaltung sowie die örtliche Schulaufsicht zur gemeinsamen Abstimmung innerer und äußerer Schulangelegenheiten sowie gemeinsamer Handlungsstrategien und Entwicklungsvorhaben vertreten sind.

Dortmunder Bildungskommission: Im Jahr 2001 nimmt die von Langemeyer persönlich einberufene und zunächst auch geleitete „Dortmunder Bildungskommission" ihre Arbeit auf. Anders als in den Empfehlungen der Rau-Kommission vorgeschlagen, handelt es sich hierbei zwar nicht um einen den örtlichen Schulausschuss ersetzenden Ausschuss besonderen Rechts, sondern um ein informelles Gremium zur Beratung des Oberbürgermeisters und der Schulverwaltung. Bei der Besetzung dieses Gremiums orientiert sich der Dortmunder OB allerdings an den Empfehlungen der Rau-Kommission und beruft dementsprechend eine Reihe von Vertreter/inne/n aus Institutionen in diese Kommission, die für die Dortmunder Bildungslandschaft bedeutsam sind (u.a. aus den Hochschulen, Kammern, der Wirtschaft und den Kirchen). Die Leitung dieses Gremiums übernimmt ab dem Jahre 2002 der Gründer und langjährige Leiter des Instituts für Schulentwicklungsforschung der (Technischen) Universität Dortmund, Professor Hans-Günter Rolff, der ebenso wie Langemeyer Mitglied der Rau-Kommission gewesen ist.

Auf Anregung dieses Gremiums wurde u.a. die Entwicklung eines Leitbildes für die „Schulstadt Dortmund" in Angriff genommen, das bis zum Frühjahr 2002 „unter Beteiligung von Schulen und Vertretern fast aller gesellschaftlichen Gruppen im Dialog erarbeitet" worden ist (ebd., S. 150) und seither als Orientierungsrahmen für die Aktivitäten zur Weiterentwicklung der regionalen Bildungslandschaft dient. Damit wurden gleichzeitig auch neue Formen der Beteiligung zur Einbeziehung von außerschulischen Partnern erprobt, die anschließend auf andere Bereiche übertragen worden sind.

Schulentwicklungsfonds: Ende 2000 wird erstmals der „Schulentwicklungsfonds" für „innovative Projekte" an Dortmunder Schulen aufgelegt (jährlich DM 500.000,-), von dem mittlerweile 80% der Dortmunder Schulen profitiert haben und für den der Schulträger gegenwärtig „jährlich rund 300.000 Euro zur Verfügung" stellt (ebd.).

Qualifizierungsservice: Hinter diesem Stichwort verbirgt sich die „Bündelung vorhandener Angebote staatlicher und kommunaler Lehrerfortbildung [...], wobei der Schwerpunkt der Qualifizierungsmaßnahmen bei Innovationsthemen" liegt. Zu diesem Schwerpunkt werden auch die „Qualitätsberaterinnen und Qualitätsberater" gerechnet, die in „Kooperation mit dem ‚Institut für Schulentwicklungsforschung' für die Beratung und Unterstützung von Schulen ausgebildet" worden sind und die seit 2003 „überwiegend im Rahmen des Modellvorhabens ‚Selbstständige Schule' eingesetzt" wurden (ebd., S. 151).

Bildungspartnerschaften umfasst als fünfter Baustein des Dortmunder Konzepts im Schwerpunkt den „Bereich Schule – Wirtschaft" und zielt dort auf die Verbesserung der „Kooperation zwischen Schulen, Betrieben und Unternehmen über das traditionelle Maß [...] hinaus" (ebd.).

Unterstützt und koordiniert wurden die hier skizzierten, vielfältigen Aktivitäten zur Förderung der Schulentwicklung in Dortmund seit 2002 zunächst durch ein „Projektbüro" des Fachdienstes Schule, das ab 2003 (Beteiligung der Stadt am Modellvorhaben „Selbstständige Schule NRW" mit z.Zt. 82 Schulen) zum „Regionalen Bildungsbüro" ausgebaut worden ist. Es „funktioniert als ein ‚joint venture' aus Schulverwaltung, Schulaufsicht und dem aus der Bildungskommission hervorgegangenen ‚Verein zur Förderung innovativer Schulentwicklungen' e.V. (schul.inn.do e.V.), zu dem alle Beteiligten personelle, finanzielle und ideelle Beiträge leisten" (ebd., S. 151f.). Den Rahmen seiner Arbeit bilden gegenwärtig die Dortmunder „‚Handlungsstrategien zur Förderung innovativer Schulentwicklung', die Empfehlungen der Dortmunder Bildungskommission sowie Beschlüsse des Schulausschusses". Dabei wurden von der Bildungskommission im Jahr 2003 fünf „Entwicklungsschwerpunkte priorisiert:

• Stärkung der Selbstständigkeit von Schule
• Förderung innovativer Schulprojekte (Schulentwicklungsfonds),
• Aufbau von Bildungspartnerschaften Schule – Wirtschaft/Institutionen,
• Entwicklung von Medienkompetenz an Schulen,
• Ausweitung schulischer Ganztagsangebote" (ebd., S. 152).

Hinzugekommen ist seit 2005 auf Betreiben des Oberbürgermeisters außerdem die „Optimierung des Übergangs von der Schule in die Arbeitswelt" (Projekt „Zeitgewinn" mit dem Regionalen Bildungsbüro als Koordinierungsstelle und einem örtlichen „Beirat Übergang Schule – Beruf", in dem alle für die berufliche Bildung bedeutsamen regionalen Akteure vertreten sind) als weiterer strategischer Schwerpunkt (ebd.) der Arbeit in Dortmund. Damit reagierte die städtische Bildungspolitik auf die Situation auf dem Dortmunder Ausbildungsstellenmarkt, die sich aus Bewerbersicht seit einigen Jahren deutlich verschlechtert hatte (rückläufiges Ausbildungsangebot bei gleichzeitig steigender Nachfrage; ebd., S. 82ff.).

4. Bildungsberichterstattung in Dortmund

Parallel zu den bis hierhin genannten Entwicklungsaktivitäten gab es seit dem Jahr 2001 weitere Aktivitäten in den Bereichen der kommunalen Bildungsplanung und Bildungsberichterstattung, die sich aus heutiger Sicht als Vorläufer des aktuellen Bildungsberichts interpretieren lassen.

4.1 Die Vorläufer der aktuellen Bildungsberichterstattung

So umfasste das im Jahr 2001 beim Institut für Schulentwicklungsforschung in Auftrag gegebene „Entwicklungskonzept Dortmunder Berufskollegs" bereits eine erste umfassende Analyse zu den Übergängen in die berufliche Bildung und zum Ausbaustand des beruflichen Schulwesens in Dortmund (Lehmpfuhl, 2001a). Mit den Bausteinen 3 („Vorausschätzungen zur künftigen Entwicklung") und 4 („Handlungsbedarf und -möglichkeiten", Lehmpfuhl, 2001b sowie 2002) wurde seinerzeit überdies auch der Anspruch der Rau-Kommission an eine langfristige Rahmenplanung für die Schulentwicklung (vgl. Kap. 2) zumindest für den Bereich der beruflichen Schulen eingelöst. Dies gilt insbesondere auch mit Blick auf die im Rahmen dieses dialogisch angelegten Verfahrens realisierte Beteiligung der relevanten Akteure am Planungsprozess.

Als Einstieg in eine regelmäßige Bildungsberichterstattung für die Stadt kann schließlich das (auf Anregung der Bildungskommission) im Jahr 2004 erstellte Gutachten zur „Bildungsbeteiligung in Dortmund" betrachtet werden (Lehmpfuhl, 2004b). Es wurde der Dortmunder Bildungskommission im Herbst 2005 vorgestellt und konzentrierte sich (im Schulteil) auf wenige, zuvor vereinbarte Indikatoren zu diesem Thema:

- Schülerzahlen und Schulformanteile in Dortmund (hier v.a. im 7. Jahrgang) nach Deutschen und Ausländerinnen und Ausländern differenziere,
- Schulabgänge aus den allgemein bildenden Schulen in Dortmund nach Abschlussarten sowie ebenfalls nach Deutschen und Ausländerinnen und Ausländern jeweils im Vergleich von 24 kreisfreien Städten in NRW,
- Anteile des 2. Bildungsweges und der Berufskollegs an allen allgemein bildenden Abschlüssen in Dortmund sowie in vergleichbaren Großstädten in NRW,
- Anmeldungen von den Grundschulen zu den weiterführenden Schulen in Dortmund im Schuljahr 2003/04 zur Ermittlung kleinräumiger Unterschiede bei der Schulformwahl durch die Eltern.

Hinzugezogen wurden überdies Indikatoren zur Beschreibung der sozialen Lage in den untersuchten Städten (Erwerbsbeteiligung, Kaufkraft, Arbeitslosigkeit und Sozialhilfebezug) auf der Grundlage von Daten des Berlin-Instituts für Bevölkerung und Entwicklung (vgl. Studie „Deutschland 2020" von Kröhnert, van Olst & Klingholz), die im Internet deutschlandweit auf der Gliederungsebene „Kreise und kreisfreie Städte" bereitstanden. Mittels dieser Indikatoren wurde seinerzeit ein erster Versuch unternommen, Zusammenhänge zwischen Bildungsbeteiligung und sozialer Lage quantitativ zu belegen.

Ergebnisse der 2004er Studie

Mit einer Hochschulzugangsberechtigten-Quote von 28,5% (gemeint sind hier die Schulabgängerinnen und Schulabgänger mit Abitur und Fachhochschulreife bezogen auf den durchschnittlichen Altersjahrgang der 18- bis unter 21-Jährigen) aus den allgemeinbildenden Schulen lag Dortmund im Jahr 2004 auf Platz 17 von 24 Vergleichsstädten in NRW, die im Durchschnitt einen Anteil von 32,5% aufwiesen. Bei den Abgängerinnen und Abgängern ohne Abschluss lag Dortmund mit einer Quote von 8,9% ebenfalls auf Platz 17 in dieser Vergleichsgruppe. Der Durchschnitt aller untersuchten Städte lag hier bei 7,6% (vgl. Lehmpfuhl 2004b, S. 8).

In diesem Zusammenhang ist mit Hinweis auf die unterschiedlichen Ausgangsbedingungen in den betrachteten Städten allerdings klarzustellen, dass diese Ergebnisse keinesfalls im Sinne von Ranglisten zu interpretieren sind, die etwas über die Qualität von Schulen, Schullandschaften oder deren Steuerung durch die Bildungsverwaltung in den am Vergleich beteiligten Städten aussagen. So lassen sich diese Zahlen viel eher als Ergebnis einer höchst ungleich ausgeprägten Bildungsbeteiligung erklären, die vermutlich vorrangig auf soziale Disparitäten zurückzuführen ist.

Als Erklärung für das unterdurchschnittliche Abschneiden der Stadt Dortmund bei den Bildungsabschlüssen wurde dementsprechend folgerichtig – neben der niedrigen Gymnasialquote in Dortmund (Platz 18 im Vergleich der Gymnasialanteile in den siebten Klassen der 24 Städte) – auch ein niedriger Anteil derer identifiziert, die die Gesamtschulen mit einer Hochschulzugangsberechtigung verlassen (Platz 17 im Vergleich, ebd., S. 9).

Obwohl die Dortmunder Schulen einen relativ hohen Ausländeranteil aufwiesen (Platz 7 der Rangfolge), der sich erwartungsgemäß ungleichmäßig auf die Schulformen verteilte, konnte ihre Anwesenheit jedoch nur bedingt zur Erklärung der unterdurchschnittlichen Bildungsbeteiligung herangezogen werden, da diese Gruppe im Vergleich zu anderen Städten in Dortmund sogar überdurchschnittlich gut abschnitt (ebd., S. 9f.).

Der weiter oben bereits thematisierte Vergleich mit ausgewählten Indikatoren zur sozialen Lage unterstützte hingegen die Vermutung, dass die vergleichsweise niedrige Bildungsbeteiligung in Dortmund vorrangig hierüber zu erklären ist. So weist die Dortmunder Bevölkerung im Hinblick auf Erwerbstätigkeit (Platz 48 von 54), Kaufkraft (Platz 40 von 54) und den Bezug von Transferleistungen (Platz 51 von 54) im Vergleich aller 54 Kreise und kreisfreien Städte in NRW entsprechend kritische Befunde auf (ebd., S. 11).

Diese Hinweise entsprechen den Ergebnissen der Studie „Bildungsbeteiligung im Ruhrgebiet" aus dem Jahre 2003 (vgl. Büttner et al., 2003), die seinerzeit deutliche Unterschiede zwischen den zugehörigen Teilregionen diagnostiziert hatte, wobei „besondere Defizite im nördlichen Ruhrgebiet" festgestellt worden sind (ebd., S. 29).

Als Erklärung wurde – im Anschluss an Klemm (2002) – seinerzeit vermutet, dass „insbesondere benachteiligte Stadtteile mit hoher Arbeitslosigkeit, unterschiedlichen kulturellen Milieus, sozialem Konfliktpotential oder vielfach bildungsfernen Elternhäusern extrem ungünstige Lernbedingungen für Jugendliche" darstellen (ebd., S. 43).

Um die hier vermuteten Zusammenhänge anhand kleinräumiger oder gar schulbezogener Daten belegen zu können, wurde seinerzeit eine entsprechende Akzentuierung der Fortschreibung angeregt.

4.2 Das Konzept von 2006 und seine Umsetzung im Ersten Kommunalen Bildungsbericht für die Stadt Dortmund 2007

Ende 2005 wurde von der Dortmunder Bildungskommission schließlich angeregt, die bisherigen Untersuchungen zu diesem Thema im Sinne einer kontinuierlichen und systematischen Bildungsberichterstattung fortzuschreiben.

Dieser „Kommunale Bildungsbericht" für Dortmund sollte sich an den Empfehlungen der Kommission und damit auch am Modell der indikatorengestützten Bildungsberichterstattung für Deutschland orientieren (vgl. Konsortium Bildungsberichterstattung 2006).

Der Dortmunder Bericht sollte deshalb in enger Kooperation zwischen der Stadt als Auftraggeberin und externen Auftragnehmern erstellt sowie künftig in zweijährigem Abstand fortgeschrieben werden und dabei jeweils in drei große Abschnitte untergliedert sein:

    I.   Fortschreibung von Grund- bzw. Eckdaten zu ausgewählten Indikatoren
        (hier: Bildungsangebote & Bildungsbeteiligung),
   II.   Bedarfsabhängige vertiefende Analysen zu spezifischen
        Fragestellungen/Teilbereichen,
  III.   Berichte über Aktivitäten des Schulträgers und deren Ertrag.

„So wie der nationale Bildungsbericht für Deutschland besteht auch der Dortmunder Bildungsbericht aus einem indikatorengestützten Basisteil (vgl. Abschnitt I), der neben bereichsübergreifenden Grundinformationen zu Demografie und Schülerzahlen auch ‚bereichsspezifische Darstellungen' zu den verschiedenen Schulstufen und -formen enthält. Die zentralen Eckdaten aus diesem Bereich sollen als Kernindikatoren der Entwicklung künftig nach Möglichkeit in regelmäßigem Abstand fortgeschrieben werden" (vgl. Bildungsbericht Dortmund 2007, S. 11f.). Aufgrund der verfügbaren Ressourcen konnten dabei zwar nicht alle Indikatoren erfasst werden, die auch im nationalen Bericht verwendet worden sind. Stattdessen beschränkt sich die Darstellung und Analyse auf ausgewählte „Schlüsselindikatoren [...]: Die erreichten Bildungsabschlüsse, die demografischen Rahmenbedingungen, die Bildungsangebote und Übergänge" (ebd., S. 12).

„Ergänzend zu diesem Basisteil soll es – wie auf Bundesebene – auch in jedem Dortmunder Bildungsbericht einen ‚Schwerpunktteil' zu einem vorab ausgewählten Thema geben (Abschnitt II). Für diesen ersten Dortmunder Bildungsbericht ist in der Bildungskommission das Thema „Sozialindex" als Schwerpunkt verabredet worden" (ebd.). Ein entsprechender Auftrag für die Erstellung der Teile I und II des ersten Berichts wurde den beteiligten Wissenschaftlerinnen und Wissenschaftlern am Institut für Schulentwicklungsforschung von der Dortmunder Schulverwaltung im Jahr 2006 bzw. Anfang 2007 erteilt.

Die Koordination des Gesamtvorhabens „Bildungsbericht Dortmund" wurde Professor H.-G. Rolff übertragen. Es umfasste „noch einen dritten Teil, in dem es um die Aktivitäten des Schulträgers und deren Erfolge geht. Dieser Abschnitt III wurde im Regionalen Bildungsbüro des ‚Fachbereichs Schule' erstellt". Er enthält Berichte über „jene Aktivitäten, die mit den Empfehlungen der Bildungskommission in Zusammenhang stehen" und leistet als Form der Rechenschaftslegung durch die verantwortlichen Akteure auf der Steuerungsebene einen Beitrag zur Qualitätssicherung der Gesamtentwicklung (ebd.).

Teil I des Kommunalen Bildungsberichts für Dortmund 2007:
Rahmendaten zur Entwicklung der Schullandschaft in Dortmund

Dieser Teil des Dortmunder Bildungsberichts mit seiner Fortschreibung von „Rahmendaten zur Entwicklung der Schullandschaft in Dortmund" orientiert sich „in seiner Anlage am Konzept einer indikatorengestützten Bildungsberichterstattung" (vgl. Konsortium Bildungsberichterstattung, 2005). So dient auch hier „‚ein überschaubarer, systematischer, regelmäßig aktualisierbarer Satz von Indikatoren, d.h. von statistischen Kennziffern' als ‚Kern' der Berichterstattung, wobei die Indikatoren in diesem Falle ausschließlich ‚aus amtlichen Daten [...] in Zeitreihe ermittelt und dargestellt' werden. Die von den zuständigen Ministerien (für Schule und Arbeit) und dem Landesamt für Datenverarbeitung und Statistik des Landes NRW sowie der Bundesagentur für Arbeit und der Stadt Dortmund bereit gestellten Zahlen ermöglichen hierbei Vergleiche mit anderen Großstädten in NRW und mit dem Landesdurchschnitt. Sie sollen in diesem Falle dazu beitragen, ‚die Entwicklung des Bildungswesens [auf regionaler Ebene] zu verstehen, Stärken und Schwächen zu identifizieren [...] und somit politischen Handlungsbedarf zu verdeutlichen [...]. Die Befunde zu werten und Handlungsempfehlungen abzuleiten bleibt hingegen [auch hier] Politik und Öffentlichkeit vorbehalten' (ebd., S. 2)" (Konsortium Bildungsberichterstattung 2005, zitiert nach Bildungsbericht Dortmund 2007, S. 24).

Bei der Auswahl und Darstellung der Indikatoren orientierten sich die Verfasser überdies an den konkreten Anforderungen und Wünschen des Auftraggebers sowie an den in langer Forschungspraxis entwickelten und bewährten Methoden und Verfahren der Schulentwicklungsplanung und Bildungsberichterstattung des IFS (vgl. hierzu die einschlägigen Arbeiten von Mauthe 1996, Lehmpfuhl 2004a und Rösner 2003). Bedeutsam für die Auswahl waren demnach einerseits ihre Eignung für „die Aufgaben dieses Berichts als ein Monitoring-Instrument im Kontext einer langfristig angelegten Strategie systematischer Qualitätsentwicklung auf regionaler Ebene" und andererseits die „Berücksichtigung forschungsökonomischer Erfordernisse" (ebd.).

Die Darstellung der ausgewählten Indikatoren wurde in drei Kapitel untergliedert:
1) Rahmenbedingungen (Demografie & Schulangebote),
2) Schülerzahlentwicklung nach Schulstufen und -formen, Übergänge in die weiterführenden Schulen und Bildungsbeteiligung, Auf- und Abstiege zwischen den Schulformen, Abschlüsse,
3) Übergänge in berufliche Bildung: dualer Ausbildungsmarkt, Ausbaustand des Übergangssystems, quantitative Entwicklung der Berufskollegs.

Die beiden ersten von Ernst Rösner verfassten Kapitel orientieren sich somit einerseits an den Gepflogenheiten der Schulentwicklungsplanung für das allgemein bildende Schulwesen (vgl. Rösner 2003) sowie andererseits an den Formen der Bildungsberichterstattung, wie sie in einschlägigen Aufsätzen in den Jahrbüchern der Schulentwicklung zu finden sind (vgl. hierzu etwa den Aufsatz von Pfeiffer & Rösner im Jahrbuch 11, 2000).

Das vom Verfasser dieses Beitrags verantwortete Kapitel 3 folgt bei der Auswahl und Darstellung von Rahmendaten zum Thema Übergänge in die berufliche Bildung hingegen einerseits den in der Berufsbildungsberichterstattung gebräuchlichen Indikatoren (z.B. Angebots-Nachfrage-Relationen u.ä.) und stützt sich andererseits auf sekundärstatistische Auswertungen von Schülerzahlen aus den beruflichen Schulen, wie sie auch in diesem Bereich der Schulentwicklungsplanung verwendet werden (vgl. Lehmpfuhl 2004a).

Teil II des Kommunalen Bildungsberichts für Dortmund 2007:
Bildungsrelevante Ressourcen im Elternhaus: Indikatoren der
sozialen Komposition von Schülerschaften an Dortmunder Schulen

Anfang 2007 wurde für die in Teil II des Dortmunder Bildungsberichts konzeptionell vorgesehenen, vertiefenden Analysen die „Entwicklung eines Sozialindex für Grundschulen und weiterführende Schulen" beauftragt. „Dies bot sich an, weil entsprechende Entwicklungsarbeiten für das Land NRW gerade in Dortmund pilotiert worden sind" (ebd.).

Bos, Bonsen, Gröhlich & Wendt haben hierzu das im Rahmen der KESS-4 Studie in Hamburg erprobte Verfahren (vgl. Bos & Pietsch, 2007) auf Dortmund übertragen und in allen Grundschulen und Schulen mit Sekundarstufe I Schüler- und Elternbefragungen durchgeführt (horizontale und/oder vertikale Stichprobe).

Auf der Grundlage der dabei gewonnenen Indexwerte wurden schließlich „fünf Typen von Schulen" voneinander unterschieden, „die jeweils unter ähnlichen Bedingungen arbeiten" (ebd., S. 17), wobei das Spektrum von „kumulativ privilegiert" bis „kumulativ benachteiligt" bzw. „herausgefordert" reicht. Von den Ergebnissen soll an dieser Stelle lediglich berichtet werden, dass sie die bisherigen Erkenntnisse der Bildungsforschung zum Zusammenhang von Bildungsbeteiligung und sozialer Herkunft eindeutig unterstützen. Den Nutzwert dieser Ergebnisse sehen die Verfasser/-innen v.a. darin, dass sie einerseits „faire" Vergleiche zwischen den Schulen im Hinblick auf die Ergebnisse von nationalen und internationalen Leistungsmessungen ermöglichen. Andererseits können datengestützte Erkenntnisse über die unterschiedlichen Ausgangsbedingungen der Schulen auch zur Systemsteuerung genutzt werden, etwa um Fördermittel künftig im Sinne einer „neuen Kompensatorik" (Büttner et al., 2003), d.h. unter Berücksichtigung der festgestellten Unterschiede zu verteilen.

Teil III des Kommunalen Bildungsberichts für Dortmund 2007:
Aktivitäten und Projekte des Schulträgers

Dieser Teil des Bildungsberichts wurde von den zuständigen Mitarbeiterinnen und Mitarbeitern des Fachbereichs Schule bzw. des Regionalen Bildungsbüros der Stadt Dortmund zusammengestellt. Er umfasst eine ausführliche Darstellung der Aktivitäten, die vom Schulträger in die Wege geleitet worden sind, um die von der Bildungskommission empfohlenen Entwicklungsschwerpunkte (vgl. Kap. 3) umzusetzen. Vorangestellt ist dieser Darstellung eine kurze Einordnung der Aktivitäten in den programmatischen Rahmen der Dortmunder Schulentwicklung und die Ausgestaltung der hieraus abgeleiteten Entwicklungsschwerpunkte. Teil III enthält demnach vorrangig Aussagen zu Entwicklungsverläufen und bisher erreichten Ergebnissen aus folgenden Bereichen sowie Berichte zu ausgewählten Einzelprojekten (ebd., S. 19f.):

1) *Selbstständige Schule*, einschließlich zentraler Ergebnisse des kürzlich vorgelegten SEIS-Regionenberichts aus dem Modellvorhaben
2) *Schulentwicklungsfonds*
3) *Schule – Wirtschaft*: hier v.a. die Projekte
   * „Zeitgewinn",
   * „Senior Experts",
   * „Bildungspartnerschaften",

* „Regionales Übergangsmanagement" sowie
* Entwicklung von Medienkompetenz.

5.   Zusammenfassung und Ausblick

Die extern erstellten Teile I und II des „Kommunalen Bildungsberichts für die Schulstadt Dortmund 2007" wurden im Oktober 2007 an den Auftraggeber (Fachbereich Schule) übergeben. Der komplette Berichtsentwurf (Teile I bis III) wurde vom Regionalen Bildungsbüro zusammengestellt und redaktionell bearbeitet, bevor er dann im Dezember 2007 offiziell in der Dortmunder Bildungskommission vorgestellt wurde.

Die Mitglieder dieser Kommission haben über das weitere Verfahren im Umgang mit den vorgestellten Ergebnissen beraten und eine Reihe von Empfehlungen verabschiedet. Anfang 2008 wird der Bericht mit den Empfehlungen der Bildungskommission in den Schulausschuss der Stadt Dortmund eingebracht, bevor im weiteren Gang des Verfahrens dann der Rat offiziell über den Umgang mit den Ergebnissen des Berichts und den hieraus abgeleiteten Empfehlungen der Bildungskommission abstimmen wird.

Inwiefern die im Konzept dieses Bildungsberichts angelegten Potentiale zur Unterstützung einer systematischen Weiterentwicklung der Dortmunder Bildungslandschaft tatsächlich entfaltet werden können, wird sich zwar erst noch zu erweisen haben. Die schulpolitischen Sprecher der im Dortmunder Rat vertretenen Fraktionen haben immerhin bereits im Vorfeld angekündigt, sich bei künftigen Steuerungsentscheidungen an den Ergebnissen dieses Berichts orientieren zu wollen. Damit kann diesem Bericht schon heute ein hohes Maß an Bedeutung für künftige bildungspolitische Entscheidungen der Stadt zugeschrieben werden. Bereits konkret geplant ist außerdem eine Auseinandersetzung mit den einschlägigen Ergebnissen dieses Berichts in dem von der Stadt eingerichteten Beirat „Übergang Schule – Beruf", um anschließend über Handlungsmöglichkeiten für diesen Bereich zu beraten. Zumindest im Hinblick auf Bereitschaft und Absicht der Verantwortlichen, den vorliegenden Bericht als Entwicklungsinstrument zu nutzen, ist demnach also Zuversicht angezeigt.

Darüber hinaus ist vorgesehen, den Kommunalen Bildungsbericht künftig periodisch (vermutlich in zwei- oder dreijährigem Rhythmus) fortzuschreiben. Dabei ist allerdings noch nicht geklärt, inwiefern die Auswahl der Indikatoren künftig noch stärker als bisher an anderen Bildungsberichten orientiert werden soll und welches Schwerpunktthema im Teil II des nächsten Berichts bearbeitet werden wird. Aus all diesen Gründen bleibt die weitere Entwicklung mit Spannung abzuwarten.

Literatur

Kröhnert, S., van Olst, N. & Klingholz, R. (2005). *Deutschland 2020. Die demografische Zukunft der Nation.* Verfügbar unter: http://www.berlin-institut.org/fileadmin/user_upload/Studien/D_2020_Webversion.pdf [20.02.2008]
Bildungskommission NRW (1995): *Zukunft der Bildung – Schule der Zukunft.* Neuwied: Luchterhand.
BMBF (2006). *Berufsbildungsbericht 2006.* Verfügbar unter: http://www.bmbf.de/pub/bbb_2006.pdf [20.02.2008].

Bos, W. & Pietsch, M. (2007). *KESS 4 – Kompetenzen und Einstellungen von Schülerinnen und Schülern am Ende der Jahrgangsstufe 4 in Hamburger Grundschulen (HANSE – Hamburger Schriften zur Qualität im Bildungswesen, Bd. 1)*. Münster u.a.: Waxmann.

Büttner, R., Dobischat, R., Esch, K., Evans, M., Harney, K., Hilbert, J., Knuth, M., Koch, S., Langer, D., Roß, R., Stender, A., & Weiß, W. (2003). *Bildungsbeteiligung im Ruhrgebiet: auf der Suche nach einer neuen Kompensatorik*. Essen: Projekt Ruhr.

Klemm, K. (2002). *Kommsse rauf, kannze kucken*. Frankfurter Allgemeine Zeitung Nr. 92 vom 20.04.2002, 4.

Konsortium Bildungsberichterstattung (2005). *Gesamtkonzeption der Bildungsberichterstattung*. Verfügbar unter: http://bildungsbericht.de/daten/gesamtkonzeption.pdf [20.02.2008].

Konsortium Bildungsberichterstattung (2006). *Bildung in Deutschland*. Bielefeld: Bertelsmann Verlag.

Lehmpfuhl, U. (2001a). *Baustein 1 zum Entwicklungskonzept Dortmunder Berufskollegs: Beschäftigungsstruktur, Qualifikationsbedarf und Angebote der beruflichen Ausbildung in Dortmund*. Dortmund: Technische Universität, Institut für Schulentwicklungsforschung. Verfügbar auf der Seite des Verfassers unter www.ifs.uni-dortmund.de [20.02.2008].

Lehmpfuhl, U. (2001b). *Baustein 3 zum Entwicklungskonzept Dortmunder Berufskollegs: Vorausschätzungen zur künftigen Entwicklung der beruflichen Ausbildung in Dortmund*. Dortmund: Technische Universität, Institut für Schulentwicklungsforschung. Verfügbar auf der Seite des Verfassers unter www.ifs.uni-dortmund.de [20.02.2008].

Lehmpfuhl, U. (2002). *Baustein 4 zum Entwicklungskonzept Dortmunder Berufskollegs: Handlungsbedarf und -möglichkeiten zur Gestaltung der Dortmunder Berufskolleg-Landschaft*. Dortmund: Technische Universität, Institut für Schulentwicklungsforschung. Verfügbar auf der Seite des Verfassers unter www.ifs.uni-dortmund.de [20.02.2008].

Lehmpfuhl, U. (2004a). *Dialogische Berufsschulentwicklungsplanung*. Bd. 2 in der Reihe Ratgeber Schulentwicklungsplanung. Dortmund: IFS-Verlag.

Lehmpfuhl, U. (2004b). *Bildungsbeteiligung in Dortmund*. Dortmund: Technische Universität, Institut für Schulentwicklungsforschung. Verfügbar auf der Seite des Verfassers unter www.ifs.uni-dortmund.de [20.02.2008].

Mauthe, A. (1996). *Schulentwicklungsplanung als dialogischer Prozess*. Dortmund: IFS-Verlag.

Pfeiffer, H., Rösner, E. (2000). *Mehr oder weniger Integration? Entwicklungstendenzen der weiterführenden Schulen*. In: H.G. Rolff et al. (Hrsg.): Jahrbuch der Schulentwicklung Band 11 (S. 77-127). Weinheim: Juventa.

Rösner, E. (2003). *Ratgeber Schulentwicklungsplanung. Band 1: Allgemein bildendes Schulwesen*. Vollständig überarbeitete Neuauflage. Dortmund: IFS-Verlag.

Stadt Dortmund, Der Oberbürgermeister (2008): *Erster kommunaler Bildungsbericht für die Schulstadt Dortmund 2007*. Münster u.a.: Waxmann.

Inka Bormann

Fortschrittsmonitoring mittels Indikatoren – ein Beispiel

1. Einleitung

Wie der wissenschaftliche und politische Sprachgebrauch der vergangenen Jahre zeigt, scheint es eine wachsende Aufmerksamkeit in Bezug auf evidenzbasierte Steuerung des Bildungssystems zu geben. Im Rahmen des übergreifenden Bildungsmonitorings wird von der indikatorengestützten Bildungsberichterstattung erwartet, aussagekräftige Daten vorzulegen, mit denen das Wissen über den Zustand und die Entwicklungen des Bildungssystems sowie dessen Leistungsfähigkeit verbessert werden kann, um auf dieser Basis die „sichtbar werdenden Defizite" (Konsortium, 2006, S. 3; Hüfner, 2006) abzubauen.

Vor einiger Zeit hat dieser Diskurs das Feld der Bildung für nachhaltige Entwicklung (BNE) erreicht. Inzwischen liegen von einer internationalen Expertengruppe entwickelte Indikatoren vor, die im Kontext der Dekade „Bildung für nachhaltige Entwicklung" entstanden sind. Mit den Indikatoren soll beobachtet werden, wie die Umsetzung einer Strategie voranschreitet, deren Ziel es ist, die UNECE[1]-Mitgliedsstaaten im Rahmen der UN-Dekade darin zu unterstützen, Bildung für nachhaltige Entwicklung in allen Bereichen ihrer Bildungssysteme zu verankern (vgl. UNECE, 2005, §6).

In diesem Beitrag werden Entwicklungshintergrund und Anwendungskontext dieser Indikatoren dargelegt und der zugrunde liegende Indikatorenbegriff reflektiert, bevor abschließend knapp auf den Aspekt des Wissenstransfers eingegangen wird.

2. Das Beispiel

2.1 Entwicklungshintergrund der UNECE-Indikatoren

Während ihrer Vollversammlung in Johannesburg haben die Vereinten Nationen im Dezember 2002 beschlossen, für die Jahre 2005 bis 2014 die Weltdekade „Bildung für nachhaltige Entwicklung" auszurufen (vgl. United Nations, 2002). Ziel war es, die Idee der Bildung für nachhaltige Entwicklung weltweit in den Bildungssystemen zu verankern und dem Thema insgesamt eine breitere öffentliche Aufmerksamkeit zu verschaffen. Mit der Koordination dieser Aktivitäten wurde die UNESCO beauftragt. In Deutschland hat die Deutsche UNESCO-Kommission die Aufgabe übernommen, in enger Kooperation mit dem Nationalkomitee der UN-Dekade die landesweiten Aktivitäten aufeinander abzustimmen (vgl. Bundestagsbeschluss 2004).

2005 wurden sowohl von der UNECE als auch von der UNESCO zwei Dokumente verabschiedet, die Wege einer institutionellen Verankerung von Bildung für nachhaltige Entwicklung in den nationalen Bildungssystemen aufzeigten und als Unterstützung der UN-Dekade verstanden werden können.

---

1 United Nations Economic Commission for Europe.

Dabei handelt es sich zum einen um das *Implementation Scheme* der UNESCO (vgl. UNESCO, 2005). In diesem wurde festgehalten, durch welche Maßnahmen und Kooperationen das Erreichen der Ziele der UN-Dekade unterstützt werden soll. Ein im Implementation Scheme vorgesehener Meilenstein benennt insbesondere die Entwicklung von „indicators of progress and mechanisms for monitoring their achievement" (UNESCO, 2005, S. 16).

Bei dem anderen Dokument handelt es sich um die *Strategie* der UNECE (vgl. UNECE, 2005). Diese wurde in einem kollaborativen Prozess entwickelt, an dem Vertreter aus Ministerien, Bildungsorganisationen, zivilgesellschaftlichen Organisationen und andere Interessenvertreter beteiligt waren. Mit der Strategie ist beabsichtigt, Bildung für nachhaltige Entwicklung in der formellen und informellen Bildung der Mitgliedsstaaten einzuführen und zu fördern (vgl. ebd., §3, S. 6). Sie enthält auch die Aufforderung, Prozess und Erfolg ihrer Umsetzung insbesondere mittels qualitativer Indikatoren zu evaluieren. „Evaluation methods and indicators for the implementation of ESD, in particular qualitative ones, should be developed" (ebd., §78; zum Indikatorenverständnis s.u.).

Zur Entwicklung eben dieser Indikatoren wurde ebenfalls im Jahr 2005 von der Umwelt- und Bildungsministerkonferenz der UNECE-Mitgliedsstaaten die Einrichtung einer internationalen Expertengruppe beschlossen. Ihre Aufgabe ist es, Indikatoren zu entwickeln, mit denen die Umsetzung und Effektivität der UNECE-Strategie in den 56 Mitgliedsstaaten evaluiert werden kann. Hierbei übernahm die UNECE in Abstimmung mit der UNESCO die Federführung. Die Mitglieder der Expertengruppe wurden von den jeweiligen national zuständigen Ministerien nominiert; es handelt sich um ein breites Spektrum aus Wissenschaftlern unterschiedlicher Disziplinen, Ministerialbeamten verschiedener Ressorts sowie Vertretern zivilgesellschaftlicher Organisationen. Von 2005 bis 2007 trafen sich die Experten insgesamt sechs Mal. Das Ergebnis ihrer Zusammenkünfte sind 18 Indikatoren mit insgesamt 48 Sub-Indikatoren, die den sechs Zielen der UNECE-Strategie zugeordnet sind. Die Indikatoren sollen während der UN-Dekade insgesamt dreimal angewendet werden.

2.2 Gegenstandsbereich und Indikatorenverständnis

Bildung für nachhaltige Entwicklung ist ein normatives Bildungskonzept, dessen Intention es ist, Lernende in die Lage zu versetzen so zu handeln, dass künftige Generationen die gleichen Chancen wie heute lebende Generationen auf ein gutes Leben haben und ihre Bedürfnisse verwirklichen können (vgl. Hauff, 1987).

An dieser globalen Definition wird deutlich: Bei der Bildung für nachhaltige Entwicklung handelt es sich um ein Querschnittsthema, das Attribute einer lebensweltlichen Domäne trägt. Es umfasst nicht nur unterschiedliche Inhaltsbereiche wie Ökonomie, Soziales und Ökologie, sondern soll auch in verschiedenen formalen und nicht- bzw. non-formalen Kontexten sowie in unterschiedlichen Bildungsbereichen umgesetzt werden. Dies berücksichtigend wurden die *Indikatoren bildungsbereichsübergreifend* konzeptualisiert. Da intendiert ist, die Umsetzung der o.g. Strategie und ihre Erfolge zu beobachten, sind die Indikatoren zudem auf der *Ebene des Bildungssystems* angesiedelt: Beobachtet werden die Rahmenbedingungen, unter denen BNE in verschiedenen Bildungsbereichen stattfindet und die u.a. durch politisch-administratives Handeln zustande kommen. Die Leistungen einzelner Organisationen stehen also ebenso wenig im Mittelpunkt wie die flächendeckende Ermittlung von Lernergebnissen bzw. Kompetenzen beabsichtigt ist.

Zunächst stellen solche, auf das Bildungssystem ausgerichtete Indikatoren, Aspekte in den Mittelpunkt, die „vor allem aus der Systemperspektive steuerungsrelevant (...)" (Döbert, 2006, S. 149) sind. Wird eine solche Systemperspektive eingenommen, kann es dazu kommen, dass „wünschbare Themen wie die Gestaltung von Lernprozessen oder die Professionalisierung des pädagogischen Personals" (ebd., S. 149) außer Acht gelassen werden.

Mit den UNECE-Indikatoren sollte jedoch explizit der Prozess der Umsetzung der Strategie und deren Erfolge beobachtet werden (vgl. UNECE, 2005). Solche Fortschritte zu beobachten ist allerdings ein komplexes Unterfangen und es existiert eine Vielzahl unterschiedlicher Annahmen über zugrunde liegende Prozesse, deren Wirkungen, die Rolle bzw. den Einfluss von Regierungen und deren policy-Aktivitäten. Auch darüber, was als Fortschritt oder Entwicklung bewertet wird, bestehen Kontroversen (vgl. de Vries, 2001, S. 313f.), die die Entwicklung geeigneter statistischer Indikatoren erschweren.

Bevor die UNECE-Indikatoren entstanden, wurde ein Rahmenwerk entwickelt, das als Heuristik verstanden werden kann und Auskunft über die analog zur Strategie formulierten, im Umsetzungsprozess erwarteten, Inputs und Outputs gibt.[2] Mit den Indikatoren wird der gesamte Zeitraum der UN-Dekade beobachtet; insofern handelt es sich um *prozessorientierte Indikatoren*, mit denen Fortschritte in der Umsetzung der Strategie in den Jahren 2007, 2010 sowie zum Abschluss der Dekade im Jahr 2015 berichtet werden sollen.

Indikatorenverständnis und -format[3]

Obwohl zumeist quantitative Indikatoren entwickelt werden, scheint es in Bezug auf die Definition dessen, was Indikatoren sind bzw. was als Indikator gelten soll, keinen allgemein gültigen Konsens zu geben. So konstatiert de Vries (2001): „there is some semantic confusion on the matter. Some statisticians consider all statistical data sets, and indeed all the single statistical numbers in such data sets as ‚indicators'" (ebd., S. 315). Er selbst definiert Indikatoren wie folgt: „An indicator is a single number, a ratio or another observed fact that serves to assess a situation or development" (ebd., S. 319).

Diesem Verständnis zufolge handelt es sich bei Indikatoren ganz allgemein um Hilfsmittel, mit denen auf etwas Anderes, nicht direkt Beobachtbares geschlossen werden kann. Ein solch weites Verständnis von Indikatoren liegt auch dem Ansatz von Fitz-Gibbons und Tymms (2002) zugrunde, die dafür plädieren, einen Sachverhalt nicht mit einzelnen wenigen Indikatoren zu beobachten, sondern „to try to measure what matters as comprehensively as possible" (ebd., S. 5). Ihr Plädoyer begründen sie damit, dass „[a] few indicators cannot reflect the complexity of institutions and will undermine the system as gaming takes hold" (ebd.).

---

2 Gleichwohl können kausale Zuschreibungen von Ergebnissen zu Maßnahmen nicht getroffen werden (vgl. Wolter & Kull, 2007). Mit Blick auf den indikatorenbasierten Bildungsbericht 2006 schreibt Klieme (2007): „Bildungsberichterstattung ... übernimmt ... eine wichtige Rolle im wissenschaftlich gestützten Bildungsmonitoring, kann und soll aber nicht alle steuerungsrelevanten Fragen beantworten." (ebd., S. 144).

3 Mein Dank gilt H. Döbert für seinen Hinweis, das zugrunde liegende Indikatorenverständnis zu erläutern.

Die Indikatoren, um die es in diesem Beitrag geht, folgen einem solchen weiten Indikatorenverständnis: Die einzelnen UNECE-Indikatoren stehen nicht für sich, sondern sind in einem Indikatoren*set* zusammengefasst, mit dem Fortschritte bei der BNE-Verankerung im Laufe der UN-Dekade beobachtbar werden sollen: „No single indicator or sub-indicator should be seen as indicative of quality in its own right. Rather, it is the combination of answers that will indicate the state of progress" (UNECE EG Guidance for Reporting, 2006, §16). Darüber hinaus haben die meisten der im UNECE-Indikatorenset verwendeten Indikatoren, wie bereits erwähnt, ein qualitatives Format: Ihre Anwendung führt zu Ratings und Beschreibungen, sie führen überwiegend zu solchen Daten, mit denen sich im engeren Sinne keine komplexen statistischen Auswertungsprozeduren wie z.B. Regressionen oder Verfahren im Zusammenhang mit Strukturgleichungsmodellen durchführen lassen (vgl. Kaplan & Elliott, 1997).

2.3 Das Indikatorenset und seine Anwendung

Der mittels des UNECE-Indikatorensets zu beobachtende Prozess liegt auf der Ebene des Bildungssystems, d.h. es werden insbesondere die Rahmenbedingungen betrachtet, unter denen BNE praktiziert wird. Mit dem Indikatorenset soll ein methodisch kontrolliertes Monitoring der Umsetzung der Strategieziele während der UN-Dekade ermöglicht werden. Dazu wurden die Indikatoren in ein Fragebogenformat überführt.

Analog zur Strategie ist das Indikatorenset in sechs Abschnitte gegliedert, denen 18 Indikatoren mit insgesamt 48 Sub-Indikatoren zugeordnet sind (vgl. Tab. 1).

Tab. 1:   Verteilung der Sub-Indikatoren auf Indikatorenbereiche und Phasen

Indikatorbereich entsprechend der Ziele der Strategie	Anzahl der Indikatoren	Anzahl der Sub-Indikatoren
Sicherstellung der Unterstützung von BNE durch politische, gesetzliche und organisatorische Rahmenbedingungen	3	5
Förderung der Nachhaltigkeit durch formales, non-formales und informelles Lernen	6	17
Ausstattung der Lehrenden mit den Kompetenzen, die für die Umsetzung von NE im Unterricht erforderlich sind	2	3
Sicherstellung der Verfügbarkeit von entsprechenden Instrumenten und Materialien für BNE	3	8
Förderung von Forschung und Entwicklung im Bereich von BNE	3	11
Stärkung der Zusammenarbeit in Sachen BNE auf allen Ebenen innerhalb der UNECE-Region	1	4

Vorgesehen sind drei Berichtszeitpunkte, in denen die Indikatoren zum Einsatz kommen. Während es in Phase I (bis 2007) grundsätzlich darum geht, zunächst eine Bestandsaufnahme bzgl. initialisierender oder unterstützender Maßnahmen vorzunehmen, die die Verwirklichung der Ziele ermöglichen, werden in Phase II (bis 2010) erste Fortschritte hinsichtlich der Verankerung von Bildung für nachhaltige Entwicklung z.B. in Curricula ermittelt. Schließlich geht es in Phase III (bis 2015) darum, die Fortschritte bei der Umsetzung der Strategie und deren Wirkungen darzustellen.

Die Berichterstattung zielt also jeweils auf die Umsetzung und den Erfolg der UNECE-Strategie in den einzelnen Mitgliedsstaaten. Doch nicht bei jedem Bericht werden für alle der insgesamt 48 Sub-Indikatoren des UNECE-Indikatorensets detaillierte Beschreibungen erwartet (vgl. UNECE, 2006). Insofern liegt mit den indikatorenbasierten Berichten kein echter Längsschnitt vor. Gleichwohl können auf der Basis der wiederholt erhobenen Daten innerhalb der einzelnen Staaten Aussagen über Ausmaß und Richtung der Entwicklung getroffen werden.

Folgende Arten von Indikatoren kommen zum Einsatz: Checklist-, Input- und Output-Indikatoren. Das Berichtsformat besteht aus zwei Teilen: einem Ja/Nein- und einem deskriptiven Teil. In Phase I sollte das Zutreffen oder Nicht-Zutreffen eines Sachverhalts berichtet werden. Ab Phase II wird die Bearbeitung des komplexen deskriptiven Teils erbeten, der in Phase I fakultativ erfolgen konnte.

Mit den *Checklist-Indikatoren* soll eine Auskunft über die Ausgangssituation möglich werden. Die Checklist-Indikatoren fragen nach Maßnahmen, die das Ziel haben, die Umsetzung der Strategie zu unterstützen.

Tab. 2:   Beispiel eines Checklist-Indikators

Issue 1. Ensure that Policy, Regulatory and Operational Frameworks Support the Promotion of ESD (...)		
Indicator	**1.1**	**Prerequisite measures are taken to support the promotion of ESD**
Sub-Indicator	1.1.1	Is the UNECE Strategy for ESD available in your national language(s)?
Yes O No O		*Please specify languages.*

Input-Indikatoren sollen breitere Informationen über die Durchführung von Maßnahmen zum o.g. Ziel beisteuern.

Tab. 3:   Beispiel eines Input-Indikators

Sub-Indicator	2.1.2	Are learning outcomes (skills, attitudes and values) that support ESD addressed explicitly in the curriculum / programme of study at various levels of formal education?
Yes O No O		*Phase II: Please specify in the table in Annex 1 (b) and use the scale. Indicate the results in the box below.*
Annex 1 (b)		

Indicator 2.1, sub-indicator 2.1.2

Please specify the extent to which the following broad areas of competence that support ESD are addressed explicitly in the curriculum / programme of study at various levels of formal education, by filling in the table below.

(Please tick relevant expected learning outcomes for each level. Use the blank row to insert additional learning outcomes (skills, attitudes and values) that are considered to be key outcomes in your country in learning for sustainable development).

Table for learning outcomes

Tab. 3a: Ausschnitt des zugehörigen tabellarischen Anhangs

Competence			ISCED levels					
	Expected outcomes	0	1	2	3	4	5
Learning to learn	• Posing analytical questions/critical thinking						
	• Understanding complexity/systemic thinking						
	• Overcoming obstacles/problem-solving						
Does education at each level enhance learners' capacity for	• Managing change/problem-setting						
	• Creative thinking/future-oriented thinking						
	• Understanding interrelationships across disciplines/holistic approach						
	Total						
	• Other (countries to add as many as needed)						
(…)								

Die Output-Indikatoren liefern Informationen über Ergebnisse der eingeleiteten Maßnahmen.

Tab. 4:   Beispiel eines Output-Indikators

Indicator 3.2 Opportunities exist for educators to cooperate on ESD.
Sub-Indicator   3.1.2   Are there any networks/platforms and/or leaders/administrators who are involved in ESD in your country?
Yes O   No O   *Phase II: Please specify.*

Wie bereits erwähnt, werden die Indikatoren und Sub-Indikatoren in Form eines Fragebogens angewendet. Der Indikatoren-Fragebogen soll von den für Bildung für nachhaltige Entwicklung zuständigen Regierungsstellen bearbeitet werden, die darum gebeten werden, möglichst auch andere Ministerien, Wissenschaftler oder Vertreter zivilgesellschaftlicher Organisationen zu konsultieren (vgl. UNECE, 2006a, A).[4] Die ausgefüllten Fragebögen werden an die UNECE übermittelt, die für die Auswertung der Berichte der Pilotphase eine wissenschaftliche Arbeitsgruppe mit der Erstellung des Implementationsreports beauftragt hat. Dieser ist, ebenso wie die ausgefüllten Fragebögen selbst, über die Internetseiten der UNECE öffentlich zugänglich[5].

Aufgrund des Indikatorenformats sowie der heterogenen nationalen Ausgangsvoraussetzungen zu Beginn sowie der unterschiedlichen Rahmenbedingungen bei der Umsetzung der UN-Dekade können die ermittelten Daten weder zu komplexen statistischen Auswertungsverfahren noch zu Rankings oder exakten Vergleichen der Performance verschiedener UNECE-Mitgliedsstaaten herangezogen werden: „The indicators and the reporting mechanism are not meant to compare but rather to enable countries … to learn and develop in the area of ESD" (UNECE Expert Group, 2006, §17; vgl. UNECE, 2007a, §3). Angeraten wurde deshalb, das Indikatorenset im Rahmen der jeweiligen nationalen Aktivitäten zur UN-Dekade künftig anzupassen und ggf. detailliertere Indikatorensets zu verwenden (vgl. UNECE, 2007a, §11; Tilbury, Janousek,

---

4   Dafür stehen erläuternde Begleitdokumente zur Verfügung (z.B. Anleitung zum Ausfüllen des Fragebogens, vgl. UNECE Expert Group 2006).
5   Siehe www.unece.org/env/esd/Implement.Gov.htm.

Elias & Bacha, 2007). Die Indikatoren erfüllen somit keine Kontrollfunktion, sondern sind stattdessen entwicklungsorientiert. Der Leiter der UNECE-Expertengruppe fasst diesen Aspekt ihrer Verwendung wie folgt zusammen: „Die Indikatoren sind (…) in erster Linie zum ‚Lernen'" (van Raaij, 2007, S. 10) gedacht.

Durch die Heterogenität der Voraussetzungen sind auch die Fortschritte, die bei der Umsetzung der UNECE-Strategie erzielt werden, relativ. Dies zeigt auch der Bericht, der die Ergebnisse der Pilotphase zusammenfasst (vgl. UNECE, 2007): So werden beispielsweise Ähnlichkeiten hinsichtlich der Implementationsstrategien in südosteuropäischen und Kaukasusrepubliken festgestellt. Diese sind v.a. auf der staatlichen Ebene angesiedelt, werden eher instrumentell durchgesetzt und lassen wenig Spielraum für lokale bzw. regionale Variationen. Diese Staaten scheinen sich insofern von west- und nordeuropäischen Strategien zu unterscheiden, da in diesen die Umsetzung der Strategieziele durch die Einbindung unterschiedlichster Akteursgruppen vorangetrieben wird und ein eher ‚emanzipatorischer Ansatz' vorliegt (vgl. ebd., §37). Auch hinsichtlich der Integration von Inhalten der Bildung für nachhaltige Entwicklung zeichnen sich deutliche Unterschiede ab: Während in west- und nordeuropäischen Staaten Inhalte interdisziplinär und fächerübergreifend bearbeitet werden, geschieht dies dem Implementationsbericht zufolge in südeuropäischen und Kaukasusstaaten eher nicht (vgl. ebd., §15, 41). Diese und andere qualitative Unterschiede werden begründet mit den tiefgreifenden politischen und strukturellen Transformationsprozessen, in denen sich diese Staaten seit einiger Zeit befinden. Um diese These zu fundieren, bedürfte es genauerer, international vergleichender Untersuchungen (vgl. ebd., §41f.).

3. Abschließende Diskussion

Indikatoren als Diskursgegenstände

Indikatoren können zum einen als Ergebnisse einer Interaktion gelten, an der Akteure aus Wissenschaft, zivilgesellschaftlichen Organisationen und Administration im Rahmen einer spezifischen *community of practice* (Lave) beteiligt sind. Zum anderen können Indikatoren als Grundlage für bildungspolitische Gestaltungen als Mittel der Wahrnehmung und Veränderung eines Wirklichkeitsausschnitts des Bildungssystems verstanden werden. In dieser Optik können Indikatoren sowohl als Resultat als auch als Medium von Diskursen interpretiert werden (vgl. Keller, 2004; Giddens, 1997). Sie erfahren ihre Bedeutung im Zusammenhang mit dem Qualitätsdiskurs und der Absicht, die Leistungsfähigkeit von Bildungssystemen zu ermitteln und evidenzbasiert zu verbessern.

Indikatoren bündeln das zwischen verschiedenen Anspruchsgruppen theoretisch angeleitet generierte Wissen über das, was relevant ist oder sein soll und was als beeinflussbar gilt. Als solcherart ‚manifestierte' Entscheidungen und als Instrumente der Wissensgenerierung lenken sie die Aufmerksamkeit auf ausgewählte, relevante Ausschnitte des Bildungssystems. Für Anwender sind die mit Indikatoren ermittelten Informationen immer nur Entscheidungsprämissen, auf die sie sich in ihren Handlungen berufen – wie neoinstitutionalistische Überlegungen zeigen, mitunter nur auf einer formalen Ebene, die die tatsächlichen, möglicherweise unveränderten Aktivitäten verdeckt (vgl. Brüsemeister, 2002). Obwohl Indikatoren auf der Basis spezifischer theoretisch begründeter Wirkungs- oder Zusammenhangsannahmen formuliert werden, bergen sie grundsätzlich die Gefahr von blinden Flecken in sich: Versteht man

Indikatoren als kognitive Instrumente der Wissensgenerierung, limitieren sie gleichzeitig das, was erkennbar wird. Resnick (1993) unterstreicht dies wie folgt: „cognitive tools embody a culture's intellectual history; they have theories built into them, and users accept these theories – albeit often unknowingly – when they use these tools ... The tools that one uses not only enable thought and intellectual progress, but also constrain and limit the range of what can be thought" (ebd., S. 7).

Eine solche Perspektive bewahrt insofern vor Fehlschlüssen, als dass Indikatoren weder verkürzt als Technologien direkter und rationaler Steuerung appliziert werden können, noch als unhintergehbare soziale Tatsachen zu verstehen sind, die eine so starke lenkende Kraft entfalten, der sich die Akteure kaum entziehen und eigene Interpretationen entgegensetzen können. Dies würde einem linearen, unidirektionalen Transferverständnis nahekommen, wie im Folgenden diskutiert wird. Gleichwohl ist zu erwarten, dass die Existenz von Indikatoren die Aufmerksamkeit und Aktivitäten auf jene Sachverhalte lenkt, über die künftig berichtet werden soll (vgl. Krempkow, 2005).

Transfer

Im Zusammenhang mit Innovationen und neuer Steuerung im Bildungssystem wird das Augenmerk seit einigen Jahren zunehmend weniger auf Implementation und stattdessen stärker auf ‚Transfer' gelegt. Oftmals wird unter Transfer jedoch eine lineare, unidirektionale Übertragung eines Objekts von Wissen, Steuerungsinstrumenten bzw. Technologien o.ä. aus einem Kontext A in einen Kontext B verstanden. So beanstanden Gogolin u.a. (2007) im Hinblick auf das stärkere Aneinanderrücken von erziehungswissenschaftlicher Forschung, Politik und Praxis in Zeiten evidenzbasierter Steuerung: „The basically underlying assumption (...) is a linear transfer from educational research governance, to educational research, to educational practice and back again." (Gogolin, Keiner, Steiner-Khamsi, Ozga & Yates, 2007, S. 283). Lange Zeit interessierte dementsprechend eher, aufgrund welcher Bedingungen sich diese Übertragung vollzieht (vgl. Rogers, 2003) und weniger, was mit dem Transferobjekt im Anwendungskontext geschieht. Gleichwohl zeigt die Forschung, dass ein gelingender externer Transfer, also solcher, der zwischen verschiedenen Organisationen (vgl. Euler, 2001) oder epistemic communities stattfindet (vgl. im Kontext internationaler policy-Koordination Haas, 1992), ein Sonderfall der Interaktion ist: Versuche direkter Planung, gezielter Einflussnahme und direktiver Steuerung werden angesichts zahlreicher in ihrem Wechselwirkungsverhalten schwerlich bestimmbarer Variablen unterminiert.

Inzwischen haben sich z.B. durch eine zunehmende Etablierung von Formen wissenschaftlicher Politikberatung die Interaktionen zwischen diesen Akteursgruppen verändert und ehemals distinkte Bereiche wie Politik und Wissenschaft rücken stärker aneinander (vgl. Priddat, 2000; Schützeichel & Brüsemeister, 2004; Merkens, 2006). Auch das Verständnis von Transfer hat sich insofern gewandelt, als dass zum einen zwei Prozesse idealtypisch tätigkeitsbezogen getrennt werden: in den Prozess der Übertragung und den der aktiven Aneignung (vgl. z.B. Perrin & Rolland & Stanley, 2007; ähnlich Rost & Teichert, 2005). Eine solche, aus analytischen Gründen sequentielle Sicht erlaubt eine Berücksichtigung möglicher – und wahrscheinlicher (vgl. Weber, 2005) – Friktionen, die beim Transfer von Wissen zwischen unterschiedlichen Kontexten auftreten. Transfer findet demnach statt „from one embedded circumstance (community of practice) to another" (Billett, 1998, S. 15). Mit der Berücksichtigung der verschiedenen Kontexte rücken damit gleichzeitig sowohl unterschiedliche Praktiken als auch durchaus resultierende ggf. divergierende Interpretationen und Nützlichkeitserwartungen in Bezug auf die transferierte Information in den Blick.

Dass dieser Vorgang der De-/Re-Kontextualisierung im Fall der ersten Anwendung der UNECE-Indikatoren nicht bruchlos verlaufen ist, kann auch das Mandat illustrieren, das der Expertengruppe erteilt wurde. Nachdem im Sommer 2007 die Pilotphase abgeschlossen und der Implementationsreport verfasst war, wurde das Mandat der Expertengruppe verlängert. Aufgabe war es nun, zusätzlich zu den Indikatoren solche Kriterien zu formulieren, mit denen es möglich wird, Beispiele erfolgreicher Umsetzungsmaßnahmen vorzunehmen. Außerdem sollten methodologische Empfehlungen zur Anwendung der Indikatoren ausgesprochen werden. Das Mandat lautete: „to revise the set of indicators as appropriate following the pilot reporting exercise and feedback from countries on the workability and feasibility of the indicators and the requested information for reporting" (2006/3, §19a). Neben der inhaltlichen Erweiterung der Aufgabe erlaubt das Mandat auch den Rückschluss, dass die Anwendung bzw. die Situierung der Indikatoren im Anwendungskontext Probleme aufgeworfen zu haben scheint.

,Robustheit' der Indikatoren

Der Informationsgehalt der Berichte ist wesentlich von der Qualität der Daten abhängig, die ihnen zugrunde liegen (vgl. UNECE, 2007a, §1). Hinsichtlich der Objektivität der Daten, die mittels des Indikatorenfragebogens ermittelt werden, wird jedoch im Implementationsreport darauf hingewiesen, dass es mitunter dazu kommen könne, dass die Ratings nicht den Tatsachen entsprechend vorgenommen werden: „it might be politically or strategically attractive to show progress, while in other cases it might be appealing to show a lack of progress" (UNECE, 2007a, §4). Dabei werden ein methodisch kontrolliertes Vorgehen bei der Anwendung des Indikatoren-Fragebogens vorgeschlagen und eine gemeinsame Bearbeitung des Fragebogens angeraten, um zu intersubjektiven Bewertungen und Einschätzungen zu gelangen. Ob und in welchem Umfang diese Verfahrenshinweise allerdings eingehalten werden, kann nicht unter experimentellen Bedingungen geprüft werden. Das Indikatorenset beinhaltet Indikatoren, die nicht ausschließlich nach strengen wissenschaftlichen Gütekriterien ausgehandelt wurden, sondern auch den Kriterien der sozialen Robustheit genügen (vgl. Gibbons et al., 1994), d.h. von Vertretern unterschiedlicher Anspruchs- und Anwendergruppen ausgehandelt und für möglich, machbar und wünschbar gehalten wurden. Gleichwohl stellt sich aus theoretischer Perspektive die Frage nach (den Grenzen) der Möglichkeit, die Indikatoren als Instrument des Fortschrittsmonitorings in den UNECE-Mitgliedsstaaten zu ,implementieren'.

Mit den durch die UNECE-Indikatoren angestrebten strukturierten, qualitativen Beschreibungen und Summenwerten soll es möglich werden, Aussagen nicht nur über die Breite der Verankerung von Innovationen, sondern auch über ihre Tiefe zu ermöglichen (vgl. Coburn, 2003). Solche tiefgreifenden Veränderungen, so hält Coburn im Hinblick auf Schulreformen fest, finden statt „beyond the surface structures or procedures" (ebd., S. 4), eben auf der Grundlage von Überzeugungen, Normen etc. Die hier diskutierten Indikatoren werden es möglicherweise nicht in vollem Umfang leisten können, hierin Veränderungen anzuzeigen, aufgrund der ersten Ergebnisse wohl aber zu weiteren, diese Aspekte vertiefenden Studien anregen.

Literatur

Billett, St. (1998). Transfer and Social Practice. [The transfer problem]. *Australian & New Zealand journal of vocational education, 6* (1), 1–26.

Bransford, J.D. & Schwartz, D.L. (1999). Rethinking transfer: A simple proposal with multiple implications. *Review of educational research, 21,* 61–99.

Brüsemeister, Th. (2002). Myths of efficiency and the School System: observed at the levels of interaction, organisation and society. *European Educational Research Journal, 1* (2), 234–255.

Bundestagsbeschluss (2004) = Deutscher Bundestag, Beschlussempfehlung und Bericht des Ausschusses für Bildung, Forschung und Technikfolgenabschätzung, Drucksache 15/3472, Berlin.

Coburn, C. (2003). Rethinking Scale: Moving beyond Numbers to Deep and Lasting Change. *Educational Researcher, 32* (6), 3–12.

de Vries, M. (2001). Meaningful Measures: Indicators on Progress, Progress on Indicators. *International Statistical Review, 69* (2), 313–331.

Döbert, H. (2006). Die „Schulindikatoren" im Bildungsbericht: konzeptionelle Aspekte, ausgewählte Befunde, offene Fragen. *Zeitschrift für Erziehungswissenschaft, 9,* Beiheft 6/2006, 146–163.

Euler, D. (2001). Transfer von Modellversuchen. Dossier. In: BLK (Hrsg.): Sachverständigengespräch der Projektgruppe „Innovationen im Bildungswesen" mit Programmträgern zum Transfer von Modellversuchen innerhalb von Programmen (S. 53–79), Bonn.

Euler, D. & Sloane, P.F.E. (1998). Implementation als Problem der Modellversuchsforschung. *Unterrichtswissenschaft, 26* (4), 312–326.

Fitz-Gibbons, C.T. & Tymms, P. (2002). Technical and Ethical Issues in Indicator Systems: Doing Things Right and Doing Wrong Things. *Educational Policy Analysis Archives, 10* (6), 26.

Gibbons, M., Limogenes, C., Nowotny, H., Schwartzmann, S., Scott, P. & Trow, M. (1994). *The New Production of Knowledge. The Dynamics of Science and research in Contemporary Societies.* London: Sage Publications Ltd.

Giddens, A. (1997, 3. A.). *Die Konstitution der Gesellschaft,* Frankfurt a.M.: Campus.

Gogolin, I., Keiner, E., Steiner-Khamsi, G., Ozga, J. & Yates, L. (2007). Knowledge and Policy: Research – information – intervention. *European Educational Research Journal, 6* (3), 283–302.

Haas, P. (1992). Introduction: epistemic communities and international policy coordination. *International Organization,* 46 (1), 1–35.

Hauff, V. (Hrsg.) (1987). Unsere gemeinsame Zukunft. Weltkommission für Umwelt und Entwicklung. Greven: Eggenkamp.

Hüfner, A. (2006). Bildungsberichterstattung – Erwartungen aus Sicht der Politik. *Zeitschrift für Erziehungswissenschaft, 9,* Beiheft 6/2006, 15–20.

Kaplan, D. & Elliott, P.R. (1997). A Model-Based Approach to Validating Education Indicators Using Multilevel Structural Equation Modelling. *Journal of Educational and Behavioral Statistics, 22* (3), 323–347.

Keller, R. (2004). Diskursforschung. Eine Einführung für SozialwissenschaftlerInnen. Opladen: VS Verlag.

Klieme, E. (2007). Empirische Schulforschung versus Allgemeine Erziehungswissenschaft? Eine Erwiderung zum Statement von Jörg Ruhloff. In: M. Kraul (Hrsg.): *Bildungsforschung und Bildungsreform* (S. 141–145). Weinheim: Juventa Verlag.

Konsortium Bildungsberichterstattung (2006). Bildung in Deutschland. Ein indikatorengestützter Bericht mit einer Analyse zu Bildung und Migration. Bielefeld: Bertelsmann.

Krempkow, R. (2005). *Leistungsbewertung und Leistungsanreize in der Hochschullehre*, Berlin. Verfügbar unter: http://hsss.slub-dresden.de/documents/1129208825969-5586/ 1129208825969-5586.pdf [20.12.2007]

Merkens, H. (2006). Erziehungssystem im Wandel. Zu den Problemen der Veränderung seiner Grenzen und des Verhältnisses von Fremd- und Selbstreferenz. In: Y. Ehrenspeck & D. Lenzen (Hrsg.): *Beobachtungen des Erziehungssystems, Systemtheoretische Perspektiven* (S. 76–95). Wiesbaden: VS Verlag.

Perrin, A., Rolland, N. & Stanley, T. (2007). Achieving best practices transfer across countries. *Journal of knowledge management, 11* (3), 156–166.

Priddat, B.P. (2000). Zivilgesellschaft als Parallelprozess: Demokratisierung der Wissensgesellschaft und Professionalisierung des Staates. In: B.P. Priddat (Hrsg.): *Der bewegte Staat. Formen seiner ReForm. Notizen zur „new governance"* (S. 197–209). Marburg: Metropolis.

Rogers, E.M. (2003). *Diffusion of Innovation*. Mahwah: Free Press.

Rost, K. & Teichert, F. (2005). Netzeffekte bei der Diffusion von Innovationen. In: Bundesamt für Statistik (BFS) (Hrsg.): Aspekte der Innovation und Innovationsdiffusion. Beiträge zur Tagung „Diffusion und Folgen von technischen und soziale Innovationen" (S. 39–59), Neuchatel.

Schützeichel, R. & Brüsemeister, Th. (Hrsg.) (2004). *Die beratene Gesellschaft. Zur gesellschaftlichen Bedeutung von Beratung*. Wiesbaden: VS Verlag für Sozialwissenschaften.

Tilbury, D., Janousek, S., Elias, D. & Bacha, J. (2007). Asia-Pacific Guidelines for the Development of National ESD Indicators, Bangkok.

UNECE (2005). *The Strategy for Education for Sustainable Development*. Verfügbar unter: http://www.unece.org/env/documents/2005/cep/ac.13/cep.ac.13.2005.3.rev.1.e.pdf [20.12.2007]

UNECE (2006). *Draft Outline of Indicators* (Consolidated Version). Verfügbar unter: http://www.unece.org/env/esd/inf.meeting.docs/EGonInd/Consolidated.version.of.ind. EG.4.pdf [20.12.2007]

UNECE (2006a). *Draft Format for Reporting on Implementation of the UNECE Strategy for Education for Sustainable Development*. Verfügbar unter: http://unece.org/env/documents/2006/ece/cep/ac.13/ece.cep.ac.13.2006.5.add.1.e.doc [20.12.2007]

UNECE (2007). *Learning from each other: Achievements, Challenges and the Way Forward. Background document*. Verfügbar unter: http://www.unece.org/env/documents/2007/ece/ece.belgrade.conf.2007.inf.3.e.pdf [20.12.2007]

UNECE (2007a). *Addendum on Conclusions on the reporting process and on the use of indicators*. Verfügbar unter: http://www.unece.org/env/documents/2007/ece/ece.belgrade. conf.2007.Inf.3.add.1.e.pdf [20.12.2007]

UNECE Expert Group (2006). *Guidance for Reporting*. Verfügbar unter: http://www.unece. org/env/esd/inf.meeting.docs/EGonInd/Guidance.for.reporting.final.e.pdf [20.12.2007]

UNECE Steering Committee on Education for Sustainable Development (2006). *Second meeting, Report of the meeting*. Verfügbar Unter: http://www.unece.org/env/documents/2006/cep/ac.13/ece-cep-ac.13-2006-3%20report.pdf [20.12.2007]

UNESCO (2005). *International Implementation Scheme*, Paris. Verfügbar unter : http:// www.bne-portal.de/coremedia/generator/unesco/de/Downloads/Hintergrundmaterial_ int/UNESCO_3A_20Draft_20International_20Implementation_20Scheme.pdf [20.12.2007]

United Nations General Assembly (2002). *Resolution Adopted by the General Assembly*, 57/254. Verfügbar unter: http://www.unesco.at/pdf/sustainable_development.pdf [20.12.2007]

van Raaij, R. (2007). Indikatoren einer Bildung für nachhaltige Entwicklung. *BNE-Journal*. Online-Magazin, Ausgabe 1/Mai 2007. Verfügbar unter: http://www. bne-portal.de/coremedia/generator/pm/de/Ausgabe__001/01__Beitr_C3_A4ge/

Raaij_3A_20Indikatoren_20f_C3_BCr_20Bildung_20f_C3_BCr_20nachhaltige_
    20Entwicklung.html [20.12.2007]

Weber, T. (2005). Wissenstransfer – Transferqualität – Transferqualitätskontrolle. In G.
    Antos & T. Weber (Hrsg.), *Transferqualität. Bedingungen und Voraussetzungen für
    Effektivität, Effizienz, Erfolg des Wissenstransfers* (S. 71–82). Frankfurt a.M.: Peter
    Lang.

Wolter, St.C. & Kull, M. (2007). Bildungsbericht Schweiz 2007 – Grundlagen für die
    Systemsteuerung. *Die Volkswirtschaft. Das Magazin für Wirtschaftspolitik*, 1/2,
    15–18.

René Krempkow

Die Validität und Zuverlässigkeit indikatorengestützter Hochschulberichterstattung am Beispiel eines Bundeslandes

1. Einführung

Die indikatorengestützte Hochschulberichterstattung gewinnt angesichts einer zuneh-menden Rechenschaftspflicht der Hochschulen gegenüber dem Staat bis hin zu einer stärker „indikatorisierten" leistungsorientierten Finanzierung von Hochschulen und Fachbereichen an Bedeutung. Die leistungsorientierte Finanzierung wird oft durch ei-nen so genannten Hochschul-, Innovations- oder Qualitätspakt ergänzt. Hierbei wird suggeriert, dass auch die Qualität der erbrachten Leistungen wesentlich sei. Häufig werden derzeit aber vor allem leicht zugängliche Daten z.B. aus der Hochschulstatistik für die Indikatorentwicklung herangezogen, die vor allem Quantität erfassen. Für diese erscheint es daher durchaus fraglich, ob sie auch in angemessener Weise die Qualität z.B. von Lehrleistungen adäquat erfassen. Sollte dies nicht der Fall sein, birgt dies die Gefahr einer Fehlanreizwirkung hin zu geringerer Qualität in sich, der aber entgegen-gewirkt werden kann.

Im nachfolgenden Beitrag werden anhand ausgewählter Beispiele die bisher häufig verwendeten Indikatoren zur Leistungs- und Qualitätsbewertung an Hochschulen für den Aufgabenbereich der Lehre bezüglich ihrer Validität und Zuverlässigkeit disku-tiert. Für diese Diskussion von Kriterien und Indikatoren zur Erfassung von Qualität in der Lehre kann sowohl auf langjährige Vorarbeiten, als auch auf neuere Anwendungs-beispiele und Erfahrungen mehrerer Projekte zur Hochschulberichterstattung mittels Hochschulstatistiken sowie Befragungen von Studierenden, Absolventen und Lehren-den in Sachsen zurückgegriffen werden.

Zur Veranschaulichung des bisher eher wenig genutzten Potentials von Befragungen werden als Einsatzbeispiel für die Hochschulberichterstattung ausgewählte Ergebnisse zur Aussagekraft und Reliabilität einer ausschließlich online durchgeführten Befragung von über 20.000 Studierenden an sächsischen Hochschulen und der daraus entwickel-ten Indikatoren zur Studienqualität vorgestellt.

Aus den Erfahrungen und Ergebnissen heraus werden abschließend Möglichkeiten zur Entwicklung von aus Befragungen zu gewinnenden Indikatoren für die Qualität von Leistungen skizziert. Deren Einbeziehung in Leistungsbewertungen und Leistungs-anreize könnte zumindest einige der zu beobachtenden und zu erwartenden nicht inten-dierten Effekte und Fehlanreizwirkungen vermeiden.

2. Grundüberlegungen zur Leistungs- und Qualitätsbewertung

Vor jeder Leistungs- und Qualitätsbewertung gilt es ein Definitionsproblem zu lösen: „Es ist von Leistung oder Qualität die Rede – selbst dann, wenn es um Effektivität oder Effizienz im Hinblick auf sehr unterschiedliche Ziele geht" (Teichler, 2003). Eine einheitliche Begriffswelt gibt es nicht, zunehmend dominiert aber die betriebswirt-schaftliche Sicht. Hinzu kommt ein Angemessenheitsproblem der häufig verwendeten Begrifflichkeiten und der dahinter stehenden Konzepte: Zur Erfüllung des gesetzlichen Auftrages der Lehre erscheint ein Leistungsbegriff, wie er in der Betriebswirtschaft Verwendung findet, durchaus problematisch: Leistung gilt dort oft z.B. als die Menge oder der Wert der innerhalb eines Zeitraumes hervorgebrachten Sachgüter oder be-reitgestellten Dienstleistungen und erfasst damit lediglich Quantität, nicht Qualität. Demnach wäre die Leistung einer Hochschule bezogen auf Hochschullehre z.B. durch die Erfassung der Anzahl / Relation Studenten / Absolventen innerhalb einer bestimm-ten Zeit bereits erfüllt und impliziert damit Fehlanreize.

Es ist daher unerlässlich, für eine realitätsnahe Information über Hochschul-leistungen und ihre Steuerung immer auch deren Qualität mit einzubeziehen. Im Unterschied zu manchem betriebswirtschaftlich geprägten Leistungsbegriff wird Leistung nachfolgend deshalb immer im Zusammenhang mit Qualität betrachtet. Da die Qualität ein durchaus nicht leicht zu fassender Begriff ist, wurde sie an anderer Stelle unter Bezugnahme auf die Fragen „Qualität von was?" und „Qualität für wen?" bereits ausführlicher diskutiert und eine differenzierte Zielklärung auf mehreren Ebenen sowie für mehrere Zielgruppen vorgeschlagen (Krempkow, 2007, S. 18f.). In den nach-folgend vorgestellten Analysen wird insbesondere die Qualität von Studiengängen be-trachtet und hierzu auf die Definition des Wissenschaftsrates (1996) zurückgegriffen. Von dessen 5 Ausprägungen von Lehrqualität stehen die Prozessqualität und dabei die Perspektive der Studierenden im Vordergrund.

3.   Analyse der Leistungskriterien und Indikatoren

Bisher verwendete Leistungskriterien und -indikatoren erfassen auf der Basis ver-fügbarer Daten v.a. Quantitäten (z.B. Studenten- und Absolventenzahlen, Anzahl ab-genommener Prüfungen, Studienzeiteinhaltung und Kostenrelationen usw.). Mit der Auswahl der Kriterien bzw. Indikatoren wird aber bereits eine Steuerungswirkung im-pliziert (Buschor, 2002; Schenker-Wicki, 2002). Diese so genannten „objektiven", aus Hochschulstatistiken gewonnenen Indikatoren bergen die Gefahr einer Fehlsteuerung in Richtung möglichst kostengünstiger Ausbildung großer Studentenzahlen und sin-kender Qualität in sich (Leszcensky, Orr, Schwarzenberger & Weitz, 2004). Daneben sind sie noch mit methodischen Schwächen behaftet, die v.a. bei Vergleichen zu Fairnessproblemen führen können, so z.B. durch ungenaue Erhebung und unsachge-mäße Verarbeitung von Studierendenzahlen und Studienzeit/-einhaltung (ausführlicher hierzu Krempkow, 2005b).

Diese Gefahren könnten durch Einbeziehung von Indikatoren verringert werden, die in stärkerem Maße Qualität erfassen. Hierfür könnten sich Bewertungen eignen, die durch Befragungen gewonnen werden und auch als „subjektive" Indikatoren be-zeichnet werden können (z.B. Leszcensky et al., 2004; Teichler, 2003).

Sowohl „objektive" als auch „subjektive" Kriterien wurden daher zunächst an-hand der vorhandenen Forschungsliteratur genauer auf ihre diesbezügliche Eignung untersucht. Wo es notwendig und sinnvoll erschien, wird dies auch mit einer kurzen Diskussion der Ergebnisse eigener empirischer Untersuchungen ergänzt. Als Maß für die Eignung bzw. als Anforderungen an eine Verwendung „objektiver" und „subjek-tiver" Kriterien in Indikatoren wurde hierzu in der vorliegenden Literatur formuliert: Ausreichende Datenqualität, Praktikabilität und dabei insbesondere Vergleichbarkeit,

hohe Zeitnähe, sinnvolle Anreizwirkung, Vermeidung unerwünschter Anpassungseffekte und ein vertretbares Verhältnis von Aufwand und Nutzen (Buschor, 2002, S.
74; Schenker-Wicki 2002, S. 34; Ziegele, 2002, S. 1). Eine Diskussion „subjektiver"
Bewertungen bezüglich ihrer Eignung zur Verwendung in Indikatoren auch anhand
empirischer Analysen liegt bisher kaum vor. Dieser Aspekt dürfte eine relativ neue
Perspektive darstellen und soll daher im nachfolgenden Abschnitt wie auch in den zugrunde liegenden Forschungsarbeiten etwas breiteren Raum einnehmen. Zunächst sollen aber kurz die Ergebnisse der Analyse zu „objektiven" Indikatoren genannt werden.

3.1 „Objektive" Indikatoren aus Hochschulstatistiken

Als Ergebnis der Analyse für die „objektiven" Kriterien bzw. Indikatoren bleibt
festzuhalten, dass jeweils für sich genommen aus verschiedenen Gründen keines
allein als wirklich „objektiv" gelten kann. Als am meisten problematisch erscheinen für das Ziel, Leistung einschließlich Qualität zu fördern, die Verwendung von
Studenten-, Studienanfänger- und Bewerberzahlen, aber auch die von durchschnittlichen Abschlussnoten. Auch die Betreuungsrelation kann nur das Potential, nicht aber
die tatsächlich realisierte Betreuung aufzeigen. Ebenfalls nicht unproblematisch, aber
besser geeignet erscheinen (im Vergleich zur häufig diskutierten durchschnittlichen
Fachstudiendauer) die Studierbarkeit (gemessen als Anteil an Studierenden in der
Regelstudienzeit) sowie die Absolventenquote (als Pendant zur Schwundquote), wobei
diese unter Einbeziehung zusätzlicher Informationen weiterentwickelt werden sollte
(Krempkow, 2007). Insgesamt gesehen ermöglicht erst ein „Datenkranz" aus mehreren, sich gegenseitig ergänzenden Kennziffern und Indikatoren unter Einbeziehung
subjektiver Indikatoren ein möglichst realistisches Bild der Studiensituation und der
Leistungen eines Faches an einer bestimmten Hochschule.

3.2 „Subjektive" Indikatoren aus Befragungen

Subjektive Indikatoren, die die erwähnten objektiven Kriterien ergänzen/vervollständi-
gen könnten, sind z.B.: a) die Einschätzungen von Studierenden und/oder Absolventen
zur Betreuungssituation oder b) die Einschätzungen, ob es aus Sicht der Studierenden/
Absolventen in der Studienorganisation Gründe gab, die eine Einhaltung der
Regelstudienzeit erschwerten. Darüber hinaus sollten weitere subjektive Indikatoren
herangezogen werden, um Qualität möglichst in allen wesentlichen Dimensionen zu
erfassen, auch wenn diese in keinem direkten Bezug zu den objektiven Kriterien stehen. An derartige Indikatoren sind besondere Anforderungen in Sachen Datenqualität
(Reliabilität und Validität) zu stellen. Dies ist vor dem Hintergrund zu sehen, dass
gerade empirische Daten aus Befragungen in der Öffentlichkeit methodisch häufig in
Zweifel gezogen werden. Hierbei werden jedoch von Hochschulen „oft überzogene
Ansprüche gestellt" (Teichler, 2005, S. 113).
    Als These zur Diskussion der grundsätzlichen Eignung subjektiver Bewertungen
für die Ergänzung „objektiver" Indikatoren kann aus vorliegenden Ergebnissen empirischer Studien abgeleitet werden, dass sie bei methodischen Standards entsprechender Durchführung mindestens in derselben Weise den Ansprüchen an Validität
und Reliabilität genügen können wie „objektive" Indikatoren (Rindermann, 2001;
Krempkow, 2003; 2007). Studierendenbefragungen eignen sich dabei vor allem zur

zeitnahen Einschätzung der Studiensituation, Absolventenbefragungen zur Analyse
von Wirkungen der Hochschulausbildung auf den beruflichen Verbleib und Lehrendenbefragungen zur Einschätzung von Aspekten der Arbeitszufriedenheit. Mittels Absolventenbefragungen (oder auch Lehrendenbefragungen)[1] sind zwar ebenfalls Einschätzungen zur Studiensituation möglich, deren Aussagekraft kann jedoch durch Retro-
spektivitätseffekte bzw. Selbsteinschätzungseffekte beeinträchtigt sein.

4.   Einsatzbeispiele für „subjektive" Indikatoren

Wenn Ergebnisse von Absolventenbefragungen und Studentenbefragungen (bei Beachtung der Erkenntnisse der Methodenforschung zur Validität, Reliabilität und Vergleichbarkeit) grundsätzlich für Verwendung in Leistungs- und Qualitätsindikatoren geeignet sein können, stellt sich die Frage: Wie könnte man dies konkret für die Indikatorenentwicklung umsetzen, und was wäre bei ihrem Einsatz zu beachten?

Hierbei ist eines jedoch gleich vorwegzunehmen: Die Verwendung der Ergebnisse
von Absolventenbefragungen und Studentenbefragungen für die Einbeziehung der
Qualität erscheint nur realistisch möglich, wenn etablierte Befragungsverfahren existieren und die Auswertungen von unabhängigen wissenschaftlichen Institutionen
durchgeführt werden. Dort, wo dies der Fall ist (und dies ist bekanntlich bereits an
einigen deutschen Hochschulen realisiert), entsteht durch die Einbeziehung der Ergebnisse von Absolventenbefragungen und Studentenbefragungen kein größerer Aufwand
als bei Verwendung von hochschulstatistischen Kennzahlen für „objektive" Indikatoren. In Sachsen gibt es an der TU Chemnitz und der TU Dresden (Krempkow &
Pastohr, 2006) hochschulweite Absolventenbefragungen und seit 1999 sachsenweite
Studentenbefragungen (Krempkow & Heldt, 2000). Nachfolgend sollen Ergebnisse
der Studenten- und Absolventenbefragungen exemplarisch hinsichtlich ihrer konkreten
Verwendbarkeit als Indikatoren zur Leistungs- und Qualitätsbewertung und darüber hinaus ggf. für Leistungsanreize diskutiert werden.

4.1 Studentenbefragungen: Hochschulbericht Sachsen und HILVE

Studentenbefragungen sollen hier an erster Stelle thematisiert werden, da hierzu bereits zahlreiche empirische Untersuchungen vorliegen. Deren Ergebnisse lassen sich
folgendermaßen zusammenfassen: Studentische Urteile zur Lehr- und Studiensituation
können als weitgehend valide und zuverlässig bzw. reliabel eingeschätzt werden.
Zunächst wurde bei den Untersuchungen zur Validität festgestellt, dass die Urteile
von Lehrenden, Fremdgutachtern und Studierenden bei Anlegen gleicher Kriterien und
konkreter Fragen hierzu weit besser übereinstimmen, als häufig angenommen wird.
Für die Zuverlässigkeit bzw. Reliabilität gilt dasselbe: Sowohl bei Messwiederholung
innerhalb eines Semesters, als auch über mehrere Semester hinweg sind die Urteile
der Studierenden über das Lehrverhalten ihrer Dozenten weitgehend stabil. Gleichwohl
sollten immer mindestens fünf Lehrveranstaltungen zur Beurteilung des Lehrverhaltens
von Dozenten herangezogen werden (Rindermann, 2004, S. 90).

---

1   Mit Hilfe von Lehrendenbefragungen ist es zusätzlich möglich, die Akzeptanz hochschulpolitischer Reformvorhaben zu untersuchen (z.B. Krempkow, 2005a; 2007).

An einigen Punkten besteht jedoch noch Untersuchungsbedarf, z.B. zur Stabilität der Ergebnisse von Studentenbefragungen an deutschen Hochschulen, die anders als das von Rindermann entwickelte Heidelberger Inventar (HILVE) noch stärker die Studienbedingungen und die Studiensituation insgesamt thematisieren. Hierzu wurde vom Verfasser am Sächsischen Kompetenzzentrum für Bildungs- und Hochschulplanung im Rahmen der Erstellung des ersten Hochschulberichtes Sachsen eine Online-Befragung von 20.000 Studierenden zur Studienqualität und Studiensituation an allen größeren sächsischen Fachbereichen durchgeführt.[2] Aus den ersten Befragungsergebnissen wurden zunächst für einige Fächergruppen reliable[3] Skalen entwickelt, die mit Punktwerten zwischen Null und Einhundert z.B. Studienbedingungen, Lehrqualität sowie die Förderung von Fachkompetenzen und fachunabhängigen Kompetenzen erfassen (Krempkow, 2005b).

Die Skalenentwicklung samt Reliabilitäts- und Validitätsanalysen wurde mittlerweile auf *alle* Fächer ausgeweitet und führte zu den nachfolgend dargestellten Ergebnissen (Lenz u.a., 2006, S. 95ff.). Von den Skalen zu den Hauptdimensionen sind demnach drei sehr gut, eine ausreichend reliabel.[4]

Tab. 1: Ergebnisse von Reliabilitätsanalysen für den Hochschulbericht Sachsen

Vier Hauptdimensionen:

Studienbedingungen/Rahmenbedingungen der Lehre (13 Items)	$\alpha = .85$
Bibliothekssituation (4 Items)	$\alpha = .64$
Lehrqualität (16 Items)	$\alpha = .83$
Kompetenzförderung (16 Items)	$\alpha = .87$

Sieben Unterdimensionen:

Studienorganisation/Studienbedingungen (4 Items)	$\alpha = .80$
Ausstattung und Berufsvorbereitung (9 Items)	$\alpha = .81$
Bibliothekssituation (4 Items)	$\alpha = .64$
Didaktik/Lehrqualität (13 Items)	$\alpha = .82$
Internationalität des Studiums (3 Items)	$\alpha = .68$
Förderung von Schlüsselkompetenzen (9 Items)	$\alpha = .86$
Förderung von Forschungskompetenzen (7 Items)	$\alpha = .76$

Quelle: Lenz et al., 2006

Für die sieben Skalen zu den Unterdimensionen kann die Reliabilität bei fünf als gut und zwei als immerhin ausreichend gelten (wobei letzteres auch an der relativ geringen Itemzahl liegt). Da sich die Unterdimensionen – von wenigen Items abgesehen – aus den Hauptdimensionen abspalten, liegt ihre Zuordnung zu den Hauptdimensionen

---

2   Die Rücklaufquote betrug 54 Prozent. Zu weiteren Informationen vgl. Lenz et al., 2006.
3   Als Kriterium für die Zuverlässigkeit der Skalen wurde Cronbachs α verwendet. Der Wert sollte mindestens .6 oder .7 betragen, möglichst jedoch über .8 liegen (Brosius, 2002, S. 766; Multrus, 2001, S. 19).
4   Bei einer 3-Faktoren-Lösung würde die Bibliothekssituation zur Lehrqualität fallen. Allerdings wäre die Reliabilität der resultierenden Skala Lehrqualität nicht höher und die Trennschärfe der Bibliotheks-Items läge deutlich niedriger, so dass eine Variante mit drei Hauptdimensionen keine Verbesserung bedeuten würde.

nahe, wie sie durch die Rahmung angedeutet wird.[5] Die Darstellung der Ergebnisse muss sich letztlich am gewünschten Grad ihrer Aggregation bemessen (Krempkow, 2005b). Reliabilitätsanalysen wurden außerdem auch für Subgruppen wie Hochschulart und Fächergruppen durchgeführt, wobei sich o.g. Ergebnisse in den Subgruppen weitgehend bestätigten. Solche Skalen werden als grundsätzlich geeignet zur Ergänzung der „objektiven" Indikatoren für Leistungsbewertungen und Leistungsanreize angesehen (z.B. Multrus, 2001). Somit kann ein überschaubares Set an verdichteten „subjektiven" Indikatoren erstellt werden, das nicht nur Teilaspekte von Qualität, sondern diese mehrdimensional erfasst und damit unerwünschten Fehlanreizwirkungen vorbeugen würde.

Eine umfassende Analyse der Studienqualität und Studiensituation sollte aber über eine Bestandsaufnahme der Einzelindikatoren hinausgehen, z.B. indem sie diese in ein Gesamtmodell einordnet und Zusammenhänge zwischen den Einzelindikatoren analysiert. Eine Einordnung in ein Gesamtmodell könnte beispielsweise so aussehen, dass geprüft wird, welche Indikatoren Ergebnisqualität und welche Prozessqualität erfassen und welche eher Ausgangsbedingungen darstellen, die bei der Interpretation der Ergebnisse zur Studienqualität zu berücksichtigen wären. Dies würde eine noch wesentlich aussagekräftigere Analyse ermöglichen, welche Fächer evtl. trotz ungünstiger Ausgangsbedingungen gute Ergebnisse erzielen und umgekehrt.

Will man weitergehende Aussagen zur Eignung von Studentenbefragungen als ein Qualitätskriterium in Leistungsvergleichen treffen, dann sollten aber noch weitere Aspekte berücksichtigt werden. So wird auch das Nichtvorhandensein von „verzerrenden" Bias-Variablen bzw. Einflussfaktoren zu den Eignungskriterien gezählt. Als die am häufigsten genannten Einflussfaktoren, welche die Vergleichbarkeit beeinträchtigen könnten, wurden Sachkenntnis und Reife, Geschlecht, Noten, Leistungsanforderungen, Interesse und Kursgröße genannt. Hierbei finden sich zu unterschiedlicher Sachkenntnis und Reife von Studierenden (gemessen an evtl. Hilfskrafttätigkeit, Studienintensität, Hochschulwechsel oder Alter) und zum Geschlecht kaum nennenswerte Zusammenhänge. Allerdings urteilten Studierende in höheren Fachsemestern tendenziell etwas kritischer. Auch der Einfluss der Noten bzw. Notenerwartung – der zur Vermeidung eines Zirkelschlusses (durch unterschiedliche Lerneffektivität innerhalb eines Kurses verursachte Leistungsunterschiede) nicht innerhalb einer Lehrveranstaltung, sondern über mehrere Lehrveranstaltungen hinweg untersucht werden muss – fiel in verschiedenen Studien eher gering aus oder war nicht nachweisbar. Für die Leistungsanforderungen war im Einklang mit Erkenntnissen der Lernpsychologie festzustellen, dass keineswegs bei den niedrigsten Leistungsanforderungen die besten Bewertungen vergeben wurden. Vielmehr wurden diese bei als optimal empfundenen und etwas höheren Anforderungen erzielt. Die niedrigsten Leistungsanforderungen gingen dagegen mit den schlechtesten Bewertungen einher (Krempkow & Heldt, 2000). Lediglich der Einfluss des Interesses der Studierenden entsprach den Vermutungen und zeigte sich damit im Verhältnis zu den anderen potentiellen Einflussfaktoren als stärkste Bias-Variable. Studierende mit höherem Fachinteresse beurteilen Lehrveranstaltungen besser als Studierende mit geringerem Interesse.

Solche Bias-Effekte sind zumindest bei der Interpretation zu beachten (z.B. Krempkow, 2003). Eventuell sind die Ergebnisse zu gewichten oder bei multiplen

---

5   So können die Didaktik und die Internationalisierung zur Lehrqualität, die Studienorganisation, Ausstattung und Berufsvorbereitung zu Studienbedingungen/Rahmenbedingungen der Lehre sowie die Förderung von Kompetenzen zu jeweils einer Hauptdimension zusammengefasst werden.

Bias-Effekten ggf. zu verwerfen. Nur Ergebnisse mit ausreichender Validität und Reliabilität sollten über den wissenschaftlichen Diskurs in der *Scientific Community* hinausgehend für eine breitere Öffentlichkeit publiziert werden, da immer die Gefahr des Missbrauchs besteht. Eine Publikation für eine breitere Öffentlichkeit könnte z.B. in der Form geschehen, wie dies für Sachsen in der Sächsischen Zeitung erfolgte (Krempkow, 2005b).

ERZIEHUNGSWISSENSCHAFT

	Studien-anfänger	Studenten-zahl	Auslastung Prozent	Einhaltung der Studienzeit Prozent	Studien-dauer Fachsemester
TU Chemnitz*	108	571	127	87	10,3
TU Dresden	44	271	160	75	11,9
Uni Leipzig NC	55	413	110	80	12,1
Bundesdurchschnitt		43 044			12,2

* Pädagogik

Abschluss-noten-durchschnitt	Absolventen-quote Prozent	Studien-organisation Punkte von 100	Lehr-qualität Punkte von 100	Fachliche Kompetenz Punkte von 100	Soziale Kompetenz Punkte von 100
1,3	47	41	59	56	64
1,8	18	41	58	61	62
2,2	65	60	60	k.A.	k.A.
1,8	47				

Quelle: Sächsische Zeitung vom 10. Dezember 2005, S. M13[6]

Abb. 1: Beispiel für Darstellung der Ergebnisse zum Hochschulbericht Sachsen

Zu weiteren genannten Anforderungen kann festgehalten werden, dass Studenten-befragungen meist eine vergleichsweise hohe Zeitnähe haben, dass sie in Verbindung mit quantitativen bzw. „objektiven" Indikatoren eine sinnvolle Anreizwirkung entfalten und daher unerwünschte Anpassungseffekte vermeiden könnten. Da Studenten-

---

6 Studienanfänger- und Studentenzahlen: ohne Aufbau-/Fernstudium; Auslastungsberechnung: ohne Gast- und Honorarprofessoren; Regelstudienzeiteinhaltung: Anteil der Studierenden in der Regelstudienzeit an der gesamten Studentenzahl im Fach (Normalfall Uni neun, FH acht Semester); Studiendauer: durchschnittliche Fachsemester bis zum erfolgreichen Abschluss; Notendurchschnitt: in den Abschlussprüfungen; Absolventenquote: Verhältnis der aktuellen Absolventenzahl zur Studienanfängerzahl (Saldo) vor 6 Jahren (Universitäten) bzw. 5 Jahren (Fachhochschulen), Ergebnisse als Mittelwert über die jeweils letzten 2 Jahre ausgewiesen, um zufällige Schwankungen auszugleichen; Aussagen zu Studienbedingungen, Lehrqualität und Kompetenzförderung: durch Befragungen von Studenten erhoben (Punkteskala von 0 bis 100, höhere Werte bedeuten günstigere Einschätzungen); Pfeile: geben den Trend an, Pfeil nach oben bedeutet Verbesserung z.B. der Regelstudienzeiteinhaltung gegenüber dem Vorjahr, Pfeil nach unten Verschlechterung. Bei weniger als 5 Prozent Abweichung kein Trend ausgewiesen (Pfeil nach rechts), Um längerfristige Trends zu erfassen, die letzten drei Jahre mit den vorhergehenden drei Jahren verglichen, kein Pfeil ausgewiesen bei weniger als 10 Studenten/Absolventen, Bei Studiendauer und Abschlussnoten bedeuten höhere Zahlenwerte Verschlechterung.

befragungen zur Lehrqualität ohnehin gesetzlich gefordert sind und meist auch durch-geführt werden, ist ein günstiges Verhältnis von Aufwand und Nutzen festzustellen.

4.2 Absolventenbefragungen: INCHER-Kassel und TU Dresden

Absolventenbefragungen können trotz retrospektivitätsbedingter Einschränkungen der Aussagekraft, zur Einschätzung der Studiensituation grundsätzlich als geeignet gelten.[7] Fragenkataloge zum Übergang vom Studium in den Beruf, so die bereits über einen längeren Zeitraum genutzten Kasseler Studien (z.B. Teichler & Schomburg, 2001), werden als validiert eingeschätzt. Zur Vergleichbarkeit von Absolventenbefragungen kann formuliert werden, dass diese unter Berücksichtigung solcher Aspekte, die eine Hochschule nicht zu beeinflussen in der Lage ist, als gegeben angesehen werden kann.[8] Weiteren Anforderungen wie der Zeitnähe können Absolventenbefragungen nur bezüg-lich der Angaben zum beruflichen Verbleib und Erfolg genügen. Der Anforderung, sinnvolle Anreize zu schaffen, ohne unerwünschte Anpassungseffekte zu erzielen, kann durch Absolventenbefragungen sehr gut entsprochen werden, da sie häufig als einzige Möglichkeit gelten, nicht nur die „Stückzahl" der Absolventen zu erfassen, sondern auch Aspekte der Qualität (Teichler & Schomburg, 1997). Absolventenbefragungen er-fordern allerdings einen vergleichsweise hohen Aufwand, der erst mittelfristig durch kostensparende Weiterentwicklungsmöglichkeiten in Richtung Online-Befragungen gesenkt werden könnte. Dem Aufwand stehen als Ertrag jedoch neben der alternativ-losen Informationsgewinnung zum beruflichen Verbleib und der (derzeit leider noch nicht finanziell bezifferbaren) Möglichkeit zur Vermeidung von Fehlanreizwirkungen weitere Nutzungsmöglichkeiten der aus Absolventenbefragungen resultierenden ak-tuellen Adresspools (z.B. zur Absolventenarbeit) und damit auch ein vergleichsweise hoher Ertrag gegenüber (Krempkow & Pastohr, 2006). Zudem werden im Zuge der (Re-)Akkreditierung Absolventenbefragungen gefordert. Unter anderem deshalb fin-det derzeit ein Kooperationsprojekt einer Reihe von Hochschulen unter Federführung des INCHER-Kassel mit dem Ziel statt, gemeinsame kostengünstige Nutzungen von Onlinefragebogenmodulen und Scannertechnik und Beratung hierzu zu ermöglichen (Schomburg, 2006).

---

7   Während kurz nach Abschluss des Studiums durch den erstmals möglichen Gesamtüberblick bei geringen Retrospektivitätseffekten ihre Aussagekraft als am höchsten gilt, sinkt sie mit grö-ßer werdendem zeitlichem Abstand (nach mehreren Jahren oder gar Jahrzehnten) durch Erinne-rungsunschärfen oder „Verklärungen". Vergleiche von Studenten- und Absolventenbefragungen sowie der Ergebnisse von Absolventenbefragungen mindestens 1 und 5 Jahre nach Abschluss zeigten lediglich die Tendenz zur etwas positiveren Einschätzung bei größerem zeitlichen Ab-stand, aber keine grundsätzlich anderen Bewertungen (Krempkow, 2007, S. 157).

8   Durch eine Hochschule kaum zu beeinflussen ist insbesondere die Ausgangssituation der Ab-solventen schon am Beginn ihres Studiums. Dies bezieht sich v.a. auf die soziale Herkunft und das Geschlecht, die über das gesamte Studium hinweg bis zum beruflichen Verbleib wirken und Einfluss auf den beruflichen Erfolg haben können, wie bivariate und multivariate Analy-sen anhand mehrerer Absolventenstudien zeigten. Aber auch die aktuelle persönliche Situation der Absolventen zum Befragungszeitpunkt, wie z.B. das Vorhandensein von Kindern oder der Partnerstatus, sollten grundsätzlich berücksichtigt werden, da sie ebenfalls Einfluss auf den be-ruflichen Erfolg haben können (Krempkow & Pastohr, 2006) .

5. Zusammenfassung und Fazit

Auf der Basis der Diskussion von Konzepten zur Leistungs- und Qualitätsbewertung und der hierzu berichteten Probleme wurde versucht, einen konzeptionellen Ansatz für mögliche Weiterentwicklungen herauszuarbeiten. Dieser wird darin gesehen, mit Hilfe von Studenten- und Absolventenbefragungen Qualitätsaspekte (inter)subjektiv und multidimensional zu erfassen. So wäre es möglich, die bisher v.a. durch hochschul-statistische Kennzahlen geprägten Kriterien von Leistungsbewertungen, die oft stärker Quantität als Qualität erfassen, zu ergänzen und Fehlanreizwirkungen vorzubeugen. Die konkrete Eignung vorliegender Ergebnisse wurde anhand der in vorliegender Literatur formulierten Anforderungen an eine Verwendung „objektiver" und „subjektiver" Kriterien in Indikatoren mittels empirischer Untersuchungen überprüft. Darüber hinaus wurden mit dem Hochschulbericht Sachsen und den Absolventenbefragungen an der TU Dresden Einsatzbeispiele zur Berichterstattung über die Leistungen und die Qualität der Hochschullehre in Sachsen kurz vorgestellt und mit anderen, bereits etablierten Befragungsinstrumenten in Beziehung gesetzt. Hieraus kann abgeleitet werden, dass sie bei entsprechender Durchführung und Auswertung mindestens in derselben Weise den Ansprüchen an Validität und Reliabilität genügen wie „objektive" Indikatoren. Daher können sie für ideelle Leistungsanreize wie Lehrpreise oder für die Ergänzung von Modellen zur leistungsorientierten Mittelvergabe durch Qualitätsaspekte grundsätzlich als geeignet eingeschätzt werden. Darüber hinaus wurden aufgrund von Erfahrungen mit dem Einsatz solcher Befragungen in Sachsen Anwendungsempfehlungen gegeben, wie solche Ergebnisse zu Indikatoren verdichtet und übersichtlich für eine breitere Nutzung über die Scientific Community hinaus dargestellt werden können.

Literatur

Buschor, E. (2002). Evaluation & New Public Management. *Zeitschrift für Evaluation, 1*, 71–86.

Brosius, F. (2002). *SPSS 11.* Bonn: mitp Verlag.

Deutscher Wirtschaftsrat (1996). *Empfehlungen zur Stärkung der Lehre in den Hochschulen durch Evaluation.* Berlin: Wissenschaftsrat.

Krempkow, R. & Heldt, M. (2000). Einflussfaktoren auf studentische Lehrbewertungen an sächsischen Hochschulen. *hochschule ost – Leipziger Beiträge zu Hochschule & Wissenschaft, 1* (2), 258–282.

Krempkow, R. (2003). Bessere Didaktik trotz schlechterer Rahmenbedingungen – Ergebnisse zweier Befragungen zur Situation von Lehre und Studium an der TU Dresden. *Zeitschrift für Evaluation, 2*, 257–278.

Krempkow, R. (2005a). Arbeitszufriedenheit und Akzeptanz hochschulpolitischer Reformvorhaben an drei ostdeutschen Hochschulen. *Das Hochschulwesen, 3*, 102–108.

Krempkow, R. (2005b). *Dokumentation zum SZ-Hochschul-TÜV 2005. Mathematik/Naturwissenschaften und Medizin, Ingenieurwissenschaften und Informatik sowie Wirtschafts-/Rechts-/Geistes- und Sozialwissenschaften – Eine Gegenüberstellung von hochschulstatistischen Kennzahlen und Ergebnissen von Studentenbefragungen, TU Dresden.* Verfügbar unter: http://nbn-resolving.de/urn:nbn:de:swb:14-1137169190047-92037 [10.04.2008].

Krempkow, R. & Pastohr, M. (2006). Was macht Hochschulabsolventen erfolgreich? Eine Analyse der Determinanten beruflichen Erfolges anhand der Dresdner Absolventenstudien 2000-2004. *Zeitschrift für Evaluation, 1*, 7–38.

Krempkow, R. (2007). *Leistungsbewertung, Leistungsanreize und die Qualität der Hochschullehre. Konzepte, Kriterien und ihre Akzeptanz.* Bielefeld: UniversitätsVerlag Webler. Verfügbar unter: www.universitaetsverlagwebler.de/krempkow.html. [10.04.2008].

Lenz, K., Krempkow, R. & Popp, J. (2006). *Sächsischer Hochschulbericht 2006. Dauerbeobachtung der Studienbedingungen und Studienqualität im Freistaat Sachsen.* Verfügbar unter www.smwk.sachsen.de/download/Gesamtbericht_Endfassung_2006.pdf [10.04.2008].

Leszczensky, M., Orr, D., Schwarzenberger, A. & Weitz, B. (2004). *Staatliche Hochschulsteuerung durch Budgetierung und Qualitätssicherung: Ausgewählte OECD-Länder im Vergleich.* HIS-Projektbericht.

Multrus, F. (2001). *Skalenentwicklung zur Messung der Lehr- und Studienqualität. Vorgehensweise zur Identifizierung von Dimensionen und Skalen auf der Basis des Studierendensurveys im WS 2000/01.* Hefte zur Bildungs- und Hochschulforschung, 36, Universität Konstanz.

Rindermann, H. (2001). *Lehrevaluation – Einführung und Überblick zu Forschung und Praxis der Lehrveranstaltungsevaluation an Hochschulen.* Landau: Empirische Pädagogik.

Rindermann, H. (2004). Konsequenzen aus der studentischen Veranstaltungskritik. In: Hochschulrektorenkonferenz (Hrsg.): *Evaluation und Akkreditierung* (S. 83–96). Beiträge zur Hochschulpolitik 1/2004. Bonn.

Schenker-Wicki, A. (2002). Finanzierungs- und Steuerungssysteme der universitären Hochschulen in der Schweiz. *Beiträge zur Hochschulforschung, 4*, 18–39.

Schomburg, H. (2006). *Kooperation bei der Durchführung von Absolventenstudien.* Präsentation zum Arbeitsgruppentreffen der Tagung von HRK und INCHER-Kassel „Potentiale von Absolventenstudien für die Hochschulentwicklung" am 18.05.2006 in Kassel.

Teichler, U. & Schomburg, H. (1997). Evaluation von Hochschulen auf der Basis von Absolventenstudien. In: H. Altrichter, M. Schratz & H. Pechar (Hrsg.): *Hochschulen auf dem Prüfstand. Was bringt Evaluation für die Entwicklung von Universitäten und Fachhochschulen?* Innsbruck/Wien: StudienVerlag.

Teichler, U. & Schomburg, H. (2001). *Erfolgreich von der Uni in den Job.* Regensburg: Walhalla Verlag.

Teichler, U. (2003). Die Entstehung eines superkomplexen Systems der Qualitätsbewertung. Ein Beitrag aus Sicht der Hochschulforschung. *hochschule innovativ, 9*, 5–6.

Teichler, U. (2005). *Hochschulsysteme und Hochschulpolitik. Quantitative und strukturelle Dynamiken, Differenzierungen und der Bologna-Prozess.* Münster u.a.: Waxmann.

Ziegele, F. (2002). *Indikatoren für formelgebundene Finanzzuweisungen.* Verfügbar unter: www.evanet.his.de/infoboerse/dok/htm/CHE-Indikatoren.htm [10.01.2002].

Gisela Feller

Weiterbildungsmonitoring und der wbmonitor Klimaindex – Steuerungsmittel oder Steinbruch?

1. Berichterstattung in der Weiterbildung

1.1 Die amorphe Weiterbildungslandschaft

An den Leitgedanken, dass Teilhabe an der Gesellschaft lebensbegleitendes Lernen verlangt, knüpft sich die Forderung nach ausreichenden Weiterbildungsmöglichkeiten. Dafür gibt es in Deutschland zwar ein vielfältiges, jedoch weder umfassend institutionalisiertes noch strukturiertes Angebot wie etwa für den Pflichtbereich von allgemeiner und beruflicher Bildung. Die Weiterbildungslandschaft entfaltet sich weitgehend frei nach Angebot und Nachfrage. Es gibt kaum Standards, wenig öffentliche Mittel und infolgedessen auch keine obligatorischen Statistiken. Deshalb bedarf es eigener Erhebungen von Daten, die geeignet sind, die Landschaft zu beleuchten und Maßstäbe zu gewinnen. Denn es liegt „im Bereich öffentlicher Verantwortung, durch Koordination und Sicherung einer Grundversorgung das Institutionenspektrum zu stabilisieren" (Faulstich, 2003) und so dem Selbstverständnis von Bildung als Menschenrecht und Integrationsmacht zu entsprechen.

Der folgende Beitrag geht den Fragen nach, wo die Berichterstattung zur Weiterbildung aus Anbietersicht in vorhandene Weiterbildungsberichterstattung einzuordnen ist und welche Funktion ihr in Politik oder Praxis zukommen kann; er beschreibt das Konzept des dafür geschaffenen Umfrageinstruments wb**monitor**, insbesondere einen erstmalig in der Weiterbildungsbranche angewandten Klimaindex und bisherige Erfahrungen damit.

1.2 Weiterbildungssurveys für Deutschland

Für die Bildungsberichterstattung in der Weiterbildung bieten sich zwei zentrale Perspektiven an: aus Sicht der Nachfrager, also der individuell Teilnehmenden und der Betriebe, und aus Sicht der Anbieter. Aus Teilnehmersicht gibt es empirisches Bildungsmonitoring seit 1979 mit dem Berichtssystem Weiterbildung (Bilger, 2006; es soll durch den AES – Adult Education Survey – auf europäischer Ebene abgelöst werden). Zur betrieblichen Weiterbildung gibt es zweijährlich einen Befragungsschwerpunkt im Betriebspanel des Instituts für Arbeitsmarkt- und Berufsforschung (IAB) (Leber, 2006), dreijährlich die Umfragen des privatrechtlichen Instituts der deutschen Wirtschaft Köln (iw) (Werner, 2006) und im Abstand von rund fünf Jahren die europaweiten CVTS-Erhebungen des Statistischen Bundesamtes (Continual Vocational Training Survey; vgl. Statistisches Bundesamt, 2002).

Bemühungen um eine weit reichende Berichterstattung aus Anbietersicht hatten dagegen in der Vergangenheit noch keinen nachhaltigen Erfolg. Es gab zwar bereits in den 1960er und 1970er Jahren weiterbildungsstatistische Erhebungen (Gnahs, 1999). Sie wurden (und werden) in einzelnen Bundesländern durchgeführt und bezogen sich überwiegend auf außerberufliche Weiterbildung. Ein vom Bundesbildungsministerium gefördertes Projekt „Entwicklung eines koordinierten Daten- und Erhebungskonzepts für den Weiterbildungsbereich auf Bundesebene" sah ein Kernprogramm für die allgemeine und berufliche Weiterbildung vor (Gnahs & Beiderwieden, 1982), aber dessen bundesweiter regelmäßiger Einsatz konnte nicht durchgesetzt werden. In den 1980er Jahren erlahmte das politische Interesse; Widerstände gegen Institutionenforschung wurden auch bildungstheoretisch begründet. Daraus resultierender Mangel an wissenschaftlicher Politikberatung wurde in Kauf genommen (Strunk, 1999, S. 446).

1.3 Institutionen als Untersuchungseinheiten

Bildungsberichterstattung aus Anbietersicht richtet sich primär auf die institutionelle Ebene als Untersuchungseinheit. Denn im Funktionssystem Weiterbildung, das aus drei Ebenen besteht, die bei Schäffter (2003) als Operationskreise bezeichnet werden, bilden Weiterbildungsanbieter als Einrichtungen den zentralen Operationskreis, weil es in ihnen um die Leistung des Funktionssystems für seine gesellschaftlichen Umwelten geht und auch, weil sie mit den über- und untergeordneten Ebenen „Ordnungspolitischer Entscheidungsrahmen" und „Aneignungsstrukturen und Lernmilieus" strukturell verknüpft sind, in sie hineinwirken bzw. umgekehrt von ihnen beeinflusst werden (Abb. 1). Weiter heißt es: „An der Organisationsfrage (der Weiterbildungseinrichtungen; G.F.) – und nicht mehr an Zielen und Inhalten der jeweiligen Angebotspalette – werden zu-

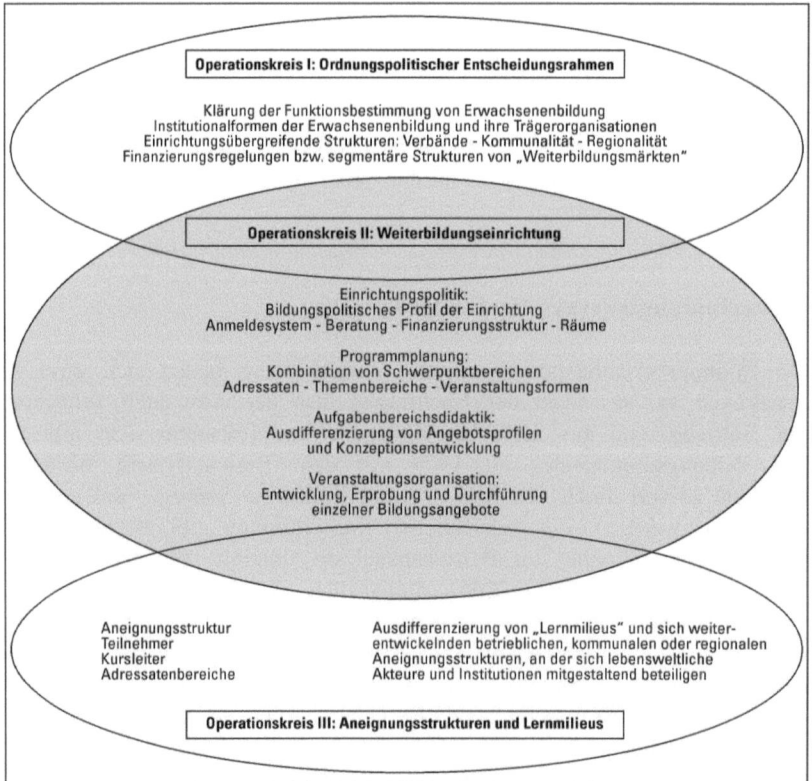

Abb. 1: Funktionssystem Weiterbildung nach Schäffter

künftig Bestandserhalt und Zukunftsfähigkeit entschieden", weil gesellschaftspolitische Entwicklungen gegenwärtig mit radikalen Neustrukturierungen und häufig sogar vorlaufenden Zerschlagungen von Einrichtungen einhergehen (ebd.).

Danach hat sich die Berichterstattung aus Anbietersicht vorrangig auf diese Ebene zu konzentrieren und bewegt sich auf der Mesoebene deskriptiver empirischer Sozialforschung. Die dort bestehenden Forschungsdesiderata wurden mehrfach verdeutlicht (Strunk, 1999; Schäffter, 2003; Arnold, 2003; Faulstich, 2005). Die Ergebnisse der Befragungen von Weiterbildungseinrichtungen zielen dann aber (auch) auf die makrosystemische Ebene: Erkenntnisse auf der Basis von „Bildungsindikatoren sind Orientierungspunkte in der Diskussion um politisch-administrative Strukturen und Prozesse und geben Hinweise zur Funktions- und Wirkungsweise von Bildungssystemen. Die Ebenen der einzelnen Institutionen und Individuen haben sekundäre Bedeutung" (Gilomen, 2002).

Der Deutsche Bildungsrat schlug vor, um ein möglichst vollständiges und konsistentes Gesamtbild der Weiterbildungslandschaft zu erhalten, müssten „diejenigen Komponenten definiert und statistisch erfasst werden, die erforderlich sind, um das gesamtgesellschaftliche ‚Weiterbildungsvolumen' und dessen Struktur nach Trägern, Bereichen und Veranstaltungsformen sowie seine Verteilung auf verschiedene Bevölkerungsgruppen darzustellen" (Deutscher Bildungsrat, 1970). Dieser Ansatz musste scheitern, weil das Weiterbildungsvolumen in seiner Gesamtheit, eine gesellschaftliche Grundversorgung oder das komplexe Institutionenspektrum und die darin gebräuchlichen Begrifflichkeiten operational nicht definierbar, eingrenzbar oder vollständig erfassbar sind (Dietrich, 2007; Ioannidou, 2006). Das Weiterbildungsangebot ist so vielfältig wie die Wirtschaft und die Gesellschaft, denen es dient. Es gibt fast keine bundesweiten Zuständigkeiten. Widerstände bzw. Desinteresse werden von vielen Anbietern – auch solchen der öffentlichen Hand – oft mit zeitlicher Belastung, aber auch mit der Sensibilität von Betriebsdaten und Geschäftspolitik begründet. Selbst bei Verbünden der hoch subventionierten Volkshochschulen, kirchlichen Träger o.ä. ist es schwer, eine differenzierte Statistik wie die des Deutschen Instituts für Erwachsenenbildung (DIE; Ioannidou, Meese, Pehl & Reitz, 2003) aufzubauen und regelmäßig zu aktualisieren. Ähnliche Erfahrungen macht Frankreich, wo ein Versuch des französischen Berufsbildungsforschungsinstituts CÉREQ für ein Weiterbildungsmonitoring nach einer ersten Umfrage wieder aufgegeben wurde (Vero & Rousset, 2004). Immerhin wird dort die Verwendung gewährter öffentlicher Mittel mit dem obligatorischen Standardfragenprogramm „Pädagogische und finanzielle Bilanz" jährlich überprüft.

1.4 Die Reichweite von Anbieterumfragen

Machbarkeitsstudien aus der Zeit um die Jahrtausendwende (z.B. Dietsche, Nuissl & Pehl, 2001) eruierten, wie die Datenlage um Informationen zu verbessern sei, welche mit Teilnehmer- oder Betriebsbefragungen nicht erhältlich sind. Erwartungsgemäß zeigt die bisherige Praxis, dass nur kurze, wenig belastende, nicht zu häufige und leicht zu handhabende Befragungen akzeptiert werden, vorausgesetzt, die Ergebnisse versprechen auch für die Anbieter selbst interessant und nützlich zu werden. Unter diesen Umständen lässt sich ein Bild vom Istzustand nur dadurch gewinnen, dass eine Auswahl der für die Bildungsberichterstattung „erforderlichen Komponenten" (Gnahs, 1999) gestreckt über mehrere Umfragen erhoben wird.

Vor diesem Hintergrund wurde 2001 im Bundesinstitut für Berufsbildung (BIBB) mit dem wb**monitor** ein Beobachtungsinstrument geschaffen, das sich zunächst auf die berufliche Weiterbildung beschränkte. Wegen des wachsenden Interesses an Bildungsberichterstattung wurde ab 2006 – in Kooperation mit dem DIE – die allgemeine Weiterbildung einbezogen, geschuldet auch der Einsicht, dass Schlüsselkompetenzen allgemeine und berufliche Bildung verklammern und zur Weiterbildung neben der Förderung berufsbezogener Fertigkeiten die Entwicklung der Persönlichkeit des Weiterzubildenden gehört. „Allgemeine Bildung und berufliche Bildung bilden keinen Gegensatz mehr und sind nicht mehr voneinander zu trennen" heißt es auch bei der Europäischen Kommission (1996). Dennoch bleibt es erforderlich, beide Bereiche empirisch und analytisch gemeinsam wie getrennt voneinander zu betrachten, da politische und finanzielle Konzepte und Strukturen nach wie vor getrennt sind und spezifische Informationsbedarfe bestehen.

2. Das Indikatorenkonzept des wbmonitor

2.1 Indikatoren für die Weiterbildung

Parallel zur Einbeziehung der Anbieter allgemeiner Weiterbildung in die Umfragen zeigt sich die Entwicklung des wb**monitor** gemäß neu entstandener Bedarfe auch in anderer Richtung: Die zunehmende Tendenz, Bildungsberichterstattung auf Indikatoren – seien sie aus vorhandenen Statistiken oder durch Umfragen gewonnen – zu stützen, stieß die Suche nach einem für Weiterbildungseinrichtungen geeigneten Konzept an.

Kennwerte von zentraler Bedeutung für die Weiterbildung sind Beteiligungsquoten und ihre Veränderung. Sie werden mit dem Berichtssystem Weiterbildung auf individueller Ebene erhoben (z.B. Bilger, 2006). Aus betrieblicher Sicht wichtig ist darüber hinaus der Anteil weiterbildungsaktiver Betriebe (z.B. Leber, 2006). Beide Indikatoren sind in der Anbieterforschung nicht anwendbar.

Weil Daten zur Weiterbildungsanbieterlandschaft nur in freiwilligen Erhebungen gewonnen werden können, sind Strukturdaten als Indikatoren ohnehin eher ungeeignet, da immer nur ein Ausschnitt der Einrichtungen erreicht wird und Bezüge zur Grundgesamtheit nicht herstellbar sind, denn diese ist bisher unbekannt. Außerdem unterliegen die Angebote im freien Markt keinen einheitlichen Standards. Bildungsindikatorenkonzepte wie in den OECD-Berichten (Statistische Ämter des Bundes und der Länder, 2006) oder beim Bildungsmonitor von iw und INSM (Initiative Neue Soziale Marktwirtschaft) (Plünnecke & Stettes, 2006) scheiden deshalb ebenfalls aus.

Da ein großer Teil der Weiterbildungsanbieter privatwirtschaftlich organisiert ist[1] und alle im Spannungsfeld von öffentlicher oder selbstverpflichteter Bildungsaufgabe und Wirtschaftlichkeit stehen, können für die spezielle Berichterstattung aus Anbietersicht nicht nur Bildungs-, sondern auch Wirtschaftsindikatoren relevant sein. Zur Bestimmung geeigneter Indikatoren haben neben Praktikabilität und Validität auch Kriterien wie Verständlichkeit, Akzeptanz, Selbstreferenzfähigkeit und die Vergleichbarkeit mit Werten aus anderen Branchen oder Volkswirtschaften Bedeutung (Faulstich, 2005). Wünschenswert wäre ein Indikator, der die Befindlichkeit der Anbieter von Weiterbildung als Signalwert für die Stimmung in der Weiter-

---

1 Nur etwa ein Drittel der wbmonitor Umfrageteilnehmer finanziert sich überwiegend, d.h. zu 50% oder mehr, aus Mitteln der Bundesagentur für Arbeit (BA) oder der öffentlichen Hand.

bildungslandschaft berücksichtigt und der darüber hinaus Potential für differenzierte Analysen wie die Unterscheidung mehr oder weniger erfolgreicher Anbieter besitzt.

Das prominenteste, branchenübergreifend verwendete Wirtschaftsindikatorenkonzept ist das des Instituts für Wirtschaftsforschung (ifo) an der Universität München. Der ifo Klimaindex beruht auf einer These der ökonomischen Theorie, wonach Urteile und Erwartungen eine Funktion als Handlungsauslöser haben (Nerb, 2004). Der seit 1972 monatlich bereitgestellte Index hat sich als Frühindikator für die Wirtschaftsentwicklung in Deutschland bewährt und weltweite Anwendung gefunden (Lindlbauer, 2004). Er beruht auf einfachen Fragen, ist anschaulich und für Laien verständlich. Er ist einerseits Maßzahl-Index für das Geschäftsklima und wird abgeleitet aus den beiden originären qualitativen Indikatoren Geschäftslage und Geschäftserwartungen (Nierhaus & Sturm, 2004). Berechnet wird er als „das geometrische Mittel aus den Salden der aktuellen Geschäftslagebeurteilung und der Geschäftserwartungen für die nächsten sechs Monate" (ebd.).

Aktuelle Situation (GL):
Wir beurteilen unsere Geschäftslage für xy als: *gut* / *befriedigend* / *schlecht.*

Erwartungen für die nächsten 6 Monate (GE):
Unsere Geschäftslage für xy wird in konjunktureller Hinsicht:
eher günstiger / *etwa gleich bleiben* / *eher ungünstiger.*

Gewichtswert $G = (\log(x))^e$
x ist die Anzahl der mit der Herstellung eines Produkts beschäftigten Arbeitnehmer

Saldo GL (bzw.GE) = (Σpositiver − Σnegativer Urteile) : (Σaller Urteile) x 100

Aktueller Wert: Geschäftsklima GK = $((GL + 200)(GE + 200))^{1/2}$ - 200

Zeitreihenwert: Index I = (Saldo i. Jahr z + 200) : (Saldo i. Jahr (z-1) + 200) x 100

(Nach Goldrian, Georg (Hrsg., 2004). *Handbuch der umfragebasierten Konjunkturforschung.* München: Ifo Institut für Wirtschaftsforschung)

Abb. 2: ifo Fragen und Formeln zum Klimaindex

Der jeweils spezifische Wert der beiden Einzelindikatoren Lage und Entwicklung liegt bei der Geschäftserwartung darin, beginnenden konjunkturellen Aufschwung vergleichsweise zuverlässig anzuzeigen. Dagegen ist die Geschäftslage ein guter Frühindikator für drohenden Abschwung. Durch Zusammenfassen der beiden Indikatoren zum Gesamtindex Geschäftsklima wird der prognostische Gehalt noch verbessert, wie ifo in Modellrechnungen zeigen konnte (ebd.). Andererseits werden aus den Klimawerten Index-Zeitreihen gebildet; als relationale Werte zeigen sie die Entwicklung des Klimas im Zeitverlauf mit Bezug zu einem Basisjahr.

2.2   Ein Klimaindex für die Weiterbildungslandschaft

Die Prüfung von Übertragbarkeit und Anwendbarkeit des ifo Klimaindexkonzepts auf die Weiterbildungsanbieterforschung umfasst alle Kernelemente des Konstrukts: Bezug, Fragenformulierungen, Antwortskalen, Periodizität der Abfrage und Gewichtungsfaktor.

- Die ifo Fragen beziehen sich auf die Geschäftslage für ein Produkt – das wäre übertragen z.B. das Kursangebot –, die wb**monitor** Umfragen fokussieren dagegen generell auf alle Weiterbildungsaktivitäten der Anbieter. Da öffentlich finanzierte Bildungsanbieter zudem nicht notwendig „wirtschaften", sondern eher „haushalten", lauten die entsprechend angepassten wb**monitor** Fragen:
  Wie beurteilen Sie die aktuelle wirtschaftliche/haushaltsbezogene Lage Ihrer Einrichtung? *(positiv ++ + o - -- negativ)* und: Wie wird die Lage Ihrer Einrichtung in einem Jahr sein? *(besser ++ + o - -- schlechter)*
- Die vorgesehenen Antwortskalen sind fünfstufig, denn eine Dreistufigkeit wie derzeit überwiegend noch bei den ifo Umfragen erscheint zu grob – durch die Tendenz zur Mitte gingen für die Auswertung im Zähler zu viele Fälle verloren, und im Extremfall mit ausschließlich neutralen Urteilen werden die Salden gleich null. Auch ifo erwägt eine (durchgängige) Umstellung auf fünf Kategorien. Für die Saldenbildung werden dann je Frage die Häufigkeiten zu den beiden positiv und ebenso zu den beiden negativ besetzten Aussagen zusammengefasst und deren Differenz – die Salden – gebildet.
- Im Gegensatz zur monatlichen Abfrage des ifo können die wb**monitor** Umfragen in der Regel nur einmal jährlich stattfinden. Deshalb wird die Geschäftserwartung, im wb**monitor** die zukünftige Lage, für den voraussichtlich nächsten Umfragezeitpunkt (in einem Jahr) erfragt. Durch Befragungen im Jahresrhythmus wachsen Zeitreihen nur langsam. Wegen der fehlenden Statistiken sind auch keine zeitverzögerten Vergleiche mit amtlicherseits erfassten Entwicklungen möglich, wie sie das ifo durchführen kann. In den Anfangsjahren können zu Vergleichen bei ausreichend enger Anlehnung der Indizes von wb**monitor** und ifo dessen im gleichen Zeitraum erhobene Daten herangezogen werden. Über die Jahre würde auch für die Weiterbildung eine Zeitreihe mit Werten für weitere, autoregressive Analysen entstehen.
- Die von ifo zur Gewichtung der Lagebeurteilung der Branchen herangezogene Zahl der Beschäftigten für die Güterproduktion ist für den wb**monitor** als Äquivalent wegen der branchenspezifischen Struktur der Weiterbildung mit vielen Teilzeit- und Honorarkräften nicht geeignet (WSF, 2005). Zur Berücksichtigung der Größe eines Anbieters erscheint der Umfang des Kurs- und Lehrangebots am ehesten geeignet, das am einfachsten in der Zahl der erteilten Unterrichtsstunden abzubilden und, wie die bisherigen Umfragen zeigten, auch zu erheben ist. Dieses Merkmal wird daher als korrigierender Gewichtungsfaktor im wb**monitor** genutzt, um den Einfluss sowohl sehr großer wie sehr kleiner Anbieter auf das Ergebnis zu begrenzen.

Das solchermaßen adaptierte Konzept war in Modellrechnungen zu validieren; Plausibilitätsprüfungen bezogen sich auf verschiedene Stichproben, Berechnungsverfahren und Untergruppen. Fragestellungen und Skalen aus früheren Umfragen waren zwar nicht identisch, aber ähnlich. Die wirtschaftliche Situation war 2005 mittels Schulnote von den Einrichtungen beurteilt worden, die Erwartungshaltung als Einschätzung der Situation in drei Jahren. Die Salden wurden gebildet als Prozentanteil der Anbieter, die die Schulnote 1 oder 2 vergaben abzüglich derer mit den Noten 5 oder 6. Es ergaben sich ein Lagesaldo von LS = 10,4 und ein Erwartungssaldo von ES = 11,2, der daraus errechnete Klimawert beträgt KW = 10,8. Die zum Vergleich ungewichtet ermittelten Werte nach Einrichtungen („One man, one vote") weichen davon um nicht mehr als rund 2 Punkte ab.[2] Deutliche Schwankungen der Werte in Untergruppen (z.B. zwischen Anbietern mit und ohne Bildungsgutscheinkunden) zeigen, dass der Klimaindex als abhängige Indikatorvariable einsetzbar ist. Auch die ifo Werte differieren stark zwischen verschiedenen Gruppen sowohl innerhalb der gewerblichen Wirtschaft wie auch zwischen dieser und dem Dienstleistungssektor. Erfreulich dicht liegen die Werte zum ifo Geschäftsklima Dienstleistungen 8/05 und die **wbmonitor** Klimawerte für 2005 beieinander.[3] Die Umfragen fanden etwa zur gleichen Zeit statt. Das gab Anlass zur Hoffnung, mit der adaptierten Version für den wb**monitor** ein adäquates Instrument für die Weiterbildungsbranche konstruiert zu haben.

3. Das Weiterbildungsklima 2007

Die erste Umfrage des wb**monitor** nach dem Relaunchprozess fand im Mai 2007 statt. Der Fragenkatalog orientiert sich an Bedarfs- und Machbarkeitsstudien, an Expertenratings und, um Ergebnisse vergleichen zu können, an anderen Weiterbildungserhebungen, soweit dies sinnvoll möglich ist. Außer Strukturinformationen werden mit dem wb**monitor** zu wechselnden Themen Trends und Einschätzungen erfasst.[4] In die Auswertungen gingen 1201 Rückläufe ein; in Relation zu den Einladungen beträgt die bereinigte Rücklaufquote 21,4%. 900 Weiterbildungsanbieter beantworteten sämtliche zur Klimaindexberechnung notwendigen Fragen.

Vergleichbar der Gesamtwirtschaft sind auch bei Weiterbildungsanbietern die Klimawerte gegenüber 2005 kräftig gestiegen. Sie liegen nicht mehr wie noch im Jahr 2005 bei 10, sondern zwischen 25 und 35 Punkten und etwas über den vom ifo für die Dienstleistungsbranche errechneten Salden (s. Abb. 4). Die gegenüber der Lageeinschätzung niedrigeren Erwartungswerte kommen vor allem durch deutlich mehr neutrale und insgesamt weniger abgegebene Urteile für die Zukunft zustande, die indirekt das Ergebnis beeinflussen (vgl. Abb. 3).

Die explorative Prüfung von Zusammenhängen der Klimawerte mit Strukturdaten und Trends erbrachte eine Reihe von zu erwartenden, aber auch von heuristisch betrachtet weniger evidenten Unterschieden.[5] In gehobener Stimmung befinden sich Anbieter, deren Einnahmen aus Weiterbildungsangeboten stiegen oder die einen Zuwachs beim bezahlten Personal (Angestellte/Beamte oder Honorarkräfte) erwarten. Die vielfach öffentlich beklagten Verluste scheinen von großen Weiterbildungsanbietern verkraftet zu sein: im Vergleich zu kleineren Anbietern, vor allem denen mit weniger als zehn fest Beschäftigten, sind sie optimistischer.

---

2 Salden und Klima können Werte zwischen −100 und +100 annehmen, wobei höhere Werte eine bessere Stimmung anzeigen. Prüfstatistiken zur Signifikanz der Unterschiede gibt es bislang nicht. Genauere Darstellung der Modellrechnungen in Feller, 2007.

3 ifo Geschäftsklima Dienstleistungen 8/05: LS = 7,0, ES = 12,0, KW = 9,5; ifo Geschäftsklima gewerbliche Wirtschaft 8/05: LS = -17,0, ES = -5,5, KW = -11,3. Mehr dazu unter www.cesifo-group.de >Wirtschaftsinformationen >Umfrageergebnisse >ifo Geschäftsklima.

4 Die vollständigen Umfrageergebnisse sind abrufbar unter http://www.bibb.de/de/30488.htm.

5 Große Teile der umfangreichen Berechnungen dazu wurden dankenswerterweise von Gustav Höcke vom Forschungsdatenzentrum des BIBB durchgeführt.

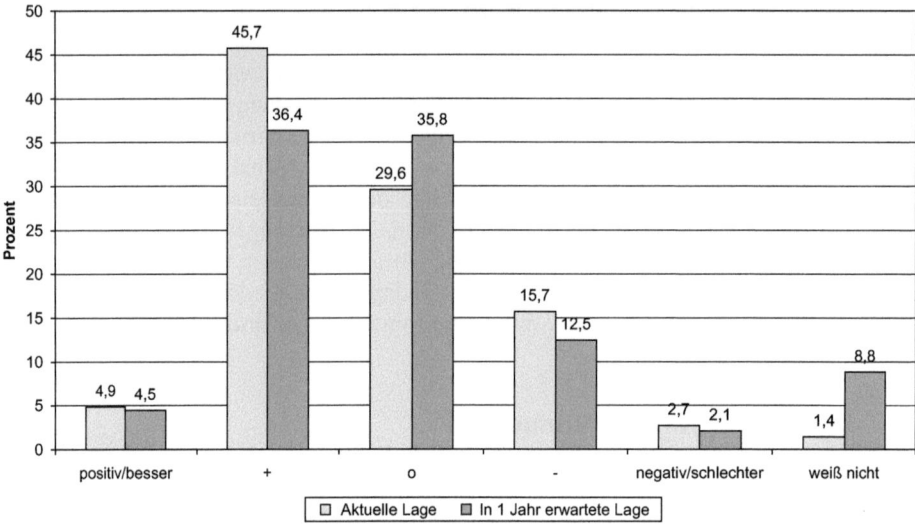

Lagebeurteilungen der Anbieter 2007 (N ~ 1200)

Abb. 3: Lagebeurteilungen der Anbieter 2007

Klima, Lage und Erwartung 2007 insgesamt und für ausgewählte Teilgruppen (1)

		Klima	Lage	Erwartung
ifo Klima Dienstleistungen 5/2007		26,5	29,0	24,0
wbmonitor gesamt (N>900)		30,0	34,9	25,2
Trend des Personals (Ang.+ Beamte) in 2007	wird steigen	65,5	68,2	62,8
	wird gleich bleiben/sinken	26,5	31,2	21,9
Trend des Personals (Honorarkräfte) in 2007	wird steigen	61,0	59,0	63,0
	wird gleich bleiben/sinken	24,6	30,5	18,8
Trend der WB-Gesamteinnahmen 2006 zu 2005	gestiegen	57,0	67,1	47,2
	gleich geblieben/gesunken	14,0	16,5	11,6
Einnahmen/Zuwendung von Betrieben	keine	16,2	19,6	12,9
	bis 25%	26,7	32,7	20,7
	26 bis 49%	53,7	58,2	49,1
	50% und mehr	**62,7**	**63,2**	**62,2**
Einnahmen/Zuwendung von Kommunen, Ländern, Bund, EU	keine	42,1	41,2	43,0
	bis 25%	33,2	38,9	27,6
	26 bis 49%	19,5	28,2	11,1
	50% und mehr	17,1	25,0	9,4
Einnahmen/Zuwendung von AA	keine	24,4	30,5	18,5
	bis 25%	38,8	42,4	35,2
	26 bis 49%	40,7	45,7	35,8
	50% und mehr	20,6	29,6	12,0
Art der Einrichtung	privat oder wirtschaftsnah	40,5	42,3	38,8
	(eher) gemeinnützig	24,1	25,7	22,5
	schulisch oder öffentlich	27,0	35,6	18,7
Ausrichtung des WB-Angebotes	nur berufliche Weiterbildung	40,5	44,4	36,7
	berufl. + allg. Weiterbildung	27,0	31,5	22,6
Nicht Weiterbildung, sondern Sonstiges ist ...	Hauptaufgabe	37,8	48,2	27,8
	Nebenaufgabe	25,0	30,5	19,6
	nicht durchgeführt	27,3	28,4	26,1
Angestellte/Beamte in der WB	0 bis 9	21,4	26,4	16,5
	10 bis 49	38,0	41,1	35,0
	50 und mehr	41,2	51,8	31,0
Standort	Westdeutschland	32,5	37,1	28,0
	Ostdeutschland	19,4	25,9	13,2

Abb. 4: Klima, Lage und Erwartung 2007 insgesamt und für ausgewählte Teilgruppen (1)

Wie schon bei den Modellrechnungen aus 2005 hat die Herkunft der Einnahmen wesentlichen Einfluss auf die Stimmung. Besonders gut (mit mehr als 60 Punkten für Klima und Lagewerte) geht es Weiterbildnern, die mehr als die Hälfte ihrer Einnahmen über Aufträge von Betrieben erwirtschaften. Eine gute wirtschaftliche Lage ergibt sich aber auch bei Diversifikation, und zwar bei denen, die nur zu kleineren Teilen von Teilnehmerbeiträgen oder Arbeitsagenturen abhängen, und bei denen, die ein anderes Hauptgeschäftsfeld haben und Weiterbildung zusätzlich anbieten. Größere Unterschiede in den Einschätzungen gibt es auch zwischen West- und Ostdeutschland – im Osten wird die Lage längst nicht so positiv gesehen (Klima Ost = 19, West = 33). Besonders im Aufwind sind Einrichtungen, die nur berufliche Weiterbildung anbieten ebenso wie solche, die sich als private oder wirtschaftsnahe Anbieter einstufen (Klima jeweils 41). Unterdurchschnittliche Erwartungen haben dagegen schulische oder öffentliche Institutionen (s. Abb. 4).

In der Panelauswertung zeigen sich Anbieter mit kontinuierlicher Teilnahme an jeder Umfrage deutlich optimistischer als gelegentlich Teilnehmende (Abb. 5). Und: Je jünger die Einrichtungen sind, desto höher sind ihre Erwartungen für die Zukunft, während sie sich in den Lagebeurteilungen kaum von älteren unterscheiden. Anbieter, die die Umfrage online bearbeiteten und offenbar neuen Medien gegenüber aufgeschlossener sind, urteilen deutlich positiver gegenüber den Nutzern der wie bisher, aber erst nachrangig bei der Erinnerungsaktion angebotenen Papierversion (Klima 34 zu 16).

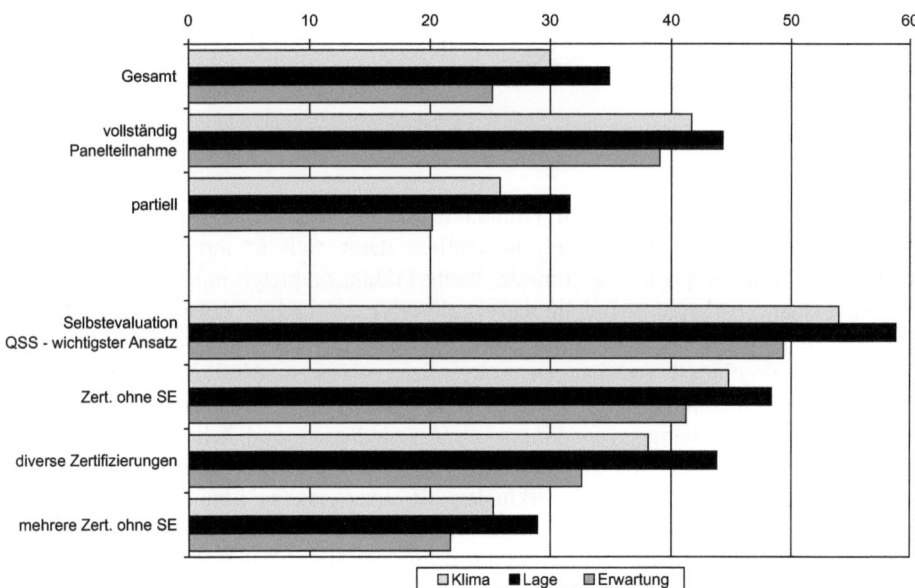

Abbildung 5: Klima, Lage und Erwartung 2007 für ausgewählte Teilgruppen (2)

Mit besonderem Interesse wurden die Zusammenhänge zwischen dem Einsatz von Qualitätssicherungssystemen (QSS; 2005 erfragt) und dem Klima untersucht. Einrichtungen, die angeben, Selbstevaluation (SE) sei ihr wichtigster (und einziger verfolgter) Ansatz zur Qualitätssicherung, heben sich mit einem Klimawert von 54 deutlich positiv von Einrichtungen ab, die als wichtigstes Instrument eine Zertifizierung verfolgen[6] (Klimawert 45).

Diesen Ergebnissen wurde mit der Analyse von Subpopulationen weiter nachgegangen. Es zeigte sich, dass Einrichtungen, die Selbstevaluation und zusätzlich mehrere Zertifizierungen verfolgen, ihre Lage nicht besser beurteilen als die Gesamtheit der befragten Anbieter – sie drohen sich womöglich zu „verzetteln". Betrachtet man die Werte, die mit verschiedenen verfolgten Ansätzen zur Qualitätssicherung verbunden sind (und lässt Mehrfachnennungen unbeachtet), zeigen sich Einrichtungen überdurchschnittlich optimistisch, die ein Qualitäts- oder Gütesiegel bzw. die Zertifizierung für Arbeitsagenturen (AZWV) haben oder einem regionalen Qualitätsverbund angehören. Bei den nach DIN ISO 9000 zertifizierten Einrichtungen liegen die Werte deutlich niedriger. Solche Ergebnisse werfen weitere Fragen auf; jedoch lassen die bisherigen Beteiligungsquoten an den Umfragen eine Analyse, inwieweit diese Befunde mit anderen die Qualität belegenden Kriterien der angebotenen Weiterbildung einher gehen, leider nicht zu.

Fasst man die Einzelbefunde zusammen, scheinen größere, auch junge, in Westdeutschland ansässige Anbieter, die berufliche Weiterbildung anbieten, sich aus verschiedenen Quellen, insbesondere durch Arbeit für Betriebe finanzieren, ihre Einnahmen und ihr Personal steigern konnten und intensive Selbstevaluation praktizieren oder gezielt ein Qualitätssicherungssystem einsetzen, am Markt zu behaupten.

4. Ausblick

Die bis jetzt mit dem wb**monitor** Klimaindex erzielten Ergebnisse geben Aufschluss über eine Reihe von Merkmalen, hinsichtlich derer sich in ihrer Lagebeurteilung mehr oder weniger positiv gestimmte Weiterbildungsanbieter unterscheiden, wobei wegen bislang fehlender Modelle ein exploratives Vorgehen notwendig war. Auswertung und Interpretation sind aber noch Grenzen gesetzt. Zum einen ist abzuwarten, ob sich Ergebnisse stabilisieren und replizieren lassen. Ähnlich gerichtete Werte aus den Modellrechnungen von 2005 und der Umfrage 2007 beispielsweise hinsichtlich der Zusammenhänge von Finanzierungsgrundlagen und Klimaindex sind bereits positive Anzeichen dafür. Zum anderen bedarf es einer größeren Stichprobe, um noch genauer nach Analysemerkmalen differenzieren zu können. Mit dem Einsatz einer Einschätzungsfrage als abhängiger Variable sowie deren relativierender Gewichtung und Standardisierung auf Prozentwerte entschärft sich zwar das Repräsentativitätsdilemma, und durch die Differenzierung nach Strukturdaten können Einrichtungen mit guter oder schlechter Stimmung unterschieden werden. Wegen der schwankenden und teilweise niedrigen Rücklaufquoten bleibt die Repräsentativität der

---

6   Aber nicht zusätzlich Selbstevaluation, wobei diese häufig bereits Bestandteil der Zertifizierung ist.

Ergebnisse dennoch klärungsbedürftig. Abhilfe wird mit dem Versuch geschaffen, ein Kataster der Weiterbildungsanbieter zu erstellen.[7]

In einer mit der Adresssammlung und -prüfung für das Kataster verbundenen Kurzbefragung werden auch die zur Berechnung des Klimaindex' erforderlichen Daten erhoben, so dass erstmalig für eine näherungsweise Vollerhebung bei Weiterbildungsanbietern rudimentäre Strukturdaten und Lagebeurteilungen vorliegen werden. Damit wird man validen Einschätzungen zum Institutionenspektrum und seiner Stabilität ein großes Stück näher kommen. Gleichzeitig lassen sich die wb**monitor** Ergebnisse besser einordnen. Zur nächsten Umfrage des wb**monitor** werden alle für das Kataster neu ermittelten Anbieter zusätzlich eingeladen.

Ein Spezifikum des wb**monitor** Konzepts besteht darin, neben Strukturdaten auch Meinungen, Einschätzungen von Trends, Aussagen zu politischem Handlungsbedarf und Problemen zu erheben und zu analysieren. Das dient nicht nur der Information bildungspolitischer Entscheidungsträger, sondern die Weiterbildungsanbieter selber bekommen eine Plattform und ein Sprachrohr, die sie in der Öffentlichkeit deutlich wahrnehmbarer werden lassen.

Mit einer verstetigten Berichterstattung im jährlich vom Bundesministerium für Bildung und Forschung herausgegebenen Berufsbildungsbericht und in den zweijährlich geplanten Trends der Weiterbildung, herausgegeben vom Deutschen Institut für Erwachsenenbildung, sowie bedarfsgerechten zusätzlichen Auswertungen auch durch Externe über das im Aufbau befindliche Forschungsdatenzentrum im Bundesinstitut für Berufsbildung kann der wb**monitor** hoffentlich bald für die Anbieterperspektive als „Kernelement einer modernen Steuerungsstruktur" in der Politikberatung (Koch, 2006) gelten.[8] Die Bereitstellung von Daten über Institutionen der Weiterbildung und ihr Angebot erfüllt die aufklärerische Funktion von Bildungsberichterstattung für Interessenten in Politik, Wissenschaft und Praxis; mit der Berechnung von Indikatoren und daran geknüpften analytischen Berichten kann sich der zielgerichtete Anspruch von Monitoring verbinden (Kuper, 2005).

Für einen bisher so wenig übergreifend oder ganzheitlich dokumentierten Markt wie den der Weiterbildung bleiben jedoch noch reichlich ungelöste Probleme hinsichtlich Trennschärfe und Vergleichbarkeit der Daten und Aussagen. Schon bei der Definition und Abgrenzung der Akteure – Wer ist Weiterbildungsanbieter? – und ihres Aktionsfeldes – Was gehört zum Weiterbildungsangebot? Was ist allgemeine, was berufliche Weiterbildung? – gibt es bis jetzt keine Standards; Entscheidungen fallen empirisch und sind vom Selbstverständnis der Befragten geprägt. Eingrenzungen müssen hier ebenso wie die Entwicklung der Instrumente des Monitorings einem iterativen Prozess folgen. Erforderliche Verfeinerungen des Panelkonzepts erschweren wiederum die Zeitvergleiche von Ergebnissen.

Aufgrund der benannten Begrenzungen, auch hinsichtlich Umfang und Periodizität der Umfragen, wird der wb**monitor** weiterhin primär als vielfach nutzbarer Steinbruch dienen und deskriptive, die anderen Weiterbildungssurveys ergänzende Funktionen erfüllen. Der zusätzliche Einsatz eines Wirtschaftsindikators hat den Vorteil, die Entwicklungen in der Weiterbildung an die wirtschaftliche Gesamtentwicklung anbinden zu können, denn mit dem Klimaindex wird eine Brücke zu branchenübergreifen-

---

7 Siehe dazu auch Dietrich (2007). Das Vorhaben wird vom BMBF finanziert, federführend vom DIE betreut und die Feldphase vom Institut für Entwicklungsplanung und Strukturforschung (IES) durchgeführt.

8 Koch vertritt die Auffassung, dass Bildungsmonitoring „die Grundlagen und Instrumentarien für politische Steuerung (liefert)" (a.a.O.).

den Vergleichen geschaffen. So kann der **wbmonitor** Klimaindex auch als Signalwert für die Steuerung politischer Entscheidungen zur Sicherung der Grundversorgung mit Weiterbildung gesehen werden.

Literatur

Arnold, R., Faulstich, P., Mader, W. & Nuissl, E. (2003). Forschungsmemorandum für die Erwachsenen- und Weiterbildung. *Erziehungswissenschaft 14* (26), 41–69.

Bilger, F. (2006). Wie misst man Weiterbildung? In: G. Feller (Hrsg.): *Weiterbildungsmonitoring ganz öffentlich. Entwicklungen, Ergebnisse und Instrumente zur Darstellung lebenslangen Lernens* (S. 65–87). Bielefeld: W. Bertelsmann.

Bundesministerium für Bildung und Forschung (Hrsg.) (2007). *Berufsbildungsbericht 2007*. Bonn.

Deutscher Bildungsrat (1970). *Strukturplan für das Bildungswesen*. Bonn.

Deutsches Institut für Erwachsenenbildung (Hrsg.) (2008). *Trends der Weiterbildung*. Bielefeld: W. Bertelsmann.

Dietrich, S. (2007). *Weiterbildungseinrichtungen in Deutschland. Problemaufriss für eine Erhebungsstrategie.* Verfügbar unter: http://www.die-bonn.de/doks/dietrich0701.pdf. [27.09.2007]

Dietsche, B., E. Nuissl & K. Pehl. (2001). *Machbarkeitsstudie „Weiterbildungstrendbericht". Endbericht zum Projekt „Machbarkeitsstudie zur Etablierung eines regelmäßigen Weiterbildungstrendberichts".* Öffentliche Fassung. Frankfurt: Deutsches Institut für Erwachsenenbildung.

Europäische Kommission, Generaldirektion Allgemeine und Berufliche Bildung und Jugend (1996). *Lehren und Lernen – auf dem Weg zur kognitiven Gesellschaft: Weißbuch zur allgemeinen und beruflichen Bildung.* Luxemburg: Amt für Amtliche Veröffentlichungen der Europäischen Gemeinschaften.

Faulstich, P. (2005). Weiterbildungsforschung. In: F. Rauner (Hrsg.): *Handbuch Berufsbildungsforschung* (S. 223–231). Bielefeld.

Faulstich, P. (2003). Weiterbildung. In: K.S. Cortina, J. Baumert, A. Leschinsky, K.U. Mayer & L. Trommer (Hrsg.): *Das Bildungswesen in der Bundesrepublik Deutschland. Strukturen und Entwicklungen im Überblick* (S. 625–660). Hamburg: Rowohlt.

Feller, G. (2007). Ein Klimaindex für die Weiterbildungslandschaft. *Report Zeitschrift für Weiterbildungsforschung, 30* (3), 61–74.

Feller, G. (Hrsg.) (2006). Weiterbildungsmonitoring ganz öffentlich. Entwicklungen, Ergebnisse und Instrumente zur Darstellung lebenslangen Lernens. Bielefeld: W. Bertelsmann.

Gieseke, W. (Hrsg.) (2003). *Institutionelle Innensichten der Weiterbildung.* Bielefeld: W. Bertelsmann.

Gilomen, H. (2002). *Bildungsindikatoren Schweiz: Strategien der Zukunft.* Neuchâtel: Bundesamt für Statistik.

Gnahs, D. (1999). Weiterbildungsstatistik. In: R. Tippelt (Hrsg.): *Handbuch Erwachsenenbildung, Weiterbildung.* 2. Aufl. (S. 360–373), Opladen: Leske + Budrich.

Gnahs, D. & Beiderwieden, K. (1982). *Weiterbildung in Stichworten: ein statistischer Leitfaden.* Der Bundesminister für Bildung und Wissenschaft: Schriftenreihe Bildungsplanung; 39. Bad Honnef: Bock.

Goldrian, G. (Hrsg.) (2004). *Handbuch der umfragebasierten Konjunkturforschung.* München: ifo Institut für Wirtschaftsforschung.

Ioannidou, A. (2006). Lebenslanges Lernen als bildungspolitisches Konzept und seine Bedeutung für die Bildungsberichterstattung auf europäischer Ebene. In: G. Feller (Hrsg.): *Weiterbildungsmonitoring ganz öffentlich. Entwicklungen, Ergebnisse und Instrumente zur Darstellung lebenslangen Lernens* (S. 11–34). Bielefeld: W. Bertelsmann.

Ioannidou, A., Meese, A., Pehl, K. & Reitz, G. (2003). *Weiterbildungsstatistik im Verbund 2002.* Bonn: Deutsches Institut für Erwachsenenbildung.

Koch, H.K. (2006). ‚Erwartungen der Bildungspolitik‘. Beitrag zur Tagung ‚Zur Lage der Erziehungswissenschaft‘ der Deutschen Gesellschaft für Erziehungswissenschaft (DGfE) am 20.01.2006. *Erziehungswissenschaft, 17* (33), 14–24.

Kuper, H. (2005). Nutzungsmöglichkeiten des Datenreport Erziehungswissenschaft. *Erziehungswissenschaft, 16* (29), 17–26.

Leber, U. (2006). Das IAB-Betriebspanel als Datengrundlage für Weiterbildungsfragen. In: G. Feller (Hrsg.): *Weiterbildungsmonitoring ganz öffentlich. Entwicklungen, Ergebnisse und Instrumente zur Darstellung lebenslangen Lernens* (S. 89–102). Bielefeld: W. Bertelsmann.

Lindlbauer, J.D. (2004). Bewertung und Entwicklung von zusammengesetzten Frühindikatoren aus den harmonisierten Unternehmer- und Konsumentenbefragungen. In: G. Goldrian (Hrsg.): *Handbuch der umfragebasierten Konjunkturforschung* (S. 302–308), München: ifo Institut für Wirtschaftsforschung.

Nerb, G. (2004). Bedeutung von repräsentativen Unternehmensumfragen für die empirische Konjunkturforschung. In: G. Goldrian (Hrsg.): *Handbuch der umfragebasierten Konjunkturforschung* (S. 2–14), München: ifo Institut für Wirtschaftsforschung.

Nierhaus, W. & J.-E. Sturm (2004). Methoden der Wirtschaftsprognose und Konjunkturindikatoren. In: G. Goldrian (Hrsg.): *Handbuch der umfragebasierten Konjunkturforschung* (S. 273–301), München: ifo Institut für Wirtschaftsforschung.

Plünnecke, A. & Stettes, O. (2006). IW-Bildungsmonitor 2005 – Die Bildungssysteme der Bundesländer im Vergleich. *IW-Trends – Vierteljahresschrift zur empirischen Wirtschaftsforschung aus dem Institut der deutschen Wirtschaft Köln, 33 (2)*, 3–18. Verfügbar unter http://www.iwkoeln.de/data/pdf/content/trends02_06_1.pdf und als Ergebnisbericht unter http://www.insm.de/Downloads/PDF_-_Dateien/Bildungsmonitor_2006/Bildungsmonitor_2006_Forschungsbericht.pdf [25.04.2008].

Schäffter, O. (2003). Erwachsenenpädagogische Organisationstheorie. In: W. Gieseke (Hrsg.): *Institutionelle Innensichten der Weiterbildung* (S. 59–81), Bielefeld: W. Bertelsmann.

Statistische Ämter des Bundes und der Länder (Hrsg.) (2006). *Internationale Bildungsindikatoren im Ländervergleich.* Wiesbaden.

Statistisches Bundesamt (Hrsg.) (2002). *Zweite Europäische Erhebung zur beruflichen Weiterbildung (CVTS2).* Wiesbaden. Verfügbar unter: http://www.die-bonn.de/projekte/laufend/statistik_downloads/CVTSBroschuere.pdf [25.04.2008].

Strunk, G. (1999). Institutionenforschung in der Erwachsenenbildung/Weiterbildung. In: R. Tippelt (Hrsg.): *Handbuch Erwachsenenbildung, Weiterbildung.* 2. Aufl. (S. 443–454), Opladen: Leske + Budrich.

Tippelt, R. (Hrsg.) (1999). *Handbuch Erwachsenenbildung, Weiterbildung.* 2. Aufl., Opladen.

Vero, J. & Rousset, P. (2004). Continuing Training Supply – How providers see their activity. *CÉREQ Training & Employment, 56,* 1–4.

Werner, D. (2006). Trends und Kosten der betrieblichen Weiterbildung – Ergebnisse der IW-Weiterbildungserhebung 2005. *IW-Trends – Vierteljahresschrift zur empirischen Wirtschaftsforschung aus dem Institut der deutschen Wirtschaft Köln, 33* (1). Verfügbar unter: http://www.iwkoeln.de/data/pdf/content/trends01_06_2.pdf [25.04.2008].

WSF Wirtschafts- und Sozialforschung (2005). *Erhebung zur beruflichen und sozialen Lage von Lehrenden in Weiterbildungseinrichtungen.* Kerpen.

Rudolf Kutz

Bildungsberichterstattung als Bestandteil eines externen Qualitätsmanagements auf Landesebene

1. Ausgangsposition

Bereits im Jahre 2003 hat das BMBF eine Expertise zur Entwicklung von nationalen Bildungsstandards veröffentlicht und den Kontext zwischen Bildungszielen, Kompetenzen und Standards hergestellt. Dieser Zusammenhang entfaltet seine Wirkung insbesondere im Rahmen des Qualitätsmanagements und sofern es um Bildungsberichterstattung geht, im Rahmen von Indikatoren, d.h. Messkriterien für die Überprüfung von Bildungszielen, -standards und Kompetenzen.

Die Aufgabe der Bildungspolitik eines Landes besteht darin, übergeordnete, einheitliche, vergleichbare und verbindliche Bildungsziele zu formulieren, die für unterschiedliche Segmente des Bildungssystems Validität beanspruchen. Bildungsziele beschreiben allgemein gültige Erwartungen und Anforderungen, die ein Bildungssystem erfüllen sollte (s. BMBF, 2003, S. 19).

Für die Bildungsberichterstattung können sie als qualitative Vorgaben aufgefasst werden, an denen Bildungseinrichtungen gemessen werden. Dies erfordert eine weitere Differenzierung, die durch Bildungsstandards ausgedrückt wird.

> „Bildungsstandards formulieren Anforderungen an das Lehren und Lernen in der Schule. Sie benennen Ziele für die pädagogische Arbeit, ausgedrückt als erwünschte Lernergebnisse der Schülerinnen und Schüler. Damit konkretisieren Standards den Bildungsauftrag, den allgemein bildende Schulen zu erfüllen haben. ...
>
> Sie benennen die Kompetenzen, welche die Schule ihren Schülerinnen und Schülern vermitteln muss, damit bestimmte zentrale Bildungsziele erreicht werden.
>
> Die Bildungsstandards legen fest, welche Kompetenzen die Kinder oder Jugendlichen bis zu einer bestimmten Jahrgangsstufe erworben haben sollen ..." (BMBF, 2003, S. 22)

Diese Definitionen sind im Rahmen des Qualitätsmanagements betrachtet als Output-Faktoren zu interpretieren, wodurch Irritationen zu den im Qualitätsmanagement üblichen Definitionen von Standards bestehen. Im Qualitätsmanagement werden zwar generell die zu erreichenden Ziele formuliert, aber Standards werden üblicherweise für die Profession konzipiert und beschrieben. Unter Standards werden im Qualitätsmanagement standardisierte Handlungsanweisungen für die Professionellen verstanden, die für das zu erreichende Ergebnis bewiesen sind. Was im Bereich der Bildungsstandards diskutiert wird, könnte als Umkehrung des QM-Ansatzes bezeichnet werden.

Die Qualität der Ergebnisse (output) ist abhängig von allgemein gültigen und verbindlichen professionellen Kompetenzen, und diese müssen als Standards definiert sein – ein Schüler bestimmt nicht die Qualität der Bildungsergebnisse, genauso wenig wie ein Kunde die Qualität eines Produktes bestimmt oder der Klient die Qualität einer Behandlung. Die Qualität des Outputs wird primär durch spezifische bewährte bzw. bewiesene Handlungsmuster der Profession determiniert, durch die Qualität des Lehrens.

2. Aspekte der Qualitätsentwicklung

Die analysierten Studien (IGLU, PISA, DESI, TIMSS) zeigen für die Qualitätsentwicklung ein gemeinsames Ergebnis (vgl. Kutz, 2007):

1. Der entscheidende Faktor für die Varianzaufklärung des Outputs ist die Qualität des Unterrichts.

In Deutschland sind, und dies gilt mehr oder weniger für alle Bundesländer, einige problematische Aspekte zu beachten:

Auf der Strukturebene:
– Die hierarchisch strukturierte und zahlenmäßig überrepräsentierte Administration (KM, Landesinstitute, Schulaufsichtsbehörden) verhindert die Implementation vergleichbaren QMs und damit vergleichbarer Standards.
    Erfolgreiche PISA-Staaten haben das Bildungswesen von den Fesseln der Administration befreit. Sie haben die Schulaufsicht als Instrument der InputSteuerung abgeschafft und durch unabhängige Evaluationseinrichtungen ersetzt, die den Schulen Beratungs- und Supportleistungen anbieten. (s. Catenhusen, 2004, S. 294)

Auf der Prozessebene:
– Die Qualität des Unterrichts wird nur als marginales Problem wahrgenommen und behandelt, ist notwendigerweise aber als genuine Funktion der Schulen definiert. Alle internationalen Vergleichstudien kommen schlicht zu dem Ergebnis, dass die größte Varianzaufklärung im Hinblick auf Schülerleistungen durch die Qualität des Unterrichts determiniert wird.
    „Unser Bildungswesen braucht vor allem einen grundlegenden Perspektivwechsel … Für diesen Perspektivwechsel benötigen Schulen mehr Zeit. Mehr Zeit für eine wirkliche Pädagogik der Vielfalt, mehr Zeit für individuelle Förderung, für die Entwicklung von Kreativität, für eine höhere Qualität des Unterrichts und für das gemeinsame Lernen." (Catenhusen, 2004, S. 292) Eine neue Lernkultur betrifft Lernende und Lehrende gleichermaßen. „Die Einführung von Bildungsstandards zwingt uns, die längst überfällige Verbesserung der Lehreraus- und -weiterbildung in Angriff zu nehmen. Dazu gehört, dass wir unser beunruhigend rudimentäres Wissen über die Wirkung von Lehrerhandeln durch empirisch fundierte Bildungsforschung erweitern." (Catenhusen, 2004, S. 293)

Auf der Ergebnisebene:
– Aufgrund der Leistungsvergleiche von Schülern auf internationaler Ebene wurde ein Paradigmenwechsel von der Input- zur Outputsteuerung eingeleitet – regelmäßige Systemevaluation. Dieser Paradigmenwechsel hat keinen unmittelbaren Einfluss auf die Qualität der Bildung. „Die Autoren des Max-PlanckInstitutes haben … darauf hingewiesen, dass eine Systemevaluation ohne spezi-

fische Rückmeldungsstrukturen zwar die Bildungsdebatte dynamisiert (qualitative Auswirkungen), unterm Strich aber keinen substantiellen Fortschritt bringt." (in Bezug auf Unterrichtsqualität und Leistungsverbesserungen des Bildungswesens) (Fitzner, 2004, S. 294)

Die Output-Orientierung der derzeitigen Bildungsdiskussion ändert wenig an den grundsätzlichen Problemen des deutschen Bildungswesens gegenüber anderen Staaten, vielmehr muss die Unterrichtsqualität als entscheidender Parameter für die Ergebnisqualität vermittelt werden. Die Ergebnisqualität kann nur so gut sein wie Struktur- und Prozessqualität.

Die gegenwärtige Praxis (Ansätze der Landesinstitute) scheint diesbezügliche Ansätze der Bildungsforschung nicht wahrnehmen zu wollen. Die Regeln des Qualitätsmanagements, der empirischen Sozialforschung oder der Evaluationsforschung werden teilweise ignoriert und durch landesspezifische Ansätze ersetzt. Dies lässt sich insbesondere daran ablesen, dass die Unterrichtsqualität im Rahmen von Evaluationskonzepten nicht mit Hilfe systematischer Beobachtung gemessen wird, sondern mittels oberflächlicher Kriterien, die nicht operationalisiert sind. Bei den landesspezifischen Lernstandserhebungen fehlen teilweise die notwendigen Definitionen und Operationalisierungen von Kompetenzen und insbesondere die Qualitätsniveaus.

Ausgehend vom allgemeinen Modell des QM werden im Folgenden die Definitionen, Kontexte und Operationalisierungen im Hinblick auf Bildungsziele, Bildungsstandards, Kompetenzen, aber auch Indikatoren systematisiert und in ein Gesamtmodell integriert. Ein valides Modell des Qualitätsmanagements bewirkt ein einheitliches Begriffssystem, das von allen Beteiligten auch gleichermaßen interpretiert wird.

Im besonderen ist eine Konkretisierung des Zusammenhanges zwischen QM und Bildungsberichterstattung intendiert, denn ohne entsprechende Qualitätsmaße bleibt

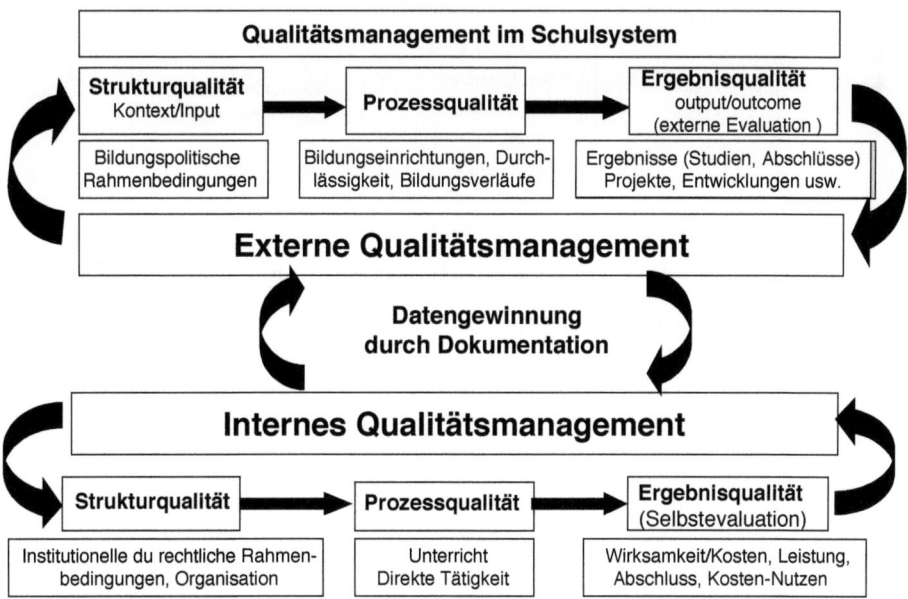

Abb. 1: Differenzierung externes/internes Qualitätsmanagement

Bildungsberichterstattung auf einer deskriptiven Ebene (vgl. Bildungsbericht BW, 2007).

2.1 Externes Qualitätsmanagement

Externes Qualitätsmanagement bezeichnet die Analyse, Koordination, Steuerung und Messung der Qualität eines Bildungssystems auf der Basis harter Daten, die durch internes Qualitätsmanagement zur Verfügung gestellt werden. Externes Qualitätsmanagement arbeitet mit den gleichen Begriffen wie das interne Qualitätsmanagement – Struktur-, Prozess- und Ergebnisqualität –, nur auf einer allgemeineren Ebene. Internes Qualitätsmanagement legitimiert sich durch einen Qualitätsbericht, externes Qualitätsmanagement kann sich nur durch einen Qualitätsbericht auf Landesebene, mittels aggregierter Daten, legitimieren – Bildungsberichterstattung ist nicht nur Deskription des Bildungssystems, sondern sie ist verpflichtet, die Qualität eines Bildungswesens zu analysieren und zu bewerten.

Abb. 2: Modell des externen Qualitätsmanagement

2.1.1 Strukturen des Bildungswesens

Die Eindeutigkeit der verwendeten Begriffe wird durch die Terminologie der Qualitätssicherung hergestellt. Die Strukturen des Bildungswesens werden unter der Bezeichnung „Strukturqualität" analysiert.

Die Strukturqualität ist Grundlage für die Beschreibung und Qualität eines systematisierten und strukturierten Bildungswesens. Sie vermittelt inhaltliche und organisatorische Transparenz für Außenstehende und Interessierte und kennzeichnet schließlich

Kontinuität in der Bildungspolitik. Strukturqualität beinhaltet eine Deskription und Bewertung der Strukturen und Rahmenbedingungen des Bildungswesens, z.B.

* Institutionen (Kultusverwaltung, Schulbehörden, Schulen),
* Professionalisierung,
* Bildungsziele und Bildungspläne,
* vertikale und horizontale Vernetzung und Zusammenarbeit,
* Informationsfluss innerhalb und zwischen den Institutionen,
* Transparenz der Organisationsstrukturen,
* ökonomische, gesetzliche oder fachliche Strukturreformen,
* die primär mit Hilfe qualitativer Indikatoren analysiert und bewertet werden können.

2.1.2 Prozesse des Bildungswesens

Die Prozessqualität bezeichnet auf Landesebene (externe Qualitätssicherung) die Zusammenhänge zwischen Bildungsangeboten, -möglichkeiten und Zugangschancen, Übergänge, Abbrechern sowie Wiederholern, um das Bildungswesen in den unterschiedlichen Bildungsbereichen analysieren und bewerten zu können. In Anlehnung an das Indikatorenmodell der nationalen BBE sind hier die institutionellen Bildungsverläufe der Bevölkerung gemeint – nicht Bildungsbiographien Einzelner – und die Durchlässigkeit der Bildungseinrichtungen, die primär durch die Darstellung und Interpretation statistischer Verteilungen und Analysen transparent gemacht werden können.

Eine wichtige Basis ist die Auswahl verfügbarer Statistiken zur Aufbereitung und Präsentation, die internationale, nationale Kernindikatoren und landesspezifische Indikatoren zusammenführen können. Nicht die Anhäufung von statistischen Daten ist das Ziel, sondern vielmehr müssen wichtige Trends, die als Entwicklungs- und Planungsgrundlage für Entscheidungsträger im Bildungswesen von Bedeutung sind, interpretiert und bewertet werden (s. Schweizer Bildungsbericht, 2006).

Mit den derzeit verfügbaren quantitativen Daten lässt sich nicht die *Qualität von Bildung* nachweisen, aber ansatzweise die *Qualität des Bildungswesens*. Qualität des Bildungswesens zeichnet sich durch die Vielzahl an Möglichkeiten aus, die in einem Bundesland bereitgestellt werden, um seinen Bürgern den Zugang zu unterschiedlichen Bildungsabschlüssen zu gewähren.

Die Chancengleichheit im Bildungswesen beinhaltet zunächst für jedermann offene Zugangswege zu unterschiedlichen Bildungseinrichtungen. Diese Zugangschancen dürfen aber nicht verwechselt werden mit Chancengerechtigkeit in Form gleichmäßiger Verteilungen unterschiedlicher sozialer oder ethnischer Gruppen der Gesellschaft in verschiedenen Bildungseinrichtungen. Das öffentliche Bildungswesen eines Landes kann grundsätzlich nur differenzierte Angebote zur Verfügung stellen und die Durchlässigkeit zwischen Bildungsgängen gewährleisten. In wie fern diese Angebote von allen gesellschaftlichen Gruppen aber gleich verteilt in Anspruch genommen werden bzw. in Anspruch genommen werden können, hängt von individuellen Voraussetzungen, Bildungspräferenzen und Zugangsbarrieren ab.

2.1.3 Ergebnisse des Bildungswesens

Unter Ergebnisqualität (vgl. hierzu Kutz 2001) versteht man im Rahmen des Qualitätskonzeptes die Bildungsergebnisse, die Effektivität (Wirksamkeit) und Effizienz (Verhältnis von Kosten und Nutzen) der Bildung, die Qualität der Abschlüsse, die Qualität der fachlichen, personalen, sozialen und Handlungskompetenzen sowie die Qualität des Unterrichts, indem reale Daten an verbindlichen Standards gemessen werden. Dies kann aber objektiv nur durch Vergleiche (Benchmarking) mit anderen Schulen, Bundesländern oder Staaten bestimmt werden. Dazu bedarf es grundsätzlich der Festlegung eines Durchschnittswertes, der als Basis für die Entwicklung differenzierte Qualitätsniveaus dient. Derzeit beschränken sich die Qualitätsniveaus auf Studien wie PISA, IGLU, TIMSS, DESI usw. Sie zeigen Kompetenzniveaus (Qualitätsdifferenzen) von Schülerleistungen für einzelne Fächer und Altersgruppen. In diesem Kontext ist festzustellen, dass die landesspezifischen Lernstandserhebungen nicht auf Kompetenzstufen (Qualitätsniveaus) der internationalen Studien rekurrieren, sondern teilweise eigene Tests entwickeln, die weder national noch international vergleichbar sind (vgl. Lernstandserhebungen der Länder).

Grundsätzlich müssen statistische Vergleichsdaten (Vollerhebungen oder repräsentative Teilerhebungen) und repräsentative Studien angestrebt werden, um die Ergebnisqualität zu messen und zu vergleichen.

Ein weiterer, nicht unwesentlicher, Aspekt der Ergebnisqualität ist die Rückkoppelung zur Struktur- und Prozessqualität. Die Analyse der Ergebnisqualität vermittelt mithin Veränderungspotenziale, insbesondere in Bildungsbereichen, für die keine oder wenig repräsentative Daten zur Verfügung stehen (z.B. Chancengerechtigkeit, Deprivation, Frühförderung, Ganztagsschulen, Migration usw.).

Ein besonderes Problem stellt die Messung der Effektivität und Effizienz dar. Kosten-Nutzen-Indikatoren stehen derzeit nicht zur Verfügung und müssen erst entwickelt werden.

Ein landesspezifischer Bildungsbericht muss sich auf Qualitätsindikatoren stützen, die einerseits Bildungssegmente spezifizieren und andererseits das Bildungssystem eines Landes abbilden und bewerten können (Bildungsangebote, Bildungsabschlüsse, Vergleich mit Bildungszielen, -standards und -kompetenzen, Veränderungen der Übergänge usw.). Denkbar wäre ein Kosten-Nutzen-Kalkül, das eine Beziehung zwischen Bildungsausgaben und Bildungsstand der Bevölkerung, Jugendarbeitslosigkeit oder Anteil höherer Schulabschlüsse usw. herstellt.

2.2 Internes Qualitätsmanagement

Das interne Qualitätsmanagement (ausführlich Kutz, 2005), das einerseits die externen Qualitätsanforderungen und -programme zu berücksichtigen hat und darüber hinaus noch zusätzliche interne Qualitätssicherungsmaßnahmen umsetzt und entwickelt, gilt als die effektivste Art der Qualitätssicherung. Die Erfahrungen in anderen Ländern zeigen, dass die Selbstregulationsmechanismen in Organisationen dann am besten funktionieren, wenn Mitarbeiter sich mit den Zielen und der Notwendigkeit der Maßnahmen identifizieren können.

Partizipation bei der Entwicklung von Standards und bei der Defizitanalyse sowie bei der Beseitigung von Defiziten, ein kooperativer Führungsstil bieten dem Personal entsprechende Motivationen zur Akzeptanz von Programmen.

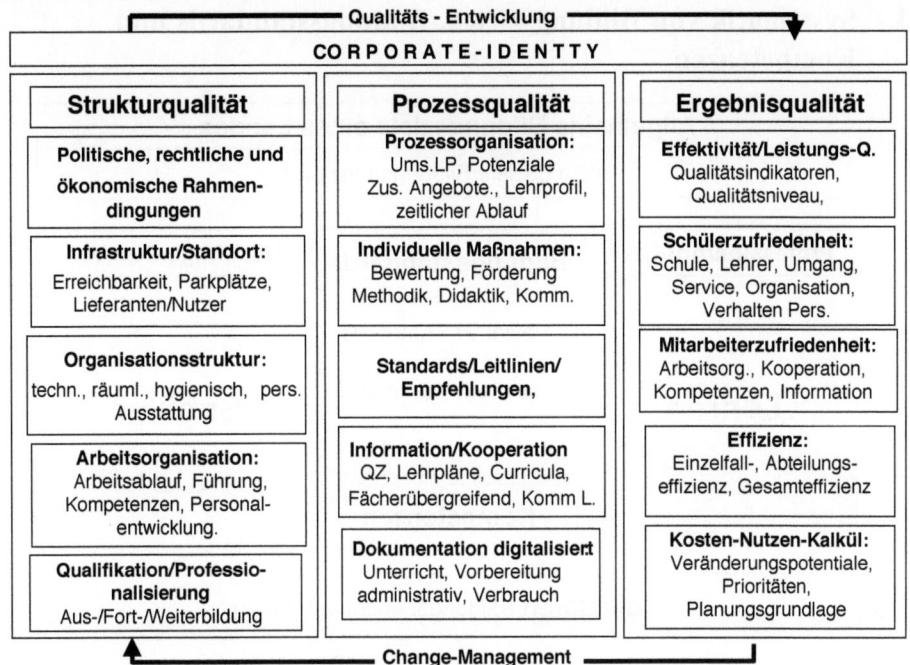

Abb. 3: Modell internes Qualitätsmanagement

In der Bundesrepublik haben sich folgende interne QM-Konzepte durchgesetzt:

- Q 2E (Schweizer Modell für Schulen)
- EFQM (European Foundation of Quality Management)
- TQM (Total Quality Management)
- DIN EN ISO 9000ff.
- UQM (Umfassendes QM)
- KQM (Kundenzentriertes QM)

Diese internen QM-Konzepte beinhalten spezifische Anforderungen und Vorgehensweisen für die Qualitätsentwicklung und zielen mittel- bis langfristig auf eine kontinuierliche Qualitätssicherung und -verbesserung. Dabei wird zunächst eine interne Selbstbewertung auf der Basis eines entsprechenden QM-Modells durchgeführt. Die Selbstbewertung erfüllt die Funktion, einen ersten Überblick über die Organisation zu gewinnen und Erfolge, Defizite und Mängel zu erkennen, um die Anforderungen des gewählten QM-Modells zu erfüllen. Konzepte des interne QM intendieren jedoch eine kontinuierliche Diskussion und interne Kontrolle, damit ein Prozess der Qualitätsentwicklung, -sicherung und -verbesserung nachhaltig etabliert werden kann und Modifikationen zur Anpassung an sich verändernde Rahmenbedingungen und Standards problemlos integriert werden können (vgl. Kutz, 2005).

3.   Systematik von Bildungszielen, Bildungsstandards und Kompetenzen

Allgemeine Bildungsziele eines Landes
Bildungsziele/Bildungsprinzipien

Profession/Anbieter	Bildungsstandards	Nachfrager/Kunden
Lehrer	Qualitative Standards Quantitative Standards Qualitätsstandards **Kompetenzen**	**Schüler**

Indikatoren (Bildungsberichterstattung)
Qualitative Indikatoren Quantitativ Indikatoren Qualitätsindikatoren

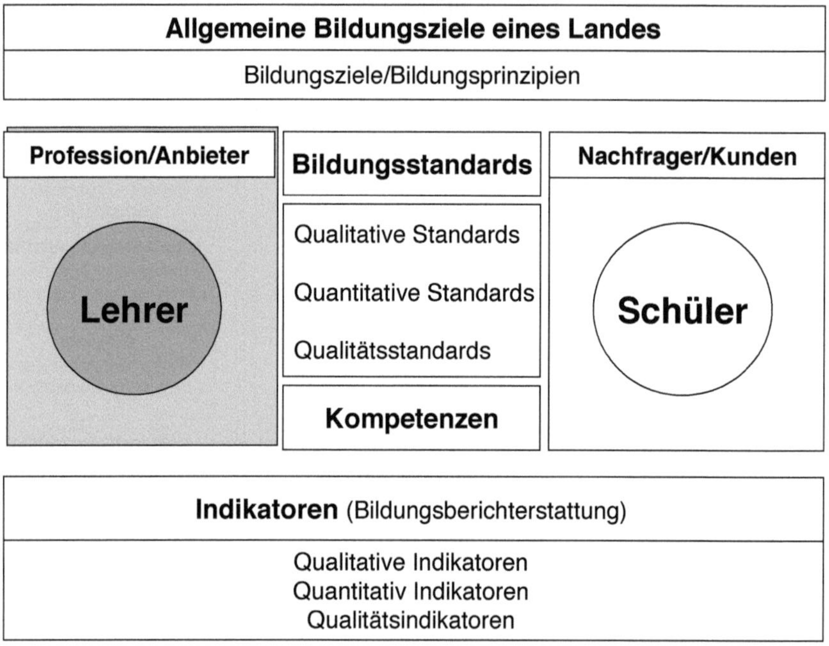

Abb. 4: Systematik von Bildungszielen, -standards und Kompetenzen

3.1   Funktion von Bildungszielen

Dieser Ansatz unterstellt einen Bildungsbegriff, der nicht nur auf die Vermittlung von Wissen rekurriert, sondern Bildung als aktiven, umfassenden und lebenslangen Prozess begreift, d.h. Bildungsprozesse haben generell das Ziel, Fähigkeiten und Fertigkeiten zu vermitteln, die die Teilhabe am gesellschaftlichen Leben gewährleisten. In Baden-Württemberg z.B. werden folgende allgemeine Bildungsziele auf Landesebene angestrebt:
• Vermittlung von Kenntnissen
• Vermittlung von Kompetenzen
• Vermittlung und Findung von Einstellungen
• Persönlichkeitsbildung
• Sozialisation
• Chancengleichheit

Der Qualitätsanspruch, der generell mit Bildungszielen verbunden wird, beinhaltet einen Rahmen fachlicher Erwartungen und Anforderungen, die von Bildungseinrichtungen erfüllt werden müssen.

Die landespolitischen Bildungsziele bezeichnen eine allgemeine Metaebene, die für das gesamte Bildungswesen eines Landes Validität beanspruchen, für die einzelnen Schularten und im Weiteren für die Fächer aber differenziert und operationalisiert werden müssen.

Dabei stellt sich die Frage, wie Landesinstitute in diesen Prozess eingebunden sind. Landesinstitute müssten nach dieser Logik die Bildungsziele für einzelne Schularten definieren und entsprechend verbindliche Bildungsstandards formulieren – etwa im Rahmen einer Balanced Score Card (beispielsweise die Quote der Schulabgänger ohne Schulabschluss muss unter 3% liegen).

Gleichwohl ist die Frage zu beantworten, durch welche Fächer werden Einstellungen, Persönlichkeitsbildung, Sozialisation und Chancengleichheit (Chancen-

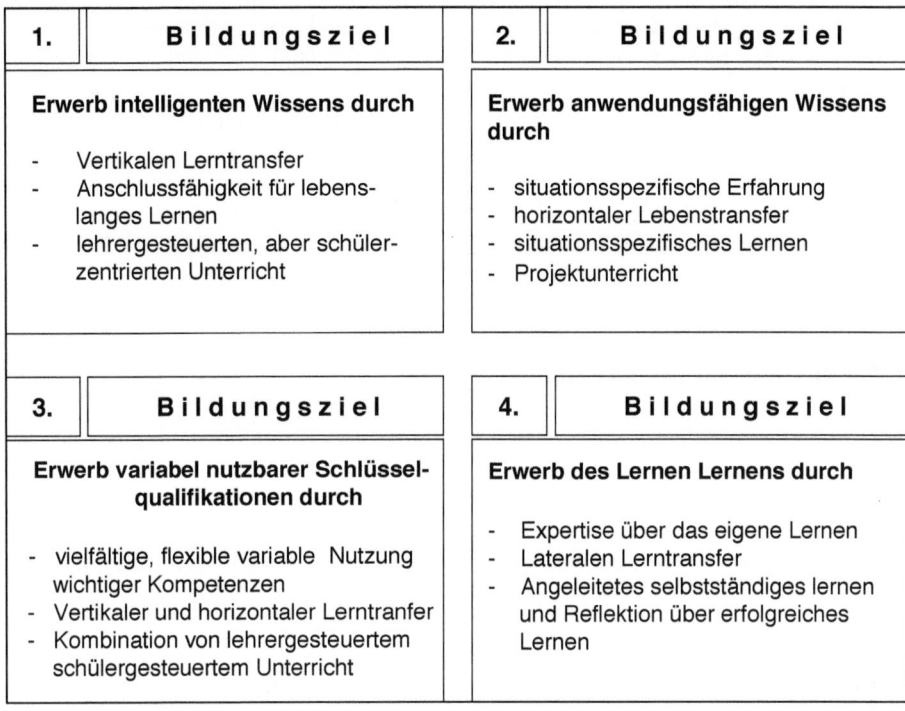

1.	**B i l d u n g s z i e l**	2.	**B i l d u n g s z i e l**

Erwerb intelligenten Wissens durch

- Vertikalen Lerntransfer
- Anschlussfähigkeit für lebenslanges Lernen
- lehrergesteuerten, aber schülerzentrierten Unterricht

Erwerb anwendungsfähigen Wissens durch

- situationsspezifische Erfahrung
- horizontaler Lebenstransfer
- situationsspezifisches Lernen
- Projektunterricht

3.	**B i l d u n g s z i e l**	4.	**B i l d u n g s z i e l**

Erwerb variabel nutzbarer Schlüsselqualifikationen durch

- vielfältige, flexible variable Nutzung wichtiger Kompetenzen
- Vertikaler und horizontaler Lerntranfer
- Kombination von lehrergesteuertem schülergesteuertem Unterricht

Erwerb des Lernen Lernens durch

- Expertise über das eigene Lernen
- Lateralen Lerntransfer
- Angeleitetes selbstständiges lernen und Reflektion über erfolgreiches Lernen

Abb. 5: Beispiel für Bildungsziele (Weinert)

5.	**B i l d u n g s z i e l**	6.	**B i l d u n g s z i e l**

Erwerb sozialer Kompetenzen durch

- soziales Verstehen, soziale Geschicklichkeit, soziale Verantwortung, Konfliktlösungskompetenz
- reflektierte soziale Erfahrung
- regelgeleitet Zusammenarbeit, Gruppenunterricht, Teamarbeit, Coping

Erwerb von Wertorientierungen durch
(soziale, demokratische, persönliche Werte)

- Erleben einer Wertegesellschaft
- (Schulkultur, Klassengeist, Lehrervorbild, Gemeinschaftserfahrungen)
- motivationaler Lerntransfer
- lebendige Schulkultur

Weinert, Franz E.(2000): Lehren und Lernen für die Zukunft – Ansprüche an das Lernen in der Schule
http://pz.bildung-rp.de/pn/pn2_00/weinert.htm

Abb. 6: Beispiel für Bildungsziele (Weinert)

gerechtigkeit) vermittelt und welche spezifischen Ziele sollen erreicht werden? Betrachtet man die Lehrpläne (BW 2004), so ist zu konstatieren, dass die oben genannten Bildungsziele und insbesondere ihre Differenzierung in Form von Bildungsstandards sowie deren Operationalisierung nicht explizit ausgestaltet sind.

Die Bildungsberichterstattung ist verpflichtet, die Qualität des Bildungssystems an den Bildungszielen zu messen. Wenn keine Operationalisierungen der Bildungsziele vorliegen – wie etwa für Persönlichkeitsbildung, Sozialisation oder Findung von Einstellungen –, ist auch keine Quantifizierung möglich, dann bleibt Bildungsberichterstattung einer deskriptiven Ebene verhaftet und Transparenz und Objektivität bleiben auf der Strecke. Bildungsziele müssen durch Bildungsstandards ausgestaltet werden.

Die konkrete Ausgestaltung der Bildungsziele mittels Bildungsstandards müsste den Schulen selbst übertragen werden. Auf Landesebene (Landesinstitute) ist dann nur noch eine verbindliche Konsentierung zu realisieren. Die Konkretisierung erfolgt beim internen QM im Rahmen der corporate identity. Damit würde die Eigenständigkeit der Schulen gestärkt. Derzeit ist festzustellen, dass die Schulen nicht am Prozess der Ausgestaltung von Bildungszielen und Bildungsstandards partizipieren.

3.2   Funktion von Bildungsstandards

Während Bildungsziele darauf abzielen, allgemeine qualitative und politisch oder fachlich konsentierte Vorstellungen über Bildung zu formulieren, wird mit Bildungsstandards eine ganz andere Qualität von Bildung vermittelt.

Bildungsstandards können zunächst auf sehr unterschiedlichen Ebenen formuliert werden:
- Landesebene politisch (spezifisch mittels BSC)
- Landesebene fachlich (aggregierte Kompetenzniveaus)
- Schulartebene (schulartspezifische Kompetenzniveaus)
- Schulebene (klassenspezifische respektive individuelle Kompetenzniveaus)

Dieser beispielhafte Bildungsstandard, der dem Lehrplan BW entnommen ist, zeigt qualitative (beschreibende) Erwartungen, die mittels eines Expertenkonsens (die unterste Stufe der Evidenz) konzipiert worden sind. Es werden keine Kriterien für die Evaluation expliziert, da einzelne Begriffe und Aussagen nicht operationalisiert sind. Sie bleiben trotz der Überschrift (Bildungsstandards) im Bereich qualitativer Zielsetzung und bieten daher kaum Möglichkeiten zu Vergleichen (Benchmarking), sondern es bleibt jeder Schule, wenn nicht gar jedem Lehrer überlassen, wie sie diese Ziele umsetzen.

Ebenfalls werden diese ‚Standards' nicht durch Kompetenzen differenziert, was im Rahmen internationaler Vergleiche notwendig wäre. Wenn der Ansatz der Eigenständigkeit von Schulen realisiert werden soll, wäre es sinnvoll, die inhaltliche Ausgestaltung und Operationalisierung den Schulen zu übertragen.

Es bleibt zu überlegen, welche Zielgruppe mit dem ‚Bildungsstandard' angesprochen ist – Lehrer und/oder Schüler. Der 1. Teil weist eindeutig auf die Erwartungen an die Schüler hin, der Teil ‚Inhalte' wiederum weist auf die Lehrer hin. Es werden jedoch Bildungsziele – keine Bildungsstandards – formuliert, d.h. die angegebenen

---

Die Schülerinnen und Schüler können verständlich, situationsangemessen und partnerbezogen sprechen und anderen verstehend zuhören;

sich zunehmend hochsprachlich artikulieren;

mit anderen gezielt über ein Thema sprechen,

es weiterdenken, eine eigene Meinung dazu äußern, zu anderen Meinungen Stellung nehmen und so grundlegende demokratische Verhaltensweisen anwenden;

Gesprächsregeln beachten;

über das Gelingen von Kommunikation nachdenken und Konsequenzen daraus ziehen;

Spielszenen im medialen und personalen Spiel entwickeln und gestalten;

ausgewählte Gedichte und Lieder auswendig lernen und vortragen;

Gemeinsamkeiten und Unterschiede zwischen Deutsch, den Fremdsprachen und den Herkunftssprachen entdecken;

Dialekte und Standardsprache situationsgemäß und partnerbezogen einsetzen;

Originalität und Kreativität von Dialekten erkennen.

Die Schülerinnen und Schüler kennen Methoden und Fachbegriffe, um mündliches Sprachhandeln zu untersuchen und darüber zu reflektieren.

Inhalte
- *verlässliche Erzählzeiten*
- *Gedicht/Lied des Monats*
- *freies Erzählen und Sprechen, Nacherzählen*
- *aktives Zuhören* (Beispiel Sprechen)

Abb. 7: Derzeitiger Bildungsstandard 4. Klasse BW (Deutschunterricht-Sprechen)

Kriterien sind nicht operationalisiert und somit auch nicht quantifizierbar. Es handelt sich um qualitative Vorgaben, nicht um messbare Standards.

Erwartung und Anforderung an Schüler könnten mittels adäquater Kompetenztests gemessen werden, womit eine reine Outputorientierung intendiert wäre. Das ist aber aufgrund defizitärer Definitionen und Operationalisierungen nicht möglich. Die Gestaltung von Unterricht und damit die Erfüllung von Bildungszielen ist aber primär keine Aufgabe von Schülern, sondern eine Aufgabe der Lehrkräfte. Damit rücken professionelle Standards in den Mittelpunkt der Betrachtung, die erst die geplanten bzw. gewünschten Ergebnisse realisieren können.

Standards können für die Strukturqualität, die Prozessqualität und die Ergebnisqualität definiert werden. Derzeit liegen die Präferenzen im Bereich der Ergebnisqualität (output), was die gleiche Einseitigkeit kennzeichnet, die dem Ansatz der Inputsteuerung vorgeworfen wurde. Beide Ansätze verfolgen eine Strategie, die den wichtigsten Bereich der Bildung ausschließt – die interne Prozessqualität. Gerade in diesem Kontext zeigt sich die Bedeutung eines Qualitätsmanagement-Modells.

Ein Standard ist – allgemein formuliert – ein verbindlicher Maßstab, an dem Bildung gemessen werden muss. Er kann als Mindest-, Good-Practice- oder Exzellenstandards formuliert sein. Ein professioneller Standard zeichnet sich darüber hinaus durch differenzierte Evidenzniveaus aus, wobei die niedrigste Evidenzstufe als Expertenkonsens ausgewiesen ist, die nächst höhere Stufe als teilweise wissenschaftlich belegt und die höchste Evidenzstufe beruht auf wissenschaftlicher Verifizierung, d.h. auf repräsentativen, validen und reliablen Ergebnissen. Derzeit stehen aber keine professionellen Standards zur Verfügung, d.h. standardisierte professionelle Kompetenzen, die einen spezifischen Bildungserfolg prognostizieren bzw. gewährleisten können.

- **Qualität ... ist die Summe von Eigenschaften und Merkmalen jener Teilleistungen im Arbeitsprozess, die die Erfüllung der Arbeitsziele sicherstellen und dem heutigen Erkenntnisstand entsprechen. (Nagorny/Plocek 1997)**

    Qualität bezeichnet das Ausmaß, in dem Leistungen für Individuen und Populationen die Wahrscheinlichkeit erwünschter Ergebnisse erhöhen und dem gegenwärtigen professionellen Wissenstand entsprechen

    Qualität ist die Gesamtheit der Merkmale und Merkmalswerte eines Produktes oder einer Dienstleistung bezüglich ihrer Eignung, festgelegte oder vorausgesetzte Erfordernisse zu erfüllen (DIN EN ISO)

Abb. 8: Definition von Qualität

Definition von Standards: Standards sind objektiv meßbare Handlungsrichtlinien, die dem Handelnden (Lehrer, Psychologen usw.) die Sicherheit vermitteln, seine Tätigkeit nach gegenwärtig wissenschaftlich validen Erkenntnissen und Erfahrungen auszuüben.

- ☐ **Standards sind auf einem gegenwärtigen wissenschaftlichen Stand bewiesene, evaluierte und fachlich begründete Handlungsanweisungen für einen spezifischen Tätigkeitsbereich.**

- ☐ **Standards sind valide, reliable, transparente professionelle Handlungsrichtlinien**

- ☐ **Standards sind zwingend vorgegebene Richtlinien für häufig wiederkehrende und generalisierbare Tätigkeiten**

- ☐ **Standards sind Hilfs- und Steuerungsmittel für eine einheitliche und vergleichbare Durchführung von Tätigkeiten**

- ☐ **Standards sind objektiv meßbare und vergleichbare auf Dynamik angelegte Handlungsstrategien**

- ☐ **Standards sind Aus-, Fort- und Weiterbildungsgrundlagen für professionelle Tätigkeiten**

- ☐ **Standards dienen dem Nachweis und der Überprüfung des eigenen Handlungsrepertoirs**

- ☐ **Standards dienen der Reflektion und Weiterentwicklung der Tätigkeit**

Abb. 9: Professionelle Standards: Definitionen

3.3 Funktion von Kompetenzen

„In Übereinstimmung mit Weinert (2001, S. 27f.) verstehen wir unter Kompetenzen die bei Individuen verfügbaren oder von ihnen erlernbaren kognitiven Fähigkeiten und Fertigkeiten, bestimmte Probleme zu lösen, sowie die damit verbundenen motivationalen, volitionalen und sozialen Bereitschaften und Fähigkeiten, die Problemlösungen in variablen Situationen erfolgreich und verantwortungsvoll nutzen zu können." (BMBF, 2003, S. 21)

»Kompetenz beschreibt die Fähigkeiten und Fertigkeiten des Menschen zur Aufrechterhaltung eines selbständigen, selbstverantwortlichen und persönlich zufriedenstellenden Lebens in seiner räumlichen, sozialen und institutionellen Umwelt. (KRUSE 1996a, 1996b)

Berufliche Kompetenz ist danach die Aneignung und spezifische Nutzung von Fähigkeiten und Fertigkeiten, die eine selbständige und selbstverantwortliche Ausübung einer professionellen Tätigkeit gewährleisten.

Kompetenz ist generell eine Disposition, die Personen befähigt, bestimmte Arten von Problemen erfolgreich zu lösen, also konkrete Anforderungssituationen eines bestimmten Typs zu bewältigen. Die individuelle Ausprägung der Kompetenz wird von verschiedenen Facetten bestimmt:

- · Fähigkeit   · Wissen   · Verstehen   · Können · Handeln
- · Erfahrung   · Motivation (Weinert 2001)

Abb. 10:   Definition von Kompetenz

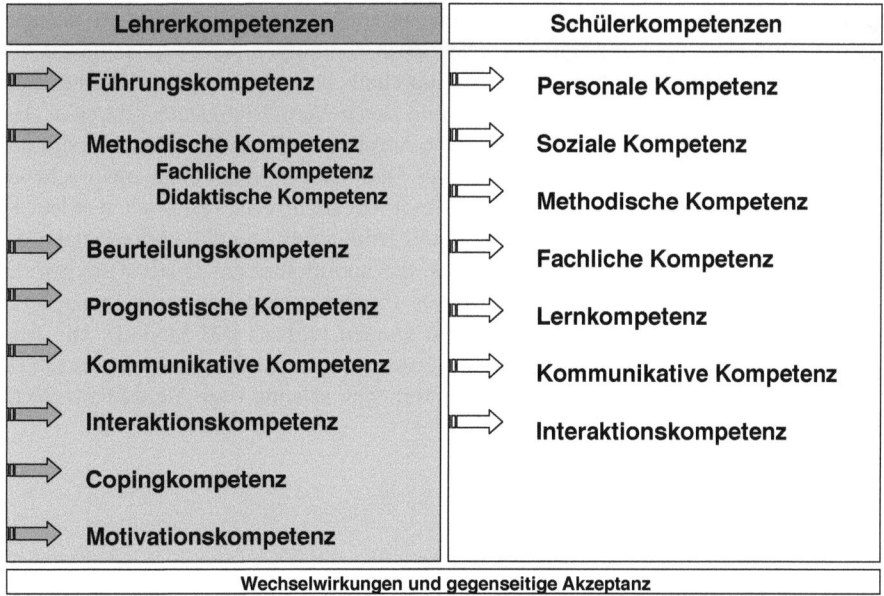

Abb. 11:   Kompetenzen von Lehrern und Schülern

Der bedenkliche Befund der TIMS-Studie lautet: Je anspruchsvoller eine Aufgabe ist, um so mehr fallen die deutschen Abiturienten hinter Schülern anderer europäischer Länder zurück. (vgl. TIMSS, 2001, S. 32)

Qualitätsentwicklung im Schulsystem sollte nicht bei formalen Fragen der Schulorganisation und der Zertifizierung, sondern am Unterricht ansetzen.

Das betrifft sowohl curriculare Ziele als auch die methodisch-didaktische Gestaltung des Unterrichts mit entsprechender fachdidaktischer Reflexion.

Dies weist einmal mehr darauf hin, dass neben der Unterrichtsentwicklung auch die Professionalisierung in Form der Aus-, Fort- und Weiterbildung von Lehrkräften von besonderer Bedeutung ist. Eine Professionalisierung, die primär immer noch auf Wissensvermittlung basiert, kann die spezifischen Anforderungen der Kompetenzvermittlung nicht erfüllen.

„Im professionellen Handeln von Lehrkräften wird letztlich über die Qualität der Bildung der nachwachsenden Generation entschieden." (vgl. TIMSS, 2001, S. 41)

Der Wissenserwerb erfolgt überwiegend additiv und in zu geringem Maße kumulativ. Neue Sachverhalte werden dazugelernt; das neu Erlernte wird aber nicht ausreichend mit vorhandenem Wissen vernetzt, bzw. vorhandenes Wissen wird zu wenig in neues Wissen integriert. (vgl. TIMSS, 2001, S. 85/86)

Kompetenzen bzw. Kompetenzvermittlung reduzieren sich nicht nur auf die Vermittlung von Wissen und den mehr oder weniger latent bzw. intuitiv durch den Schüler zu erfassenden Kontext zwischen Wissenserwerb und problemorientierter Anwendung, sondern vielmehr auf die vom Lehrer zu beherrschenden Kompetenzen im Hinblick auf Kompetenzvermittlung. Die Kompetenzen von Lehrern müssen im Rahmen ihrer Professionalisierung danach hinterfragt werden, inwieweit sie in der Lage sind, den Schülern/Schülerinnen bewusst-intentionale Lernmethoden, sowohl additive Wissensaspekte als auch entsprechende kumulative Kontexte und Anwendungsfertigkeiten zu vermitteln.

Professionelle Kompetenzen implizieren Lehrmethoden, die den Lernenden bewusst-intentionales Erkennen von Zusammenhängen und adäquate Anwendung auf fachspezifische Problemlösungen ermöglichen. Dies ist in derzeitigen Ausbildungsplänen von Lehrern nicht vorgesehen. Dazu bedarf es innerhalb der Aus- und Fortbildung einer kritischen Analyse der Kompetenzmodelle und deren Vermittlungsmöglichkeiten. Bei einer reinen Output-Orientierung werden diese Aspekten vollständig vernachlässigt und bewirken wahrscheinlich bei Lehrern kognitive Dissonanzen; denn ohne entsprechende Ausbildungsinhalte können fachspezifische Kontexte auch nicht vermittelt werden. Es reicht eben nicht aus, Bildungsmaßnahmen und Bildungsziele auf Verbesserungen des Outputs zu konzentrieren, sondern diejenigen, die unmittelbar das Qualitätsniveau des Outputs beeinflussen (Lehrer), müssen mittels Professionalisierungsprozess auch befähigt werden, diese Erwartungen erfüllen zu können (vgl. EFQM-Modell). Die Aus- und Fortbildung der Lehrer erscheint in der Diskussion um Bildungsqualität als Blackbox, die nicht nachvollziehbaren Tabus zu unterliegen scheint. (vgl. hierzu Kutz 2007)

4. Kontext zur qualitätsorientierten Bildungsberichterstattung

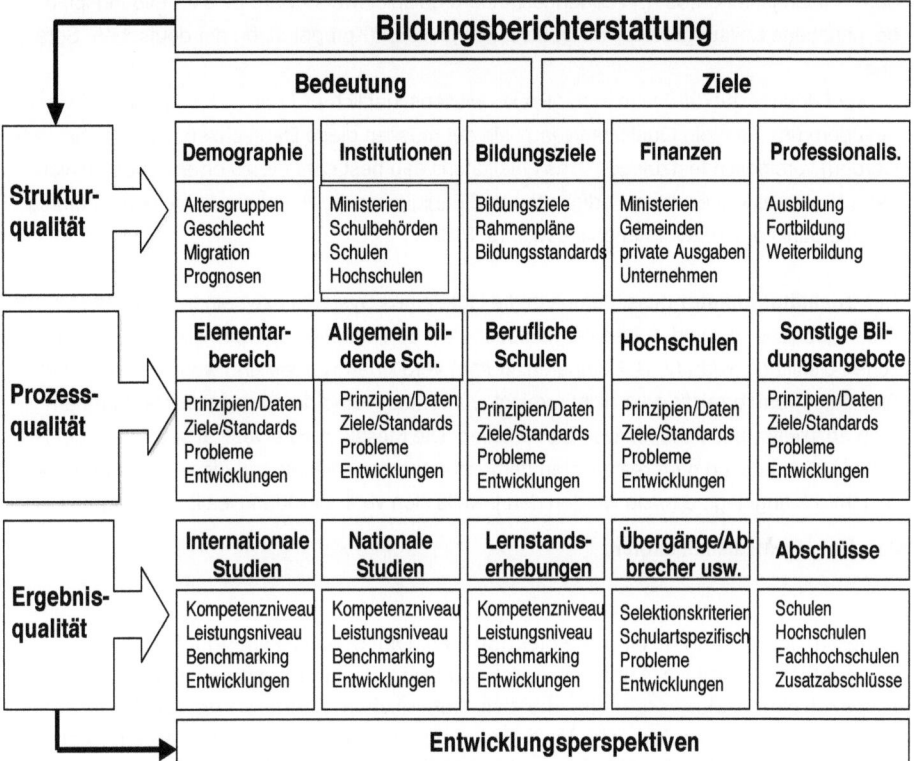

Abb. 12:   Struktur der Bildungsberichterstattung

Definitionen:

Indikatoren bieten eine Art kontinuierlicher Evaluation (Fitz/Gibbon 2002)

Ein Indikator umfasst regelmäßig gesammelte Informationen, um die Leistungsfähigkeit eines Systems zu bestimmen. ....
Der wichtigste Aspekt eines Indikatorensystems ist seine Reaktivität: Der Einfluss auf das System (Fitz/Gibbon/Tymms 2002)

Indikatoren sind statistische Tatsachen mit evaluativem Charakter und gehen über die informative Natur von Daten hinaus (Kanaev/Tuijman 2001)

Indikatoren sind statistische Informationen, die Licht auf die Leistungsfähigkeit und Bedingungen von Schulen werfen
(Lashaw 2001)

Abb. 13:   Definition von Indikatoren

Qualitätsindikatoren beschreiben nicht, sie bewerten ein Bildungssystem anhand messbarer Bildungsstandards. Ein Bildungsstandard beispielsweise wäre eine im Bildungsplan beschriebene Leistungsstufe von Deutschkenntnissen (Kompetenzen der deutschen Sprache).

Dieser Bildungsstandard wird in der Praxis wissenschaftlich erprobt – d.h. auf seine Evidenz hin überprüft –, um ein Qualitätsniveau (wie gut müssen diese Deutschkenntnisse beherrscht werden) verbindlich festzulegen. Das Qualitätsniveau bestimmt die zu erreichende Zielvorgabe für einzelne messbare Fertigkeiten und Fähigkeiten (z. B. Lesen, Schreiben, Grammatik, Interpunktion, Textverständnis usw.). (s. PISA)

Ein **Qualitätsindikator** misst demnach die Güte eines Systems bzw. einer Kompetenz.
Die Ergebnisse, die in der Realität gemessen werden, müssen mit dem allgemein verbindlichen Qualitätsniveau (z. B. Kompetenzstufen) verglichen werden und wenn das angestrebte Qualitätsniveau erreicht oder nicht erreicht wurde, dann sind daraus spezifische Maßnahmen abzuleiten und Perspektiven darzustellen. Die Messung von Qualität setzt immer einen Standard voraus, an dem reale Daten gemessen werden können und diese Standards sind dynamisch angelegt, d.h. sie werden den jeweils sich verändernden Realitäten adaptiert.

Abb. 14:   Qualitätsindikatoren

In diesem Kontext geht es um Selektion von Daten bzw. Datenquellen, die es erlauben, qualitätsorientierte Analysen durchzuführen. Bislang verfügen wir über eine landesspezifische Bildungsstatistik, die den statistischen Landesämter für Auswertungen außerschulischer Aspekte zur Verfügung stehen. Damit kann die Ebene von qualitativen und quantitativen Indikatoren abgedeckt werden, aber nicht die Ebene von Qualitätsindikatoren – z.B. Schulabschlüsse können zwar quantifiziert, die Qualität der Abschüsse kann nicht bewertet werden. Die Daten lassen weder Auswertungen individueller Bildungsverläufe zu noch Analysen im Hinblick auf Schulqualität bzw. Unterrichtsqualität. Dieses Manko versucht man derzeit durch Selbst- und Fremdevaluation zu kompensieren. Dabei spielen insbesondere die operationalisierbaren Kriterien der zugrunde liegenden QM-Modelle eine wesentliche Rolle.

Wenn beispielsweise (s. BW) auf Landesebene ein QM-Modell präferiert wird, dass mit den internen QM-Modellen (Schulen können selbst ein QM-Modell wählen) der Schulen nicht kompatibel ist, werden wahrscheinlich unterschiedliche Kriterien im Rahmen der Selbst- und Fremdevaluation gemessen, dann ist eine Vergleichbarkeit der Ergebnisse nicht möglich. Sinn der Selbstevaluation, deren Kriterien logischerweise aus dem gewählten QM-Modell abgeleitet sind, ist die Messung von Qualitätsindikatoren, die mit externen Anforderungen kompatibel sind.

Fremdevaluation impliziert nicht nur der Kontrolle, sondern auch Beratung und Support, die Schulen in die Lage versetzen, ihre Bildungspotenziale auszuschöpfen und sich auf Zertifizierungen vorzubereiten. Das ist aber nur möglich, wenn die Qualitätsindikatoren auf Landesebene konsentiert sind und den Schulen explizit zur Verfügung gestellt werden.

4.1 Dokumentation

Interessanter ist jedoch, wie valide Daten erhoben werden, die Aussagen über die Qualität des Bildungssystems, insbesondere die Qualität von Schule und Unterricht er-möglichen. Selbstevaluation macht Sinn im Rahmen der internen Qualitätsentwicklung, -sicherung und -verbesserung. Fremdevaluation hingegen macht nur dann Sinn, wenn sie als Instrument der externen Datenerhebung (für Bildungsberichterstattung), der Qualitätskontrolle und zur internen Qualitätsverbesserung von Schulen und Unterricht etabliert wird. Sofern externe Evaluation nur als bildungspolitisches Instrument in Landesinstitute integriert, von deren Mitarbeitern durchgeführt wird und sich ihre Aussagen auf qualitative Evaluationsberichte beschränken (s. Bildungsbericht BW, 2007), ist sie ineffektiv und ineffizient. Qualitative Berichte sind aufgrund ih-rer zeitaufwändigen Bearbeitung keine effektive bzw. effiziente Basis für quanti-tative Auswertungen und können – wenn überhaupt – nur mit erheblicher zeitlicher Verzögerung für die Bildungsberichterstattung verwertbar gemacht werden (vgl. Bildungsbericht BW 2007).

Die zweite – sehr viel effektivere und effizientere – Methode fällt dann ins Blickfeld, wenn das Qualitätsmanagement in anderen gesellschaftlichen Bereichen (s. z.B. Produktion, Dienstleistungen, Gesundheitswesen, Sozialwesen) beobachtet wird. Dort müssen die Professionellen ihre Arbeit dokumentieren. Ziel dieser Dokumentation ist es, kontinuierliche wiederkehrende Prozesse zu standardisieren oder herauszu-filtern, welche spezifischen professionellen Handlungsabläufe zu unterschiedlichen Ergebnissen führen und durch Vergleiche zu eruieren, welche dieser Handlungsabläufe ein Minimum oder ein Maximum an Qualität gewährleisten können.

Es ist nur zu verständlich, dass Pädagogen gegen standardisierten Unterricht und Dokumentation mit den gleichen Abwehrmechanismen reagieren wie andere Berufsgruppen auch, aber auf Dauer und unter Berücksichtigung einer rationalen und rationellen Datenbasis und -verarbeitung wird man mittel- bis langfristig eine profes-sionelle standardisierte Dokumentation nicht verhindern können. Eine standardisierte Dokumentation auf der Basis eines validen Codierungssystems der unterrichtsrelevan-ten Faktoren, d.h. Standardisierung und Operationalisierung wichtiger Qualitätskriterien der Schule und des Unterrichts (Methoden, Didaktik, Gespräch, Frontalunterricht, interaktiver Unterricht, Schülerzentrierter Unterricht usw.) bieten eine Anzahl von Chancen, nicht nur hinsichtlich der Entwicklung und Verbesserung des Unterrichts, des Qualitätsmanagements der Schulen und der Schulentwicklung, sondern auch im Hinblick auf die Beurteilung der Qualität des Bildungswesens. Jede Schule könnte durch Auswertung entsprechender Daten Unterrichtsstandards entwickeln und durch Defizit- und Erfolgsanalysen ein kontinuierliches QM etablieren, dass organisationsin-terne Bedingungen genauso berücksichtigt wie externe Anforderungen.

Extern sind diese Daten in aggregierter Form für die Bildungsberichterstattung im Hinblick auf Benchmarking und Weiterentwicklung von Bildungszielen und Bildungsstandards relevant. Die Analysen der unterschiedlichen Unterrichtsstile und Interaktionsformen könnte damit eine Entwicklung einleiten, die insbesondere die Qualität der Bildung bzw. des Unterrichts in den Mittelpunkt der Betrachtung stellt. Guter Unterricht lässt sich nicht durch Expertenkonsens oder qualitative Evaluation legitimieren, sondern die Qualität der Bildung muss auf der Basis harter Daten objek-tiviert werden.

5.   Zusammenfassung und Perspektiven

Ausgehend von den Vorstellungen und Ausführungen auf Bundesebene im Hinblick auf die Kontexte von Bildungszielen, Bildungsstandards und Kompetenzen, wird die Qualitätsentwicklung unter Aspekten einer einheitlichen Nomenklatur des Qualitäts-managements diskutiert. Dabei wird zwischen externem und internem QM differen-ziert, um die unterschiedlichen Funktionen aufzuzeigen.

Die Leistungen von Schülern (Outputorientierung) sind nur ein Aspekt der Ergebnisqualität, viel wichtiger ist die Qualität der Bildung (externes QM), der Schulen (internes QM) und insbesondere die Qualität des Unterrichts (Prozessqualität), die in manchen Landeskonzeptionen eher eine untergeordnete Rolle spielen. Festzustellen ist, dass auf der Basis einer Analyse internationaler Schülerleistungsstudien wie IGLU, PISA, DESI und TIMSS die größte Varianzaufklärung von Bildungsergebnissen durch die Unterrichtsqualität determiniert wird. Insofern erscheint ein Modell sinnvoll, das die methodischen und inhaltlichen Kontexte des Qualitätsmanagements und einer qua-litätsorientierten Bildungsberichterstattung systematisiert.

Während derzeit primär allgemeine Bildungsziele formuliert sind, können out-putorientierte Bildungsstandards mit Hilfe von Kompetenzstufen aus internationalen Studien präzisiert werden, was aber – der Realität zu Folge – bislang kaum gesche-hen ist. Die Länder entwickeln anscheinend eigene Tests für Lernstandserhebungen, ohne einen Bezug zu internationalen Tests und Verfahren herzustellen. Das verhindert die Vergleichbarkeit diesbezüglicher Ergebnisse. Darüber hinaus scheinen die aktuel-len Lernstandserhebungen keine Differenzierung der Kompetenzen (unterschiedliche Qualitätsniveaus) zu intendieren, so dass auch keine qualitätsorientierten Ergebnisse zu erwarten sind.

Der Aspekt der Lehrkräfte im Hinblick auf professionelle Standards wird bislang als marginales Problem behandelt, obwohl – sofern man QM in anderen gesellschaft-lichen Bereichen betrachtet – gerade die Qualität der internen Prozesse sich primär mit Hilfe professioneller Standards messen lässt. Diesbezügliche Standards sind deshalb von Bedeutung, weil der Unterricht primär von den Lehrkräfte bestimmt wird, d.h. die Handlungsabläufe der Profession müssen – soweit möglich – standardisiert werden, um die wissenschaftlich validen Unterrichtsvariationen auch in die Aus-, Fort- und Weiterbildung zu integrieren. Die Qualität des Unterrichts muss gemessen werden, um die Wirkungszusammenhänge zwischen Prozess- und Ergebnisqualität quantifizieren zu können. Insofern ist die Entwicklung von professionellen Standards von entschei-dender Bedeutung.

Die qualitätsorientierte Bildungsberichterstattung ist abhängig von harten Daten der Bildungsstrukturen, der Bildungsprozesse und der Bildungsergebnisse, die mittels qualitativer, quantitativer und Qualitätsindikatoren gemessen werden. Dabei steht die Entwicklung von Qualitätsindikatoren noch aus, die eine notwendige Voraussetzung für die Bildungsberichterstattung sind. Qualitätsindikatoren stehen derzeit nur für bestimm-te Leistungsbereiche von Schülern (output) zur Verfügung, aber Ziel einer qualitäts-orientierten Bildungsberichterstattung muss es sein, die Qualität der Bildung und des Bildungssystems zu analysieren und zu bewerten. Aufgrund der Bildungsstatistik ver-fügen wir über quantitative Indikatoren, mit denen bestimmte Qualitätsmerkmale ge-messen werden, aber wir verfügen nicht über Daten der Schul- und Unterrichtsqualität. Diese – so das dargestellte Modell – sind aber eine notwendige Voraussetzung, die Qualität der Bildung zu bewerten. Diesbezügliche Daten können mittels einer stan-dardisierten Dokumentation in den Schulen – insbesondere Unterrichtsdokumentation

– sehr viel rationeller erhoben und ausgewertet werden als durch Selbst- und Fremdevaluation. Selbst- und Fremdevaluation sind primär Instrumente, die das interne QM entwickeln und verbessern helfen. Vorstellbar wäre ein Vergleich zwischen Fremdevaluation und interner Dokumentation, der mittel- bis langfristig objektive Ergebnisse zur Verfügung stellt; obwohl einschränkend betont werden muss, dass eine Fremdevaluation durch Mitarbeiter der Landesinstitute – Landesinstitute sind politisch abhängig – die Neutralität und Objektivität der Daten und Bewertungen konterkariert (vgl. hierzu Kutz, 2007).

Literatur

Bundesministerium für Bildung und Forschung (BMBF) (2001). *TIMSS-Impulse für Schule und Unterricht*. Bonn.

BMBF (2003). *Bildungsreform Band 1 – Expertise –, Zur Entwicklung nationaler Bildungsstandards*. Bonn.

Schweizer Koordinationsstelle für Bildungsforschung (SKBF) (2006). *Bildungsbericht Schweiz 2006*.

Bos, W., Lankes, E.-M., Prenzel, M., Schwippert, K., Valtin, R. & Walther G. (Hrsg.) (2004). *IGLU – Einige Länder der Bundesrepublik Deutschland im nationalen und internationalen Vergleich*. Münster u.a.: Waxmann.

DESI-Konsortium (2006). *Unterricht und Kompetenzerwerb in Deutsch und Englisch – Zentrale Befunde der Studie Deutsch-Englisch-Schülerleistungen-International (DESI)*. Frankfurt/M.: DIPF.

Döbert, H. (2001). *Trends in Bildung und Schulentwicklung: Deutschland und Europa*, aktualisierte und gekürzte Fassung eines Referates vom 30.11.2001 in Erfurt.

Donabedian, A. (1966). Evaluating the Quality of Medical Care. *Milbank Mem Fund Quart 44*, 166–203.

Fitzner, T. (2003). *Bildungsstandards: Internationale Erfahrungen – Schulentwicklung – Bildungsreform*. Bad Boll: Evangelische Akademie.

KMK (Kultusministerkonferenz) (2004). *Bildungsstandards der Kultusministerkonferenz*, Stand 16.12.2004.

Konsortium Bildungsberichterstattung (2006). *Bildung in Deutschland – Im Auftrag der Ständigen Konferenz der Kultusminister der Länder in der Bundesrepublik Deutschland und des Bundesministeriums für Bildung und Forschung*. Ein indikatorengestützter Bericht mit einer Analyse zu Bildung und Migration. Bielefeld: W. Bertelsmann.

Krautz, J. (2007). Pädagogik unter dem Druck der Ökonomisierung – Zum Hintergrund von Standards, Kompetenzen und Modulen. *Pädagogische Rundschau 1*, 71ff.

Kutz, R. (2005). *Internes Qualitätsmanagement im Gesundheits- und Sozialwesen*, München: GRIN Verlag.

Kutz, R. (2007). *Qualitätsmanagement im Bildungswesen – Steuerung des Bildungswesens auf der Grundlage internationaler Studien*, München: GRIN Verlag.

Ministerium für Kultus, Jugend und Sport BW: *Bildungsplan 2004 – Grundschule, Hauptschule, Realschule, Allgemeinbildende, Gymnasium*.

PISA-Konsortium Deutschland (Hrsg.) (2005). *PISA 2003 – Der zweite Vergleich der Länder in Deutschland – Was wissen und können Jugendliche?* Münster u.a.: Waxmann.

Scheltwort, P. & Sehringer, W. (2005). Lehrerhandeln im Unterricht – Unterricht wahrnehmen, beurteilen, gestalten. *Perspektive, 69*, 33ff.

Weinert, F.E. (2000). *Lehren und Lernen für die Zukunft – Ansprüche an das Lernen in der Schule*, Vortragsveranstaltungen, Bad Kreuznach: 1–23.

Wolfgang Böttcher, Jan Nikolas Dicke

Bildungsstandards und Controlling – eine Einführung

Die OECD hat in der Publikation „Schools and Quality" (OECD 1989) bereits vor 20 Jahren darauf aufmerksam gemacht, dass eine unspezifische gesellschaftliche Vorstellung davon, welche Ergebnisse Schule erreichen soll und kann, einer diffusen Schulkritik beständig neue Nahrung gibt. Auch die Arbeitsvorgaben der offiziellen Leitungsinstanzen, also Gesetzestexte, Erlasse oder Lehrpläne, seien weit von Klarheit und Präzision entfernt und könnten die Arbeit der Schule somit praktisch nicht steuern. Die Schaffung eines konstruktiven Reformklimas werde somit verhindert (OECD, 1989, S. 48). Positive Veränderungen entstünden am ehesten, wenn Entscheidungen über konkrete Ziele erfolgt seien. Dies schaffe die Grundlage für positiven Wandel.

Die OECD-Studie schlug vor, Standards zu formulieren, die Ziele der schulischen Aktivitäten präzisieren. Die Idee scheint logisch: Die Bewertung der Leistungen der Schule ist ja nur fair durchzuführen, wenn vorab klar ist, was sie leisten soll. Eine völlig unspezifische Vorstellung davon, welche Standards Schule zu erfüllen hat, garantiert eine dauerhaft kritische Stimmung. Unklarheit des Arbeitsauftrages eröffnet keine realistische Hoffnung darauf, die Klienten oder Kunden des Schulsystems zufrieden zu stellen und die Schule zukunftsfähig zu machen. Und ob es die Arbeit von Lehrerinnen und Lehrern erleichtert, wenn sie aus vagen Vorgaben ihre eigenen Schlüsse für die inhaltliche Gestaltung des Unterrichts ziehen müssen, dürfte auch zweifelhaft sein.

Die deutsche Bildungspolitik hat solche Botschaften lange ignoriert. Erst die international vergleichenden Schulleistungsstudien haben aufgerüttelt. Man kann durchaus sagen, dass „aus dem Nichts" ein schulpolitischer Konsens entstand – der im Übrigen in der Erziehungswissenschaft nicht vorliegt –, der die Notwendigkeit von nationalen Bildungsstandards feststellte. Er mündete in jenem Beschluss, mit dem die Kultusministerkonferenz am 5./6.Dezember 2001 die Entwicklung nationaler Bildungsstandards als Teil eines ganzen Maßnahmenbündels zur Steigerung der Schulqualität beschloss.

Als Ausdruck dieses Konsenses kann auch die erstaunliche Geschwindigkeit gewertet werden, mit der die Kultusministerkonferenz den weiteren Reformprozess vorantrieb. Im Mai 2002 begannen Arbeitsgruppen aus jeweils rund 30 Vertretern der Schulseite[1], der universitären Fachdidaktik sowie der Schulverwaltungsebene in den Fächern Deutsch, Mathematik und Erster Fremdsprache mit der Entwicklung nationaler Bildungsstandards für den Mittleren Schulabschluss.[2] Eine Steuerungsgruppe unter Leitung des Vorsitzenden des KMK-Schulausschusses koordinierte die Arbeit und überprüfte die Einhaltung der von der Kultusministerkonferenz beschlossenen Rahmenkonzeption. Hierzu zählten zum einen die Fächer und Abschlüsse, für die Standards entwickelt werden sollten, die dabei vorzunehmende Gliederung sowie die angestrebte Kompetenz- statt Inhaltsorientierung. Die Formulierung als von allen

---

1 Einbezogen waren Fach- und Studienleiter der Studienseminare für die zweite Lehrerausbildungsphase sowie für die Fort- und Weiterbildungsphase.

2 Zum Prozess der Entwicklung der nationalen Bildungsstandards vgl. bis auf Weiteres Karpen & Ingwertsen, 2005.

Schülern zu erfüllende Mindeststandards galt zwar als mittel- bis langfristiges Ziel; Aufgabe der Arbeitsgruppen war aber zunächst die Entwicklung von Regelstandards auf drei verschiedenen Anspruchsebenen, die durch Musteraufgaben illustriert werden sollten.

Bereits ein Jahr später, im Juli 2003, legten die Arbeitsgruppen ihre Entwürfe vor, die die Kultusministerkonferenz nach einem Anhörungsverfahren und einer knapp zweimonatigen Überarbeitsphase am 4. Dezember 2003 als nationale Bildungsstandards für den Mittleren Schulabschluss beschloss. Sie schreiben seit dem Schuljahr 2004/2005 bundesweit verbindlich Kompetenzen fest, über die Schüler in den Fächern Deutsch, Englisch und Erster Fremdsprache verfügen sollten. Gemäß Beschluss vom 15. Oktober beziehungsweise vom 16. Dezember 2004 gelten darüber hinaus seit dem Schuljahr 2005/2006 Bildungsstandards für den Hauptschulabschluss in den Fächern Deutsch, Mathematik und Erster Fremdsprache, für den Primarbereich in den Fächern Deutsch und Mathematik sowie für den Mittleren Abschluss in Biologie, Chemie und Physik.

Die an dieses Instrument geknüpften Hoffnungen sind vielfältig und tiefgreifend. Mittels Bildungsstandards soll Schule im Kontext von Outputsteuerung neu gesteuert werden. Ohne direkten Einfluss auf Lehrmethoden zu nehmen – denn Methoden werden nicht vorgeschrieben – sollen sie den Unterricht so verändern, dass Schülerleistungen sich verbessern und Bildungsbenachteiligungen reduziert werden. Schließlich sollen sie helfen, Schülerleistungen (und damit im Prinzip auch Leistungen von Lehrern und Schulen) vergleichbar zu machen. Grundsätzlich lässt sich feststellen: Bildungsstandards benennen die Kompetenzen, die Schule vermitteln muss. Insofern sind sie ergebnisorientiert. Auf Grundlage von Standards sollen Tests entwickelt werden, denn Standards, die nicht „messbar" sind, wären logischerweise für eine Outputsteuerung unbrauchbar (vgl. Böttcher, 2004).

Bildungsstandards wären demnach im Prinzip Instrumente, die das Defizit einer unzulänglichen Steuerung der Schule und des Schulsystems beheben könnten. Sie haben zudem das Potential, eine Messung von Ergebnissen schulischer „Produktion" zu ermöglichen und Hinweise für Maßnahmen der Qualitätsentwicklung und Ressourcenallokation zu liefern. Sie können definieren, was genau Schüler lernen sollen, was also im Erziehungs-, Bildungs- oder Qualifizierungsprozess mittels absichtsvoller, methodisch angelegter, organisierter und professionell ausgeführter pädagogischer Intervention erreicht werden soll. Organisationstheoretisch gesprochen dienen sie als Führungsgrößen: „Eine (relativ) genaue Vorstellung vom ‚Produkt' muss durch eine Standardisierung der Produktkriterien – als Arbeitsvorgabe und insofern als Führungsgröße – generiert werden, und zwar für das Schulsystem sowie auch innerhalb des Schulsystems. Auf die Arbeitsvollzüge muss deutlich weniger steuernd eingegriffen werden, wenn eine Organisation (die Organisationseinheit oder eine Institution) die Aufgabe hat, (sinnvolle und ggf. abgestimmte) Vorgaben zu erfüllen; dann können die Operationen (Prozessebene) von den Akteuren verantwortet werden" (Böttcher & Klemm, 2002, S. 172).

Trotz dieser Hoffnungen verläuft die wissenschaftliche und pädagogische Rezeption der nationalen Bildungsstandards bislang eher verhalten bis kritisch. Die Kritik ist zum einen grundsätzlicher Art. Als solche richtet sie sich gegen die von der Kultusministerkonferenz beschlossene Standardkonzeption, die in wesentlichen Punkten von den Empfehlungen der Klieme-Expertise (Klieme et al., 2003) abwich. Zum anderen thematisiert sie jedoch auch Fragen der Implementierung, also der länderindividuellen Umsetzung.

Das folgende Kapitel wird sich einigen Fragen widmen, die um das „Reformmodell nationale Bildungsstandards" kreisen. Dabei werden verschiedene Problembereiche angesprochen: Wie müssen Standards beschaffen sein, damit sie ihr Potenzial ausspielen können, wie können sie begründet und legitimiert werden, wie werden sie im Bildungsföderalismus in den Ländern „übersetzt", wie gelangen sie von der Ebene der Politik ins Klassenzimmer, wie wirken sie dort? Von zentraler Bedeutung ist auch die Frage, welche weiteren Instrumente Bildungsstandards stützen müssen, damit sie wirksam werden: Wie reagiert die Lehrerbildung, was kann getan werden, wenn Schüler Standards nicht erreichen, wie müssen Tests beschaffen sein, die nicht-triviale Standards prüfen?

Das gesamte Spektrum der aktuellen Debatten kann angesichts einer Beschränkung auf fünf Beiträge kaum behandelt werden. Dennoch, so unser Eindruck, haben wir es in diesem Kapitel mit einer profunden Kritik an den Bildungsstandards zu tun, die Wege weist, dieses Instrument tatsächlich so zu entwickeln und zu implementieren, dass es hilfreich ist, die Leistungskrise der Schule erfolgreich zu bearbeiten und die Mechanismen der Perpetuierung oder Verstärkung der sozialen Ungleichheit durch Bildung zu schwächen.

Jennifer O'Day analysiert gekonnt die „Standards-Based-Reform" der USA, die durchaus als paradigmatisch für die Bemühungen um Leistungsdefinition auch in anderen Ländern gelten kann. Dabei zeigt sie einerseits die Intentionen einer Reformbewegung auf, die darauf zielen, Chancen für alle Schülerinnen und Schüler zu erhöhen und damit der Idee der Bildungsgleichheit stützt. Andererseits kann sie zeigen, wie sich diese Intentionen in der aktuellen Politik nicht nur nicht realisieren, sondern sich unter bestimmten Bedingungen gar ins Gegenteil verkehren können. O'Days Beitrag ist – so paradox es klingen mag – gleichzeitig ein Bekenntnis zur standardbasierten Reform und eine Kritik der standardbasierten Reform.

Roman Langer diskutiert auf der Basis von drei verschiedenen Studien den Nutzen der Mechanismen-Analyse bei der Rekonstruktion transintentionaler Mechanismen sozialer Verhaltenskoordination im Schulsystem und liefert damit einen wesentlichen Beitrag zum Verständnis jener Faktoren, die sich hemmend – oder fördernd – auf die Implementation bildungspolitischer Programme wie etwa der Einführung der nationalen Bildungsstandards auswirken können. In der Entwicklung mechanismen-analytisch erstellter Modelle sieht Langer ein wirkmächtiges Erklärungsmittel der qualitativ-theoriebildenden Bildungswissenschaft.

Wolfgang Böttcher und Jan Nikolas Dicke thematisieren die Umsetzung nationaler Bildungsstandards. Damit Standards Veränderungen im Schulwesen bewirken können, müssen sie über die länderindividuellen Lehrpläne Eingang in den Unterricht finden. Inwiefern das bislang gelingt, ist unklar: Untersuchungen, die sich mit der Frage der Wirkung nationaler Bildungsstandards vor dem Hintergrund länderspezifischer „Übersetzungen" der Standards in Lernpläne oder Curricula oder unterschiedlicher Implementierungskonzepte beschäftigen, fehlen. Dabei könnten sie helfen, die Wirkungen von Standards zu erhöhen, und erste Antworten darauf geben, welche Bundesländer im föderalen Wettstreit das Konzept mehr oder weniger erfolgreich anwenden. Die explorative Studie, die im Mittelpunkt des Beitrags steht, gibt auch Hinweise darauf, ob Lehrer die Idee der Bildungsstandards tragen. Nur wenn die Lehrer vom Sinn der Reform überzeugt sind, so eine These der Autoren, besteht eine reelle Chance, dass sie ihr Handeln entsprechend ausrichten werden.

Erich Hauer beschreibt die Erfahrungen und theoretischen Reflexionen eines Projektes zur automatisierten Testung von langfristig verfügbaren Schülerkompetenzen.

Als Diskussionsgrundlage für etwaige Transfers auf andere Domänen thematisiert er Zielsetzung, Umfang, Aufbau und Auswertung der Testung, den Einfluss des Testmediums auf den Vorgang sowie die Notwendigkeit, sich im Rahmen des Testes auf (gegebenenfalls noch zu eruierende) Kerne anschlussfähiger Standards zu konzentrieren. Dabei unterstreicht er die Notwendigkeit einer präzisen Formulierung der Deskriptoren.

Lutz Dietze schließlich untersucht die Frage, welche grundrechtlichen Anforderungen an die Ausgestaltung von Curricula zu stellen sind, und welche verfahrensrechtlichen Konsequenzen dies für Ziele, Inhalte, Struktur, Kompetenz sowie primäre wie vergleichende Evaluation bedeutet. Auf der Basis eines historischen Rückblicks auf die wesentlichen, mit dem allgemeinen Schulwesen verbundenen staatlichen Ziele beleuchtet er die Grundlagen und rechtlichen Rahmenbedingungen der bisherigen bundesdeutschen Notengebung. Dabei kommt er zu dem Schluss, dass Transparenz bei der gegenwärtigen Notenvergabe weder möglich noch erwünscht sei; das Bildungssystem erzeuge bei der Bewertung von Leistungen Scheinrationalität. Eine verstärkte Objektivierbarkeit der Bewertung und Transparenz des Verfahrens durch output-orientierte Curricula komme einem Paradigmenwechsel gleich, dem vermutlich auch Rechtswissenschaft und Rechtswissenschaft folgen würden.

Literatur

Böttcher, W. (2004). Bildungsstandards und Kerncurricula – Potenzielle, intendierte und nicht-intendierte Effekte eines zentralen Reformprojektes. In: J. Schlömerkemper (Hrsg.): *Bildung und Standards. Zur Kritik der „Instandardsetzung" des deutschen Bildungswesens* (S. 231–244). Die Deutsche Schule, 8. Beiheft, 2004.

Böttcher, W. & Klemm, W. (2002): Kann man Schule verändern? Eine Skizze gegen den Voluntarismus in der Schulreform. In: M. Weegen et al. (Hrsg.): *Bildungsforschung und Politikberatung* (S. 167–184). Weinheim/München: Juventa.

Karpen, K. & Ingwertsen, C. (2005). Bildungsstandards in der Bundesrepublik Deutschland. In: J. Rekus (Hrsg.): *Bildungsstandards, Kerncurricula und die Aufgabe der Schule* (S. 17–23). Münster: Aschendorff.

Klieme, E., Avenarius, H., Blum, W., Döbrich, P., Gruber, H., Prenzel, M., Reiss, K., Riquarts, K., Rost, J., Tenorth, H.-E. & Vollmer, H.J. (2003). *Zur Entwicklung nationaler Bildungsstandards. Expertise.* Bonn: Bundesministerium für Bildung und Forschung, Referat Öffentlichkeitsarbeit.

Organization for Economic Co-operation and Development (OECD) (1989/1991). *Schools and Quality.* Paris (deutsch: Frankfurt: Lang).

Jennifer O'Day

Standards-Based Reform –
Promises, Pitfalls, and Potential Lessons from the U.S.

In the past 18 years since the National Council of Teachers of mathematics (NCTM) introduced to the American public the notion of "standards" to guide instruction and since policy activists started pressing for more coherent approaches to policy-based reform, systemic standards-based reform has become a virtual backdrop for all discussions regarding education policy in the U.S. Even proposals for choice and charter schools now assume that these schools will be held to similar outcome standards as other schools. With the impending reauthorization of the federal No Child Left Behind (NCLB) legislation in the U.S., it is a fitting time to step back and reflect on what we have learned in these nearly two decades of standards-based policy design and implementation. Is this approach having an effect? What are the major challenges and what areas require modification or strengthening as we move forward into the next era?

It is in this light that I am pleased to join my newly-met German colleagues to explore what we are learning from different national perspectives and contexts about a trend that appears increasingly international in scope – that is, the trend toward heightened assessment and accountability centered on the educational outcomes of students served by our varying educational systems. International comparisons and cross-national applications are always a bit tricky, of course, because national contexts can vary so substantially. Indeed, even within the U.S. with its 50 states and over 14,000 school districts, variations in local and state contexts can sometimes challenge nationwide conclusions about policy trends and phenomena. It is not difficult to find, for example, both empirical and anecdotal evidence of the disappointing results produced when seemingly effective strategies from one jurisdiction are transported to another without sufficient consideration of how the contexts, goals, and systems in the two locales differ. For this reason, I will not presume that our patterns and lessons in the U.S. necessarily apply to the German context. Rather, I see this conference as an opportunity for dialogue and learning from one another.

I have entitled my presentation "Standards-Based Reform: Promises, Pitfalls, and Potential Lessons from the U.S." The choice of words is deliberate. Standards-based reform (SBR), like other policy initiatives, carries within it both positive and negative potential, depending on the specifics of its design and implementation. Our experience in the U.S. is illustrative of both aspects and as such may be instructive for others.

I've organized this presentation into four major sections. First, I will outline a few key aspects of the reform context in the U.S. that contributed to the emergence of systemic standards-based strategies. Next, I will briefly summarize the rationale and promise of standards-based reform, followed by a discussion of the evidence to date about its impact on instructional practice and student achievement, as measured by the only really national student assessment in the U.S.: the National Assessment of Educational Progress (NAEP). Finally, I discuss several of the tensions, pitfalls, and potential lessons for the future and for other jurisdictions.

1.   Standards-Based Reform in the U.S. Context

Context Take 1: U.S. Education Reform at the Initiation of Systemic Standards-Based Reform

Standards-based reform did not emerge in a vacuum. Several other educational movements and reform efforts preceded it and created the conditions and discourse from which this new hybrid strategy emerged.

Top-down Intensification Reforms
Most observers date the beginning of the current educational reform efforts in the U.S. to the influential 1983 report of the National Commission on Excellence in Education entitled *A Nation at Risk*. Produced by a panel of educators and other stakeholders, *A Nation at Risk* responded to evidence of declining test scores of American youth and to pubic concerns about U.S. competitiveness in the world economy. Decrying the "rising tide of mediocrity" that had crept into American education, the report served as a national call to action. The education and national economic viability would be linked in this way was not unique to this era; such linkage has cropped up periodically during times of national stress and has served similarly to spark reform efforts in American schools. Nonetheless, national economic health is a theme that has continued throughout the standards-based reform era and that has influenced reform approaches and rationales.

   Nation at Risk sparked numerous policy initiatives across the U.S. State legislatures passed laws lengthening the school day and year, specifying and increasing the courses required for high school graduation, and requiring the testing of teachers to ensure they had the requisite basic knowledge and skills. For the most part, these reforms did not challenge the way that educational systems operated. Rather, they sought for educators to do more and better of the things they had already been doing. For this reason, the resulting policies are often referred to as "intensification" reforms. Such policy initiatives continued through the 1980s and into the 1990s.

Bottom-up school restructuring movement
By contrast, in the late 1980s and early 1990s, school-based reforms sought fundamental changes in the way the school systems went about the work of educating children. Drawing on private sector trends that moved toward flatter organizational structures and greater discretion at the point of production or service delivery, these bottom-up reforms called for the devolution of authority for educational decisions down to the school site. At the same time, advocates argued that the problem was not that American schools weren't doing enough of what they had done well in the past; rather, U.S. schools were doing the wrong things in the wrong ways. What was needed was more challenging instructional content and pedagogy that would allow students to go deeply into subject matter and to grapple with complex real-life problems. To accomplish this, reformers called for major structural changes in schools and created networks of schools filled with like-minded educators.

   By the end of the 1980s, empirical evidence was beginning to accumulate that both top-down policy initiatives and bottom-up restructuring were too limited to accomplish the goal of better outcomes for all U.S. students. Studies of the centralized policy reforms indicated that they generally did not affect instruction in the classroom, and even though course transcripts indicated that students were taking higher level courses than before, the content of those courses varied greatly and sometimes bore little similarity to the course title. Meanwhile, bottom-up school-by-school efforts were proving difficult to sustain or spread, particularly in the lower-performing, higher poverty schools that needed improvement the most.

Standards-based reform sought to incorporate the strengths and overcome the weaknesses of these two movements by combining centralized direction and aligned policy structure (top-down reform) with increased discretion at the school site for implementing and particularizing this direction as appropriate to the local context (bottom-up reform).

Other movements of the time

Alongside these two major trends in educational reform approaches, two other movements were emerging and gaining momentum.

Professionalization of teaching: The first focused on the professionalization of teachers and teaching. As discussed below, teaching had not been considered a true profession by most Americans. Some would talk about teaching as a vocation – something that certain individuals are "called to," almost as we might think about someone being called to be a priest or missionary. Others looked at teaching simply as a job that was convenient for women who wanted to work and yet still be home to care for their own children when they returned from school everyday. The American public has generally placed little emphasis on the specialized knowledge and skills entailed in managing and instructing a class (or multiple classes) of 30 future citizens. Meanwhile, teachers unions often appeared closer to traditional trade unions that to associations of professionals.

The publication of the NCTM standards for mathematics signaled the beginning of a growing effort to change this situation. Other professional associations followed suit, working on their versions of the needed instructional standards in their own fields. Efforts also began to substantially change the nature of teacher preparation, through changes both in state policy governing teacher licensure and in national accreditation programs for teacher preparation institutions. The National Board for Professional Teaching Standards (NBPTS), made up of teachers, politicians, and other stakeholders, also began the long process of establishing standards and credentials for accomplished teaching in multiple subject areas, highlighting the distance between novice and expert teachers and the deep content and pedagogical knowledge required for truly accomplished teaching.

Choice and charters: Finally, there was the burgeoning movement for school choice (both public and private) and for the establishment of public school charters that would remove regulatory restrictions and grant decision-making authority (for employment, curriculum, and instruction) to individual schools. Like the restructuring movement, both choice and charter advocates saw the educational bureaucracy as a *hindrance to* rather than a *support for* school improvement, and both believed that giving parents more choices for the children's education would provide greater motivation for parents and children while spurring improvements in the whole system through productive competition.

Standards-based reform allowed for and supported effective implementation of both professionalization of teaching and choice within a common standards framework.

Context Take 2: Underlying Dilemmas in U.S. Education

To understand the emergence of standards-based reform in the U.S., it is necessary not only to consider the other education reform, but also the deep underlying dilemmas in American education to which these movement and standards-based reform responded. Here I briefly highlight four such dilemmas.

   1. *Policy fragmentation*: U.S. schools are governed by a multi-layered, fragmented democratic governance system that both heightens their political vulnerability and public involvement and leads to fragmentation, confusion, and a general watering-down of meaningful curriculum. Exhibit 1 outlines the various constituencies to which school policy and practice must answer, organized by level of the system. What is important to realize here is that all of these stakeholders influence, make, and enforce education policy in one way or another.

Table 1: The "Who" of Educational Governance: Institutions by Level

Federal	State	Regional/ County	School District	School	Others – at all levels
U.S. Secretary of Education	Governor	County boards	Local board	Principals	Mayors
	State Legislature	County Super-intendent	Local supt.	Teachers	Judges
U.S. Dept. of Education Officials	State Board	Co. offices of education	Central office	Parents	Unions
	State Supt.			School Councils	Vendors
U.S. Congress	State Dept.				Business Leaders
U.S. Supreme Court /other Federal courts	Other agencies & Commissions			Students	Community Leaders
	Lobbyists				Foundations
	Courts				

Source: Brewer & Smith, 2007; adapted from Timar 2002

The results of such a system include:
- Conflicting laws and policies that undermine rather than enhance the effects of any single policy endeavor.
- A layering of new policies over old ones, causing an accretion of policy and regulatory action the virtually stymies local schools from acting in the best interests of their students;
- A cacophony of conflicting signals to teachers about what is important and what they should be teaching. To escape the policy noise – teachers often close their classroom doors (both literally and figuratively) and do what they have always done within the walls of their own classrooms.
- A "least common denominator" approach to textbook creation such that publishers try to please everyone and in the process please few or none. By trying to be all things to all people, texts in the U.S. tend to be shallow in their coverage of instructional content and fragmented in their presentation of the field of study.

Advocates for standards-based reform targeted the fragmentation and incoherence that resulted from this model of educational governance as key barriers to creating and sustaining real improvement in schools. Alignment of policies with expectations for what students should know and be able to do (standards) was the central strategy to increase coherence and effectiveness throughout the system.

2. *The struggle for equity*: On the one hand, Americans have a deep national belief in equal opportunity for all; at the same time, however, U.S. educational systems reflect long-standing inequities by race, class, and language group. Often severe resource inequalities (in teachers, textbooks, facilities, and funding) separate schools serving advantaged students from those serving poor students and students of color, while ineffective compensatory education programs, dual curricula, and tracking do little to alleviate and may even exacerbate the very inequalities they target. The result is substantial gaps in achievement among groups of students and *increasing* disparities in performance as these groups progress through their schooling.

 By arguing for common high standards for all students and allocation of resources based on what students need to reach those standards, standards-based reform sought to ensure that students had equal opportunity for success.

3. *A weak profession:* Teaching in the U.S. is a weak profession without commonly held standards of practice or strong professional involvement or influence on state or federal policy making. Manifestations of this professional weakness include:
- Absence of a common understanding of effective instructional practices, isolation of teachers in individual classrooms, and limited professional discourse among teachers within or across schools.
- Teacher preparation programs that are not tied to the content students are expected to learn.
- Incoherent, shallow, and ineffective professional development programs for teachers and administrators.
- Teacher unions that focus on "bread and butter" issues (working conditions and wages) to the exclusion of instructional goals, content, or methods of instruction – in other words, the actually work of the profession.

By emphasizing common instructional goals and expectations, standards were seen as providing a basis for professional discourse and accountability, both of which would be necessary to increase educators' standing as professionals.

4. *Inappropriate standardized testing:* American education has a long history of standardized testing divorced from curriculum. One argument for such tests has been that they are fairer than curriculum-based tests because in a locally governed educational system, there was no guarantee that all students would have access to the same or similar curricula. As a result, tests either needed to be completely local (thus prohibiting cross-school or cross-locale comparisons) or they needed to be curriculum free so as not to privilege the curriculum of any particular group or jurisdiction. The resulting standardized tests, however, tend to be sensitive to social class background rather than to any aspect of education. When used for sorting and placement purposes, they actually *heighten* inequalities in the system. Standardized tests also tend to focus on basic skills and cheap multiple-choice (fill-in-the-bubble) formats that challenge neither students nor teachers to push toward deeper levels of understanding or more complex problem-solving. And finally, because such tests have limited instructional sensitivity,

they are inappropriate vehicles for holding schools and school systems accountable for the results they produce.

In standards-based reform, curriculum-based assessment was seen as a vehicle for more powerful and equitable assessment of school-based learning and a more legitimate vehicle for school and system accountability.

As noted, standards-based reform attempted to address each of the American contextual elements I have outlined above. I now turn to the design and rationale for standards-based in light of generative context.

2.   Rationale and Promise of Standards-Based reform

What, then, is the overall rationale and framework for standards-based reform in the U.S.? Contrary to the way it is often described today, state standards-based reform was not originally conceived as standards and accountability alone. Rather, support for achieving the standards and restructured governance structures were integral to the early conceptions and to concrete instantiations of those conceptions in a number of states and locales.

Systemic standards-based reform was first articulated as a central reform strategy in 1990 in a paper circulated by Marshall Smith and myself (Smith & O'Day, 1991). In this framework, the strategy consisted of three fundamental components: standards as the lynchpin for policy and practice, an aligned and coherent state policy structure to support the attainment of those standards, and a restructured governance system to bring together rich bottom-up initiative and more centralized policy direction into a system that could reap the benefits of both approaches.

Standards

As described by the National Council on Educational Standards and Testing (NCEST, 1992), standards are statements about what students should know and be able to do at key junctures in their schooling (content standards) and of how well students should be able to perform relative to these content objectives (performance standards). In addition to these two well known types of student-focused standards, the NCEST also delineated a set of standards for schools systems to ensure that they provided to all students the opportunity to in fact reach the content and performance standards (called opportunity to learn or delivery standards). Several things are important to note about the conception of standards as originally discussed by early advocates and implementers of systemic standards-based reform.

- First, the standards are *outcome-based*. That is, the emphasis was and is on what students actually learn and can perform, not just on the content teachers present to students. This was a fundamental change from the way that American educational systems operated prior to this time.
- Second, standards were intended to be *common to all students*. This tenet is based on two fundamental beliefs: first, that all students are capable of learning challenging content if given appropriate instruction; and second, that if the standards represent learning that is considered valuable to future success, all students should have the opportunity and expectation of reaching those standards. Put into practice, this would mean no more watered down basic skills instruction for some and complex and enriching curricula for others, as had been the norm in the past.

- Third, the emphasis was on developing standards that represented *deeper concep-tions of the field,* more complex problem-solving, and deeper interaction with text and mathematical reasoning. "Depth vs. breadth" became an oft repeated mantra of many standards supporters, as it had been in much of the school restructuring mo-vement.
- Fourth, in the initial period the standards *covered broad periods of time,* generally 3-4 years of schooling, allowing for local flexibility in the construction of curricu-la and student experiences across those years. These longer timeframes recognized that children learn at different rates and in different ways and so allowed for appro-priate responsiveness to children's varying needs.
- Finally, though standards development was intended to incorporate broad input from educational stakeholders, the standards themselves were to represent *coherent,* pro-fessionally defensible conceptions of the field of interest. After all, if the standards were not coherent, how could we expect instruction and education policy to be co-herent?

A coherent, aligned policy structure

A major rationale for a standards-based approach to reform was that the existing American governance system had led to fragmented, overlapping, and conflicting policies that thwarted rather than supported instructional improvement and equity. Standards, it was argued, would provide the vision and goals for improvement while an aligned policy infrastructure would help to ensure the necessary resources and sup-port for success. An old saying aptly sums up the desired change:

"Vision without action is but a dream; Action without vision is a nightmare."

For too many years, American education had been experiencing the nightmare of too much reform action with little or no vision for how to pull those varying actions to-gether into a coherent, meaningful, and effective strategy for change.

Standards-based reform sought to alter that situation through the alignment of state education policies in the areas of curriculum; instructional materials; teacher prepara-tion, professional development, and evaluation; student assessment; accountability; and resource allocation to the state standards and the goal of all students being provid-ed an adequate opportunity to achieve to those standards. It is important to note that throughout the standards-based reform era, the emphasis has been on state-level pol-icy activity because in the U.S. states have the constitutional authority for education. Additionally, it is the state universities that train the vast majority of teachers across the country, who are then in turn also licensed by the relevant state body. Funding to support local schools has increasingly become a state rather than local function, and state legislatures and executive branches have long been clamoring for regular ac-counting on the return to their considerable investment of public dollars. Even before the first SBR documents were published, many states had already adopted common statewide assessments in order to have some measure of this return, a trend that SBR incorporated and fostered.

The approach to assessment and accountability in the early implementation of standards-based reform, however, differed in significant ways from what has since become the prevailing practice. Assessments, for example, were geared mainly to-ward monitoring system progress and informing resource allocation; they were not intended as instruments for punitive threats or action against schools. For this reason, state assessments such as the California Learning Assessment System or the Maryland

School Performance Assessment Program (MSPAP) often used matrix sampling strategies rather than universal testing of all students. Moreover, assessment occurred only
at certain time points in a student's school career, such as fourth, eighth, and tenth
grades, rather than annually as is the case today. Finally, many of the assessments
moved well beyond the traditional multiple choice formats to incorporate extended,
multi-step tasks and portfolios of student work.

Early conceptions of appropriate accountability also differed markedly from what
has more recently been put in place. Most fundamentally, accountability was to be
intimately connected to the allocation of systemic resources. Legitimate accountability,
it was argued, could only be attained when those being held accountable had been
provided the resources and authority necessary to realize the agreed upon goals. This
approach was the underlying rationale for opportunity-to-learn standards, which unfortunately fell victim to political jockeying and the rise of a conservative majority
in Congress. Republicans argued that opportunity-to-learn standards would be overly
invasive and their implementation too expensive. Resources and their distribution were
matters for local authorities to decide. The fact that liberal Democrats wanted to specify in law a list of required inputs (such as the requisite number of books in a school
library) rather than rely on professional judgment and monitoring, played right into the
conservative argument. In any case, advocates lacked the political strength and the nation lacked the political will to move forward in this direction. The resulting evapora-
tion of attention to the resource allocation components of a comprehensive standards-
based reform strategy, combined with the heightened focus on punitive consequences
for low performing schools under NCLB, threatens the core tenets and purposes of
this systemic approach. I return to this central issue in section IV.

Restructured Governance
One goal of the standards-based approach to reform was to find a way to marry the
commonality of direction provided by the top-down reforms of the early 80's with
the innovation and professionalizing aspects of the restructuring movement later in
that decade. States (with considerable professional and public input) were to set the
standards and align their policy structures to those standards, while schools and districts were to determine how best to meet those standards. In this way, the approach
represented a new conception of what should be "tightly coupled" vs. what should
be "loosely coupled" in the system (Weick, 1976). Using the metaphor of a journey,
states had the responsibility for defining the destination and providing the materials
for the trip (e.g., teacher prepared to teach to the standards), while local districts and
schools were to assess the terrain, map the specific route, and manage the journey to
get there. The idea was to provide room for creativity and initiative within a broad notion of where the system and all its parts should be headed.

How did state standards-based reform respond to the contextual issues and problems
outlined earlier?

First, as discussed above, standards-based reform addressed the inadequacy of either top-down or bottom up solutions alone. It was designed to provide greater coherence in educational policy, with the focus on improving instruction and student learning. It also provided greater discretion and authority at the local level, thus releasing
creativity and innovation in response to local needs and conditions.

In addition, standards-based reform provided a programmatic basis for determining
and fostering equal opportunity. Prior approaches had mainly focused on the amount of

money available to schools and districts serving differing populations of students. By contrast, SBR focused on providing necessary (although varying) material resources to schools and districts, based on what they needed to get their students to the standards. The commitment was to high standards for *all* students. Opportunity-to-learn standards and assessment of student outcomes – rather than financial allocations alone – were to provide the basis for political and legal action to ensure all students had the chance to succeed.

Third, with respect to accountability for results, the focus was on continuous improvement of schools and systems and on providing necessary information for evidence-based instructional decision-making. Accountability was to be a mechanism for ensuring more equitable and effective distribution of system resources.

Finally, standards-based reform as a broad system approach could support both the professionalization of teaching and choice options discussed in section I. Indeed, student standards were intended to provide – and have provided – a basis for professional discourse among teachers and instructional leaders and for the establishment of professional teaching standards, such as those incorporated into the National Board for Professional Teaching Standards' certification process. Similarly, standards and their aligned assessments have provided a means for monitoring the quality of charter schools, and by ensuring some measure of accountability for results of the more flexible models, SBR has actually fostered a substantial expansion of choice options within the public system.

3.   The Implementation and Impact of Standards-Based Reform

It is one thing to describe the intent of a reform approach, and something else again to consider the degree to which that approach has been successfully implemented or has produced significant results. In the case of standards-based reform, the record is promising at the same time it raises areas of concern.

Implementation Prior to Passage of the No Child Left Behind Act in 2002
Implementation of standards-based reform strategies across the 50 states got a powerful boost in 1994 with the passage of two federal laws: Goals 2000, which *provided incentives* and federal resources to assist states in the development of standards and aligned assessments; and the Improving America's Schools Act (IASA), which *required* such state standards and alignment for all students covered by the act. IASA was the 1994 reauthorization of the Elementary and Secondary Education Act, first passed in 1965 and revised by Congress in seven reauthorizations thereafter. This Act is the main source of federal funding to support pre-collegiate education in the United States and is directed primarily toward students in high poverty schools and districts. Approximately 9% of the total budget pre-collegiate education comes from federal sources, most of it in support of standards based reform since 1994. While from an international perspective this is a relatively small national share of public funding for education, it is sufficiently large to provide considerable leverage and support to help move states in the direction of standards-based approaches.

We have several indications of the breadth of SBR implementation from a national perspective. For example, by 2001, just before the passage of the No Child Left Behind Act (NCLB):

• All states had state content standards in place;
• Most had completed the development and roll-out of their aligned assessments;
• Many had instituted a state system of school accountability, defined somewhat differently in each state, while the remaining states were in the process of doing so.

In addition, the language of "standards" was commonplace, not only in the policy arena but in state education agencies and in districts and schools across the country. It was rare to hear an improvement initiative put forward without a reference to how it would support or relate to standards. Of course, many of these references were vague and reflected what had come to be the socially accepted and expected parlance, but that it should have become so accepted in such a short period of time is nonetheless remarkable.

What may be more remarkable was the reported impact on teachers and teaching nationally. While earlier top-down policy reforms of the 1980s were found to have little impact on classroom instruction, the majority of respondents in a national survey of pre-collegiate teachers conducted in 2001 (Olson 2001), reported that curriculum was more demanding (rigorous) than before, teachers' expectations for students were higher, and there was greater collaboration among teachers on issues of instruction. The teachers attributed these changes to standards-based reform.

These national indictors provide some evidence of the breadth of SBR implementation. Depth, of course, is another matter, and qualitative explorations of implementation in differing contexts suggest wide variation in educators' understanding of standards to guide instruction and student learning. Let me give just a few brief examples from my own experience. When my research team studied schools "on probation" in Chicago, for example, we found a very limited understanding and quite mechanical approach in schools' use of standards. Chicago, like a number of big city districts, had developed its own version of standards, derived from those set by the state of Illinois. We found throughout our sample of schools that many teachers mentioned the standards and said they used them to guide their instruction. Indeed all teachers in the Chicago system were *required* to post on their blackboards – or elsewhere in clear view of students – the specific standard they were focusing on during the day's lesson. We observed wide compliance with this requirement. Yet when we asked teachers how they went about their instructional planning, it was clear that they did not *start* with the standards – the presumed end goal for student learning – and then align their curriculum and instruction in a systematic way to achieve those standards. Rather, most teachers developed their lessons just as they would have done at any time in the past. It was only afterwards that they browsed through the list of standards to select one or two that came closest what they had already decided to do, then writing the retrieved standard on the chalkboard in order to comply with the Chicago mandate. The resulting approach to standards in this district was hit-or-miss, superficial, and compliance-driven.

By contrast, consider the Community School in San Francisco, California. Community School was one of a handful of "restructured schools" in the district, those that had already been given significant authority to design and implement their own curriculum and instructional approaches. The staff at the school were committed to creative, holistic, project-based learning, but they wanted to be sure that the projects that made up their curriculum would provide students with the comprehensiveness and depth of learning that they needed to succeed down the road. So the staff studied the California and national standards in their totality to grasp fully what students would be expected to know and do when they moved on to high school. The teachers then used their collective understanding of the standards to guide the design of the individual projects and of the overall curriculum. From the science standards they drew the main organizing principles and topics for the projects, into which they then systematically integrated lessons and activities carefully planned to give students the experiences they needed to reach all of the mathematics, English language arts, and social studies standards as well. Analysis of the products produced through these interdisciplinary projects gave the staff not only a means of assessing individual student progress but also of evaluating the effectiveness of the projects, individually and taken together as a curriculum. Based on their analyses, staff made necessary adjustments to ensure adequate coverage of important concepts, particularly in mathematics.

In San Diego, we saw a range of approaches to the state standards across our sample of elementary schools, from those in which standards were rarely mentioned to two schools in which the English language arts standards were driving force behind the design of the English language arts curriculum, the choice of literacy texts, the development of common end-of-unit assessment tasks, and the pedagogical plan for whole class and small group instruction. One school spent a year studying the standards for each grade level and across grade levels, asking such questions as "what does a proficient sixth grader know and do? What would proficiency look like and sound like in our students?" To answer this question, the whole staff examined the written proficiency standards for each grade and analyzed videos of student performance. The resulting discussions, along with the standards-based "units of inquiry" developed by the district office, guided teachers' expectations for the children in their own grades and helped to ensure articulation of those expectations across the grades. Information gleaned from the common assessments then allowed teachers to examine not only student learning but the effectiveness of their own instructional choices. Unlike the Community School, however, similar efforts in the other subjects were not as deep nor as integrated.

This San Diego school and the Community School in San Francisco are exemplars for how standards were expected to work at the school level when fully institutionalized as part of the instructional culture. However, judging from our own research and from similar investigations of schools in other districts, this depth of implementation has been the exception rather than the rule. One reason may simply be the length of time it takes to make significant changes in classroom instruction. Another may be a stalled development process due to heightened accountability requirements of NCLB.

Impact of Standards-Based Reform on Student Achievement
What about the impact of standards-based reform on student achievement? After nearly two decades, what evidence is there that this approach is making a difference for students? While we have no way to directly test the proposition the standards based reform leads to improve student achievement, the prominence of this general approach to reform since the passage of Goals 2000 and IASA in 1994, national and state patterns for student achievement over these years are at least suggestive of an association between the strategy and student achievement.[1] Here I consider those patterns from the

---

1   The outlines of this analysis were first developed by Marshall Smith (2006). I have mainly updated and elaborated on them a bit for this presentation.

National Assessment of Educational Progress (NAEP). I have chosen to use NAEP for this purpose both because it is the only truly national assessment of student achievement in the U.S, but also because results from the other most relevant source of evidence – state standards-based tests – are not only not comparable across states but are likely inflated due to their use for accountability purposes.

Table 2 displays achievement gains on the 4th grade reading test of the Long Term NAEP.[2] If we consider the years 1978 to 1994 as the tested years *prior to* standards-based reform and 1994 to the most recent administration of Long Term NAEP in 2004 to be the years *since* standards-based reform, we can compare the relative increases for the two periods to get a rough estimate of the impact of this nationwide strategy.[3] As the data indicate, gains in reading achievement have been substantially greater for all groups of students since the inception of standards-based reform. For African Americans, for instance, the relative average scale score gains for the two periods are 0.25 points per year for the period prior to SBR and 1.5 points per year for the period after. A similar pattern emerges for 8th grade reading scores. In mathematics, students in both 4th and 8th grades experience greater gains across the time periods than they do in reading, with a slight edge going to the period of standards based reform implementation.

Table 2: Long-Term NAEP: Grade 4 Scale Score Gains in Reading Before and After Federal Support for Standards-Based Reform

	1978 to 1994 (16 years)	1994 to 2004 (10 years)
White	+1	+9
African-American	+4	+15
Hispanic-American	+3	+19
Nation	+1	+8

What is especially noteworthy with regard to the impact of standards based reform on achievement, is the relative narrowing of the achievement gaps among white, African American and Hispanic students since the passage of IASA and Goals 2000 in 1994. Comparative patterns are evident in the data for grade 4 reading on Long Term NAEP (Exhibit 2). In addition, Exhibit 3 provides data on the growth in average performance of African Americans and Hispanics for both mathematics and reading in grade 4 (age 9) and grade 8 (age 13) on Main and Long Term NAEP, expressed in terms of grade level gains.[4] As indicated, African American and Hispanic students gained from 0.7 to

2   Nationally representative administrations of the NAEP are distinguished between the Long-term NAEP, in which the same assessment has been administered under the same administrative structure and guidelines since the late 1970's. References to this form of the assessment allow comparisons across very broad spectrums of time. Alternatively, "Main NAEP" refers to the nationally representative administration of an updated test based on standards reflecting today's expectations for student learning and on more inclusive testing of students with special needs. Additionally, the assessment used for the Main NAEP is also administered to representative samples in each state, allowing for comparisons of performance across states. This version of the assessment is referred to as "State NAEP."

3   See Smith (2006) for a discussion of why standards-based reform provides the best explanation for the relative patterns during this period of time.

4   On most NAEP assessments, approximately 10-11 points is equivalent to one year's (grade level) worth of expected growth. So a difference of 10 points from one administration to the next could be interpreted as a gain of approximately one grade level in performance.

2.0 grade levels, depending on the grade and subject tested. During this same period, white students gained from 0.5 to 0.9 grade levels in reading and approximately 1 to 1.9 grade levels in mathematics. As a result, the gap in performance between Hispanic and African American students and their white counterparts closed by approximately 15 to 30 percent.

Achievement Results Since Passage of NCLB

Because NCLB represented a major shift in standards-based policies and because of the law's broad impact on state and local systems, it is appropriate to ask whether the gains described above continue, increase, or decrease under this revised direction. Indeed, when we consider the relative gains before and after the implementation of NCLB in 2002, the achievement picture for standards-based reform becomes at once more complicated and more instructive. If we consider 1994 to 2002 (the period covered by IASA) as Stage 1 of standards-based reform and 2002-2007 (the period covered by NCLB) as Stage 2, we see a distinct decrease in annual gains from standards-based reform between the two stages. Exhibit 4 displays the relevant data graphically for Grade 4 Reading for each year. Exhibit 5 summarizes the same data in terms of estimated average annual gain for each period by ethnic group. Note that for all groups, estimated annual gains are lower during stage 2 than they had been during stage 1.

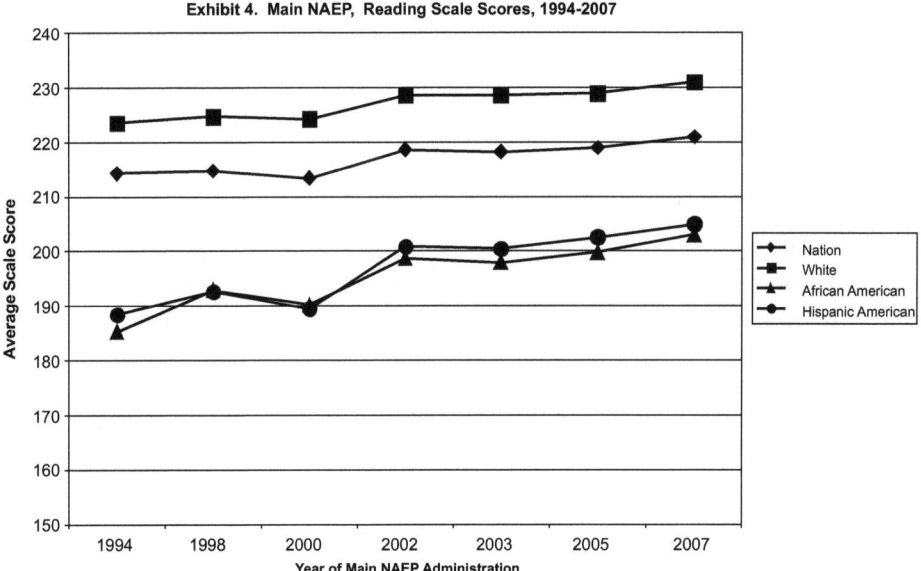

Exhibit 4. Main NAEP, Reading Scale Scores, 1994-2007

Table 3:   Estimated annual Average gain, by ethnic group, Grade 4 Reading

	1994–2002	2002-2007
Whites	0.62	0.40
African Americans	1.68	0.94
Hispanics	1.56	0.80

Meanwhile, in grade 8, reading scores have actually declined by 1 point overall since 2002, with no change found when scores are broken out by sub-group. Two possible explanations for these patterns come to mind. One is that the effect of standards-based reform has reached a natural plateau over time. The other is that the leveling off of growth is due to constraints imposed by NCLB itself.

Indeed, as I indicated earlier, NCLB represents a major shift in standards-based reform policies. First of all, NCLB is more highly specified than the previous law, bringing a more top-down emphasis and decreasing discretion at not only the local level but even at the state level as well. NCLB introduces federally determined testing regimes for states, consisting of mandatory annual testing of all students in grades 3-8 and once during high school in reading/language arts, mathematics, and science. One result of this new requirement was that many state testing and accountability systems had to be fundamentally altered to comply with the new law. Previously, many states tested students only at key junctures in their school careers, as was allowed under IASA. In addition, tests focused on system monitoring could incorporate a variety of assessment and sampling techniques, from matrix sampling to portfolios of student work embedded in the curriculum. Such strategies were no longer possible under the requirement of annual testing of every child. In this and other areas of implementation, the law's specification of both outcomes and means left much less room for local discretion and innovation.

In addition, of course, NCLB incorporates a much greater emphasis on a very specified approach to accountability. Not only is there a mandated timeline for getting all students to "proficient," but the required methods for calculating Annual Year Progress (AYP) targets provide many ways for schools to fail to meet their targets and only a few ways to succeed. In addition, the mandated actions states must employ as consequences for schools not making AYP targets for several years ("corrective action") are punitive in nature and have little to no evidentiary basis as to their effectiveness.

Finally, NCLB is under-resourced and fails to provide sufficient support schools identified for improvement/ consequences. Given the required timeline for achievement 100% proficiency, the inadequate resources do not bode well for the majority of schools and districts. In addition, given that "identified" schools serve primarily poor students and students of color, major advances in equity are unlikely. At the same time, I should note that the incorporation of sub-group accountability to the SBR design has been identified by many observers to be a positive contribution of NCLB, as it has brought gaps in achievement within districts and even within schools to the forefront of attention. Without the resources and flexibility to address those gaps in well-reasoned ways, however, the attention is likely to lead to frustration, cheating, and "blaming the victim" responses that we have seen in many targeted schools in the past.

These changes in the federal approach to standards-based reform, coupled with the comparatively smaller gains in achievement, suggest some possible implication for thinking about tensions and lessons for future iterations of federal law and refinements of state and local strategies.

4. Design Issues, Potential Pitfalls, and Researchable Questions

When considering lessons and potential issues for refinement or redesign of standards-based reform, it is important to keep in mind two fundamental questions: What is the purpose of the standards strategy? And how is it expected to improve the system? These questions will run through my discussion of the tensions below.

It is useful to distinguish two very different types of issues that need to be addressed as standards-based reform enters its next stage of development. The first of these concerns the technical design questions that remain to be resolved but about which we are beginning to accumulate some experience and evidence – if policy makers and others take the time and have the political space to analyze and apply that evidence. The second category includes both political and substantive issues that threaten viable implementation of key aspects of the approach. I treat each category of concern separately and each only briefly. My main goal is to outline considerations for thought and further dialogue – and for possible application in jurisdictions that may be less constrained than are American systems currently.

Technical Design Issues

The key technical design issues pertaining to standards and assessments are not new with NCLB but rather continue from earlier instantiations of local, state, and federal standards-based policies and practices. I raise them here mainly as questions remaining to be resolved.

Content standards: We now have over fifteen years of experience developing content standards in the U.S. across multiple grade spans and subjects, at both state and national levels. Two central questions continue to plague this work. The first concerns the appropriate *level of specificity* for standards. Early standards documents were often criticized for being too general and vague to provide adequate guidance for instruction. These criticisms prompted some initial work to further specify standards in some jurisdictions by providing exemplars and explanations for what the standards meant and how they might be incorporated into a coherent curriculum or even units of instruction. Much of this work was halted as NCLB turned attention away from the standards and toward test scores and accountability targets, but the issues remain. One particular manifestation of the specificity questions is directly related to NCLB. Because NCLB requires annual testing of students in every grade from third through eighth, states began to break down their standards from the broader grade spans and into grade-by-grade specifications. The relevant questions are: Does this grade-by-grade linear presentation of the standards provide a valid representation of student learning? And does it provide greater guidance for teachers and schools without overly constraining the approaches to and assessment of particular groups of students?

A second critical issue with respect to content standards concerns the key *characteristics of quality* and how they can be measured. Under IASA, the federal government neither evaluated nor approved the quality of state standards themselves, only the process through which they were created. The independent body originally authorized but never formed would have provided states with some evaluation of standards quality. In its absence a variety of groups have assessed and graded the quality of standards, often applying very different criteria and coming up with equally different judgments of standards in any given state. So the question remains: what are the key, measurable aspects of standards quality? My candidates would include at least the following: standards should be professionally defensible and should present a clear and coherent conception of the key constructs, questions, or domains of the field; standards should be understandable to parents and the public as well as to educators; standards should be accompanied with sufficient explanatory materials that teachers can use them to guide the development of curriculum and instruction; and standards should be focused and concise enough to be "doable" within the constraints of the school day and year. Such qualities may sound good and be desirable, but measuring them is another matter – and one that remains to be resolved.

Assessments: There are of course many technical issues in the design of assessments. Two have been on my mind lately. The first concerns the degree and type of alignment of the assessments with the standards. What is it that is being aligned? Is it the topics and domains covered? Level of expected performance? Relative emphasis of the different domains in the scoring and scaling of the results? If all domains of the standards are not reflected in the assessment, should the assessment be considered to be "aligned" with the standards? What are the implications of the answers to these questions for the frequency and types of assessment given? A second set of questions concerns the varying purposes for assessment under standards-based reform and the nature of these purposes and resulting assessment strategies at differing levels of the system. For example, at one end of the continuum we have instructionally embedded, formative assessment for differentiating instruction and at the other we have assessment for school and system monitoring. How does the information needed to support improvement at different levels of the systems reflected in the type and content of student assessments and other data collection strategies?

Performance standards. A host of questions have emerged recently around performance standards, as Congress prepares to reauthorize and revise NCLB. The central question underlying many of the current policy debates is where to set the bar for expected performance. How good is good enough to be considered "proficient"? Some critics are clamoring for the performance standards to be increased in most states across the country even as more and more schools fail to meet their ever-rising "adequate yearly progress" targets. We know from previous experience, as well as from motivational theory and research, that when targets are unrealistic – that is, when they are set at a level beyond what is attainable with any foreseeable level of effort and support – then frustration and inaction are the likely results. On the other hand, of course, if the bar is set too low, participants will see no need and thus feel no incentive to improve.

To support their demand for higher and more consistent standards across states, critics point to the broad range in states' definitions of "proficiency" and reiterate their desire for a rigorous, internationally competitive educational system. To illustrate the basis for this argument, Figure 6 depicts the variation in state performance standards for eighth grade mathematics. Cut scores for designating a student's performance as "Proficient" on the state test are estimated for each state, as measured against the common metric of the NAEP scale. On this scale, a grade level difference in performance is equivalent to somewhere between 10 and 11 points. The NAEP equivalent scores for "proficient" range from 242 to 314 – a difference of approximately 72 points on the NAEP scale. This difference represents a little less that 7 grade levels. Such a difference in expected performance is huge and has major implications for instruction and for accountability. Clearly, some states (North Carolina, Virginia and Georgia Oklahoma and Texas) have chosen to set their standards for proficiency quite low relative to other states. At the same time, two of these low standard states – North Carolina and Texas – have demonstrated consistent growth on NAEP, suggesting that their strategy may have played out to the benefit of their students. Some other states that have set their standards quite high have not experienced similar growth. We do not yet have enough evidence to determine which strategy works best or under what conditions or where the optimal cut points might be. However, we could and should make use of state and cross-national variation to investigate this design issue rather than basing policy on arbitrary and politically motivated definitions of "high standards."

Political and Substantive Issues in Standards-Based Reform

Threats to coherence

Standards-based reform is predicated on the assumption, backed by research, that system coherence will have a positive influence on practice and results. The whole purpose of standards and aligned policies is to foster that desired coherence. Yet many actions and tendencies resulting from the inherently political nature of educational governance in the US threaten to undermine attempts to create this coherence. These include the following:

- Policy makers' tendency to *layer on disparate policies* rather than face the poetical battles to eliminate old ineffective or non-aligned policies and programs;
- *Conflict among federal and state systems.* For example, 17 states have continued their state-developed accountability systems alongside NCLB. Often these systems differ from the federally mandated one with respect to the *criteria* used to target schools for improvement or recognition, the *consequences* for failing to make targets, or the nature of *support* provided to schools needing improvement. In some cases these two systems send conflicts messages to school personnel about how well they are doing and what they need to do to improve.
- *Lack of attention to alignment* among other major components of the system. This misalignment may include funding formulas that are out of sync with performance demands and identified needs, professional preparation and development programs that develop little understanding or experience with standards in instructional planning of delivery, etc.
- *Politics.* This is a big culprit in the US! Recall the multiple actors engaged in the policy making process. Actions by school boards, politicians, and legislators can distract attention away from the standards and undermine needed coherence to attain them. Frequent changes in leadership at all levels and the tendency for new leaders to proffer their own programs and plans introduce create an air of instability and apathy toward improvement efforts. Finally, lobbyists, publishers, and advocates of all types can promote fragmentation by pulling attention to their single and often isolated matter of concern.
- *Multiple systems and influences.* Failure to address conflicts or take advantage of potential synergies among the multiple systems and stakeholders can also weaken the impact of standards and related policies. This may include not only sub-systems within education but also between educational institutions and other systems (like health or social welfare agencies) that serve children and their families.

Threats to Equity

One of the biggest threats to equity has been the failure to pursue any efforts to estab-
lish opportunity-to-learn standards or expectations for educational systems. What this
means is that students, schools, and districts are being held to the same performance
standards without any recognition of the vast differences in their capacity to support
teachers and students in the attainment of those standards. Deep differences in capacity among schools and districts have been met with accountability demands and consequences and very little in the way of capacity building strategies or assistance. That
low capacity systems also tend to be those that serve largely disenfranchised youth
only exacerbates inequalities and undermines any attempt at allocation of resources
based on need – a major goal of standards-based reform. To make matters worse,
while adequate yearly progress targets keep increasing every year, education coffers
grow smaller due to fiscal crises hitting most states and urban districts. Inadequate
public funding for education falls hardest on those schools and systems that are unable to raise money in other ways. While schools serving more advantaged students
can turn to their parents for additional fundraising, schools serving poor communities
do not have this option. The failure to adequately fund and support public education
stems not from the design of standards-based reform, nor even of NCLB, but from a
lack of public and political will to protect and grow our next generation of citizens.
More and more the language of NCLB calling for all students to be proficient by 2014
sounds like empty rhetoric rather than a commitment to concerted action.

**"Gotcha"[5] Accountability: Threats to motivation, flexibility,
responsiveness, and capacity**

A critical question in any accountability system must be "accountability to what end?"
Is the purpose to punish those who are "slacking off"? Or is it to monitor the system
and its outcomes in order to improve them to the benefit of the client – in this case,
students and their families? If it is the latter, then issues regarding the nature and frequency of the information collected and monitored, the establishment of goals and
indicators, and the appropriateness of consequences must all reflect that purpose and
help provide the means to attain it.

The nature and frequency of information: To guide improvement, participants in
the system must have information not only on the outcomes produced but also on
the processes and resources used to produce them. Without the latter type of information, teachers and administrators will be unable to draw valid conclusions about what
needs to be changed in order to improve results. Even with the best of information,
attribution of causality in educational organizations in difficult and uncertain because
both the instructional process and the organizations in which instruction takes place
are too complex to isolate unique and independent causes for student learning results.
When one side of the equation (inputs) is unknown, explaining the outcomes is all but
impossible. Yet few systems systematically collect or use information on educational
processes and resources to help explain the outcomes they seek to improve.

Equally important, the specificity, frequency, and form of information should
match the information needs at the relevant levels of the system. Teachers need in-

---

5   "Gotcha" is a colloquial expression derived from the cry of victory "I've got you!" Many cri-
    tics of NCLB accountability believe the approach is overly punitive – that is it seeks to punish
    rather than help those who don't succeed. Schools "get caught" in the act of failure and are
    made to pay for their laziness or mistakes – even though in many cases they were never provi-
    ded the wherewithal to succeed.

formation that is specific to an individual child as well as to a group of children. Information on student learning must be frequent enough and specific enough that the teacher can make a reasonable guess about the relevant instructional antecedent; if the information is too far removed from the teaching moment, the teacher will not know what to keep or change in order to maintain or improve the outcome. By contrast, the concern of local and state policy makers is the general patterns of student outcomes and instructional processes over longer periods of time and larger groups of children; this purpose requires more aggregated and less frequent data than those needed by the teacher. Unfortunately, our present attempts at "data informed decision making," generally fail to make the needed distinctions in the types of data needed at different levels and for different types of decisions. As a result, participants in the system with the best of intentions are trying to apply information that is either too particular or not particular enough for the decisions at hand, and time and resources are often wasted in the process.

Interim goals and leading indicators: The performance indicators required by NCLB focus on the percentage of students who are at or above the proficiency cut-off for their grade level and school. But for those students who are not yet proficient, the relevant question is how much closer to the bar did they move as a result of the instruction to which they were exposed? Developing and monitoring indicators of progress could be helpful in seeing patterns of growth before they are manifested in changes in the overall percentages. Other "leading indicators" of progress might focus on implementation targets that enable educators to see if they are on track for putting in place the instructional strategies and supports presumed to support and foreshadow improvements in student learning. Creating and monitoring such indicators should be a focus of efforts in the next period if we are to maintain motivation and momentum in the face of slower than anticipated gains in proficiency percentages.

Multiple measures: Many reformers have called for multiple measures of student performance so as to provide more reliable and valid information about student learning and a fairer basis for accountability. Much work remains concerning the appropriate approach to multiple measures. Are they to be simply different forms for assessing the very same knowledge and skills? Or should they allow for more comprehensive assessment of students by measuring slightly different aspects of a domain? How should the measures be weighted, scaled, or summarized in a form that is reliable, fair, and transparent?

Consequences: At resent, the consequences for failing to meet annual targets that are spelled out in law and policy have very little empirical support. Indeed, the theoretical bases or even a more general rationale are often also lacking. Even if there were theoretical and empirical support for the specified consequences in general, the choice of a particular consequence for a particular school as well as for the class of schools it represents must be appropriate to the "failure" in question. IF this is not the case – if the consequences are too punitive in nature – then information, creativity, and motivation will be reduced. It would seem that before any consequence is employed, three questions should be posed:

- What is the theory of action behind the uses of any given consequence/intervention?
- What is the evidence that the intervention/consequence in question will have the desired effect *in the context to which it is to be applied*?
- What steps are in place to monitor the effects of the intervention and alter the approach as needed?

To be perceived as legitimate, accountability measures must be valid, fair, and support-ive of change. If the measures fail on any of these dimensions, their implementation will likely lead to resistance and futility. In the long run, ill-conceived or inappropriate measures or consequences will undermine whatever motivational stimuli the account-ability system was designed to produce.

In addition, to be effective, the accountability system must appropriately balance what is tight and loose in the system. In the original conception of standards-based reform, the standards and aligned policy infrastructure provided the tightness of com-mon direction, support, and monitoring. But most matters pertaining to the "how" of moving in the desired direction – the specification of lessons, curricula, pedagogy, structure, etc. – were left "loose," to be decided at the discretion and judgment of the local units. NCLB has altered the tight-loose connections by further specifying much of the "how" in particular domains, such as accountability. However, requiring both specific outcomes *and* specific processes significantly constrains practice and may make it more difficult to respond appropriately to the needs of children or context. In the U.S., NCLB has moved educational policy back in the directly of top-down edicts. Given both the huge research literature demonstrating that, in Milbrey McLaughlin's words, "you can't mandate what matters," and evidence from the early top-down in-tensification reforms of the 1980s, I worry about this shift and would argue that we need to constantly re-evaluate the tight-loose balance and make adjustments as needed. Timely adjustment must come – and come soon – if we are to preserve whatever posi-tive potential standards-based reform has to offer.

5.   Concluding Thoughts

Given the history and patterns I have outlined above, what useful lessons might we identify for Germany or other jurisdictions outside the U.S.? As is evident from both my introduction and my discussion, I would stress that the context from which the systemic standards-based strategy emerged as well as the contextual particularities of any jurisdiction to which it might be applied are key determinants of the usefulness of the lessons and tensions I have described here. As always, I urge caution in consider-ing such application.

At the same time, I think it is safe to say that there are certain tensions that are likely to undergird any version of this strategy, though their forms will vary from con-text to context.

First, the challenge of balancing centralized direction and localized discretion is a necessary and inevitable tension in any similar effort, regardless of jurisdiction. I have argued that the goal should be to balance this tension in a way that promotes common understandings of goals while fostering the innovation and responsiveness necessary for long-term success. How that goal is realized will necessarily differ in different contexts because expectations, needs, structures, and resources will differ. But getting the balance right, whatever the context, is essential if the outcomes for all children are to be substantially improved.

Second, if the goal and strategy include common expectations for *all* children – as I would argue they should – then the resources needed to provide all children the opportunity to meet those expectations is essential. In some nations and states, this may require additional allocation of resources beyond those currently invested in educational institutions and efforts. In most, it is likely to involve some re-distribution of resources to those most in need. Such re-distribution is rarely a popular notion – at least among those who have long enjoyed the benefits of privilege that they now would fear losing. It is on this dimension that the experience of the U.S. has most seriously fallen short, and it may be that this dimension is one seen as least applicable to other national contexts. In any event, if the challenge and goal are accepted, it will take public and political will to push through and realize the promise.

Finally, I want to raise an issue that I have not yet touched on but that I think is worth of consideration. Most of the standards and standards-based reform efforts in the U.S. continue to take for granted our current notions of schooling, of the nation's learning needs, and of the viable means of meeting those needs. Given the rapidly changing nature of technology, the globalization of the world economies, and modern breakthroughs in understanding the learning process, schools and educational needs of the future may bear little resemblance to those with which we are familiar. Can standards-based reform or other strategies be designed to be forward-looking and to take advantage of as-yet-unforeseen opportunities? Or does standards-based reform, by its very nature, constrain our imaginations to what is already known? I leave this question for future deliberation.

References

Brewer, D.J. & Smith, J. (2006). *Evaluating the "crazy quilt": Educational governance in California.* Stanford, Ca: Institute for Research on Educational Policy and Practice, Stanford University.

Smith, M.S. (2006). *Standards-based education reform: What we've learned and where we need to go.* Unpublished manuscript.

Smith M.S. & O'Day, J.A. (1991). Systemic School Reform. In: S. Fuhrman & B. Malen (Eds.): *The Politics of Curriculum and Testing, Politics of Education Association Yearbook,* 233–267.

Weick, K. (1976). Educational organizations as loosely coupled systems. *Administrative Science Quarterly, 21,* 1–9.

Roman Langer

Analyse verborgener Mechanismen im Bildungssystem

Einleitung

Dieser Beitrag geht von drei Thesen aus:

(1) Wer das Schulsystem strukturell reformieren will, tut gut daran, zu analysieren, wie es funktioniert. Denn nur wer die Funktionsweise des Schulsystems kennt, wird in der Lage sein, Veränderungen an Schlüsselstellen anzusetzen und damit *nachhaltig wirksam* machen zu können (und nicht Symptome zu kurieren) und die Grenzen und Chancen steuernder Eingriffe realistisch einzuschätzen und zu gestalten. Je weniger bekannt ist, wie das Schulsystem „tickt", desto eher werden gut gemeinte Reformen „böse" Fern- und Nebenwirkungen erzeugen, ihre Ziele verfehlen, gerade nicht „im Sinne des Erfinders" eingesetzt werden oder einfach langsam versanden und versickern.

(2) Es ist noch nicht genügend bekannt, wie das Schulsystem funktioniert. Insbesondere wird das Gewicht unterschätzt, das *ungeplante und nicht intendierte Mechanismen der Handlungskoordination* einschließlich ihrer unvorhergesehenen Wirkungen besitzen.[1] Das komplexe Wechsel- und Zusammenwirken sehr unterschiedlicher Handlungsbeiträge erzeugt deshalb immer wieder rätselhafte („emergente") Effekte und Eigendynamiken – unter anderem das legendäre Beharrungsvermögen des Schulsystems –, die Versuche systematischer Gestaltung immer wieder torpedieren, und zwar sowohl die Versuche von Lehrkräften, Schulleitungen als auch von kommunaler oder nationaler Schulpolitik.[2]

(3) Darum ist es angezeigt, Erklärungsmodelle zu entwickeln, die gezielt die *transintentionalen Mechanismen sozialer Verhaltenskoordination im Schulsystem* erfassen. Diese Modelle sollen empirisch begründet werden, bestehende theoretische Einsichten nutzen und durch Praxisorientierung evaluierbar sein. Deshalb bedarf es eines Instruments, das es erlaubt, sehr verschiedenartige Informationen (aus unterschiedlichen empirischen Studien, unterschiedlichen theoretischen Ansätzen und unterschiedlichen Praxissituationen) „auf gleicher Augenhöhe" auszuwerten.

---

1 Eine Analyse der Jahrgänge 2002–2007 sechs bildungswissenschaftlicher Fachzeitschriften (ZfE, ZfPäd, DDS, JSE, ZBBS, ZSE), bei der mich S. Sommerauer und B. Doppler dankenswerter Weise unterstützten, ergab, dass die Vorstellung von ungeplanten, transintentionalen Effekten, Dynamiken oder Mechanismen sozialer Verhaltenskoordination in den Titeln und Abstracts nicht vorkommt (wir haben mit zahlreichen unterschiedlichen Schlagworten gesucht) – mit Ausnahme von Stamm (2007) und Kecskes (2003), deren Mechanismenbegriff dem hier verwendeten ähnelt.

2 Deshalb ist die Implementation schulischer Neuerungen ein komplexer Prozess (Altrichter & Wiesinger, 2004, S. 7). Dass die Komplexität der Handlungsrelationen im Bildungssystem stärker als bislang analytisch zu durchdringen ist, fordert neuerdings vor allem die *Educational Governance*-Forschung (Altrichter, Brüsemeister & Wissinger, 2007), zu der dieser Beitrag zu rechnen ist.

Mit der *Mechanismen-Analyse* wird in diesem Beitrag ein solches Instrument vorgestellt.[3] Es wird unter Bezug auf drei verschiedene Studien gezeigt, in welchen Schritten generative soziale Mechanismen identifiziert und ein allgemeines theoretisches Modell struktureller Innovationen im Schulsystem – und ihrer Verhinderung konstruiert werden kann (dass es sich dabei auf Grund der gebotenen Kürze lediglich um eine illustrierende Skizze handeln kann, bitte ich nachzusehen).

Verglichen werden: eine normativ-programmatische Studie über die Einführung von Bildungsstandards (Klieme, Avenarius, Blum, Döbrich, Gruber, Prenzel, Reiss, Riquarts, Rost, Tenorth & Vollmer, 2007); eine empirische Analyse über die Einführung informationstechnologischer Systeme in Schulen (Langer, 2007a), und ein theoretisch-analytisches Erklärungsmodell über Reformblockaden, die zur Verhinderung von Qualitätssteigerung führen (Langer, 2007b).

2.   Ausgangs- und Endzustand

Eine Mechanismen-Analyse beginnt damit, einen Endzustand zu benennen, der vermutlich von der Einwirkung eines sozialen Mechanismus erzeugt wurde. Die Benennung dieses Endzustandes ergibt zugleich das Erklärungsproblem, von dem jede Mechanismen-Analyse ausgeht. Es hat immer die Form: „Wer oder was bewirkt (= erzeugt und reproduziert) den Endzustand?" Das Erklärungsproblem kann später in ein Konstruktionsproblem gewendet werden, indem man fragt: „Wie ist es möglich, in die bewirkenden Elemente gestaltend einzugreifen, sodass sie einen neuen oder alternativen Endzustand herbei führen?"

Dem Endzustand wird anschließend ein Anfangszustand gegenüber gestellt, der formal die einfache Negation des Endzustandes beschreibt. Die Formulierung zweier alternativer Zustände ist wichtig, um später präzise angeben zu können, warum Zustand A *und nicht* Zustand B bewirkt wird.[4]

2.1 Beschreibung der End- und Anfangszustände

Die Formulierung von End- und Anfangszuständen kann in drei Varianten auftreten.

(1) Man entwirft einen noch nicht erreichten, erwünschten (oder: befürchteten) Zustand, den man herbei führen (oder verhindern) will.

Der erwünschte Zustand nach Einführung der Bildungsstandards lässt sich wie folgt rekonstruieren: Die Qualität schulischer Arbeit, des Unterrichts und der Lernergebnisse der Schüler ist verbessert, weil und indem Kompetenzen gefördert worden sind, „die in modernen Gesellschaften für eine befriedigende Lebensführung in persönlicher und

---

3   Zur Entwicklung der Mechanismen-Analyse vgl. Langer (2006), zu einer ersten Anwendung auf die Entstehung terroristischer Sozialordnungen vgl. Langer (2007b), zu einem Überblick über den Mechanismen-Diskurs vgl. Schmid (2006).

4   Es ist ein häufig vorkommendes Defizit, zu erklären, warum – beispielsweise – jemand zum *school shooter* wird, nicht aber anzugeben, warum tausende anderer Schüler, die sehr ähnlichen Bedingungen ausgesetzt sind, *nicht* Amok laufen – und was sie stattdessen tun. Nicht immer kann ein Prozess rekonstruiert werden, der vom Anfangs- zum Endzustand führt, etwa bei unzureichender empirischer Datenlage oder wenig passenden theoretischen Modellen. Als Behelf können dann beide Zustände als gegensätzliche Pole einer Skala verstanden werden.

wirtschaftlicher Hinsicht sowie für eine aktive Teilnahme am gesellschaftlichen Leben notwendig sind" (Dt. PISA-Konsortium, 2001, S. 29).[5]

Der Anfangszustand ist dann ein aktueller Zustand, der als veränderungswürdig gilt. Hier lautet er ungefähr: Die Qualität schulischer Arbeit ist zu niedrig. Sie fördert jene Kompetenzen nicht genügend, die Personen eine Teilnahme am wirtschaftlichen Prozess ermöglichen, und die Deutschland, Österreich und Europa dazu verhelfen, im internationalen ökonomischen Konkurrenzkampf ihre Spitzenstellungen zu behaupten.

(2) Die genaue Bestimmung des End- und Anfangszustandes wird empirischer Analyse überlassen werden; beide Zustände bekommen nur formale Benennungen, um die zu untersuchenden Prozesse deutlich abzugrenzen.

In der Studie über die Einführung informationstechnologischer Innovationen in Schulen lautet der Endzustand einfach: Das informationstechnologische System ist an der Schule eingeführt. Der entsprechende Anfangszustand: Eine Schule verfügt nicht über informationstechnologische Systeme, die sie im Unterricht einsetzt.

(3) Der Endzustand wird als rätselhafter Zustand formuliert, der zu erklären ist.

In den Studien zum Beharrungsvermögen des Bildungssystems lautete die Rätselfrage: Wie kann es dazu kommen, dass schulische Qualitätsentwicklung *verhindert* wird? Der rätselhafte Zustand ist dann das starke Beharrungsvermögen des Schulsystems. Anfangs- und Endzustand wurden dann gleichgesetzt. Denn wenn die Steigerung von Unterrichts- und Lernqualität über längere Zeiträume verhindert wird, kann man einen Prozess annehmen, der einen vorherigen Zustand unverändert in einen späteren überführt. Es ist aber nützlich, auch hier hypothetisch einen alternativen Zustand zu konstruieren, der Qualitätsverbesserung strukturell fördert.

2.2 Vergleich und Kommentar

Der Haupteffekt der Formulierung von Anfangs- und Endzuständen besteht darin, implizite Annahmen zu explizieren. Sehr häufig bleiben Annahmen über den Anfangs- oder den Endzustand implizit, wie beispielsweise in der Klieme-Studie die Diagnose der Defizite des aktuellen Anfangszustandes. Die Explikation macht Annahmen über Anfangs- und Endzustände kritisierbar.

Sie eröffnet damit neue Fragehorizonte, beispielsweise: Wie kam es eigentlich dazu, dass Kompetenzerwerb bisher nicht im Mittelpunkt schulischer Leistungserbringung stand? Was war es dann? Und warum war das so, gibt es etwas Bewahrenswertes daran? Oder: Wie ist es eigentlich dazu gekommen, dass die Einführung von Computern und Internet in die Schulen mit Hoffnungen auf Unterrichts- und Leistungsverbesserung verknüpft wurde? Formal: Warum war der Ausgangszustand so, wie er war? Dies macht auch auf größere historische und politische Hintergründe aufmerksam, die die fokalen Prozesse beeinflussen.

---

5 Die wirtschaftliche Hinsicht spielt dabei die wesentliche Rolle. So definiert der OECD-Generalsekretär Gurria das Ziel seiner Organisation: „In our work in the OECD, we are focusing on the link between education, investment and growth. [...] If OECD countries want to remain successful economies, they need to put themselves in the driver's seat for the changes to come." (Gurria, 2006, S. 13–16)

Interessante Hypothesen ergeben sich auch durch Querverbindungen. So könnte man sich fragen, wie das Beharrungsvermögen aus Fall 3 produktiv genutzt werden kann, um mit seiner Hilfe Bildungsstandards nachhaltig zu verankern.

3. Strukturdynamik: Verbindung von Anfangs- und Endzustand

Sind Anfangs- und Endzustand identifiziert, stellt die Mechanismen-Analyse die Frage, auf welche Weise es dazu kam (kommen kann), dass der Anfangs- in den Endzustand überführt wurde (werden wird).[6]

Dieser Prozess wird *Strukturdynamik* genannt. Eine Strukturdynamik ist eine typische allgemeine Verlaufsform, der verschiedene empirische Fälle folgen, die nur eines gemeinsam haben müssen: Dass sie alle vom Ausgangs- oder Alternativzustand zum rätselhaften Jetzt- oder Endzustand führen.

3.1 Kennzeichen von Strukturdynamiken

Das weist darauf hin, dass die beiden Zustände als Variablen begriffen werden, die Struktur aber als Konstante – es handelt sich also um zwei verschiedene Zustände derselben Struktur. Auch diese formale Scheidung des Gleichbleibenden vom sich Verändernden dient wieder der Präzisierung; es stellt sich sonst möglicherweise der häufige Fehler ein, dass radikale Umbrüche vermutet werden, wo die Kontinuitäten wesentlicher sind.

Zweitens weist das Konzept der Strukturdynamik darauf hin, dass *eine* Struktur einer dynamischen Veränderung unterliegt – andere Strukturen aber nicht. Dies fordert, präzise zu benennen, wo die Grenzen dieser Struktur liegen, und damit anzuzeigen, welche Strukturen dieser Dynamik gerade *nicht* unterliegen. Was also bleibt von der Einführung von Bildungsstandards oder IT-Systemen unberührt (beispielsweise: die Nichtbeachtung der Strukturen lehrkörperinterner Auseinandersetzungen), und was verändert sich außerhalb der Beharrungstendenz von Schulen (beispielsweise: die Außendarstellung als besonders reformorientierte Schule)?

Der dritte Hinweis liegt darin, dass verschiedene empirische Prozesse möglich sind, die doch denselben Effekt erzeugen. Hier wird dem Besonderen individueller empirischer Prozesse Beachtung geschenkt. Mechanismen-Analysen können und sollen kontextsensibel die Spezifika von Einzelfällen erfassen. Es geht darum, *Gemeinsamkeiten* unterschiedlicher empirischer Situationen und Prozesse zu erfassen – unter *Bewahrung* der Besonderheiten, die bei der Darstellung der allgemeinen Strukturdynamik dann als empirische Varianten vorkommen.

3.2 Zur Rekonstruktion von Strukturdynamiken

Es gibt drei Möglichkeiten, die Strukturdynamik zu rekonstruieren. (1) Eine nahe liegende Variante ist es, vom Anfangszustand auszugehen und Schritt für Schritt den Prozess aufzubauen, der dann zum Endzustand führt. Dies entspricht ungefähr dem

---

6   beziehungsweise, wie es dazu kommt, dass der aktuelle Zustand reproduziert wird und nicht in einen alternativen Zustand überführt wird.

Vorgehen der Klieme-Studie über Bildungsstandards. (2) Man analysiert verschiedene empirische Prozesse, die sich der Annahme nach um dasselbe Thema drehen, auf Gemeinsamkeiten. So ist die IT-Studie vorgegangen. (3) Man rekonstruiert von Endzustand her. Hier fragt sich zunächst, welcher Zustand unmittelbar vor dem Endzustand herrschte, und wie es von dort zum Endzustand kam. Dann fragt man weiter, jeweils nach dem Zustand vor dem letzten rekonstruierten, bis man zum Anfangszustand gelangt ist. Dies war der Ansatz der Qualitätsverhinderungs-Studie.

Es hat sich als sinnvoll erwiesen, unabhängig von den drei Varianten, die Strukturdynamik in Phasen oder Schritte zu gliedern. Es ist bei der Analyse komplexer Prozesse schlicht nicht möglich, sofort einen Überblick über die gesamte Dynamik zu haben. Jede mechanismen-analytische Studie muss *puzzeln*: verschiedene Einzeldaten und -informationen Zug um Zug zu einem Gesamtbild zusammenfügen. Diese Phasen werden im Folgenden skizziert.

4. Phasen der Strukturdynamik

In der Darstellung der Phasen schildere ich das Bildungsstandards-Beispiel ausführlicher als die beiden anderen.

4.1 Bildungsstandards

Aus der Klieme-Studie lassen sich grob vier Phasen heraus lesen. In einer *ersten* Phase werden Bildungsziele öffentlich diskutiert, anschließend politisch festgelegt und konkretisierend in quantitativ messbare Standards übersetzt. Die Standards werden anschließend als Testaufgaben operationalisiert.

In einer *zweiten* Phase werden die Bildungsstandards in die Schulen hinein kommuniziert und die Testverfahren implementiert. Zugleich wird eine zentrale Agentur für die Durchführung des standardbezogenen Test-Monitorings gegründet, und Schulen führen – mit Unterstützung teilweise kommerzieller Organisationen – kontextsensible Selbst-Evaluationsstudien durch.

Es schließt sich eine *dritte* Phase an, in der die Ergebnisse des Monitorings von jener Zentral-Agentur ausgewertet und an die Schulen rückgemeldet werden. Landesinstitute, Lehrerbildungsinstitute und Schulaufsicht/Schulinspektion interpretieren gemeinsam mit den Schulen die zentralen und die schulspezifischen Ergebnisse. Basierend darauf entwerfen sie pädagogische Entwicklungsmaßnahmen zur Verbesserung der schulischen Lehr-Lern-Leistungen im Hinblick auf Kompetenzerwerb. Die zentrale Agentur entwickelt auf Basis der Test- und Evaluationsergebnisse die Bildungsstandards weiter.

In der *vierten* Phase betreiben Schulen veränderten (im Sinne der Kompetenzentwicklung „verbesserten") Unterricht. Dies ist einesteils an den Lernergebnissen der Schülerinnen und Schüler ablesbar, weiters aber auch am Grad, in dem Schulprogramme und Curricula auf Kompetenzerwerb umgestellt worden sind, und besonders an Steigerungen verschiedener Lehrerkompetenzen: Lehrkräfte können Informationen aus den Tests und Evaluationen Maßnahmen zur Verbesserung des Unterrichts umsetzen, ihren Unterricht generell umgestalten und dabei auf Kompetenzförderung der Schülerinnen und Schüler zuschneiden sowie deren Wissen und Können differenzierter diagnostizieren.

4.2 IT-Innovationen in Schulen

Die Einführung von informationstechnologischen Systemen in Schulen lässt sich ebenfalls in vier Phasen gliedern. Die *erste* Phase ist eine Art Vorlauf, hier entstehen Erwartungen, die einen so großen Druck auf die Schule erzeugen, dass ihre Mitglieder sich ernsthaft mit der Frage befassen ob – und später nur noch: wie – sie Computer und Internet in den Unterricht integrieren.

Die *zweite* Phase besteht darin, dass die Schule initiativ wird und aktiv nach Möglichkeiten sucht, sich IT-Systeme zu beschaffen. Die Phase endet mit der Anschaffung des IT-Equipments.

In der *dritten* Phase koppelt die Schule das neue informationstechnologische System mit ihren vorhandenen sozialen und konzeptuellen Strukturen. Der Einsatz von Computern im Unterricht wird ausprobiert, differenziert, modifiziert und etabliert.

Die *vierte* Phase schließlich besteht schlicht in der Art, wie heute Computer (-Programme) in der Schule genutzt werden.

4.3 Qualitätsverhinderung

Auch die Analyse der Qualitätsparalyse im Schulsystem lässt verschiedene Phasen erkennen. Die *erste* Phase ist, analog zu den oberen Beispielen, eine Art Vorlauf und Ausgangspunkt. Sie besteht darin, dass die Akteure des Schulsystems verschiedenen Problemdefinitionen und Handlungsmaximen folgen: Die Bildungspolitik will den wirtschaftlichen Standort – und darüber Arbeitsplätze und Wohlstand – sichern, die Lehrerprofession die Entwicklung der Schülerpersönlichkeit.

Die *zweite* Phase besteht darin, dass die Akteure Handlungen durchführen, die ihre Handlungsfähigkeit und deren moralische Richtigkeit (in ihren Augen) belegen und damit auch öffentlich demonstrieren sollen, dass sie sich aktiv „ohnehin" um die bestmögliche Gestaltung schulischer Leistungserbringung bemühen. Die Bildungspolitik konstruiert ein Reformprogramm und setzt entsprechende Maßnahmen; die Lehrerprofession kommuniziert demonstrativ ihr pädagogisches Ethos und behauptet, guter Unterricht fände bereits statt.

In der *dritten* Phase treffen die Akteure (wiederholt) auf hartnäckige Probleme, die sich mit ihren Handlungen nicht zu ihrer Zufriedenheit lösen lassen (Schüler bringen weiterhin schwierige Eigenschaften in die Schule, Lehrkörper bleiben in informellen Konflikten befangen, die Administration übernimmt Reformsprache, aber keine neuen Unterstützungsmethoden). In der Folge vermeiden sie – unter der Maxime, Legitimitätsverlust zu vermeiden und die eigenen Handlungen als erfolgreich darstellen zu können – eine Evaluation der Wirkungen ihrer Reformen/ihres Unterrichtshandelns und verlegen die Ursachen für die Probleme allein auf ihnen äußerliche Bedingungen.

In einer *vierten Phase* kann dann öffentlich weiter demonstrativ der Erfolg der eigenen Handlungen kommuniziert werden („unsere Reform/unser Unterricht ist wirksam und erfolgreich!"). Sowohl Unterricht als auch Reform bleiben unevaluiert, die Qualität schulischer Prozesse und Lernergebnisse ändert sich nicht, und die Akteure schnappen in die erste Phase zurück.

4.4 Vergleich: Konstruktion eines Phasenmodells

Der Vergleich der Phasen zeigt einige Strukturgleichheiten. Zunächst besitzen alle Prozesse eine Vorlaufphase, in der der „eigentliche" Prozess noch nicht begonnen hat. In den Fällen (1) und (2) ist diese Phase durch Akteure bestimmt, die Erwartungen respektive Ziele bilden. Es steht zu vermuten, dass „Erwartungsdruck" etwas zu tun haben könnte mit „Zielbestimmung": Die Zielbestimmung der einen wendet sich vielleicht als Forderung zu dem Erwartungsdruck, der den anderen begegnet. Auch in Fall (3) gibt es (Problem-)Erwartungen (Problemdefinitionen) und Ziele (Handlungsmaximen), dort bilden sie sich allerdings nicht neu, sondern bestehen bereits. Es liegt nahe, diese erste Phase als diejenige der *Problemdefinition* zu bezeichnen.

Vergleicht man die „zweiten Phasen" der drei Fälle, so scheinen sie auf den ersten Blick wenig miteinander zu tun zu haben. Die Analyse auf Gemeinsamkeiten ergibt aber, dass Akteure hier gezielt Kontakte zur Umwelt aufnehmen, um ihre Interessen zu verfolgen: Staatliche Institutionen oder beauftragte Agenturen informieren Schulen, wie sie Bildungsstandards umsetzen können, Schulen suchen nach Finanzierungsmöglichkeiten und passenden IT-Systemen, und im dritten Fall versuchen die Akteure, sich Legitimation durch andere Akteure zu beschaffen. Akteure, die vorher jeweils für sich Probleme definiert, Erwartungen und Ziele gebildet haben, treffen nun aufeinander; es handelt sich um eine Phase der *öffentlichen Darstellung und Aushandlung* von Problemen, Zielen und Erwartungen.

In der dritten Phase dagegen wird weniger dargestellt und verhandelt, sondern eher ge*handelt*: Es werden neue Methoden und Verfahren ausprobiert, man setzt sich mit neu auftretenden Problemen auseinander. In Fall 1 setzen die Schulen Bildungsstandards ein versuchen die Ergebnisse für ihre Schulentwicklung zu nutzen, Schulaufsicht und Landesinstitute probieren neue Beratungstätigkeiten aus; in Fall 2 arbeiten Schulen daran, IT-Systeme in ihre Unterrichtsstrukturen zu integrieren; in Fall 3 tauchen hartnäckige Probleme auf, deren Bearbeitung sowohl Schulen als auch der schulpolitischen Administration so schwer fällt, dass sie in Problemvermeidung umschlägt. Dies kann als Phase der *praktisch-methodischen Problembearbeitung* bezeichnet werden.

Die vierte Phase ist eine Phase der *Auswirkungen;* in ihr zeigen sich die Effekte der Problembearbeitung. Im Bildungsstandard-Beispiel haben die Schulen – jedenfalls der Vorstellung der Expertise nach – ihre Unterrichtspraxis erfolgreich weiterentwickelt und erstmals stärker auf Kompetenzausbildung umgestellt; im IT-Beispiel finden die Schulen zu einer gangbaren *Performance* IT-basierten Unterrichts, so unterschiedlich dieser von Lehrkraft zu Lehrkraft auch ausfallen mag; im Qualitätsverhinderungs-Beispiel ist der Effekt der Problemvermeidung, dass Unterricht und Verwaltungsarbeit vom Qualitätsniveau her unverändert bleiben, aber als erfolgreich kommuniziert werden können.

Bilanzieren lässt sich bis hierhin: Die formale Vorgabe, die Prozesse als phasengegliederte Strukturdynamiken zu beschreiben, erleichtert es, strukturelle Ähnlichkeiten zu erkennen, die drei von der oberflächlichen Erscheinung her sehr verschiedene Prozesse miteinander verbinden. Würden weitere Studien diese vier Phasen bestätigen, wäre es möglich, ein hypothetisches Vierphasenmodell struktureller Innovationen im Schulsystem zu formulieren, und dieses als Aufmerksamkeit lenkendes Raster den Akteuren zur Verfügung zu stellen: „Wenn ihr einen strukturellen Innovationsprozess plant, werdet ihr es aller Wahrscheinlichkeit nach mit folgenden vier Phasen zu tun bekommen: (1) Problemdefinition – (2) öffentliche Darstellung und Aushandlung verschiedener Problemdefinitionen – (3) praktisch-methodische Problembearbeitung – (4) Auswirkungen der Problembearbeitung. Bereitet euch auf diese Phasen vor."

Dies ist freilich noch keine sensationelle Erkenntnis. Der Fortschritt gegenüber anderen Phasenmodellen bestünde darin, dass die Basis dieses Modells eine Analyse sehr unterschiedlicher Prozesse auf Gemeinsamkeiten wäre: Das Modell wäre *sowohl* empirisch *als auch* theoretisch begründet und *zusätzlich* in praktischer Anwendung „gehärtet".

5.   Qualitative Faktorenanalyse

Richtig interessant wird es aber erst, wenn deutlich wird, wer oder was dafür verantwortlich ist, dass eine Innovationsdynamik voran getrieben oder eben abgestoppt wird. Dies zu ermitteln, ist Aufgabe der *qualitativen Faktorenanalyse*. Aus Platzgründen wird hier exemplarisch die Phase 2 gewählt, es werden nur die Fälle „Bildungsstandards" und „IT-Einführung" verglichen, und von den Bildungsstandards auch nur die Faktoren für die „Unterstützung der Akzeptanz", die Klieme et al. (2007, S. 112–113) sehr klar benennen.

5.1   Faktoren der Problemaushandlung

Faktoren, die für die Kommunikation der Bildungsstandards in die Schulen hinein wichtig sind und dort Akzeptanz sichern sollen, lauten:
a) Bildungsstandard-Einführung nachvollziehbar inhaltlich begründen *vs. Einführung wird ohne Erläuterungen „durchgepeitscht".*
b) Unterrichts-Gestaltungsmöglichkeiten der Lehrkräfte erweitern, Lehrkräfte sind orientiert und wissen, was sie tun können *vs. Gestaltungsmöglichkeiten werden eingeschränkt/ nicht berührt, Lehrkräfte werden verunsichert, haben den Eindruck, dass Aufgaben auf sie abgewälzt werden.*
c) Schulinternes Bildungsstandard-Curriculum einrichten *vs. Einführung von BS ohne Konzept.*
d) Bildungsstandard-Fortbildungsprogramme werden von Lehrerbildungsinstitutionen angeboten *vs. es gibt keine oder unzureichende Fortbildungsangebote.*
e) Erwartung aufbauen, dass das System der Bildungsstandards nützlich ist und kompetent benutzt werden kann *vs. Lehrkräfte erwarten, dass Bildungsstandards keinen Nutzen bringen und nicht handhabbar sind.*
f) Einschätzung aufbauen, dass die Einführung von Standards eine gemeinsame Aktivität verschiedener Akteure ist *vs. „jede Lehrkraft macht ihr Ding", andere Akteure spielen keine Rolle.*

Im Vergleich dazu die Faktoren für Phase 2 aus der IT-Studie:
a) Finanzierung der IT-Infrastruktur sicherstellen *vs. Unterfinanzierung.*
b) (Pro-)Motoren des IT-Einsatzes sind vorhanden *vs. es gibt keine (Pro-)Motoren.*
c) IT-System in schon bestehende Schulstrukturen integrieren *vs. IT-System und bestehende Schulstrukturen sind teilweise unvereinbar.*
d) Aus- und Fortbildungsangebote für Lehrkräfte anbieten/nutzen *vs. es gibt keine oder unzureichende Fortbildungsangebote.*
e) Persönliche(s) Engagement, Motivation, Einstellung der Lehrkräfte pro Computernutzung ist vorhanden *vs. richtet sich contra Computernutzung.*

5.2 Kommentar und Integration zu komplexerem Faktorenmodell

Die Faktoren wurden bereits zweiwertig formuliert, der positiven Aussage ist die negative Variante in Kursivschrift beigesellt worden. Jeder Faktor einer Mechanismen-Analyse muss nämlich die Eigenschaft besitzen, die Strukturdynamik *sowohl* befördern (positiver Fall) *als auch* hemmen (negativer Fall)[7] zu können – und in der zweiwertigen Formulierung wird deutlich erkennbar, auf welche Weise er hemmt oder fördert.

Die Faktoren so auf den Punkt zu bringen dient der Übersichtlichkeit und der Konzentration auf das, was an der fokalen Strukturdynamik wesentlich ist. Das Vorgehen schneidet aber Komplexität nicht ab: Erstens wird so eindrucksvoll sichtbar, wie komplex bereits eine einzige der vier Phasen ist. Zweitens kann jeder Faktor einer *Komponentenanalyse* unterzogen werden: Man kann etwa fragen, was alles nötig ist, um Bildungsstandards nachvollziehbar zu begründen oder eine IT-Infrastruktur zu finanzieren – und vor allem, welche Hindernisse dabei im Weg stehen, was schief laufen und welche Fehler man machen kann. Dies leitet unmittelbar zur konstruktiven Frage über, welche Komponenten zu bewegen sind, damit der Faktor von der positiven, die Strukturdynamik fördernden Ausprägung in die negative, hemmende umspringt.

Weiter regt eine derart augenfällige Zusammenstellung an, zu fragen, ob wirklich alle relevanten Faktoren benannt, oder weitere ergänzt werden müssten; ob manche Faktoren bei näherem empirischem Hinsehen doch nicht so wichtig sind oder vielleicht eher in einer anderen Phase eine wichtige Rolle spielen als hier.

Und schließlich zeigt eine solche Zusammenstellung deutlich, wie verschiedene Modelle einander ergänzen können. Deckungsgleichheiten zwischen den Faktoren werden erkennbar, manchmal differenziert ein Faktor den anderen, oder eine Studie hat einen Faktor entdeckt, den die andere Studie übersehen hat, die Studien leuchten sozusagen wechselseitig ihre blinden Flecken aus. Ein integriertes Faktoren-Modell der zweiten Phase struktureller Innovationen im Schulsystem könnte in etwa wie folgt aussehen:

a) Innovation ist für alle Akteure nachvollziehbar begründet *vs. Wird ohne Erläuterungen „durchgepeitscht" und bleibt den meisten Akteuren unverständlich.*

b) Finanzierung der Innovation ist sichergestellt *vs. Innovation scheitert oder wird erschwert durch Unterfinanzierung.*

c) Unterrichts-Gestaltungsmöglichkeiten der Lehrkräfte werden erweitert, Lehrkräfte sind orientiert und wissen, was sie tun können *vs. Gestaltungsmöglichkeiten werden eingeschränkt/nicht berührt, Lehrkräfte werden verunsichert, haben den Eindruck, dass Aufgaben auf sie abgewälzt werden.*

d) Schulinternes Curriculum wird eingerichtet, das auf die Innovation bezogen ist *vs. Einführung der Innovation ohne Konzept.* Dabei wird berücksichtigt, wie die Innovation an schon bestehende Schulstrukturen anschließt *vs. Innovation und bestehende Schulstrukturen sind teilweise unvereinbar.*

e) Innovationsbezogene Aus- und Fortbildungsprogramme werden von Lehrerbildungsinstitutionen angeboten *und* von Schulen genutzt *vs. es gibt keine oder unzureichende Fortbildungsangebote, oder die Schulen nutzen sie nicht.*

f) Persönliche(s) Engagement, Motivation, Einstellung der Lehrkräfte pro Innovation ist vorhanden, weil die Lehrkräfte erwarten, dass die Innovation nützlich ist und sie sie

---

7 „Positiv" und „negativ" ist rein analytisch gemeint; es ist wichtig, dass die Faktoren moralisch entschlackt werden, um einen kühlen Blick auf ihre Wirkungen werfen zu können. Wäre die Strukturdynamik, um die es hier ginge, die Herausbildung von Terrorismus, so würde die analytisch „positive Variante" bedeuten: Terrorismus wird befördert.

kompetent handhaben können. Es gibt Personen, die als Motoren für die Innovation wirken *vs. Lehrkräfte erwarten, dass die Innovation keinen Nutzen bringt und nicht hinreichend einfach handhabbar ist. Niemand setzt sich besonders für die Innovation ein.*

g) Akteure wissen, dass die Einführung von Innovationen eine gemeinsame Aktivität verschiedener Akteure ist *vs. „Jeder Akteur macht sein Ding" und berücksichtigt die Erwartungen und Aktivitäten der anderen nicht.*

Jeder einzelne dieser Faktoren ist empirisch prüfbar. Man kann zum Beispiel an Hand empirischer Studien über die Pilotprojekte zur Einführung der Bildungsstandards in Österreich (Aiglsdorfer & Aigner, 2005; Freudenthaler & Specht, 2005; Altrichter, 2007; Beer, 2007; Hölzl & Rixinger, 2007; Bräu & Schöppl, 2008) feststellen, dass die Lehrkräfte den Standards teilweise skeptisch, teilweise aber auch wohlwollend gegenüber stehen, ihren Nutzen in Qualitätssicherung und Steigerung der Chancengleichheit sehen, aber auch bei intensivem Kontakt mit Bildungsstandards noch zu vieles ungeklärt finden, unsicher sind, was genau auf sie zu kommt und deswegen skeptisch bleiben. Eine erfolgreiche Einführung von Bildungsstandards bedarf aus Lehrkräftesicht mehr Personal, mehr finanzieller Unterstützung und vor allem auch mehr Zeit für die Umsetzung.

Weiter deuten explorative qualitative Studien, die am Linzer Institut für Pädagogik und Psychologie durchgeführt wurden bzw. werden (Aiglsdorfer & Aigner, 2005; Hölzl & Rixinger, 2007; Bräu & Schöppl, 2008), darauf hin, dass der Unterricht noch nicht grundlegend auf Kompetenzerwerb umorientiert wird: Weiter ist von „Kernstoff" oder „zentralen Inhalten" die Rede. In der Praxis erscheinen Aufgabenbeispiele (die vielfach als noch nicht optimal gelten) und Tests als zusätzliche, den regulären (und unveränderten!) Unterricht unterbrechende Aktivitäten. Die standardbezogene Kooperation der Akteure bleibt an den Schulen fachintern, informell und unregelmäßig; Schulinspektion, Schulleitungen und Eltern sind bei weitem nicht in dem von Klieme et al. erwünschten Ausmaß einbezogen. Ressourcenprobleme lösen die Schulen in individuellen Einzelverhandlungen.[8]

Mittels solcher Informationen würde das entstehende Mechanismen-Modell korrigiert und verfeinert werden müssen.

6. Der Mechanismus als Zusammenhang der Faktoren

Wiederum lässt sich eine konstruktive Frage anschließen, nämlich ob und wie es möglich wäre, Faktoren nicht bloß analytisch, sondern in der empirischen Wirklichkeit abzuschaffen, auszutauschen oder neu einzuführen. Diese Frage zu beantworten hat aber zur Voraussetzung, dass man auch die *Relationen der Faktoren* kennt, ihr Wechsel-, Zusammen- und Gegeneinanderwirken. Dies führt zum abschließenden Schritt der Mechanismen-Analyse, der den generativen Mechanismus erst endgültig kenntlich macht, der die Strukturdynamik bewirkt.

Eine Mechanismen-Analyse, die bis zu diesem Endpunkt gelangt, ist allerdings nur mit größeren Forschungsprogrammen zu haben. Dies dürfte unmittelbar einleuchten,

---

8 Diese empirischen Befunde wurden auf der Tagung, aus der der vorliegende Band hervor ging, von einer Person, die in Oberösterreich an der Einführung von Bildungsstandards mitarbeitet, in Zweifel gezogen, ohne dass sie empirische Belege vorweisen konnte.

wenn man sich vorstellt, nicht nur die Relationen *aller* in Abschnitt 5.2 genannten Faktoren zu rekonstruieren, sondern zusätzlich noch die Faktoren der anderen Phasen (die teilweise allerdings deckungsgleich sein werden) einzubeziehen – und außerdem weit mehr empirische Fälle und theoretische Erklärungsansätze auszuwerten, um wirklich zu verallgemeinerbaren und dennoch hinreichend spezifischen Modellen kommen zu können.

Wenn der generative Mechanismus bekannt ist, darf das untersuchte Phänomen nicht mehr rätselhaft sein, sondern es muss plausibel nachvollziehbar sein, wie es entstand und warum es weiterhin besteht; es muss also auch besser erklärt sein, als es bisherige Ansätze, Theorien oder sonstige Beschreibungen zu erklären vermochten. Dies ist das Evaluationskriterium für Mechanismen-Analysen.

7. Ausblick

Wer das Schulsystem wirksam steuern will, benötigt Informationen über die transintentionalen Mechanismen sozialer Verhaltenskoordination, mittels derer sich das Schulsystem zwar durch das handelnde Zusammenwirken der Akteure hindurch, aber „hinter ihren Rücken" und „über ihren Köpfen" organisiert, stabilisiert und modifiziert. Die Mechanismen-Analyse ist darauf zugeschnitten, diese Mechanismen zu rekonstruieren. Da sie außerdem darauf angelegt ist, theoretische Wissensbestände, empirische Informationen und Reflexionen praktischer Erfahrungen verschiedenster Provenienz zu integrieren, kann sie transdisziplinäre Kräfte zur Analyse komplexer, emergenter Dynamiken konzentrieren. Die Modelle, die sie erstellt, können als identifizierbare Erklärungswerkzeuge einer qualitativ-theoriebildenden Bildungswissenschaft dienen. Um ihre Potenziale auszuschöpfen, bedarf es eines Forschungsprogramms, das es erlaubt, *vollständige* Mechanismen-Analysen durchzuführen.

Literatur

Aiglsdorfer, B. & Aigner, M. (2005). *Implementierung nationaler Bildungsstandards in Österreich. Untersuchung zur Einführung der nationalen Bildungsstandards an ausgewählten Hauptschulen der Pilotphase II.* Unv. Diplomarbeit. Linz: Johannes Kepler Universität.

Altrichter, H., Brüsemeister, T. & Wissinger, J. (Hrsg.) (2007). *Educational Governance.* Wiesbaden: VS Verlag.

Altrichter, H., Prexl-Krausz, U. & Soukup-Altrichter, K. (Hrsg.) (2005). *Schulprofilierung und neue Informations- und Kommunikationstechnologien.* Bad Heilbrunn: Klinkhardt.

Balog, A. & Cyba, E. (2004). Erklärung sozialer Sachverhalte durch Mechanismen. In: M. Gabriel (Hrsg.): *Paradigmen der akteurszentrierten Soziologie* (S. 21–42). Wiesbaden: VS Verlag.

Beer, R. (2007). Bildungsstandards. *Einstellungen von Lehrerinnen und Lehrern.* Münster: Lit.

Bräu, M. & Schöppl, M. (2008). *Bildungsstandards Zwischenbericht.* Vorabinformationen aus einer Studienarbeit, unveröff. Linz: Johannes Kepler Universität.

Deutsches PISA-Konsortium (Hrsg.) (2001). *PISA 2000. Basiskompetenzen von Schülerinnen und Schülern im internationalen Vergleich.* Opladen: Leske + Budrich.

Edling, C. & Hedström, P. (2005). Analytische Soziologie in Toquevilles „Über die Demokratie in Amerika". *Berliner Journal für Soziologie, 4,* 511–522.

Freudenthaler, H.H. & Specht, W. (2006). Bildungsstandards: Der Implementationsprozess aus der Sicht der Praxis. Graz: ZSE.

Freytag, A. (2006). *Bildungsstandards – Sichtweisen der Lehrer/innen an den Wiener Pilotschulen im Volksschulbereich. Eine empirische Untersuchung.* Unv. Diplomarbeit: Universität Wien

Gurria, A. (2006). Opening Remarks. *OECD 2006: Education Policy Analysis. Focus in Higher Education. 2005–2006,* 9–16. OECD Publishing.

Hedström, P. & Swedberg, R. (Hrsg.) (1998). *Social Mechanisms. An Analytical Approach to Social Theory.* Cambridge: Cambridge Univ. Press.

Hölzl, L. & Rixinger, G. (2007). *Implementierung von Bildungsstandards in Österreich – das zweite Jahr. Dokumentation des Entwicklungsprozesses der Pilotphase II in zwei österreichischen Hauptschulen.* Unv. Diplomarbeit. Linz: Johannes Kepler Universität.

Klieme, E., Avenarius, H., Blum, W., Döbrich, P., Gruber, H., Prenzel, M., Reiss, K., Riquarts, K., Rost, J., Tenorth, H.-E. & Vollmer, H. J. (2003). *Zur Entwicklung nationaler Bildungsstandards.* Expertise. Bonn: Bundesministerium für Bildung und Forschung.

Kron, T. (2005). Für ein mechanistisch-soziologisches Erklärungsmodell. In: U. Schimank & R. Gresshoff (Hrsg.): *Was erklärt die Soziologie?* (S. 170–203). Münster, Hamburg: Lit.

Kecskes, R. (2003). Ethnische Homogenität in sozialen Netzwerken türkischer Jugendlicher. *Ethnische Homogenität in sozialen Netzwerken türkischer Jugendlicher, 23* (1), 68–84.

Langer, R. (2006). Transintentionale Mechanismen sozialer Selbstorganisation. In: M. Schmitt, M. Florian & F. Hillebrandt (Hrsg.): *Reflexive soziale Mechanismen. Von soziologischen Erklärungen zu sozionischen Modellen* (S. 65–104). Wiesbaden: VS Verlag.

Langer, R. (2007a): Reaktionsweisen von LehrerInnen auf neue berufliche Herausforderungen: Zur Einführung von Computern in den Schulunterricht. *Erziehung und Unterricht,* H. 9–10, 950–958.

Langer, R. (2007b): Nicht Wissen hilft – Evaluation in der Konkurrenz von Symbolisierungen. In: T. Brüsemeister & K.-D. Eubel (Hrsg.): *Evaluation, Wissen und Nichtwissen* (S. 233–274). Wiesbaden: VS Verlag.

Langer, R. (2007c). Zur Konstitution des Terrorismus. In: Th. Krohn & M. Reddig (Hrsg.): *Soziologische Analysen des transnationalen Terrorismus* (S. 374–422). Wiesbaden: VS Verlag.

Martens K. & Wolf, K.-D. (2006). Paradoxien der Neuen Staatsräson Die Internationalisierung der Bildungspolitik in der EU und der OECD. *Zeitschrift für Internationale Beziehungen, 13* (2), 145–176.

Mietzner, U. & Tenorth, H.-E. (2007). Einleitung. Anthropologie als Thema und Problem in der Erziehungswissenschaft. Vielfalt der Methoden, Desiderat des Pädagogischen. In: U. Mietzner, H.-E. Tenorth & N. Welter (Hrsg.): *Pädagogische Anthropologie – Mechanismus einer Praxis. Zeitschrift für Pädagogik,* 52. Beiheft.

Opp, K.-D. (2004). Erklärung durch Mechanismen: Probleme und Alternativen. In: R. Kecskes, M. Wagner & Ch. Wolf (Hrsg.): *Angewandte Soziologie* (S. 361–380). Wiesbaden: VS Verlag.

Sawyer, R. K. (2004): The Mechanisms of Emergence. *Philosophy of the Social Sciences, 34* (2), 260–282.

Scheerens, J. (2006). The Case of Evaluation and Accountability Provisions in Education as an Area for the Development of Policy Malleable System Level Indicators. *Zeitschrift für Erziehungswissenschaft, Beiheft 6,* 207–224.

Schmid, M. (2005): Soziale Mechanismen und soziologische Erklärungen. In: H.-J. Aretz & C. Lahusen (Hrsg.): *Die Ordnung der Gesellschaft. Festschrift zum 60. Geburtstag von Richard Münch* (S. 35–82). Frankfurt/M.: Peter Lang.

Schmid, M. (2006). *Die Logik mechanismischer Erklärungen.* Wiesbaden: VS Verlag.

Specht, W. (2006). Von den Mühen der Ebene. Entwicklung und Implementation von Bildungsstandards in Österreich. In: F. Eder, A. Gastager & F. Hofmann (Hrsg.): *Qualität durch Standards?* (S. 13–37). Münster u.a.: Waxmann.

Stamm, M. (2007). Begabtenförderung und soziale Herkunft. Gedanken zu den verborgenen Mechanismen ihrer Interaktion. *Zeitschrift für Sozialisation und Soziologie der Erziehung, 3,* 227–242

Steel, D. (2004): Social Mechanisms and Causal Interference. *Philosophy of the Social Sciences, 34* (1), 55–78.

Wiesenthal, H. (2006). *Gesellschaftssteuerung und gesellschaftliche Selbststeuerung.* Wiesbaden: VS Verlag.

Wolfgang Böttcher, Jan Nikolas Dicke

Implementation von Standards

Empirische Ergebnisse einer Umfrage bei Deutschlehrern

1. Einleitung

Als sich die Kultusminister der Bundesländer im Jahre 2002 auf die Entwicklung nationaler Bildungsstandards einigten, erschien dies manch politischem Beobachter wie ein „kleines Wunder" (vgl. Kerstan, 2006). Unter dem Eindruck des vergleichsweise schlechten Abschneidens deutscher Schüler bei den internationalen Vergleichsstudien TIMSS und PISA verpflichteten sich die Bundesländer, die auf nationaler Ebene ausgehandelten Kompetenzstandards zu implementieren und anzuwenden.[1] Damit leiteten sie eine Reform ein, die den Wechsel von einer Input- zu einer Outputsteuerung des deutschen Schulwesens maßgeblich flankieren sollte. In ihrer bildungspolitischen Bedeutung ist sie insofern schwer zu überschätzen.

Und in der Tat waren die Erwartungen, die die Politik in die Wirkmächtigkeit des neuen Steuerungsinstruments setzte, groß: Die Bildungsstandards sollten die Leistungsfähigkeit des deutschen Schulsystems steigern, eindeutige Maßstäbe für die interne wie externe Evaluation des Schulwesens bieten, Leistungsunterschiede zwischen den einzelnen Bundesländern abbauen und die Gleichwertigkeit schulischer Abschlüsse sichern (vgl. hierzu ausführlich KMK, 2005, S. 9–12). Doch steuerungstheoretische Erkenntnisse mahnen zur Vorsicht: Nicht die Verabschiedung eines politischen Programms macht die Reform, sondern dessen Umsetzung (vgl. hierzu Mayntz, 1987).

Im Fall der Bildungsstandards heißt das: Damit die nationalen Bildungsstandards Veränderungen im Schulwesen bewirken können, müssen sie über die länderindividuellen Lehrpläne Eingang in den Unterricht finden; sie müssen tatsächlichen Einfluss auf das Lehrerhandeln nehmen. Inwiefern das bislang gelingt, ist unklar: Wissenschaftliche Untersuchungen, die sich mit der Frage der Wirkung nationaler Bildungsstandards beschäftigen und dabei die durchaus unterschiedlichen Implementationsmodelle der einzelnen Bundesländer in den Blick nehmen, existieren bislang nicht. Dabei kommt der Frage nach den Effekten der Reform erhebliche bildungspolitische Bedeutung zu; nicht nur aufgrund des seinerzeitigen – und wohl nach wie vor bestehenden – Handlungsdruckes, sondern auch, um die Gefahr immerhin nicht ausgeschlossener Fehlentwicklungen zu begrenzen.

Auch die Frage, welche Position Lehrer zu dem neuen Steuerungsinstrument einnehmen, ist bislang ungeklärt; entsprechende Äußerungen sind bis heute weder systematisch erfasst noch auf ihre Repräsentativität überprüft worden. Dabei scheint eine positive Einstellung der Lehrer zu den Bildungsstandards gerade vor dem Hintergrund einer eher geringen Bindungskraft von Lehrplänen (vgl. hierzu Vollstädt, Tillmann, Rauin, Höhmann & Tebrügge, 1999) als Grundvoraussetzung für das Gelingen der Reform. Nur, wenn die Lehrer vom Sinn der Reform überzeugt und im Umgang mit

---

1 Vgl. die entsprechenden Beschlüsse der Kultusministerkonferenz vom 4. Dezember 2003 und 15. Oktober 2004.

den neuen Instrumenten geübt sind, besteht eine reelle Chance, dass sie ihr Handeln entsprechend ausrichten werden.

Erste Erkenntnisse zu den Einstellungs- und Handlungsmustern, mit denen Lehrkräfte den neuen Standards und Lehrplänen begegnen, verspricht eine Umfrage, die zwischen März und September 2007 an der Westfälischen Wilhelms-Universität Münster entstand. Die wesentlichen Ergebnisse dieser Befragung, die der Arbeitsbereich „Qualitätsentwicklung und Evaluierung" des Institutes für Erziehungswissenschaft mit Deutschlehrern an Real- beziehungsweise Mittelschulen durchführte, sollen im Folgenden dargestellt und auf ihre Konsequenzen hinsichtlich der weiteren wissenschaftlichen Begleitung des Reformvorhabens befragt werden.

2.   Darstellung der Befragung

Die Befragung wurde zwischen März und September 2007 an zufällig ausgewählten Real- beziehungsweise Mittelschulen in Sachsen, Nordrhein-Westfalen und Baden-Württemberg durchgeführt. Auf der Basis der einleitenden Bemerkungen verfolgte sie folgende Forschungsfragen:
1. Wie schätzen die befragten Lehrer ihre Kenntnisse der nationalen Bildungsstandards sowie der Lehrpläne ein?
2. Unter welchen Rahmenbedingungen findet die Implementierung der Bildungsstandards in den jeweiligen Bundesländern statt?
   Von besonderem Interesse waren dabei:
   a) Lassen sich länderindividuelle Implementationsverfahren ausmachen?
   b) Lassen sich in den einzelnen Bundesländern spezifische – und möglicherweise auch differierende – Handlungs- und Einstellungsmuster der Lehrerschaft zu den Bildungsstandards und Lehrplänen erkennen?
   c) Welche Orientierungsfunktion übernehmen die Bildungsstandards und die jeweils geltenden Lehrpläne für die Lehrerschaft?
3. Welche Bedeutung kommt den Lehrplänen im Zuge der Unterrichtsgestaltung, respektive der Unterrichtsvorbereitung, zu?
4. Welche Anforderungen müssen die länderspezifischen Lehrplanformulierungen erfüllen, um von den Lehrern als hilfreich wahrgenommen zu werden?

Zur Sicherung von Anknüpfungspunkten orientierten sich die Fragen an der Studie von Tillmann und Vollstädt, die Mitte der 1990er Jahren zu den hessischen Rahmenrichtlinien entstand (Vollstädt et al., 1999). Eine Annäherung an die Frage möglichst hilfreicher Lehrplanformulierungen sollte zudem eine Synopse gewähren, die – ausgehend von den nationalen Bildungsstandards – die Lehrplanumsetzungen der Länder Sachsen, Baden-Württemberg und Nordrhein-Westfalen gegenüberstellte und so eine vergleichende Bewertung ermöglichte.

Nach Rücksprache mit den jeweiligen Schulleitern wurden insgesamt 349 Fragebögen an 45 Schulen versandt. Die Zahl der pro Schule übermittelten Fragebögen entsprach der Anzahl der an der Schule unterrichteten Deutschlehrer, deren Gesamtzahl auf Basis der Angaben der jeweiligen Direktoren annäherungsweise ermittelt werden konnte. Insgesamt beteiligten sich 82 Lehrer aus 45 Schulen an der Befragung, was einer Rücklaufquote von 24 beziehungsweise 49 Prozent entspricht.

Die Befragung zielte auf eine gleichmäßige Berücksichtigung der drei Bundesländer. Da das Sächsische Staatsministerium für Kultus jedoch eine Genehmigung mit der

Begründung verweigerte, ein „ausgeprägtes pädagogisch-wissenschaftliches Interesse an der geplanten Erhebung" sei „nicht gegeben", lässt sich die ursprünglich mit der Befragung verbundene Absicht, einen Ländervergleich vorzunehmen, nicht realisieren. Einschränkend sei zudem bemerkt, dass die vorliegenden Daten bislang lediglich eine deskriptive Auswertung gestatten. Signifikante Unterschiede zwischen den einzelnen Bundesländern haben sich bis dato nicht ergeben. Deshalb wird in den folgenden Darstellungen auf Ländervergleiche verzichtet.

3. Bildungsstandards haben keine Orientierungsfunktion

Ziel der Befragung war es zunächst, die Kenntnis und die Nutzung der Bildungsstandards sowie der auf ihnen basierenden Lehrpläne zu eruieren. Sowohl Nordrhein-Westfalen als auch Sachsen und Baden-Württemberg haben in den vergangenen Jahren neue Lehrpläne für das Fach Deutsch veröffentlicht. Der baden-württembergische Bildungsplan 2004 entstand zeitgleich zu den nationalen Bildungsstandards, weist jedoch erhebliche inhaltliche Parallelen zu den nationalen Bildungsstandards auf. Die Lehrpläne von Sachsen und Nordrhein-Westfalen basieren bereits auf den bundesdeutschen Standards.

Die Befragung überrascht mit zwei wesentlichen Befunden. Zum ersten lässt sie unter den Deutschlehrern eine vergleichsweise hohe Kenntnis des jeweils geltenden Fachlehrplanes vermuten. 80 Prozent der Befragten schätzten ihre Kenntnis als gut, wenn nicht gar als sehr gut ein; lediglich 3 Prozent bezeichneten sie als schlecht. Die als Referenzuntersuchung herangezogene Studie zu den hessischen Rahmenrichtlinien hatte Mitte der 1990er Jahre noch eine deutlich geringe Kenntnis der geltenden Lehrpläne dokumentiert.[2]

Zum zweiten scheint die vergleichsweise hohe Lehrplankenntnis mit einer relativ hohen Lehrplannutzung zu korrespondieren. Demnach gaben 81 Prozent der befragten Deutschlehrer an, innerhalb des letzten Monats Einblick in den Lehrplan genommen zu haben (vgl. Tab. 1); im Rahmen der Referenzuntersuchung waren es lediglich 22 Prozent gewesen (Vollstädt et al., 1999, S. 81).

Tab. 1: „Wann haben Sie selbst zum letzten Mal – jeweils bezogen auf die von Ihnen unterrichteten Fächer – Einblick genommen in den geltenden Lehrplan?"

Einsichtnahme	Häufigkeit	Prozent
in der letzten Woche	31	41
im letzten Monat	30	40
vor 3 Monaten	7	9
vor 6 Monaten	3	4
vor einem Jahr	2	3
vor 2 Jahren	0	0
vor mehr als 2 Jahren	2	3
noch nie	0	0
gesamt	**75**	**100**

Filter: Antworten ohne „weiß nicht"

---

2 Lediglich 33 Prozent der befragten Deutschlehrer hatten seinerzeit angegeben, sie verfügten über gute bis sehr gute Kenntnisse der Rahmenrichtlinien; 24 Prozent schätzten sie als nicht gut bis schlecht ein. (Vollstädt et al., 1999, S. 82)

Die Gründe für diese im Vergleich zur Studie von Tillmann und Vollstädt positiven Selbsteinschätzungen müssten mit Blick auf die entscheidende Bedeutung, die der Kenntnis und der Nutzung der Lehrpläne im Zuge der Standardimplementierung zukommt, eingehender beleuchtet werden.

Plausibel erscheinen drei Erklärungsansätze. So mag sich zum einen der Befragungsmoment günstig auf die aktuellen Ergebnisse ausgewirkt haben: Während die hessischen Rahmenrichtlinien zum Zeitpunkt der Untersuchung bereits zehn bis 15 Jahre in Gebrauch waren (Vollstädt et al., 1999, S. 58), stammen die aktuellen baden-württembergischen, nordrhein-westfälischen und sächsischen Lehrpläne aus dem Jahre 2004, sind mithin also erst drei Jahre in Kraft. Tillmann und Vollstädt diskutieren im Rahmen der Interpretation ihrer Daten den Einfluss möglicher „Verinnerungsprozesse", die möglicherweise zu einem reduzierten Gebrauchsbedarf der hessischen Rahmenrichtlinien führten. Vor allem für Lehrer mit langjähriger Berufserfahrung bestehe möglicherweise nur noch eine begrenzte Notwendigkeit der regelmäßigen Einsichtnahme (Vollstädt et al., 1999, S. 81). Möglicherweise bedingt eine seltene Einsichtnahme auch eine subjektiv schlechtere Einschätzung der eigenen Kenntnisse, so dass der Befragungszeitraum indirekt auf beide hier diskutierten Ergebnisse wirkte.

Zu diskutieren wäre in diesem Zusammenhang aber auch, inwiefern äußere Faktoren – etwa die Ergebnisse der Ländervergleichstests und die durchaus kontroverse Diskussion um die Verabschiedung nationaler Bildungsstandards – Einfluss auf das Antwortverhalten genommen haben. Eine Einflussnahme erschiene hier in zwei Richtungen plausibel: Einerseits mögen sie die Akzeptanz von Lehrplänen innerhalb der Lehrerschaft tatsächlich erhöht haben. Andererseits ist nicht ausgeschlossen, dass sie lediglich zu einer erhöhten Sensibilität in Bezug auf das eigene Nutzungsverhalten führten. In diesem Fall wären die Daten als eine Reaktion auf eine vermeintlich gestiegene politisch-gesellschaftliche Akzeptanz von Standards und Lehrplänen sowie auf einen subjektiv als erhöht empfundenen Rechtfertigungsdruck zu deuten – und mithin nicht mehr als ein Effekt sozial erwünschten Verhaltens.

Gegen die letztgenannte These indes spricht, dass die Mehrheit der Befragten durchaus offen zugestand, die nationalen Bildungsstandards im Gegensatz zu den Lehrplänen nicht zur Kenntnis zu nehmen: 46 Prozent der Lehrer gaben an, sie würden die Bildungsstandards nicht oder gar nicht kennen, lediglich 31 Prozent schätzten ihre Kenntnis als gut oder sehr gut ein.

Im Vergleich zu den Lehrplänen werden die Bildungsstandards offensichtlich auch seltener genutzt. Einer relativ intensiven Einsichtnahme in jüngster Zeit steht eine weit verbreitete Nichtnutzung gegenüber: Rund ein Drittel der Lehrer hat nach eigenen Angaben noch nie Einblick in die Bildungsstandards der von ihnen unterrichteten Fächer genommen. 20 Prozent gaben an, dies binnen des letzten Monats getan zu haben (vgl. Tab. 2).

Tab. 2: „Wann haben Sie selbst zum letzten Mal – jeweils bezogen auf die von Ihnen unterrichteten Fächer – Einblick genommen in die nationalen Bildungsstandards der Kultusministerkonferenz?"

Einsichtnahme	Häufigkeit	Prozent
in der letzten Woche	5	7
im letzten Monat	9	13
vor 3 Monaten	7	10
vor 6 Monaten	10	14
vor einem Jahr	10	14
vor 2 Jahren	3	4
vor mehr als 2 Jahren	4	6
noch nie	23	32
gesamt	**71**	**100**

Filter: Antworten ohne „weiß nicht"

Maßgeblich für das Lehrerhandeln sind demnach nach wie vor die länderindividuellen Lehrpläne; den nationalen Bildungsstandards kommt zumindest bislang keine wesentliche Orientierungsfunktion zu. Zwar müssten weitere Untersuchungen zeigen, inwiefern die Ergebnisse der Umfrage auf andere Bundesländer zu übertragen sind. Doch scheint dieser Befund schon jetzt aus zwei Gründen bemerkenswert. Zum einen dürfte er vor allem für jene Bundesländer von Bedeutung sein, die bislang auf eine Überarbeitung ihrer Lehrpläne verzichtet haben und eine parallele Nutzung von Lehrplänen und Bildungsstandards vorsehen. Sollte sich auch bei ihnen eine weitgehende Nichtzurkenntnisnahme der nationalen Bildungsstandards bestätigen, würde dies die Reform an sich in Frage stellen. Zum anderen lenkt das Ergebnis das Augenmerk aber auch ganz allgemein auf den in den Kultusministerien je für sich vollzogenen „Übersetzungs"-Prozess der nationalen Bildungsstandards in länderindividuelle Lehrpläne. Eine fachdidaktische Prüfung, inwiefern die bislang veröffentlichten Lehrpläne die Bildungsstandards tatsächlich abbilden, und inwiefern die nationalen Bildungsstandards ihrer Steuerungsfunktion über das Medium der Lehrpläne gerecht werden können, steht bislang noch aus.

4. Einführung von Bildungsstandards findet breite Zustimmung

Der Befund, wonach die befragten Lehrer die nationalen Bildungsstandards eher ignorieren als für das eigene Lehrerhandeln akzeptieren, steht in erheblichem Spannungsverhältnis zu der Bedeutung, die sie dem Reformprozess grundsätzlich zumessen. Die Entwicklung bundesweiter Bildungsstandards ist demnach auch innerhalb der Lehrerschaft durchaus konsensfähig. 69 Prozent aller Befragten bezeichneten deren Einführung im Rahmen der Umfrage als notwendig, wenn nicht sogar als sehr notwendig. Lediglich 11 Prozent zeigten sich als von der Notwendigkeit der Reform nicht überzeugt. Es scheint in der Lehrerschaft also durchaus eine breite Zustimmung für eine Revision und nationale Fundierung von Bildungsinhalten zu geben.

Steuerungstheoretisch stellt sich die Frage, wie die Diskrepanz zwischen allgemein zugebilligter Bedeutung auf der einen, offensichtlicher Nichtkenntnis beziehungsweise Nichtnutzung der verabschiedeten Bildungsstandards auf der anderen Seite zu erklären ist, und welche Faktoren die Zustimmung und das Nutzungsverhalten der Lehrerschaft bestimmen. Auf der Basis der bisherigen Erkenntnisse lassen sich folgende Hypothesen aufstellen:

• Wesentlichen Einfluss dürften zum einen die Bundesländer nehmen, die für die Implementation der Bildungsstandards verantwortlich sind. Sie begegnen dieser Aufgabe mit je individuellen, durchaus unterscheidbaren Implementationsmodellen. Es ist davon auszugehen, dass die Implementationsprozesse die Form der Rezeption und Nutzung der Bildungsstandards maßgeblich bestimmen. Allerdings sind in diesem Kontext auch die verschiedenen Lehrplantraditionen zu berücksichtigen, die sich seit Ende der 1940er Jahre in den jeweiligen Bundesländern ausgebildet haben.

• Es scheint wahrscheinlich, dass die Kenntnis der Bildungsstandards eng mit der Zustimmung und Nutzung von Bildungsstandards korreliert. Im Zuge von Reformprozessen ist die Information und Überzeugung der lokalen Akteure wesentliche Grundvoraussetzung einer jedweden Reform im Bildungswesen (vgl. Zlatkin-Troitschanskaia, 2006). Dies lenkt die Aufmerksamkeit auf die Arbeit der Unterstützungssysteme.

• Zu klären wären schließlich auch der Einfluss von Alter und Berufserfahrung. Hier bedürfte es gegebenenfalls individueller, alters- und berufsbiografisch spezifischer Informations- und Vermittlungskonzepte. Apostrophiert sind auch hier die Unterstützungssysteme.

5.   Lehrer fühlen sich bei der Umsetzung der Reform nicht ausreichend unterstützt

Die Notwendigkeit, die Wege der – länderindividuellen – Implementation in den Blick zu nehmen, bestätigt sich auch insofern, als sich die Mehrheit der befragten Lehrer zumindest bislang im Zuge des Reformprozesses nicht hinreichend unterstützt fühlen. 70 Prozent gaben an, im Schulalltag lediglich unzureichende Hilfen bei der Umsetzung der nationalen Bildungsstandards zu erhalten; lediglich 5 Prozent sind mit der gewährten Unterstützung zufrieden.

Auch die Qualität der Information, die sie im Zuge der Vermittlung der Standardinhalte erhalten haben, bezeichnen die Pädagogen als allenfalls durchschnittlich. Positiv beurteilt werden lediglich die durch die Schulleitungen erteilten Informationen. Die Vermittlungsarbeit von Kollegen und Studienseminaren sowie die Qualität von allgemein zugänglichen Informationen erfährt eine lediglich durchschnittliche Bewertung. Die Rückmeldungen über die Arbeit der Schulämter und Bezirksregierungen, der Landesinstitute, des Landesministeriums sowie der Kultusministerkonferenz fällt sogar deutlich negativ aus (vgl. Tab. 3).

Tab. 3: „Wie beurteilen Sie die Qualität der Arbeit, die die folgenden Akteure bei der Vermittlung der Inhalte der nationalen Bildungsstandards geleistet haben?"

(1) sehr gering; (5) sehr hoch

Qualität der Information	N	Minimum	Maximum	Mittelwert
Schulleitung	33	1	5	3,48
Lehrerkollegen	33	1	5	3,06
Studienseminar	21	1	5	3,05
Presse/Medien/Internet	41	1	5	2,8
Schulamt / Bezirksregierung	30	1	4	2,6
Landesinstitut	19	1	5	2,58
Schul-/Bildungsministerium	24	1	5	2,38
Kultusministerkonferenz	20	1	5	2,2

Filter: keine

Die Befragungsergebnisse erwecken jedoch den Eindruck, als seien sie weniger ein Spiegel der tatsächlich geleisteten Vermittlungsarbeit als vielmehr der Ausdruck eines diffusen Gefühls unzureichender Information. Denn wenngleich die Ergebnisse aufgrund der geringen Fallzahlen nur noch schwer zu interpretieren sind, zeichnet ein Blick auf die Rückmeldungen der tatsächlichen Informationsempfänger doch ein deutlich positiveres Bild. Gute Bewertungen erhalten demnach neben den Schulleitungen auch die Landesinstitute, die Lehrerkollegen und die Studienseminare, leicht positive Bewertungen das Schulamt beziehungsweise die Bezirksregierung. Lediglich durchschnittliche bis unterdurchschnittliche Werte erzielen das Schulministerium und die Kultusministerkonferenz (vgl. Tab. 4).

Tab. 4: „Wie beurteilen Sie die Qualität der Arbeit, die die folgenden Akteure bei der Vermittlung der Inhalte der nationalen Bildungsstandards geleistet haben?"

(1) sehr gering; (5) sehr hoch

Qualität der Information	N	Minimum	Maximum	Mittelwert
Schulleitung	22	2	5	4
Lehrerkollegen	16	3	5	3,75
Studienseminar	7	3	4	3,86
Presse/Medien/Internet	27	1	5	3,07
Schulamt / Bezirksregierung	13	1	4	3,15
Landesinstitut	4	4	5	4,5
Schul-/Bildungsministerium	11	1	5	2,82
Kultusministerkonferenz	2	2	3	2,5

Filter: tatsächliche Informationsempfänger

Während die Qualität der Informationen also durchaus positiv beurteilt wird, legen die Befragungsergebnisse doch Defizite in der Zielgruppenerreichung nahe. Offensichtlich begegnet ein durchaus relevanter Prozentsatz der Lehrer dem bereitgestellten Informationsangebot nicht nur mit einer deutlich reduzierten Erwartungshaltung, sondern kann auf den etablierten Verwaltungswegen auch nicht hinreichend erreicht werden.

In der Tat bezeichnet die Mehrzahl der befragten Lehrer die bisherige Informations-
vermittlung als verbesserungswürdig. 63 Prozent bemerkten, es setzte sehr viel Eigen-
initiative voraus, sich über die aktuellen Lehrpläne und Bildungsstandards zu informieren; lediglich 16 Prozent waren eindeutig anderer Meinung.

Dabei bezieht sich das Gefühl unzureichender Unterstützung ausdrücklich auch
auf die Umsetzung der neuen Lehrpläne. Zwar wird die Unterstützungsleistung im
Vergleich zur Vermittlung der Bildungsstandards insgesamt positiver beurteilt. Doch
sind auch hier nur 33 Prozent mit der gewährten Unterstützung zufrieden; 37 Prozent
äußerten den Eindruck unzureichender Hilfe.

Wie im Zuge der Vermittlung der Bildungsstandards, lässt sich auch bei der Lehr-
planvermittlung eine deutliche Diskrepanz zwischen vermuteter und tatsächlich erfah-
rener Informationsqualität konstatieren. Während die Mehrheit der Befragten von einer
allenfalls durchschnittlichen Informationsgüte ausgeht, beurteilen die tatsächlichen
Informationsempfänger die Arbeit der jeweiligen Akteure erneut deutlich positiver. Sie
registrieren die bestehenden Angebote sogar mit weitgehender Zufriedenheit (vgl. Tab.
5). Augenscheinlich steht auch hier einer weitgehenden Uninformiertheit ein gutes,
doch wenig genutztes Informationsangebot gegenüber.

Tab. 5:   Wie beurteilen Sie die Qualität der Arbeit, die die folgenden Akteure bei der
           Vermittlung der Inhalte der Lehrpläne geleistet haben?

(1) sehr gering; (5) sehr hoch

Qualität der Information	N	Minimum	Maximum	Mittelwert
Studienseminar	12	3	5	4,42
Schulleitung	48	2	5	3,94
Landesinstitut	4	3	5	4
Lehrerkollegen	42	2	5	3,88
Kultusministerkonferenz	3	3	4	3,33
Schul-/Bildungsministerium	14	1	5	3,29
Schulamt / Bezirksregierung	31	1	5	3,13
Presse/Medien/Internet	26	1	5	2,92

Filter: tatsächliche Informationsempfänger

6.   Vorstellungen von „guten" und hilfreichen Standards

Die Akzeptanz, die nationale Bildungsstandards und neue Lehrpläne in der Lehrerschaft finden, ist eng mit der Frage verbunden, ob sie von den Lehrern als nützlich
und hilfreich empfunden werden. Die Befragung bemühte sich deshalb auch um eine
Annäherung in der Frage, wie „gute" und hilfreiche Standards aus Lehrersicht beschaffen sein müssen.

Dabei thematisierte sie zunächst das Verhältnis von Kompetenz- und Inhalts-
standards. Die Kultusministerkonferenz hat bei der Erarbeitung der nationalen
Bildungsstandards ein erhebliches Schwergewicht auf die Formulierung von Kompetenzstandards gelegt. Auch die überarbeiteten Lehrpläne zeichnen sich deutlicher als
ihre Vorgänger durch eine Fokussierung auf angestrebte Kompetenzvermittlungen aus –
eine Entwicklung, die bei der Mehrheit der befragten Lehrer durchaus auf Zustimmung

stößt. So erklärten 80 Prozent, sie hielten die Festschreibung von Kompetenzen für wichtig; lediglich 5 Prozent hielten sie für weniger wichtig (vgl. Tab. 6).

Allerdings zeichnen sich Differenzen in der Frage der Wertigkeit der Lehrplaninhalte ab. Während die aktuellen Reformbemühungen auf ein Ersetzen bisheriger Inhalts- durch Kompetenzstandards zielen, betonen 77 Prozent der befragten Lehrer, sie hielten nach wie vor auch inhaltliche Festschreibungen für wichtig (vgl. Tab. 6). Die Vermittlung von Kompetenzen und Inhalten scheint den Pädagogen als weitgehend gleichrangige Aufgabe.

Tab. 6:   Wenn Sie an Bildungsstandards oder Lehr- und Bildungspläne denken: Für wie wichtig halten Sie die Festschreibung von…

	zu erreichenden Kompetenzen		zu vermittelnden Inhalten	
	Häufigkeit	Prozent	Häufigkeit	Prozent
(1) gar nicht wichtig	0	0	1	1
(2)	4	5	6	8
(3)	11	15	10	14
(4)	29	39	33	45
(5) sehr wichtig	30	41	24	32
Gesamt	**74**	**100**	**74**	**100**

Filter: ohne „weiß nicht"

Aus Lehrersicht „gute" Bildungsstandards und Lehrpläne zeichnen sich demnach augenscheinlich durch eine gleichgewichtige Kombination beider Standardformen aus; die momentan vorgenommene Fokussierung auf Kompetenzstandards wäre vor diesem Hintergrund eventuell zu überdenken.

Gleiches gilt für die Form der Lehrplanformulierungen. Den Bundesländern stellt sich im Zuge der Reform die Aufgabe, neue, auf den nationalen Bildungsstandards basierende Lehrpläne zu entwickeln. Dabei vollzieht sich die Umsetzung der nationalen Vorgaben länderindividuell durchaus unterschiedlich: Während einige Bundesländer zu ausführlichen inhaltlichen Illustrationen neigen, bemühen sich andere Bundesländer um Kürze und Prägnanz. Bislang ist weitgehend unklar, welches Verfahren eine höhere Orientierungsfunktion für Lehrer übernimmt.

Um erste Hinweise auf möglichst gelungene Umsetzungen von Bildungsstandards zu erhalten, enthielten die Fragebögen deshalb mehrere Umsetzungsbeispiele, die den Deutsch-Lehrplänen dreier Bundesländer für die Sekundarstufe I entnommen und den jeweiligen Bildungsstandards synoptisch zugeordnet waren. Die Lehrer wurden nunmehr gebeten, die einzelnen Umsetzungsbeispiele zu bewerten. Dabei lassen sich zumindest einige Tendenzen ausmachen. So lässt die Bewertung der Umsetzungen „Grundregeln der Zeichensetzung sicher beherrschen" (Tab. 7) eine Präferenz für kurze, prägnante Formulierungen vermuten.

Tab. 7:   Umsetzungen des Bildungsstandards „Grundregeln der Zeichensetzung sicher beherrschen"

Umsetzung 1	Umsetzung 2	Umsetzung 3
Die Satzzeichen bei der Satzreihe und beim Satzgefüge (Konjunktionalsatz/ Relativsatz), [sic] sowie bei der wörtlichen Rede richtig setzen.	Die Schüler kennen und beachten satzbezogene Regelungen. (Satzschlusszeichen, Kommasetzung bei Aufzählungen, Zeichensetzung in der wörtlichen Rede).	Kennen der Zeichensetzung im einfachen Satz (Aufzählung), in zweigliedrigen Satzgefügen und bei direkter Rede (voran- und nachgestellte sowie eingeschobene Begleitsätze). Beherrschen der Zeichensetzung in einfachen Aufzählungen und zweigliedrigen Satzgefügen (Satzbilder; Differenzierung: obligatorische und fakultative Kommas): Merkmale von Haupt- und Nebensätzen, Konjunktionen, Relativpronomen (verbindende, entgegenstellende Konjunktionen), dass/das

Auf die Frage, wie hilfreich sie die jeweiligen Lehrplanangaben fänden, erreich-
te Umsetzung 1 den höchsten Grad an Zustimmung. Umsetzung 3 empfanden die
Lehrer als am wenigsten hilfreich, obgleich sie das ausführlichste und illustrierendste
Umsetzungsbeispiel darstellte (vgl. Tab. 8).

Tab. 8:   „Wir möchten Sie bitten, einzuschätzen, wie hilfreich Sie jede dieser Umsetzungen
für Ihre eigene Unterrichtsplanung finden."

(1) gar nicht hilfreich; (5) sehr hilfreich

Umsetzung 1	Umsetzung 2	Umsetzung 3
N = 67	N = 67	N = 67
Minimum: 1	Minimum: 1	Minimum: 1
Maximum: 5	Maximum: 5	Maximum: 5
Mittelwert: 3,78	Mittelwert: 3,31	Mittelwert: 3,27

Eine generelle Bevorzugung kurzer und prägnanter Lehrplanformulierungen lässt sich
aus diesem Ergebnis jedoch nicht ableiten. Im Gegenteil lässt die Bewertung der übrigen im Fragebogen präsentierten Standardumsetzungen eher auf einen erhöhten
Bedarf nach Konkretisierung und Illustration schließen. Beispielhaft sei hier auf die
Bewertung der Umsetzungen des Bildungsstandards „produktive Methoden anwenden"
verwiesen (vgl. Tab. 9).

Tab. 9:   Umsetzungen des Bildungsstandards „produktive Methoden anwenden" (Kl. 5/6)

Umsetzung 1	Umsetzung 2	Umsetzung 3
[Die Schüler] gestalten Geschichten nach, formulieren sie um, produzieren Texte mithilfe vorgegebener Textteile (z.B. bildliche Elemente: Comics, Fotostory; als Ergänzung von Texten – Kinder- und Jugendbücher; Sprachspiele, konkrete Poesie; Plakat, Folien, Texte in geeigneter Form medial präsentieren). Sie verfassen Texte nach Textmustern (z.B. Märchen und Fabeln), entwickeln fremde Texte weiter, schreiben sie um und verfremden sie (z.B. durch Perspektivwechsel, neuen Schluss).	mit Texten produktiv umgehen (weitererzählen, ausgestalten, umgestalten)	Gestaltendes Erschließen von Handlung, Figuren und deren Konflikten (Perspektivwechsel, umschreiben, weiterschreiben, neues Kapitel einfügen, Brief, E-Mail an eine Figur, Tagebucheintrag, Steckbrief, Rollenspiel oder Standbild zur Figurenkonstellation)

Die denkbar knappe Umsetzung 2 bezeichneten die Befragten zwar immer noch als hilfreich; offensichtlich ist sie konkret genug, um den Lehrern eine Vorstellung von den zu erwerbenden Kompetenzen zu vermitteln. Doch zeichnet sich – im Gegensatz zum vorher diskutierten Bildungsstandard – eine klare Bevorzugung der ausführlichen, noch dazu mit Beispielen versehenen Lehrplanformulierungen ab (vgl. Tab. 10).

Tab. 10: „Wir möchten Sie bitten, einzuschätzen, wie hilfreich Sie jede dieser Umsetzungen für Ihre eigene Unterrichtsplanung finden."

(1) gar nicht hilfreich; (5) sehr hilfreich

Umsetzung 1	Umsetzung 2	Umsetzung 3
N = 70	N = 70	N = 70
Minimum: 1	Minimum: 1	Minimum: 1
Maximum: 5	Maximum: 5	Maximum: 5
Mittelwert: 3,79	Mittelwert: 3,17	Mittelwert: 3,71

Die bisherigen Daten gestatten keine generalisierenden Aussagen zur Erklärung der divergierenden Bewertungsverhalten. Es scheint jedoch wahrscheinlich, dass mit dem zweitgenannten Bildungsstandard („produktive Methoden anwenden") ein deutlich höherer Erklärungsbedarf verbunden ist, als dies in Bezug auf den Bildungsstandard „Grundregeln der Zeichensetzung sicher beherrschen" der Fall ist. Möglicherweise haben Lehrer aus Studium und Unterrichtspraxis durchaus konkrete Vorstellungen davon, was es bedeutet, Schülern die „Satzzeichen bei der Satzreihe und beim Satzgefüge (Konjunktionalsatz/Relativsatz) sowie bei der wörtlichen Rede" zu vermitteln, während sie bei anderen Lehrplanformulierungen auf weitere Erläuterungen angewiesen wären.

In diesem Fall ließe sich die Frage nach der „richtigen" Länge und dem notwendigen „Grad" der Illustrationen nicht allgemeingültig beantworten, sondern wäre jeweils individuell und unter Berücksichtigung des – durchaus variierenden – Fachwissens der Lehrer zu entschieden. Sie wäre zugleich immer auch ein Balanceakt: ein Austarieren zwischen der Formulierung kurzer, kaum mehr verständlicher Lehrplanskizzen sowie ausführlicher, aufgrund ihres Umfanges jedoch kaum mehr genutzter Lehrplankataloge.

Dabei bezieht sich die Notwendigkeit, den Grad der anzustrebenden Eindeutigkeit exakter zu fixieren, nicht allein auf die innerhalb einer Jahrgangsstufe zu vermittelnden Kompetenzen und Inhalte. Die Kultusministerkonferenz hat die nationalen Bildungsstandards als abschlussbezogene Standards formuliert. Sie beschreiben demnach, was ein Schüler zum Ende einer bestimmten Schulphase wissen und können sollte. Die Frage, wie, in welcher Abfolge und in welcher Form die Kompetenzen innerhalb dieser Zeit entwickelt werden sollen, klären sie jedoch nicht.

Den Bundesländern stellt sich deshalb im Zuge der Lehrplanarbeit die Aufgabe, eine feinere Stufung der erwarteten Kompetenzentwicklungen und des zu vermittelnden Stoffes zu entwickeln. Die meisten Bundesländer nehmen eine Bündelung der Lehrplaninhalte nach jeweils zwei Jahrgangsstufen vor, andere beschreiben Kompetenzen und Inhalte ausdrücklich für jede einzelne Jahrgangsstufe. Tabelle 11 illustriert dies am Beispiel des Bildungsstandards „Wortarten kennen und funktional gebrauchen".

Tab. 11: Umsetzung des Bildungsstandards „Wortarten kennen und funktional gebrauchen"

Jgst.	Umsetzung 1	Umsetzung 2	Umsetzung 3

5	Sie unterscheiden Wortarten, erkennen und untersuchen deren Funktion und bezeichnen sie terminologisch richtig. (Artikel, Nomen, Verb, Adjektiv, Pronomen, Konjunktionen)	Kennen von Form und Funktion der Wortarten
		• Verb (Konjugation von Vollverben und Hilfsverben)
		• Infinitiv, Partizip II (Leitformen, regelmäßige starke und schwache Verben und unregelmäßige Verben)
		  • Imperativ
		  • Präsens, Perfekt, Präteritum, Futur I [...]
		• Substantive und Artikel (Deklination nach Genus, Kasus, Numerus)
		• Adjektive und ihre Steigerungsstufen (Positiv, Komparativ, Superlativ)
		• Personal-, Possessivpronomen
			die flektierten Grundwortarten unterscheiden und sie ihren Funktionen entsprechend korrekt im Satz verwenden;

6		Beherrschen von Wissen über Form und Funktion der Wortarten
		• Verb
		  • Partizip I
		  • Plusquamperfekt (Differenzierung: Futur II)
		  • Aktiv und Passiv (Differenzierung: Passiv im Plusquamperfekt)
		• Substantiv, Adjektiv, Pronomen	

7	Sie kennen die verschiedenen Wortarten und gebrauchen sie sicher und funktional. (Artikel, Nomen, Verb, Adjektiv, Pronomen, Adverb, Konjunktion, Präposition)	Beherrschen von Form und Funktion der Wortarten (Schwerpunkte nach Lernausgangslagen; Differenzierung: Partikel und Numerale)	die Wortarten unterscheiden und verwenden sie [die Schüler] ihren Funktionen entsprechend korrekt im Satz;
8		• Beherrschen von Form und Funktion der Wortarten (Zeitformen des Verbs: Vor-, Nach-, Gleichzeitigkeit; Umformübungen) • Kennen von Form und Funktion der Modalverben und des Konjunktivs	
9	– keine Angaben –	Anwenden von Wissen über flektierbare und unflektierbare Wortarten (funktionaler Gebrauch)	– keine Angaben –

Die Umfrage stellte den Lehrern die Frage, wie sehr ihnen diese Umsetzungen beim Verständnis der erwarteten Kompetenzentwicklung helfen würden. Dabei votierte eine eindeutige Mehrheit für das Beispiel 2, das als einziges eine Stufung nach Jahrgangsstufen vornimmt. Mit einem Mittelwert von 3,91 auf einer Fünferskala erzielte es die besten Werte, die zweitbeste Beurteilung erhielt – wenn auch mit deutlichem Abstand – Umsetzung 1 (vgl. Tab. 12).

Tab. 12: „Wir möchten Sie nun bitten, einzuschätzen, wie sehr Ihnen diese Umsetzungen beim Verständnis der erwarteten Kompetenzentwicklung helfen."

(1 = gar nicht hilfreich; 5 = sehr hilfreich)

Umsetzung 1	Umsetzung 2	Umsetzung 3
N = 67	N = 67	N = 67
Minimum: 1	Minimum: 1	Minimum: 1
Maximum: 5	Maximum: 5	Maximum: 5
Mittelwert: 3,06	Mittelwert: 3,91	Mittelwert: 1,81

Insgesamt hielten 76 Prozent der Befragten die jahrgangsstufenbezogene Umsetzung für hilfreich, 43 Prozent das Umsetzungsbeispiel 1. Keine wesentliche Orientierungsfunktion kommt offensichtlich Beispiel 3 zu (vgl. Tab. 13).

Tab. 13: „Wir möchten Sie nun bitten, einzuschätzen, wie sehr Ihnen diese Umsetzungen beim Verständnis der erwarteten Kompetenzentwicklung helfen. Umsetzung [x] fand ich…"

	Umsetzung 1		Umsetzung 2		Umsetzung 3	
	Häufigkeit	Prozent	Häufigkeit	Prozent	Häufigkeit	Prozent
(1) gar nicht hilfreich	6	9	4	6	32	48
(2)	23	34	3	4	23	34
(3)	9	13	9	13	7	10
(4)	19	28	30	45	3	4
(5) sehr hilfreich	10	15	21	31	2	3
Gesamt:	**67**	**100**	**67**	**100**	**67**	**100**

Auch in Bezug auf die Stoffverteilung erzielte die jahrgangsstufenbezogene Lehrplanformulierung die höchste Zustimmung. Auf die konkrete Frage, welche der drei Umsetzungen sie am meisten in ihrem Lehrerhandeln unterstützen würden, votierten 83 Prozent der Befragten für Umsetzung 2. 17 Prozent würden einer an einem Zwei-Jahres-Rhythmus orientierten Stufung den Vorzug geben, sprechen sich jedoch auch hier für das inhaltlich konkretere Beispiel aus. Für Beispiel 3 votierte im direkten Vergleich keiner der Befragten.

7. Schlussbemerkungen

Die Befragung offenbart zwei wesentliche Befunde: Zum einen zeigt sie, dass – trotz durchaus positiver Grundeinstellung gegenüber den nationalen Bildungsstandards – offensichtlich erhebliche Vorbehalte gegen die bisherige Form der Standardimplementierung existieren. Dieser Befund bezieht sich auf weite Teile der befragten Lehrerschaft. Offensichtlich ist es den Unterstützungssystemen bislang nicht hinreichend gelungen, die Skeptiker und Kritiker der Reform zu erreichen. Aus Steuerungssicht erscheint dies als hoch problematisch.

Zum zweiten zeigt die Untersuchung, dass den nationalen Bildungsstandards durch die Notwendigkeit ihrer Interpretation und Übersetzung in Lehrpläne nur eine bedingt normierende Funktion und eine allenfalls geringe Steuerungswirkung zukommt. Im Gegenzug erwächst den mit der Lehrplanarbeit betrauten Bundesländern eine erhebliche Verantwortung für das Gelingen der Reform. Zwar ist bislang noch unklar, welchen Einfluss die konkreten inhaltlichen Formulierungen der Umsetzungsbeispiele im Rahmen der hier präsentierten Befragung auf das Abstimmungsverhalten genommen haben, und welche verallgemeinernden Rückschlüsse die Befragung hinsichtlich der Präferenzen der Lehrer erlaubt. Die Ergebnisse zeigen jedoch deutlich auf, dass die Frage der Lehrplanformulierung für die Akzeptanz des Steuerungselementes von erheblicher Bedeutung ist.

Damit ist die Aufmerksamkeit auf zwei Phasen der Reform gelenkt: die Lehrplanarbeit und die Arbeit der Unterstützungssysteme. Mit Blick auf die bildungspolitische Bedeutung der Standardreform und die im Zuge dieser Befragung lediglich angedeuteten Umsetzungsschwierigkeiten scheint eine intensivere wissenschaftliche Begleitung der weiteren Reform als unerlässlich.

Literatur

Kerstan, T. (2006). Ein kleines Wunder. *DIE ZEIT, 42.*

Mayntz, R. (1987). Politische Steuerung und gesellschaftliche Steuerungsprobleme – Anmerkungen zu einem theoretischen Paradigma. In: Ellwein, T., Hesse, J. J., Mayntz, R. & Scharpf, F. W. (Hrsg.): *Jahrbuch zur Staats- und Verwaltungswissenschaft. Band 1* (S. 89–111). Baden-Baden: Nomos.

Sekretariat der Ständigen Konferenz der Kultusminister der Länder in der Bundesrepublik Deutschland (Hrsg.) (2005). *Bildungsstandards der Kultusministerkonferenz. Erläuterungen zur Konzeption und Entwicklung.* München, Neuwied/Luchterhand.

Vollstädt, W., Tillmann, K.-J., Rauin, U., Höhmann, K. & Tebrügge, A. (1999). *Lehrpläne im Schulalltag. Eine empirische Studie zur Akzeptanz und Wirkung von Lehrplänen in der Sekundarstufe I.* Opladen: Leske + Budrich.

Zlatkin-Troitschanskaia, Olga (2006). *Steuerbarkeit von Bildungssystemen mittels politischer Reformstrategien. Interdisziplinäre theoretische Analyse und empirische Studie zur Erweiterung der Autonomie im öffentlichen Schulwesen.* Frankfurt/M.: Peter Lang.

Erich Hauer

Aller Anfang ist schwer! – Der Entwicklungsprozess von automationsunterstützten Tests am Beispiel der österreichischen Bildungsstandards für „Wirtschaft & Recht"

Abstract

Der vorliegende Beitrag beschreibt die Erfahrungen und theoretischen Reflexionen eines Projektes, welches eine automatisierte Testung von Schülerkompetenzen mittels einer an der WU Wien entwickelten und eingesetzten Lernmanagement-Software zum Ziel hatte. Die Erkenntnisse aus dem Erstellungsprozess spiegeln die generelle Problematik wider, wenn auf Basis von verbal formulierten Bildungsstandards Testbeispiele erstellt werden sollen.

1. Bildungsstandards – der Entwicklungsstand an österreichischen berufsbildenden Schulen

Infolge einer anhaltenden Qualitätsdebatte um Schule und Unterricht wurde die Festlegung von Bildungsstandards u.a. von der „Zukunftskomission" als „eine Reformmaßnahme höchster Priorität" empfohlen (Haider, Eder, Specht & Spiel, 2003, S. 8). Seit dem Jahr 2005 werden im österreichischen berufsbildenden Schulwesen Bildungsstandards in zahlreichen domänenspezifischen Arbeitsgruppen entwickelt. Das berufsbildende Schulwesen in Österreich befindet sich auf der Sekundarstufe 2 und teilt sich in zwei Bereiche: Zum einen in dreijährige Fachschulen, die von der 9. bis zur 12. Schulstufe führen. Diese werden als „Berufsbildende Mittlere Schulen (bms)" bezeichnet. Zum anderen fünfjährige Ausbildungszweige (9. bis 14. Schulstufe), die mit der „Matura", also dem Äquivalent zum deutschen Abitur, abschließen und somit die Berechtigung zum Beginn eines Universitätsstudiums bieten. Andererseits qualifizieren diese aber auch für bestimmte berufliche Tätigkeiten. Dieser Schultyp wird als „Berufsbildende Höhere Schulen (bhs)" bezeichnet, wobei die Ausbildungstypen sowohl im technischen (Höhere Technische Lehranstalten), im kaufmännischen (Handelsakademien) bzw. im humanwirtschaftlichen Bereich (z.B. Höhere Lehranstalten für Wirtschaftliche Berufe) liegen.

Im österreichischen berufsbildenden Schulwesen werden Standards derzeit lediglich für die Berufsbildenden Höheren Schulen entwickelt, wobei zwei unterschiedliche Projekte verfolgt werden: Zum einen werden Standards quer über alle berufsbildenden Schulformen entwickelt, zum anderen werden für die jeweilige Schulform (z.B. HAK, HTL etc.) eigene spezifische Standards formuliert. Bei ersteren tritt die Problematik auf, dass durch die sehr heterogenen Schulformen das Abbilden eines einheitlichen Leistungsniveaus im Finden eines gemeinsamen Nenners der jeweiligen Domäne quer über die verschiedenen Schularten mündet (vgl. BMUKK, 2007, S. 10). Dies wird

durch den doppelten Bildungsauftrag, den die BMHS in Österreich zu erfüllen haben
– nämlich sowohl die Studierfähigkeit als auch die Berufsfähigkeit sicher zu stellen –
noch verstärkt (Hauer & Stock, 2006, S. 36). Hinsichtlich des Erstellungsprozesses wurde in den jeweiligen Domänen (Deutsch, Englisch, Mathematik, Naturwissenschaften,
Informatik und Wirtschaft & Recht) Kompetenzmodelle entwickelt und die zu erreichenden Ziele in Form von Deskriptoren formuliert (vgl. BMUKK, 2007, S. 6).
Darauf basierend wurde in Phase 2 „eine größere Anzahl von Unterrichtsbeispielen
ausgearbeitet", welche die Deskriptoren verdeutlichen und somit standardorientierten Unterricht ermöglichen sollen (vgl. BMUKK, 2007, S. 6). Phase 3 soll eine
möglichst breite Diskussion über die Standards beinhalten, wobei die Ergebnisse und
Erfahrungen von ausgewählten Pilotschulen an die Arbeitsgruppen zurückgemeldet
werden sollen. Schließlich soll in Phase 4 die „Erarbeitung von Testinstrumenten zur
Evaluierung von Lernergebnissen" erfolgen (vgl. BMUKK, 2007, S. 6). Die bisher formulierten Standards stellen „Regelstandards" dar und sollen in der 13. Schulstufe, also
im Abschlussjahrgang der Berufsbildenden Höheren Schulen, evaluiert werden (vgl.
BMUKK, 2007, S. 11).

2.   Projekthintergrund

Um die Phase der Testerstellung für die Domäne Wirtschaft zu simulieren und in
Folge Erkenntnisse daraus für die Standard-Testung zu gewinnen, wurde im Auftrag
des BMUKK, Sektion II im Jahr 2006 ein Projekt gestartet, welches die exemplarische
Testung von Kompetenzen an Handelsakademien zu Ende des dritten Jahrganges zum
Ziel hatte. Der Zeitpunkt wurde deswegen ausgewählt, da nach drei Jahren die wirt-
schaftliche Basisausbildung als abgeschlossen betrachtet werden kann.

Für das Projekt wurden aus den vorhandenen Standards der Arbeitsgruppe
„Wirtschaft & Recht" insgesamt fünf Deskriptoren ausgewählt, wofür jeweils sechs
Testbeispiele erstellt wurden. Somit wurde ein exemplarisches Testwerkzeug geschaf-
fen, das die Überprüfung der wirtschaftlichen Kompetenzen nach dem dritten Jahr-
gang der Handelsakademie ermöglicht. Daran angeschlossen sind detaillierte Feed-
backfunktionen für Schülerinnen, Schüler und Lehrende, sowie eine aggregierte
Auswertung über alle Testgruppen und Tests für die Schulverwaltung. Hinsichtlich der
Inhalte wurden folgende Deskriptoren ausgewählt:
*   Ich kann die Struktur der Bilanz und GuV-Rechnung anhand einfacher Fallbeispie-
    le darstellen!
*   Ich kann die Auswirkungen von Geschäftsfällen auf Vermögen und Kapital, Gewinn
    und Verlust beurteilen!
*   Ich kann mit vorgegebenen Daten einfache Kalkulationen durchführen!
*   Ich kann Deckungsbeiträge ermitteln und deren Bedeutung für unternehmerische
    Entscheidungen beurteilen!
*   Ich kann die rechtlichen Möglichkeiten bei nicht vertragskonformer Erfüllung von
    Kaufverträgen darstellen!

Die Erstellung der Testaufgaben wurde von einem fünfköpfigen Lehrer-Team vorge-
nommen, wobei die jeweiligen Beispiele in einem dreistufigen Prozess zuerst durch
Studierende der Studienrichtung Wirtschaftspädagogik an der WU Wien, dann durch
Lehrkräfte und schließlich durch Schülerinnen und Schüler evaluiert wurden. Die ver-

langten Änderungen wurden eingearbeitet bevor die jeweilige Aufgabe ins Testtool übernommen wurde.

Im Rahmen der Testerstellung ging es nicht darum, kurzfristig verfügbares und hoch spezialisiertes Wissen für die nächste Schularbeit oder den nächsten Test abzuprüfen, sondern es wird das Augenmerk auf „langfristig verfügbare Kompetenzen" gelegt (Heugl, 2005, S. 3).

Verbal formulierte Bildungsstandards (= Deskriptor) sollten derart gestaltet sein, dass sie „präzise, verständlich und fokussiert die wesentlichen Ziele der pädagogischen Arbeit, ausgedrückt als gewünschte Lernergebnisse der Schülerinnen und Schüler" benennen (Klieme, Avenarius, Blum, Döbrich, Gruber, Prenzel, Reiss, Riquarts, Rost, Tenorth & Vollmer, 2003, S. 9). Auf die Qualität der vorliegenden Deskriptoren wurde kein Einfluss genommen. Darüber hinaus waren pro Deskriptor auch ein oder mehrere prototypische Beispiele vorhanden, welche eine konkrete Aufgabenstellung darstellen und der „Unterstützung der konkreten Unterrichtsarbeit" der Lehrkräfte dienen sollen (Lucyshyn, 2006, S. 7). Auch die Qualität dieser Beispiele wurde als gegeben erachtet.

3. Entscheidungsprozess im Vorfeld der Entwicklung von Testitems

Im Rahmen dieses Artikels steht nicht die detaillierte Beschreibung des vorliegenden Testinstrumentes im Vordergrund, sondern vor allem jene Erkenntnisse, die eine Abstraktion und somit die Anwendbarkeit auf andere Domänen erlauben. Diese Erkenntnisse werden in Form von Fragen formuliert, die als Diskussionsgrundlage für etwaige Entscheidungen im Rahmen der Erstellung eines Testinstrumentes dienen.

3.1 Entscheidung 1: Welches Ziel soll mit der Testung erreicht werden?

Der Begriff „Bildungsstandard" beinhaltet grundsätzlich die Konstruktion von validen Aufgaben und deren empirische Überprüfung, um über das Erreichen des Standards Auskunft zu geben (vgl. Heymann, 2004, S. 8; Horstkemper, 2005, S. 7). Nach erfolgter Testung soll mit einer gesicherten Wahrscheinlichkeit darüber Auskunft gegeben werden, ob Schüler in einem abgegrenzten inhaltlichen Bereich über eine bestimmte Kompetenz verfügen. Doch welche Schlussfolgerungen sollen aus der Testung noch gezogen werden? Genügt es der Schulbehörde bzw. der Lehrkraft beispielsweise zu wissen, wie hoch der Anteil jener Schüler ist, die über diese Kompetenz verfügen bzw. nicht verfügen, womit der originäre Auftrag an das Standardkonzept, nämlich als Instrument für die Schulverwaltung zu dienen, erfüllt wäre? Es wäre allerdings auch denkbar und vernünftig, eine möglichst exakte Diagnose über die Problembereiche der Schüler zu erhalten, damit die Lehrkraft diese dementsprechend im weiteren Unterricht berücksichtigen kann, womit der Forderung Kliemes nach einer optimalen Förderung von schwächeren Schülern Folge geleistet werden könnte (Klieme, 2004, S. 50).

Die Entscheidung über die Zieldimension ist deswegen von großer Bedeutung, da sie sowohl die Regeln für die Gestaltung der Testitems selbst, als auch die Art der Rückmeldung durch das System wesentlich beeinflusst.

3.2   Entscheidung 2:Welchen Umfang bzw. welche Zeitdauer soll die Testung umfassen?

Wird der Forderung von Klieme Rechnung getragen, wonach Standards kein isoliertes Fachwissen abfragen, sondern die „Behandlung von Fällen" beinhalten, so müssen auch die Testbeispiele möglichst fallartig aufgebaut sein und hohen Praxisbezug aufweisen (Klieme et al., 2003, S. 89). Dies stellt die Basis für die nächste Entscheidung dar, nämlich wie viele Testbeispiele die Schülerin zu absolvieren hat, bevor daraus der Schluss gezogen werden kann, dass die Probandin über ein bestimmtes Kompetenzniveau in einem genau definierten Inhaltsbereich verfügt oder nicht. Denn sinnvollerweise sollte eine Aussage über eine bestimmtes Kompetenzniveau nicht aufgrund der Beantwortung eines Testitems erfolgen. Die Anzahl und die Länge der Testitems, wobei sich Letztere durch die Notwendigkeit eines möglichst fallartigen und praxisnahen Aufbaus ergibt, bedingt schließlich die Dauer der Testung eines Standards. Im Rahmen unseres Projektes einigte sich die Kerngruppe auf sechs Testitems, die zu einem Standard zu absolvieren sind, wobei die Testdauer zu einem bestimmten Standard (z.B. Bilanz und GuV) mit einer Unterrichtseinheit, also mit 50 min. veranschlagt wurde.

3.3   Entscheidung 3: Welchem grundsätzlichen Aufbau sollen Testitems folgen?

Die Testitems basieren auf verbalen Deskriptoren, die möglichst präzise den Standard verdeutlichen. Das zweidimensionale Kompetenzmodell im Bereich Wirtschaft & Recht sieht für jeden Inhalt ein bestimmtes Handlungsniveau auf fünf verschiedenen Stufen vor (wiedergeben, verstehen, anwenden, analysieren und entwickeln).

	Dimension „Handlung"				
	(A) Wiedergeben	(B) Verstehen	(C) Anwenden	(D) Analysieren	(E) Entwickeln
(1) Inhalt 1					
(2) Inhalt 2					
. . .					

Abbildung 1: Kompetenzmodell Wirtschaft & Recht in Anlehnung an: bm:ukk 2007, S. 13

Einigt man sich wie in unserem Fall auf sechs Testitems je Standard, so ist in der Folge festzulegen, ob für diese sechs Items ein stufenweiser Aufbau sinnvoll wäre. Wonach sollen sich aber die einzelnen Stufen definieren?

Eine denkbare Möglichkeit wäre, die Beantwortungsform oder den Aufgabenkontext zu variieren. Im Bereich der Beantwortungsformen könnte stufenweise zwischen z.B. Textfelder, Drop-down-Menüs, etc. gewechselt werden, um auszuschließen, dass evtl. Fehler eben durch diese verursacht wurden.

Eine Variation hinsichtlich des Aufgabenkontextes empfiehlt sich auf jeden Fall, da die Fehlerquelle „inhaltlicher Transfer" – d.h. Fehler aufgrund des unterschiedlichen außerschulischen Erfahrungshintergrundes der Schüler – ausgeschlossen werden soll (vgl. Fortmüller, 2006). Es zeigte sich auch, dass sich bei manchen Standards eine Zuordnung zu den einzelnen Stufen aufgrund des Inhaltes anbietet. Beispielsweise wäre der Standard „Ich kann mit vorgegebenen Daten einfache Kalkulationen durchführen!" rein inhaltlich wie folgt zu differenzieren: Stufe 1 – Bezugskalkulation; Stufe 2 – Absatzkalkulation, Stufe 3 – Differenzkalkulation.

Eine weitere naheliegende Option wäre die Orientierung an den Stufen des Kompetenzmodells selbst. Beispielsweise könnten drei Stufen angedacht werden, wobei die erste die Schüler an das Thema heranführt (Stufe Wiedergeben) und die weiteren zwei Stufen in der Folge ansteigen (siehe Abb. 1). Hierdurch wäre eine Orientierung an den unterschiedlichen Handlungsebenen gegeben.

3.4 Entscheidung 4: Wie determiniert das Medium die Testung?

Erfolgt eine Testung automationsunterstützt via PC, so hat des Medium Computer auf Form und Ausmaß der Angabe Einfluss. Unter „Angabe" werden hierbei die Ausgangsbedingungen verstanden, die man kennen muss, um die Aufgabe überhaupt lösen zu können. Andererseits wird auch der Lösungsprozess selbst durch den PC-Einsatz determiniert.

Wie bereits beschrieben, sollten die Testitems erstens fallartig konzipiert sein und zweitens auch hohen Praxisbezug aufweisen (vgl. Klieme et al., 2003, S. 89). Beschränkt man sich hierbei ausschließlich auf den Computer, d.h. die Schüler erhalten keine Informationen auf Papier, so lässt sich Komplexität im Sinne von hohem Realitätsbezug (z.B. eine reale Bilanz am Bildschirm inkl. Originalbelege) nur sehr schwer abbilden und noch schwerer handhabbar machen. Für komplexe Angaben ist somit eher die Papierform anzuraten. Soll jedoch auf Papier gänzlich verzichtet werden, so muss eine gewisse Reduktion der Komplexität der Aufgabe in Kauf genommen werden.

In Bezug auf den Lösungsprozess gilt es, die Frage zu klären, ob die Berechnung bzw. die Lösungsschritte auf Papier erfolgen sollen oder direkt auf dem PC. Werden die Lösungsschritte, Berechnungen etc. auf Papier durchgeführt, so könnte lediglich das Endergebnis in den Computer eingegeben werden, was den Vorteil hätte, dass die Fehlerquelle „Computer" minimiert würde. Entscheidet man sich dafür, lediglich das Endergebnis in den PC einzugeben, so kann in der Folge nur eine Aussage über richtig bzw. falsch getroffen werden. Ein Rückschluss auf die kognitive Fehlerquelle ist also nicht möglich.

Sollen ganze Berechnungen aber direkt am PC auf einer programmierten Oberfläche durchgeführt werden, bedingt dies umfangreichen Programmieraufwand. Somit ist zu Erkennen, dass die Entscheidung darüber sehr wesentlich von der Zielsetzung der

Testung (siehe Kap. 3.1) abhängt. D.h. genügt es, Auskunft über richtig bzw. falsch zu erhalten oder soll die Testung eine exakte Rückmeldung über die Defizite der Schüler liefern? Ein Mittelweg wäre, den Schülern auch die Möglichkeit zur Eingabe von Zwischenlösungen zu geben, wodurch man ihnen aber wiederum durch die bloße Benennung bzw. Namensbezeichnung des Feldes eine Hilfestellung bietet!

3.5 Entscheidung 5: Was ist der exakte Inhalt des Standards?

Die in Österreich geltenden Lehrpläne stellen Rahmenlehrpläne dar, die Unterrichtsinhalte lediglich sehr vage beschreiben und den Lehrkräften breiten Interpretationsspielraum bieten. Dadurch übernehmen die Lehrbücher die Aufgabe, den Lehrplan zu interpretieren und mit Details zu füllen (vgl. Böttcher & Hirsch, 1999, S. 301; vgl. Hauer & Stock, 2006, S. 37). Sollen die Bildungsstandards eben auch die Aufgabe übernehmen, die Lehrinhalte zu präzisieren und somit an den Schulen als „Referenzsystem für professionelles Lehrerhandeln" dienen, so muss bereits bei der Erstellung dieser darauf bedacht genommen werden (Krainer, 2004, S. 65). Um semantischen Interpretationen durch die Lehrerinnen und Lehrer vorzubeugen, sollten daher die formulierten Deskriptoren um Erläuterungen ergänzt werden, die zusammen mit den prototypischen Unterrichtsbeispielen somit den Standard verdeutlichen (vgl. Hauer, Schneider & Vsetecka, 2007, S. 59). Beispielsweise sind im Lehrplan der Handelsakademie (BMBWK, 2004) in den ersten drei Jahrgängen im Fach Rechnungswesen zum Bereich Bilanz bzw. GuV lediglich die Formulierungen „Bilanz" und „Bilanz einschließlich staffelförmiger Gewinn- und Verlustrechnung" ohne weitere Erläuterungen zu finden. Die Formulierung des Deskriptors ist hierbei schon präziser: „Ich kann die Struktur der Bilanz und GuV anhand einfacher Fallbeispiele darstellen". Im Erstellungsprozess ist der Autor allerdings zu der Erkenntnis gekommen, dass die Beispielersteller allein in dieser Formulierung zahlreiche Interpretationsschwierigkeiten vorfanden:

- Was bedeutet „Struktur" bzw. „einfach"?
- Beinhaltet die Struktur auch Veränderungen durch Geschäftsfälle?
- Beinhaltet die Gewinnermittlung auch den Betriebsvermögensvergleich?
- Welche Bilanzpositionen müssen die Schüler kennen?

Die Testbeispiele dürfen nur Inhalte abdecken, die auch im Deskriptor bzw. in den Unterrichtsbeispielen definiert sind. Um die angesprochenen Fehlinterpretationen zu vermeiden, müssen die Testersteller den exakten Inhalt des Standards definieren, was eigentlich bereits von den Standarderstellern mittels Erläuterungen vorgenommen werden sollte. Somit ist bereits im Vorfeld exakt zu definieren, welche Inhalte und Kompetenzen der Standard beinhaltet, aber auch welche definitiv nicht gemeint sind.

3.6 Entscheidung 6: Inhaltliche Konzentration auf den Kern

Die Arbeitsgruppe „Wirtschaft & Recht" einigte sich bereits bei der Standardformulierung darauf, dass die Standards eben den „wesentlichen Bildungsgehalt eines Faches widerspiegeln" müssen (Reiss, 2004, S. 635). Auch die Testung sollte sich auf „langfristig verfügbare Kompetenzen" beziehen, die ohne konkrete Vorbereitung abrufbar sein sollten (Heugl, 2004/05, S. 3). Im Sinne eines kumulativen

Kompetenzerwerbes sollen sich Standards auf den „notwendigen und anschlussfähigen Kern" beziehen (Helmke, 2005, S. 450). Da im standardorientierten Unterricht eine oder mehrere Unterrichtsstunden für die immer wiederkehrende Vermittlung einer bestimmen fachlichen Kompetenz verwendet werden sollten, ergibt es sich von selbst, dass Testbeispiele weniger umfangreich sein dürfen, als die im Unterricht verwendeten prototypischen Beispiele. Dies ist vor allem durch die zur Verfügung stehende Zeit bedingt: Die Unterrichtsbeispiele aus Wirtschaft & Recht dürfen einen Umfang von max. 50 min. haben. Auch im Rahmen des vorliegenden Projektes wurde ebenfalls festgelegt, dass die Testung eines Standards max. 50 min. dauern darf, wobei es für die Schüler möglich sein muss, in dieser Zeit sechs Testitems zu lösen. Somit ist bei der Erstellung der Testitems noch stärker auf die Fokussierung auf den „anschlussfähigen Kern" Bedacht zu nehmen, was auch im vorliegenden Projekt zu umfangreichen Diskussionen geführt hat.

3.7 Entscheidung 7: Wie erfolgt die Auswertung?

Im Rahmen des Projektes wurden in der letzten Stufe der Evaluation die Testitems von Schülern erprobt, um vor allem die Verständlichkeit und Praktikabilität der Testbeispiele zu untersuchen. Natürlich erhielten wir dabei auch einen Überblick über die Schülerleistungen je Standard. Hierbei zeigte sich, dass sich die Leistungen massiv verschlechtern, wenn Aufgaben, die aus verschiedenen Teilaufgaben bestehen, nur dann richtig gewertet werden, wenn auch alle Teilaufgaben richtig sind. Die vollständige Kompetenz liegt also nur vor, wenn beispielsweise eine komplette Bilanz mit 14 Bilanzpositionen richtig strukturiert ist. Obwohl dieser Modus die Realität der wirtschaftlichen Praxis wahrscheinlich am besten widerspiegelt – eine Bilanz ist eben entweder richtig oder falsch – ist doch zu hinterfragen, ob richtige Teilergebnisse nicht auch berücksichtigt werden sollten, da sie zumindest eine Teilkompetenz darstellen. Im vorliegenden Falle mussten alle Teilaufgaben richtig sein, damit das Testbeispiel als richtig gewertet und davon auf eine vorhandene Kompetenz geschlossen wurde (vgl. Sloane & Dilger, 2006, S. 28). Dies führte teilweise zu einem extrem niedrigen und ernüchternden Leistungsniveau.

4. Schlussfolgerungen für den allgemeinen Erstellungsprozess von Testitems

Das gegenständliche Projekt hatte zum Ziel, basierend auf verbal formulierten Bildungsstandards der Arbeitsgruppe „Wirtschaft & Recht" und den dazugehörenden prototypischen Unterrichtsbeispielen, exemplarisch den Prozess einer Testerstellung zu simulieren. Die wichtigsten Lehren daraus betreffen die Testerstellung selbst, leiten aber auch Implikationen auf die Erstellung von Standards ab.

Es zeigte sich, dass vor allem die Zielsetzung der Testung den eigentlichen Aufbau des Testes bedingt. Soll das Testinstrument exakte diagnostische Rückmeldungen für die Lehrkräfte über Defizite der Schülerinnen und Schüler liefern, so muss der Aufbau der Testitems und der Auswertung darauf abgestimmt werden. Die Beschränkung durch die Lernmanagement-Software bedingt sowohl eine minimierte Bandbreite an Darstellungsmöglichkeiten der Aufgabe (z.B. Originalbilanzen) als auch möglicher

Lösungsformate (z.B. Textfelder mit Drop-down-Menü kombinieren). Auch eine exakte Diagnose des Scheiterns seitens des einzelnen Schülers ist entweder durch einen sehr intelligenten stufenweisen Aufbau der Testitems oder nur mithilfe eines entsprechenden Programmieraufwandes möglich. Der Diskussion und Festlegung eines exakten Kerns des jeweiligen Standards bzw. der „Quintessenz" kommt sehr hohe Bedeutung zu. Bereits bei der Standarderstellung sollten die Deskriptoren noch präziser formuliert werden, wozu der Autor die Formulierung exakter Erläuterungen empfiehlt.

Die Hauptlast im Rahmen der Testerstellung lastet somit vor allem auf kompetenten Fachdidaktiker, da der überwiegende Teil der Entscheidungen auf inhaltlicher Ebene getroffen werden muss.

Literatur

Böttcher, W. & Hirsch, E.D. (1999). Über die Notwendigkeit eines verbindlichen Kerncurriculums. *Die Deutsche Schule, 91* (3), 299–310.

BMBWK (Hrsg.). *Lehrplan der Handelsakademie.* Verfügbar unter: http://archiv.bmbwk. gv.at/medienpool/11701/vo_aend_lp_hak_hasch_anl1.pdf (Stand: 21.02.2008).

BMUKK (Hrsg.). Wirtschaft und Recht, 13. Schulstufe, Bildungsstandards in der Berufsbildung – Ausgewählte Unterrichtsbeispiele für die Pilotphase 2007/08.

Brügelmann, H. (2004). Standards vorgeben? *Pädagogik, 3,* 50–51.

Fortmüller, R. (2006). Bildungsförderung versus Bildungsverlust durch Bildungsstandards. *Wissenplus – Österreichische Zeitschrift für Berufsbildung, Sonderausgabe Wissenschaft, 5,* 19–29.

Haider, G., Eder, F., Specht, W. & Spiel, C. (2003). Zukunft Schule. Strategien und Maßnahmen zur Qualitätsentwicklung. Das Reformkonzept der Zukunftskommission. Wien: BMBWK.

Hauer, E. & Stock, M. (2006). Die Ziele bestimmen die Standards – Grundsatzüberlegungen und notwendige Entscheidungen als Basis für eine effiziente Erstellung von Bildungsstandards. *Wissenplus – Österreichische Zeitschrift für Berufsbildung, Sonderausgabe Wissenschaft, 5,* 36–43.

Hauer, E., Schneider, A. & Vsetecka, M. (2007). Evaluierung der Einführung eines Bildungsstandardmodells. *Wissenplus – Österreichische Zeitschrift für Berufsbildung, 4,* 7–8.

Helmke, U. (2005). Bildungsstandards in der Unterrichtsarbeit. *Die Deutsche Schule, 97* (4), 449–454.

Heugl, H. (2004/05). Standards – ein Beitrag zur Qualitätsentwicklung? *Österreichische Zeitschrift für Berufsbildung, 24* (3), 3–5.

Heymann, H.W. (2004). Besserer Unterricht durch Sicherung von Standards? *Pädagogik, 6,* 6–10.

Horstkemper, M. (2005). Standards – Vermessungspädagogik oder Antrieb zur Verbesserung der Bildungsqualität? *Pädagogik, 9,* 6–9.

Klieme, E., Avenarius, H., Blum, W., Döbrich, P., Gruber, H., Prenzel, M., Reiss, K., Riquarts, K., Rost, J., Tenorth, H.-E. & Vollmer, H.J. (2003). *Zur Entwicklung nationaler Bildungsstandards. Expertise.* Bonn: Bundesministerium für Bildung und Forschung.

Klieme, E. (2004). Standards vorgeben? *Pädagogik, 3,* 50–51.

Krainer, K. (2004). Stellungnahme zur Expertise „Zur Entwicklung nationaler Bildungsstandards". *Journal für Schulentwicklung, 8* (4), 64–72.

Lucyshyn, J. (2006). *Implementation von Bildungsstandards in Österreich*, Arbeitsbericht. Salzburg: Bundesinstitut für Bildungsforschung, Innovation und Entwicklung des Bildungswesen (BIFIE).

Reiss, K. (2004). Bildungsstandards und die Rolle der Fachdidaktik am Beispiel der Mathematik. *Zeitschrift für Pädagogik 50* (5), 635–649.

Sloane, P.F.E. & Dilger, B. (2005). Prüfungen und Standards in der beruflichen Bildung. *Berufs- und Wirtschaftspädagogik online*, 8, Juli 2005. Verfügbar unter: http://www. bwpat.de/ausgabe8/sloane_dilger_bwpat8.shtml (Stand: 21.02.2008).

Lutz Dietze

Rechtsfragen in der Curriculumdebatte

1. Einführung in die Thematik: Von der Bewertung des Wissens (input) zu der Kompetenz (output)

Das Bewerten von Schüler- und Lehrerleistungen sowie das von Schulen oder ganzen Schulsystemen spielt sich in einem trialektischen Spannungsverhältnis von Zielgerichtetheit und -funktion, Anforderungsprofilen und dem größtmöglichen Erzeugen subjektiver Zufriedenheit ab. Bleibt dies erheblich suboptimiert, steht im Rechtsstaat der Rechtsweg offen. Ihm ist für Schüler wie Lehrer ein schulinternes Überprüfungsverfahren vorgeschaltet (Avenarius & Heckel, 2000, S. 628ff.).

Diesem altbekannten System fehlen drei Merkmale, die man in anderen zumeist technischen Bereichen der Leistungsmessung und -zumessung für unabdingbar zu halten geneigt ist: das Maß und seine Toleranz (als noch zulässige Abweichung vom Standard), damit der Maßstab, Zurechenbarkeit von Hoch-, Durchschnitts- und Minderleistungen bei den am Zustandekommen der Leistung Beteiligten. (Das heißt, die Frage nach dem Schulerfolg wird schon gestellt, nicht aber die, worauf er beruht.) Und schließlich wird die Objektivität von Leistungen durch Fiktionen ersetzt: Geleistet ist, was der Lehrer dafür hält. Das macht den Berechtigungswert von Noten aus (Avenarius & Heckel, 2000, S. 78ff.). Doch ist die unter Pädagogen verbreitete Furcht vor den Juristen ziemlich unbegründet. Allerdings kommen die Juristen – kommt überhaupt das in juristische Normen gefasste Bewertungssystem – den betroffenen Leistungsbeurteilern entgegen. So lange es kein ,genaues Maß' für Leistungen gibt, herrscht unvergleichliche Freiheit, in Juristendeutsch Beurteilungsspielraum genannt (Bryde, 1981, S. 193).

So erweist sich heute die laufende Curriculumrevision als Paradigmawechsel. 1997 hatte die höchste Institution im deutschen Kulturföderalismus, die Ständige Konferenz der Kultusminister der Länder der Bundesrepublik Deutschland (KMK), beschlossen, dass sich die Länder an internationalen Vergleichswettbewerben beteiligen und dementsprechend bundesinterne Leistungsvergleiche ermöglichen (vgl. Aveanarius, 2006; Guckelberger, 2005). Die KMK verspricht sich dabei auch eine Steigerung der Akzeptanz unseres Kulturföderalismus durch Wettbewerb der Länder.

Diese Untersuchungen, von denen die PISA-Explorationen nur die bekanntesten sind, bergen unter Objektivitätsgesichtspunkten eine Reihe von sachlichen wie methodischen Gefahren, die die Curriculumforscher bedenken, ehe ihre rechtliche Relevanz abgeschätzt werden kann.[1] Vorab angemerkt sei, dass ein ohnehin schwer zu fassender Bildungsbegriff durch den der Kompetenz eher ersetzt als unterfüttert wird, dass die Lehrstoffe sich bei der bundesweiten Harmonisierung und Vergleichbarkeit sehr widerständig und trotzig verhalten haben und dass wir zwar, um ein Beispiel hervorzuheben, in 16 Bundesländern 15 Zentralabit.ure haben, die freilich miteinander nicht verglichen werden können, um uns nun bei der Entwicklung von Standards, Evaluationen (Bewertungen) von Schülerleistungen in die Konzeptionsdiskussion zu vertiefen.

---

1 Exemplarisch: Die Ergebnisse in diesem Band.

Pointiert kann man sagen, dass die bisherige input-orientierte Wissensvermittlung im schulischen Kerngeschäft Unterricht drei Rechtsfragen aufgeworfen hat – hinsichtlich der Verfassungskonformität der Unterrichtsinhalte, der Angemessenheit der Wissensvermittlung und der Bewertung (vgl. Avenarius & Heckel, 2000; Hofmeyer, 1988; Niehues & Rux, 2006). Der letztgenannte Aspekt, nun Evaluation genannt, ist mein Thema. Die Bezugsgröße ist der Bildungsstandard, der die tradierten Lehrpläne ersetzen soll. Mit Rücksicht auf die Profilierungsbedürfnisse ihrer Mitglieder hat die KMK im Dezember 2003 eine Experimentierphase mit Bildungsstandards in ausgewählten Fächern eingeleitet, die sich aber nicht als nationale Mindeststandards ausweisen, die über- aber nicht unterschritten werden dürften, sondern als Regelstandards oder Kerncurricula, die über eine gewisse Bandbreite verfügen, was die Vergleichbarkeit aufgrund curricularer Gemeinsamkeiten (auch Schnittmengen genannt) beschränkt und die dann technisch immer noch möglichen Evaluationen beeinflussen wird (vgl. Thies, 2000).

Im Juli 2007 hat dann die ehemalige baden-württembergische Kultusministerin Annette Schavan, nun Bundesforschungsministerin in Berlin, moniert, die Umsetzung der KMK-Beschlüsse vom Dezember 2003 verlaufe undurchsichtig und schleppend. (In der Tat konnte nicht einmal die KMK angeben, welches Land in welchen Fächern diese Beschlüsse bereits umgesetzt hatte oder wie weit die Entwicklung gediehen war.)

Annette Schavan forderte darüber hinaus im Hinblick auf die Vergleichbarkeit von Leistungen ein gemeinsames Zentralabitur aller Länder und die Einführung von gemeinsamen Lehrbüchern (Süddeutsche Zeitung vom 30. Juli 2007, S. 6). In Reaktion hierauf hat dann die KMK auf der nächsten Plenarsitzung im Oktober beschlossen, was sie schon 2003 hätte beschließen können: den Übergang zu nunmehr verbindlich sein sollenden bundesweiten Standards.

Im Folgenden möchte ich zu zwei einschlägigen Fragen Stellung nehmen:
1. Welche grundrechtlichen Anforderungen sind an die Ausgestaltung von Curricula zu stellen?
2. Welche verfahrensrechtlichen Konsequenzen hätte dies für Ziele, Inhalt, Struktur, Kompetenz (Aufgabenverteilung) und primärer wie vergleichender Evaluation?

2.   Schulreform als Geschichte der Qualitätssicherung

Hohe Spitzenbildung und breite Allgemeinbildung gelten seit mehr als 200 Jahren als Grundlagen für den wirtschaftlichen Erfolg von Staaten. In der Europäischen Union gilt die den Ländern überlassene Bildungspolitik als Teil der Wirtschaftspolitik[2] – mit bekannten Selbstverpflichtungen der Länder (Bologna, Lissabonner Strategie etc.).

In Deutschland hat der Religionsphilosoph Georg Picht etwa 20 Jahre nach Ende des Zweiten Weltkrieges, das heißt in einer Phase des kompletten wirtschaftlichen Wiederaufstiegs im westlichen Teil Deutschlands, das Wort von der „Bildungskatastrophe" lanciert (Picht, 1964). Ein erster Bericht der OECD hat wenige Jahre später – 1971 – die Analyse durch Befunde bestätigt (Lührig, 1973). Bundesinterne Kooperationsversuche wie Bund-Länder-Kommission und Bildungsrat sind

---

2   Vgl. Art. 149 f. des Europäischen Unionsvertrags und Art. 47, 49ff.

nun Geschichte.[3] Reformiert wurde in den Bundesländern durchaus. Allerdings war das Tempo der Bildungsreform mit dem Ziel einer größeren Zahl qualifizierender Abschlüsse im Verhältnis zu anderen Industrienationen doch eher schleppend, und bekanntlich ist die Zahl der Abiturienten von Stadtstaaten im Verhältnis zu Flächenstaaten, die bei PISA-Untersuchungen erheblich besser abschneiden, relativ günstig.

Jedenfalls ist die Zahl der innovativen Projekte, Programme und Explorationen zur Qualitätsentwicklung im Bildungssystem nicht mehr überschaubar, obwohl die eigenständige und eigenwillige Gestaltung von Schulprojekten oder -profilen eine Aufgabe ist, die nach den Schulgesetzen der Länder bei aller Kontrolle durch die Schulaufsichtsbehörden den Schulen aufgetragen worden ist. Immerhin kann so jedes Bundesland über einige Schulen verfügen, die beim internationalen Tourismus von Bildungsexperten vorzeigefähig sind.

Behauptet hat sich seit Jahrzehnten die Diskussion um die Schulverfassung als ein Nebenthema der Strukturreform.[4]

Die Ursprünge des allgemeinen Schulwesens waren freilich andere. In der Antike ging es um die Beherrschung des Kanon. Sie war gewissermaßen Ausweiszeichen für die Zugehörigkeit zur Elite. Im Mittelalter wurde zunächst auf die Vermittlung von Kulturtechniken und Inhalten Wert gelegt. Den Schulanstalten lag dabei ein vom Stifter benannter frommer Grund (causa pia) zu Grunde. Sachkundiges Personal, Hierarchie, Aufnahmeprüfung, Kanon, Leistungskontrollen als Erfolgsbewertung, Mittel für Unterricht, Personal- und Sachmittelkontrolle waren die gemeinsamen Merkmale von Grundschule (Trivium) und Wissenschaftskolleg (Quadrivium). Der Bildungsbegriff wurde mit dem der Zweckfreiheit assoziiert.

Erst in der Neuzeit entwickelte sich das Staats- oder Gruppeninteresse, und der Bildungsbegriff bekam in Bürgerschulen oder Ritterakademien ein auf praktische Verwertbarkeit ausgerichtetes Bildungsprogramm (vgl. Meyer, 1924, S. 256ff., 322ff.; Oppermann, 1969, S. 174ff.). Erwähnt sei nur Herder in seiner radikalen Schulkritik an der klerikalen Überfrachtung der Lernprogramme. Von seinem Herzog forderte er die Förderung der neuen Sprachen und der Naturwissenschaften (Herder, 1997).

Die Urformen, die wir heute noch kennen, wurden in den beiden letzten Jahrhunderten etabliert. Differenziert wurde nach Schulstrukturen (Volks-, Real- und Oberrealschulen, (humanistischen) Gymnasien pp.) und im Hinblick auf die Befähigung zum Studium nach Fächerprofilen, bis Kaiser Wilhelm II. im so genannten Meteorerlass 1902 die Gleichwertigkeit aller Abiturabschlüsse festgesetzt hat.[5]

Grob vereinfachend kann man sagen, dass das so genannte Berechtigungswesen zunächst ein solches ohne ausdrücklichen Rechtsanspruch gewesen ist. Die Durchsetzung der Schulpflicht im 19. Jahrhundert in der strengsten Form des Schulzwangs war im Kern eine Anwesenheitspflicht. Die Aufnahme für weiterbildende Schulen war einkommens- und leistungsabhängig, aber wo ein Schüler schwächelte, wurde er in einer

---

3 Vgl. nun Art. 91 b Abs. 2 Grundgesetz (GG).
4 Die schon vor mehr als vier Jahrzehnten geforderte „Autonomisierung und Partizipation" des Deutschen Bildungsrates 1973 hat inzwischen in allen Schulgesetzen – unter Genehmigungsvorbehalt aller Schulaufsichtsbehörden, versteht sich – dazu geführt, dass Schulen ihre eigenen Probleme mit dem Schaffen und Verfestigen eigener Ziele und Programme oder Profile selber bewältigen sollen. Ich vermute, dass solche Schulen, die immer auch ihre eigene Schulentwicklungsplanung betreiben müssen, eigener curricularer Fachkräfte bedürfen werden (vgl. Oelkers, 2003).
5 Kaiser Wilhelm, der in Kassel eine neusprachlich orientierte Oberrealschule hatte, gab hier dem Drängen hanseatischer Politiker nach, wobei auch die Gleichwertigkeit der naturwissenschaftlichen Fächer akzeptiert wurde.

so genannten Presse eingeschult, wie z.B. Theodor Fontanes ältester Sohn, George, der dann ja beim Militär (als Lehrer!) Karriere machte.

Erst allmählich und zu Zeiten der Weimarer Reichsverfassung wurde anerkannt, dass das Bildungswesen nicht lediglich ein generöses Angebot des Staates darstellt, sondern dass es auch ein Recht auf Bildung gibt (vgl. Westhoff, 1932; Avenarius & Heckel, 2000, S. 61ff.).[6] Schulgesetzlich ist heute freilich damit die Pflicht der Schüler verbunden, „am Erreichen des Schulziels" bestmöglich mitzuarbeiten. Aber bis zur Einführung des Grundgesetzes blieb es im Wesentlichen dabei, die Schule als dem tradierten ‚Hausgut der Krone' aufgrund ihres anstaltlichen Charakters vom Grundrechtsschutz und damit der Rechtswege-Garantie auszunehmen.

3. Schulrechtsreform unter dem Grundgesetz

Mit Ausnahme der Berufsschulen wurde entgegen den Intentionen der Alliierten, insb. der Amerikaner mit ihren Reedukationsprogrammen, das deutsche Schulsystem nach seinen Strukturen wieder so hergestellt, wie es in der Weimarer Republik schon bestanden hatte (v. Friedeburg, 1989). Die Weimarer Reichsverfassung hatte dem Reich eine vergleichsweise hohe Bedeutung für die Gestaltung des Schulwesens beigemessen. Davon zeugt noch heute die Grundschule als einer nicht differenzierten integrierten Gesamtschule. (Für die nationale Rechte war sie die nationale Einheitsschule, für die nationale Linke die soziale Einheitsschule.)

Ausgebaut und differenziert wurde das Sonderschulwesen, abgebaut das Zwergschulwesen und damit häufig auch die konfessionell begründete Differenzierung im Schulwesen.

Es blieb bei der Zweiteilung von Schulträgerschaft und Schulaufsicht. Grundstück und Sachmittel zu besorgen und das nichtpädagogische Personal zu bezahlen, war Aufgabe der Gemeinden, alles andere (Schulinhalte, Personalstruktur, Aufsicht, Fächer, Bewertungssysteme, Kontrolle) war im Wesentlichen Sache des Staates.[7] Die Erziehungsziele standen in den Landesverfassungen, doch wurde das Recht auf Bildung unter den Vorbehalt des Möglichen gestellt. Zwar legte der Staat bzw. legten die Gemeinden die Größe der Schulsprengel fest. Der Staat bestimmte durch interne Verwaltungsvorschriften die zulässige Klassenstärken, verfügte über die Zulassung von Lernmitteln, legte mit der so genannten Stundentafel fest, wie viele Stunden Unterricht pro Fach zu erteilen seien, legten die Lehrpläne fest und das Bewertungssystem etc. Doch nie wurde ein Unterschreiten der selbst gesetzten Mindeststandards trotz der Rechtswegegarantie im Grundgesetz für einklagbar gehalten. Geschätzte quantitative 80% des durch Richter entschiedenen Bildungsrechts galten und gelten Rechtsstreitigkeiten um Schulwegempfehlungen, Nichtversetzungen und der Anfechtung von Noten bzw. von Prüfungen (vgl. Lampe, 1999). Alles wurde vorgegeben: Lernziele, Lernmittel, Auswahl, Lehrpläne, Fächer, Stundentafel, Versorgung mit Lehrkräften, Bewertungen, Rechtskontrolle. Einen einklagbaren Rechtsanspruch auf die Erteilung vollständigen Unterrichts, geschweige denn das Recht auf Wahl oder Abwahl von Lehrkräften, gibt es bis heute nicht.[8]

---

6   Vgl. Art. 142ff. der Weimarer Reichsverfassung
7   Vgl. oben, Fn. 1–3
8   Demnächst aber Dietze: Jede Stunde zählt! – Zum einklagbaren Recht auf unverkürzten Unterricht und die Bildungsstandards, Gutachten im Auftrag des Bundeselternrats (BER), vorläufige Ergebnisse veröffentlicht auf dessen Homepage 2004

Unsichtbar steht vor jedem schulischen Bildungsweg ein Schild: Vorsicht – gefährliche Wegstrecke – Benutzung auf eigene Gefahr.

4. Kernpunkte der Entwicklung

Es war klar, dass unter der Herrschaft des Grundgesetzes von 1949 auch die Schule kein grundrechtsfreier Raum mehr sein könne. Das hatte in zwei Punkten Konsequenzen. Das öffentlich-rechtliche Schulverhältnis wurde eingeteilt in ein Grundverhältnis und ein Betriebsverhältnis. In ersterem ging es um die Wahrung von Rechten, wie sie mit der Aufnahme oder Entlassung, Versetzung oder Nichtversetzung thematisiert waren. Alle anderen Maßnahmen und Entscheidungen waren schulintern zu betrachten und damit ohne rechtliche Auswirkung. Das ist natürlich in dieser und jener Hinsicht eine Frage der Definition. (Beispiel: Eine Einzelnote ist eine Entscheidung im Betriebsverhältnis, die Zeugnisnote, die zu einer Nichtversetzung führt, hingegen nicht. Aber was ist mit der Zwischennote, die jemand braucht und erhält, wenn er sich vor Schulabschluss irgendwo bewerben möchte? – Da hat jede Note doch quasi eine Rechtswirkung ‚nach außen‘.)

Das hier Wichtige ist die Anfang der 1950er Jahre getroffene Unterscheidung der Notengebung von pädagogischen Ermessensspielräumen als der Erlaubnis und Befugnis, aufgrund einleuchtender bzw. insoweit nachprüfbarer Kriterien unter mehreren zulässigen Entscheidungen eine bestimmte zu treffen. (Beispiel: Befreiung vom Unterricht und Nacharbeit oder Nacharbeit statt Nachsitzen und der Notengebung.)

Eine Leistung hingegen ist entweder genügend oder sie ist es nicht. Aber was ist sie dann? Bislang galt die so genannte Sachverstandstheorie („Wem Gott ein Amt gibt, gibt er den Verstand dazu"). So begründete der Verwaltungsrechtler Otto Bachof 1955 die Lehre vom Beurteilungsspielraum (Bachhof, 1955, S. 97ff.; Niehues & Rux, 2006; Bryde, 1981). Es gilt das Prinzip, dass die Note wahrscheinlich zu Recht gegeben worden ist. Das macht die Nachprüfung unergiebig. Nur das offenkundige Überschreiten äußerster Grenzen, aufgrund derer vom Gericht festgestellt werden kann, ob eine Note unrichtig erteilt worden ist oder nicht, macht aus der strittigen Notvergabe einen Rechtsfall:

- Sei es, dass der Notengeber von so genannten ‚falschen Tatsachen‘ ausgegangen ist (z.B. weil er mehr Fehler angestrichen hat als gemacht wurden);
- Sei es, dass er gegen zwingende Anweisung oder Vorschriften verstoßen hat (z.B. wenn er eine Klassenarbeit hat schreiben lassen, obwohl an diesem Tag bereits eine andere geschrieben worden war und der Erlass besagt, dass eine solche Häufung zu unterbleiben hat);
- Sei es, dass er gegen anerkannt pädagogisch-wissenschaftliche Bewertungsgrundsätze verstoßen hat. (Hierüber gibt es oft Meinungsverschiedenheiten. Die Juristen entscheiden darüber nicht. Sie können hingegen feststellen, *was nicht* zu den anerkannten Bewertungsgrundsätzen gehört, zum Beispiel, wenn didaktisches Vorgehen im Unterricht und bei der Klassenarbeit nicht übereinstimmen.)
- Als vierter Rechtsgrund wird der Verstoß gegen das Gleichbehandlungspostulat gerügt. (Beispiel: Schülerinnen bekommen einen Abzug an der Note, damit das Verhältnis zu den Schülern, die schlechter abgeschnitten hätten, ausgeglichen wird.)
- Und schließlich ist zu rügen, wenn sachfremde Erwägungen bzw. Willkür die Note motiviert haben. (Beispiel: Der überdurchschnittlich freche Fritz wird nicht versetzt,

damit ihm das eine Lehre fürs Leben sei. Verdeckte Motive wie z.B. nicht geäußerte Vorurteile, zählen im Rechtsstreit nicht.)

Das Unglaubliche ist nun, dass der Glaube an die im Schulwesen zustande gekommenen Noten, von denen die Rechtsprechung keinerlei Objektivität erwartet, in weiten Kreisen und vor allem dann, wenn sie gut ausgefallen sind, für wahr gehalten werden. In der Saure-Gurken-Zeit des Jahres 2007 überraschte uns Thüringen mit der besten Durchschnittsnote im Abitur aller Bundesländer (2,3); die in diesem Beitrag kursorisch benannten Faktoren, die für eine Leistung mit herangezogen werden können, werden bei der stupenden Simplizität einer solchen Note schlicht ausgeblendet.

Nun ist es allerdings nicht so, dass die Einführung von Zentralabituren – übrigens eine Forderung süddeutscher Schüler aus den 60er Jahre des letzten Jahrhunderts, die ihren eigenen Notengebern misstrauten – der sachlichen Anfechtbarkeit dieses Bewertungssystems etwas Objektiveres entgegen zu setzen vermöchten: Zwar sind die Noten für den Schüler wesentlich, auch die Transparenz ihres Zustandekommens wäre es. *Grundrechtlich* wesentlich ist allerdings etwas anderes.

Der hierbei achtenswerte Aspekt betrifft die so genannte Lehre vom Gesetzesvorbehalt, wie sie vor allem vom Bundesverfassungsgericht entwickelt worden ist, auch gerne Wesentlichkeitstheorie genannt: Danach bedarf es einer schulrechtlichen Norm durch den Gesetzgeber immer dann, wenn eine Entscheidung in der Schule für die Verwirklichung von Grundrechten *wesentlich* ist. Wesentlich war z.B. die Einführung von Ganztagsunterricht (als einem Eingriff in das Elternrecht). Wo dazu der Gesetzgeber tätig wurde, war dann alles in Ordnung. Wesentlich war auch die Rechtsquelle für die Zeugnis- und Versetzungsordnung. Die Einzelheiten musste nicht der Gesetzgeber schaffen, es genügte, wenn das Gesetz deren Thema (Versetzung) und Kompetenz (Klassenkonferenz) regelte (vgl. Avenarius & Heckel, 2000, S. 235ff.; Niehues & Rux, 2006, S. 42ff.).

Immer dann, wenn die Rechtsprechung unberechenbar zu werden drohte, hat der Gesetzgeber in den letzten Jahren in Vorwärtsverteidigung gehandelt, so insbesondere bei den Schuleinzugsbereichen.

5.   Näheres zur Bewertung und Prognose

Pädagogische Ermessensentscheidungen und Leistungsbeurteilungen stehen in einem sachlichen Kontext. Ermessen ist pflichtgemäß = wohlwollend zu üben, bezieht sich somit auf die vom Lehrer beeinflussbaren Rahmenbedingungen seines Unterrichts und dessen Didaktik. Seine Beurteilung bezieht sich dann auf die „gezeigte" Leistung, aber auch: gezeigte Lernfortschritte, wie sie sich entweder in einer Note oder einer Versetzungsempfehlung ausdrücken können. Hier haben sie somit nicht nur einen historischen, sondern einen prognostischen Charakter.

Leistungsbeeinflussende Faktoren bei Schülern sind z.B. vom Schüler selbst gegeben, und zwar aufgrund individueller psychischer wie soziokultureller Indikatoren. Sie können aber auch in der Person des Lehrers liegen. Da gibt es schließlich den Charismatiker, den zuverlässig Berechenbaren, den streng aber gerechten Lehrer, den sympathischen Faulenzer oder den mehr oder weniger Unbegabten, den Sprunghaften, den Fiesling etc. Leistungsbeeinflussende Faktoren liegen auch in den äußeren Gegebenheiten der Schule und ihren sozialen Räumen, in entschiedenem Maße hingegen in der häuslichen und privaten Sphäre. Alle diese Faktoren werden meist nicht reflektiert, geschweige denn bewertet oder aufgrund anerkannter objektiver Kriterien, wie dies allmählich bei Behinderten erfolgt ist, als integratives Förderungspotenzial nominiert (vgl. Dietze, 1996, S. 1073 f.; 1998, S. 217ff.).

Man kann im Wesentlichen drei Funktionen von Prüfungen unterscheiden: Sie sind entweder inquisitorisch oder bestätigend oder selektiv. Inquisitorisch ist z.B. die Aufnahmeprüfung, bestätigend ist oder war das Abgangszeugnis mit der Bestätigung der Reife, wenn und so lange wie von den einzelnen Noten kein Schaden für den Zertifikatsinhaber ausging. Selektiv sind Prüfungen dann, wenn sie die Absolventen auf verschiedene Wege des Bildungswesens verteilen, wobei die Vergleichbarkeit selektiver Systeme praktisch nicht gegeben ist, sind sie doch entweder punktuell-festellend, systemorientiert, Zugänge kanalisierend oder erleichternd oder erschwerend. Typisches Beispiel sind numeri clausi oder Stipendiaten-Förderungen bzw. das französische concours-System mit einer Rangfolge. Auch vorgängige oder begleitende Instrumente der Leistungsfeststellungen wie Unterrichtsgespräche, mündliches Prüfen (Abfragen – digital/skaliert punktuell) sowie die Aufgabe von Hausaufgaben mit und ohne Kontrolle – 90% aller Hausaufgaben werden *nicht* kontrolliert – haben hier eine curriculare Bedeutung, wie etwa auch das seltene oder das pädagogische Gespräch mit den Erziehungsberechtigten, die Vorbereitung von Klassenarbeiten und deren Durchführung, das Einbeziehen von Schülern in deren Vorbereitung, die Häufigkeit solcher Arbeiten und ihr Stellenwert im Kontext des Lern-Leistungsgeschehens. All das ist enorm komplex, wird rechtlich ermöglicht, aber nicht durch klare Vorgaben gesteuert, geschweige denn erzwungen. Hinc illae lacrimae. Und nicht ermittelt werden kann, wer für die Leistungen nun tatsächlich etwas erbracht hat oder für deren Ausbleiben verantwortlich ist und welche Rechtskonsequenzen z.B. leistungsmindernder Unterrichtsausfall haben soll.[9]

6. Zum Definitionsproblem

Der Einfachheit halber nehme ich nur ein Beispiel aus dem Hamburger Abkommen der KMK von 1964:

> „Die Note „Befriedigend" soll erteilt werden, wenn die Leistungen im
> allgemeinen den Anforderungen entspricht."

(Zunächst ein semantischer Hinweis: Im Juristendeutsch bedeutet „sollen" in der Regel „müssen"; die (zulässigen) Ausnahmen müssen plausibel begründet werden.)

Doch wo ist bei der Note „Befriedigend" der Vergleichsmaßstab?

> „Die Note „Ausreichend" soll erteilt werden, wenn die Leistung zwar
> Mängel aufweist, aber im Ganzen den Anforderungen noch entspricht."

Wie, aufgrund welcher Faktoren, Notenstufen und unter welchen Umständen im Einzelfall lässt sich da statt unerreichbarer Objektivität wenigstens Plausibilität gewinnen? Und in welchem Rahmen?

Zusammenfassend dürfen wir feststellen, dass bei der gegenwärtigen Notenvergabepraxis Transparenz nicht möglich ist – und auch wohl nicht erwünscht. Denn hätte

---

9 Siehe Neue Zürcher Zeitung vom 5. Dezember 2007, S. 33, im Kontext mit den damalig veröffentlichten neuen PISA-Ergebnissen. Es ist nicht möglich, diesen zentralen Aspekt im Haupttext näher zu behandeln, doch es handelt sich um einen der entscheidenden Gesichtspunkte. Er wird ausführlich in meinem BER-Gutachten analysiert werden.

man hier einen objektiven Maßstab, würden sich handwerkliche Fehler wie handwerkliche Leistungen zurechnen lassen.

Um ein Beispiel zu nennen: In Niedersachsen ist im Jahr 2007 für Realschüler pauschal die Mathematiknote angehoben worden, weil das Kultusministerium der Meinung war, das (nota bene von ihm zu verantwortende) Curriculum sei schlecht aufgebaut und praxisfern geraten (vgl. dpa 2007)[10].

Mein *Zwischenergebnis* zur Evaluation des bisherigen Bewertungssystems ist daher: Unser Bildungsrechtssystem billigt nicht und verhindert nicht Zufälligkeit, Willkür und Beliebigkeit bei der Bewertung von Leistungen, erzeugt aber Scheinrationalität.

Wie also müssten Zielvorgaben (Kompetenzen, Bildungswerte), Leistungsniveaus und canones, Standards und schließlich Bewertungen wie Evaluationen als Gründe für Systembestätigung oder -korrektur beschaffen sein, um hier der Willkür und der Beliebigkeit Schranken zu setzen?

7. Fazit: Rechtsaussichten in der Curriculum-Reform

Die gesetzlich zu fordernden Kriterien sind sehr generell und abhängig davon, ob das jeweilige Bundesland nach § 47 der Verwaltungsgerichtsordnung (VwGO) Normenkontrollverfahren, z.B. in Hinblick auf die Rechtsqualität curricularer Standards, ermöglicht. Alles Weitere verbleibt der Schulhoheit der Kultusminister bzw. -senatoren. Die Standards werden entweder von Bildungszielen abgeleitet oder es wird die unmittelbare Verbindlichkeit der KMK-Standards postuliert. (Was derzeit noch bedeutet, dass da oft als Standard bezeichnet wird, was auch Kerncurriculum heißt oder so ähnlich. (Früher nannte man so etwas Rahmenrichtlinie: Je präziser die Ziele, desto unverbindlicher verpflichteten sie, desto leichter war ihre Einlösung nachzuweisen.))

Oder es wird nach Niveaus oder Kompetenzen differenziert. Kernbereiche beziehen sich auf verschiedene Bildungsgänge, auf Lernbereiche, auf Aufgabengebiete.

Nachvollziehbarkeit (durch Differenzierung) ist das Problem der Transparenz: Standards als Grundlage interner/externer Evaluation müssten ja dreierlei erbringen: das Herausstellen von Stärken, von Schwächen – und Vorschläge zur Abhilfe.

Ferner wären zu berücksichtigen: die eigene pädagogische Konzeption der Schule, die besonderen Ziele und ihre Schwerpunkte, die eigene pädagogische Verantwortung der Lehrer und die Interessen der Schüler bzw. ihrer Eltern. Die Stundentafel und der Einsatz von Lernmitteln, aber auch Alternativen wären zu bedenken, z.B. Projekt- statt Fächerangebot, Zulassung oder Auswahl von Lernmitteln und Schulbüchern, Wertigkeit der Fächer und Aufstockung der Stundentafel, Vereinbarungen über Klassenstärke, Unterrichtsgarantie, individuelle Förderung und Forderung, Leistungskontrollen (Feedback und Innovation durch Selbstevaluation von Klassen) (vgl. Oelkers, 2003): All dieses und dazu Passendes ist sinnvoll und kann insoweit rechtlich geschützt werden.

Damit kann künftig die Standardisierung von Unterrichtsinhalten auch nur exemplarische oder Kernbereiche unseres Bildungswesens erfassen.

Mit verbindlichen Standards und objektivierenden Evaluationen wird man nicht die Axt an die Wurzeln unseres Kulturföderalismus legen. Es geht nicht um die Einschränkung der kulturellen Vielfalt, sondern um Vergleichbarkeit der Systemergebnisse, der Zuordnungen, und das auf vergleichbaren Niveaus als Hebeln für die

---

10 Erinnert sei auch an die Pannen beim Zentralabitur 2008, z.B. in NRW.

Niveauverbesserung unserer Bildungseinrichtungen. Es geht schließlich um Bildung (vgl. v. Henting, 1996 & 2003).

Wenn es bei der Etablierung von Bildungsstandards anstelle der bisherigen Rahmenlehrpläne, Kerncurricula und ähnlichen Konstruktionen tatsächlich um Qualitätssicherung gehen soll, und zwar im Sinne einer Objektivierung/Objektivierbarkeit und damit Relevanz, stellt sich die Frage nach dem cui bono. Die KMK, die nun die Reform unseres Bildungswesens so anzutreiben oder wenigstens zu moderieren hatte wie sie sie meist verschleppt hat – welchem Leitbild ist sie da gefolgt? Welchem Leitbild werden Evaluationsexperten folgen, die Leistungen verschiedener Länder/ Schulsysteme zu vergleichen beauftragt sind und besorgt sein können? Steht zu erwarten, dass die Evaluationsergebnisse in diskreten Skalen trotz unterschiedlicher Parameter miteinander verglichen werden können – so wie zum Tafelobst gehörige Produkte wie Birnen, Quitten, Äpfel nachweislich richtig miteinander verglichen werden können, z.B. in Hinblick auf die Gattung, dann auf die Farbe gelb, auf Größe, Vitamingehalt, Haltbarkeit etc.

Abgesehen von den genannten Einschränkungen lässt sich somit die erste der eingangs gestellten Fragen so beantworten: Wie bei den verfassungsrechtlichen Erziehungszielen der Landesverfassungen sind die neuen output-orientierten Curricula eher damit zu rechtfertigen als daran zu messen, dass Schüler umfassender und besser als bisher in den Schulen gefördert werden.

Und zum Zweiten muss kein Curriculumkonstrukteur um die Grundrechte der Schüler und Eltern fürchten, wenn er ein Angebot macht, das deren Zustimmung zur Evaluierung freilich mitbedingt.

Drittens: Wo schließlich schulgesetzlich abgesichert Ziele, Verfahren, Inhalte, Bewertungen abgefordert werden sollen, müssen nun Objektivierbarkeit der Bewertung und Transparenz des Verfahrens kultiviert werden.

Einem solchen pädagogischen Paradigmawechsel würde die Rechtswissenschaft und schließlich auch die Rechtsprechung wahrscheinlich folgen.

Literatur

Avenarius, H. & Heckel, H. (2000). *Schulrechtskunde*. Neuwied/Kriftel: Luchterhand.

Avenarius, H. (2006). Bildungsstandards und Schulrecht. Bildungsstandards und Qualitätsentwicklung im Schulwesen der Länder, *Schulverwaltung. Ausg. Baden-Württemberg, 15, H. 4*, 93–95.

Bachof, O. (1955). Beurteilungsspielraum, Ermessen und unbestimmter Rechtsbegriff im Verwaltungsrecht. *Juristenzeitung, 10, Nr. 4.* 97–102.

Bryde, B.-O. (1981). Die Kontrolle von Schulnoten in verwaltungsrechtlicher Dogmatik und Praxis, *Die öffentliche Verwaltung (DÖV), 34, H. 6*, 193–204.

Dietze, L. (1996). Entscheidungsanmerkung zur Entscheidung der Kammer des 1. Senats des Bundesverfassungsgerichts. *Juristenzeitung, 51, H. 21*, 1074–1075.

Dietze, L. (1998). Grundgesetz, Integrationspädagogik und Bildungsrechtliche Aspekte bei der Förderung behinderter Schüler oder: – Was bedeutet „Vorbehalt des Möglichen?". In: S. Knauer, K. Meißner & D. Ross (Hrsg.): *25 Jahre gemeinsames Lernen. Beiträge zur Überwindung der Sonderpädagogik. Festschrift für Prof. Dr. Hans Eberwein zum 60. Geburtstag*. Berlin: Diesterweg Hochschule e.V., 217–233.

dpa (2007). Bessere Noten für 50.000 Schüler. *Weser-Kurier* vom 26. Juni 2007, 146, 14.

Friedeburg, L. v. (1989). Bildungsreform in Deutschland – Geschichte und gesellschaftlicher Widerspruch. Frankfurt/M.: Suhrkamp.

Guckelberger, A. (2005). Die Einführung nationaler Bildungsstandards. *Neue Zeitschrift für Verwaltungsrecht, 24, H. 7*, 750–755.

Herder, J.G. (1997). Eingabe an den Herzog Karl August vom 14. Dez. 1785 betr. eine Form des Gymnasiums. In ders., *Journal meiner Reise im Jahr 1769. Pädagogische Schriften* (S. 496–507). Frankfurt/M: Deutscher Klassiker-Verlag.

Hofmeyer, W. (1988). Allgemein anerkannte „Bewertungsgrundsätze" als schulrechtliche Beurteilungskriterien. Berlin: Duncker & Humblot.

Lampe, M. (1999). *Gerechtere Prüfungsentscheidungen*. Berlin: Duncker & Humblot.

Lührig, H.H. (Hrsg.) (1973). Wirtschaftsriese – Bildungszwerg. Der Diskussionshintergrund zum Bildungsgesamtplan 1973. Analysen des OECD-Reports. Reinbek bei Hamburg: Rowohlt.

Meyer, O. (1924). Deutsches Verwaltungsrecht, 3. Aufl., 2. Bd. München, Leipzig: Duncker & Humblot.

Neue Zürcher Zeitung vom 5. Dezember 2007, 33.

Niehues, N. & Rux, J. (2006). *Schul- und Prüfungsrecht, Bd. 1: Schulrecht* (4. Aufl.). München: Beck Juristischer Verlag.

Oelkers, J. (2003). *Wie man Schule entwickelt*. Weinheim/Basel/Berlin: Beltz.

Oppermann, T. (1969). *Kulturverwaltungsrecht*. Tübingen: Mohr.

Picht, G. (1964). *Die deutsche Bildungskatastrophe*. Olten: Walter-Verlag

Süddeutsche Zeitung vom 30. Juli 2007, 6.

Thies, E. (2000). Die Kultusministerkonferenz. *Schulrecht, 4, H. 5*, 2000, 99–102.

v. Hentig, H. (1996). *Bildung*, 3. Aufl. München/Wien: Hanser.

v. Hentig, H. (2003). *Die Schule neu denken*, 2 Aufl. München/Wien: Hanser.

Westhoff, P. (Hrsg.) (1932). *Verfassungsrecht der deutschen Schule*. Düsseldorf: Pädagogischer Verlag.

Kathrin Dedering, Wilfried Bos

Internationale Schulleistungsuntersuchungen und Schulleistungstests – eine Einführung

Wichtige Bestandteile eines Bildungsmonitorings und Bildungscontrollings in nationaler und internationaler Perspektive stellen – neben der indikatorengestützten Bildungsberichterstattung und den Bildungsstandards und deren Messung – auch internationale Schulleistungsuntersuchungen und Schulleistungstests dar. Sie sind Gegenstand dieses dritten Thementeils der Tagungsdokumentation. In insgesamt drei Beiträgen werden Verfahren der Leistungsmessung thematisiert, die sich bezüglich ihrer Zielsetzung und ihrer Aussagekraft auf dem Kontinuum von gesamtsystemischem Monitoring auf der einen und schülerorientierter Individualdiagnostik auf der anderen Seite an unterschiedlichen Stellen verorten lassen.

Unter Schulleistungsuntersuchungen sind dabei quantitativ-empirische Untersuchungen zu verstehen, die auf der Basis von Tests den Wissensstand und die erworbenen Kompetenzen bei einer großen Zahl von Schülerinnen und Schülern ermitteln, um dann aus Gruppenvergleichen Rückschlüsse über die Zielerreichung in verschiedenen Schulsystemen (bzw. Untereinheiten von Schulsystemen) zu ziehen (Tillmann, Dedering, Kneuper, Kuhlmann & Nessel, 2008). Schulleistungsuntersuchungen liefern im Vergleich der Schulsysteme Informationen über Leistungsergebnisse, aber auch über Strukturen und Rahmenbedingungen von Schule und Unterricht. Aus ihnen soll „Steuerungswissen" für die zentrale Ebene des Schulsystems generiert werden, damit diese im Sinne eines Qualitätsmanagements für pädagogische Verbesserungen im Schulsystem sorgen kann. Sie sind demnach ausschließlich auf das Systemmonitoring hin angelegt; konzipiert als Stichprobenuntersuchungen lassen sie keine Aussagen zu Einzelschulen zu (van Ackeren & Klemm, 2000). Internationale Schulleistungsuntersuchungen, die mit diesem Ziel durchgeführt werden, gibt es bereits seit den sechziger Jahren des vergangenen Jahrhunderts (Bos, Postlethwaite & Gebauer, 2008).

Deutschland nahm dabei an einigen frühen Untersuchungen teil (z.B. Anfang der sechziger Jahre an der ersten internationalen Vergleichsstudie im mathematischen Bereich (FIMS[1]) (Schultze & Riemenschneider, 1967; Hirzel, 1969), enthielt sich dann allerdings für nahezu zwanzig Jahre einer Teilnahme an weiteren internationalen Schulleistungsvergleichen (vgl. auch Ingenkamp & Schreiber, 1989; Baumert, 1998). Dies ist sicherlich auch darauf zurückzuführen, dass hier auf Grund einer eher geisteswissenschaftlichen Tradition der Pädagogik eine empiriebezogene erziehungswissenschaftliche und bildungspolitische Denkweise, die eher an einer Überprüfung von Sachverhalten als an ideologisch orientierten Normdebatten interessiert ist, eher schwach entwickelt war. Eine verstärkte Teilnahme Deutschlands an Studien dieser Art ist erst seit Anfang der 1990er Jahre erneut zu konstatieren.

---

1   First International Mathematics Study.

Als besonders prominente Untersuchungen lassen sich die TIMS-Studie[2] und die Untersuchung PIRLS[3] der IEA[4] anführen. Darüber hinaus erlangte die PISA-Studie[5] der OECD[6] große Bedeutung.

Die zum Ende des vergangenen Jahrhunderts durchgeführte TIMS-Studie erfasste erstmalig die Kompetenzen in Mathematik und den Naturwissenschaften zeitgleich für drei Klassenstufen: zum Ende der Primarstufe, zum Ende der Sekundarstufe I und zum Ende der Sekundarstufe II – und zwar in mehr als 40 Ländern. In Deutschland wurde sie für die Sekundarstufe I (Baumert, Lehrke, Schmitz, Clausen, Hosenfeld, Köller & Neubrand, 1997) und die Sekundarstufe II (Baumert, Bos & Watermann, 1998; Baumert, Bos & Lehmann, 2000a; 2000b), nicht aber für die Primarstufe durchgeführt. Eine Messung der Kompetenzen von Schülerinnen und Schülern dieser Altersstufe erfolgte aber im Jahr 2007 im Rahmen der aktuellen TIMS-Studie[7], an der sich Deutschland erstmalig seit 1995 wieder beteiligt.

Im Rahmen der Untersuchung PIRLS wurden demgegenüber in den Jahren 2001 (Bos, Lankes, Prenzel, Schwippert, Walther & Valtin, 2003) und 2006 (Bos, Hornberg, Arnold, Faust, Fried, Lankes, Schwippert & Valtin, 2007) Leseleistungstests eingesetzt, und zwar in der vierten Klassenstufe. Deutschland beteiligt sich hier unter dem Akronym IGLU[8]. In dreizehn Bundesländern wurden darüber hinaus die Kompetenzen der entsprechenden Schülerpopulation in Mathematik und Naturwissenschaften erfasst.

Die Lesekompetenz der Schülerinnen und Schüler der Sekundarstufe I – und hier der Fünfzehnjährigen – wurde bei der PISA-Studie ermittelt, die inzwischen dreimal – in den Jahren 2000, 2003 und 2006 stattgefunden hat. Darüber hinaus wurden die Kompetenzen in den Bereichen Mathematik und Naturwissenschaften gemessen. Wie bei IGLU erfolgte auch hier eine repräsentative Erfassung der Bundesländer, die Vergleiche zwischen und innerhalb der Bundesländer sowie Schulformvergleiche ermöglicht (Baumert, Klieme, Neubrand, Prenzel, Prenzel, Schiefele, Schneider, Stanat, Tillmann & Weiß, 2001; Prenzel, Baumert, Blum, Lehmann, Leutner, Neubrand, Pekrun, Rolff, Rost & Schiefele, 2004; Prenzel, Artelt, Baumert, Blum, Hammann, Klieme & Pekrun, 2007).

Die genannten Studien (und einige weitere) haben zu differenzierten Ergebnissen in den jeweils erhobenen Bereichen geführt und damit einen wichtigen Beitrag zur empirischen Bildungsforschung geleistet.

Falk Radisch beschränkt sich in seinem Beitrag nun nicht auf die drei exemplarisch genannten Studien; er nimmt alle internationalen Schulleistungsvergleichsstudien seit Anfang der 1960er Jahre mit deutscher Beteiligung in den Blick. „Von FIMS bis PIRLS und PISA" untersucht er „Deutschlands Abschneiden bei internationalen Schulleistungsvergleichen" und leistet in diesem Zusammenhang eine vergleichende Analyse jener Untersuchungen, die im Bereich des Leseverständnisses sowie im mathematischen und naturwissenschaftlichen Bereich durchgeführt worden sind. Für die Untersuchungen, die als Zielpopulation Schülerinnen und Schüler der Sekundarstufe I

---

2   Third International Mathematics and Science Study.
3   Progress in International Reading Literacy Study.
4   International Association for the Evaluation of Educational Achievement.
5   Programme for International Student Achievement.
6   Organisation for Economic Cooperation and Development.
7   Jetzt: *Trends in International Mathematics* and Science Study.
8   Internationale-Grundschul-Lese-Untersuchung.

einbezogen haben, arbeitet er Gemeinsamkeiten und Unterschiede zwischen den vorfindbaren Studien heraus, indem er ihre jeweilige Zielpopulation und das ihnen jeweils zugrunde gelegte Verständnis des getesteten Wissensgebietes beschreibt. Er präsentiert zudem die Testergebnisse jener Länder, die im Laufe der Zeit an allen Studien teilgenommen haben und betrachtet die Befunde der deutschen Schülerinnen und Schüler im Zeitverlauf. Auf diese Weise kann er Aussagen bezüglich einer Veränderung des Leistungsniveaus machen. Damit möchte er allerdings weniger statistisch belastbare Befunde liefern, als vielmehr historische Entwicklungslinien aufzeigen.

Das im internationalen Vergleich eher mittelmäßige Abschneiden der deutschen Schülerinnen und Schüler bei den internationalen Schulleistungsuntersuchungen (und hier insbesondere bei PISA 2000) hat seit der zweiten Hälfte der 1990er Jahre nicht nur eine bis dahin beispiellose öffentliche Diskussion über die Qualität von Bildung ausgelöst (Tillmann et al., 2008); es hat auch zu umfänglichen bildungspolitischen Aktivitäten zur Reform des Bildungswesens geführt. Auf der bundesländerübergreifenden Ebene einigte sich die Kultusministerkonferenz im Mai 2002 auf die Einführung nationaler Bildungsstandards (Hovestadt & Kessler, 2005) und gründete zur Überprüfung ihrer Einhaltung im Jahre 2004 das Institut zur Qualitätssicherung im Bildungswesen (IQB) an der Humboldt-Universität zu Berlin (vgl. auch Kapitel 2 in diesem Band).

Die von der KMK verbindlich vereinbarten Bildungsstandards waren von Entscheidungen der einzelnen Bundesländer begleitet, die insgesamt auf eine „flächendeckende" Einführung von Verfahren zur Leistungsüberprüfung durch Schulleistungstests hinausliefen (Konsortium Bildungsberichterstattung 2006). In allen 16 Bundesländern sind dabei Lernstandserhebungen eingeführt worden, in denen bei allen Schülerinnen und Schülern eines oder mehrerer Bundesländer in bestimmten Jahrgängen über zentrale Tests fachbezogene Kenntnisse, Fähigkeiten und Wissensbestände ermittelt werden (van Ackeren & Bellenberg 2004). Dieses Verfahren erfüllt dabei eine doppelte Funktion: Zum einen dient es dazu, die Einhaltung der nationalen Bildungsstandards zu überprüfen. In dieser Hinsicht ist es auf das Monitoring des Gesamtsystems ausgerichtet. Zum anderen ist es auch für die Evaluation von Einzelschulen konzipiert und intendiert, den Schulen ein „Steuerungswissen" zur Verfügung zu stellen, an dem sich die einzelschulische Qualitätsarbeit orientieren kann. Für individualdiagnostische Zwecke hingegen ist es nicht geeignet.

Jens Fleischer, *Christian Spoden*, *Joachim Wirth* und *Detlev Leutner* befassen sich in ihrem Beitrag „Flächendeckende Lernstandserhebungen. Spezifische Herausforderungen und Lösungsansätze – Das Beispiel Lernstand 8 in Nordrhein-Westfalen" mit diesem neuen Verfahren, wobei sie auf eines der 16 Bundesländer rekurrieren. Sie stellen die Konzeption des im Jahre 2004 vom damaligen Schulministerium eingeführten Instruments in ihren Grundzügen dar und ordnen es hinsichtlich der mit ihm verbundenen Zielsetzungen in den Kontext von gesamtsystemischem Bildungsmonitoring und schülerzentrierter Individualdiagnostik ein. Die Autoren explizieren zudem spezifische Herausforderungen, die sich aus der Konzeption des Instruments ergeben. Thematisiert wird *erstens* die Schaffung und Aufrechterhaltung von *Akzeptanz* des Verfahrens bei den Lehrkräften, denen die Durchführung, Kodierung und Auswertung der Lernstandserhebungen obliegt. Verwiesen wird *zweitens* auf die Notwendigkeit einer adäquaten Verknüpfung von psychometrischer Testqualität einerseits und fachdidaktischem Nutzen der Testergebnisse andererseits. *Drittens* schließlich steht die Gewährleistung der Verständlichkeit der Ergebnisrückmeldung (inklusive eines Angebots nachvollziehbarer Vergleichsmöglichkeiten der Ergebnisse) im Mittelpunkt der Betrachtung. Für jeden dieser drei Punkte konzipieren die Autoren dabei Ansätze und Wege, die Herausforderungen zu meistern.

Internationale Schulleistungsvergleichsuntersuchungen und (flächendeckende) Schulleistungstests werden in Deutschland auch in den kommenden Jahren bedeutsam bleiben: In ihrer Anfang des Jahres 2006 vorgelegten Gesamtstrategie zum Bildungsmonitoring in Deutschland hat die Kultusministerkonferenz die regelmäßige Teilnahme an internationalen Leistungsvergleichsstudien (IGLU im Rhythmus von fünf Jahren, TIMSS im Rhythmus von vier Jahren und PISA im Rhythmus von drei Jahren), die zentrale Überprüfung des Erreichens der Bildungsstandards in einem Ländervergleich (in der 4., 9. und 10. Klasse) und Vergleichsarbeiten in Anbindung an die Bildungsstandards zur landesweiten Überprüfung der Leistungsfähigkeit einzelner Schulen festgeschrieben (vgl. KMK, 2006). Diese Testungen erlauben sowohl länderinterne Vergleiche als auch Vergleiche zwischen den Bundesländern.

Bei der Etablierung eines Systems der regelmäßigen und systematischen empirischen Erfassung von Ergebnissen und Bedingungen von Lernprozessen kann Deutschland auf die zum Teil langjährigen Erfahrungen anderer Länder (u.a. Australien, Frankreich, Großbritannien, Schweden und die USA) zurückgreifen. Auch in den Niederlanden werden unter der Fragestellung, welche Bildungsziele unter welchen Rahmenbedingungen von welchen Altersgruppen auf welchem Niveau in verschiedenen Fächergruppen erreicht werden, schon seit 1968 Daten gesammelt: Dort ist das *Institut voor Toetsontwikkeling* (CITO) für diese Aufgabe zuständig (Bos, Postlethwaite & Gebauer, 2008). Drei Mitarbeiter dieses Instituts konnten für einen Beitrag in diesem Tagungsband gewonnen werden: *Norman Verhelst, Tom Duindam* und *Marleen van der Lubbe* thematisieren in ihrem Artikel „The Student Monitoring System and School Self Evaluation in The Netherlands" ein Monitoringsystem, das in den 1980er Jahren als zentrales Instrument der Kompetenzmessung im Primarbereich eingeführt und seither von vielen Schulen auf freiwilliger Basis eingesetzt wird. Das Besondere an dem System besteht darin, dass es – in unterschiedlichen Fächern und zu mehreren Zeitpunkten im Laufe einer Schullaufbahn vom ersten bis zum achten Jahrgang – Aussagen zu dem Leistungsstand und -fortschritt nicht nur von Klassen, Jahrgängen oder einzelnen Schulen, sondern auch von einzelnen Schülerinnen und Schülern zulässt. Es kann demnach sowohl zur schulischen Selbstevaluation als auch zum Zwecke der Individualdiagnostik genutzt werden. Die Autoren beschreiben das System und gehen dabei auch auf die dem System zugrunde liegenden psychometrischen Grundlagen ein. Anhand der exemplarischen Darstellung einiger Ergebnisse, die den Schulen durch das System bereit gestellt werden, veranschaulichen sie dem Leser seine Aussagekraft.

Literatur

Ackeren, I. van & Bellenberg, G. (2004). Parallelarbeiten, Vergleichsarbeiten und Zentrale Abschlussprüfungen. In: H.G. Holtappels, K. Klemm, H. Pfeiffer, H.-G. Rolff & R. Schulz-Zander (Hrsg.): *Jahrbuch der Schulentwicklung. Daten, Beispiele und Perspektiven.* Bd. 13 (S. 125–159). Weinheim/München: Juventa.

Ackeren, I. van & Klemm, K. (2000). TIMSS, PISA, LAU, MARKUS und so weiter. Ein aktueller Überblick über Typen und Varianten von Schulleistungsstudien. *Pädagogik, 52* (2), 10–15.

Baumert, J. (1998). Internationale Schulleistungsvergleiche. In: D.H. Rost (Hrsg.), *Handwörterbuch Pädagogische Psychologie* (S. 219–225). Weinheim: Juventa.

Baumert, J., Bos, W. & Lehmann, R.H. (Hrsg.) (2000a). *TIMSS/III – Dritte Internationale Mathematik- und Naturwissenschaftsstudie. Mathematische und Naturwissenschaftliche Bildung am Ende der Schullaufbahn. Bd. 1: Mathematische und naturwissenschaftliche Grundbildung am Ende der Pflichtschulzeit.* Opladen: Leske + Buderich.

Baumert, J., Bos, W. & Lehmann, R.H. (Hrsg.) (2000b). *TIMSS/III – Dritte Internationale Mathematik- und Naturwissenschaftsstudie. Mathematische und Naturwissenschaftliche Bildung am Ende der Schullaufbahn. Bd. 2: Mathematische und physikalische Kompetenzen am Ende der gymnasialen Oberstufe.* Opladen: Leske + Buderich.

Baumert, J., Bos, W., & Watermann, R. (1998). *TIMSS/III. Schülerleistungen in Mathematik und den Naturwissenschaften am Ende der Sekundarstufe II im internationalen Vergleich. Zusammenfassung deskriptiver Ergebnisse, Studien und Berichte. Bd. 64.* Berlin: Max-Planck-Institut für Bildungsforschung.

Baumert, J., Klieme, E., Neubrand, M., Prenzel, M., Schiefele, U., Schneider, W., Stanat, P., Tillmann, K.-J. & Weiß, M. (Hrsg.) (2001). *PISA 2000. Basiskompetenzen von Schülerinnen und Schülern im internationalen Vergleich.* Opladen: Leske + Budrich.

Baumert, J., Lehrke, M., Schmitz, B., Clausen, M., Hosenfeld, I., Köller, O. & Neubrand, J. (1997). *TIMSS – Mathematisch-naturwissenschaftlicher Unterricht im internationalen Vergleich. Deskriptive Befunde.* Opladen: Leske + Buderich.

Bos, W., Hornberg, S., Arnold, K.H., Faust, G., Fried, L., Lankes, E.-M., Schwippert, K. & Valtin, R. (Hrsg.) (2007). *IGLU 2006. Lesekompetenzen von Grundschulkindern in Deutschland im internationalen Vergleich.* Münster u.a.: Waxmann.

Bos, W., Lankes, E.-M., Prenzel, M., Schwippert, K., Walther, G. & Valtin, R. (Hrsg.) (2003). *Erste Ergebnisse aus IGLU. Schülerleistungen am Ende der vierten Jahrgangsstufe im internationalen Vergleich.* Münster u.a.: Waxmann.

Bos, W., Postlethwaite, N. & Gebauer, M. (2008). Potenziale, Grenzen und Perspektiven internationaler Schulleistungsforschung. In: R. Tippelt, R. & B. Schmidt (Hrsg.): *Handbuch Bildungsforschung.* Wiesbaden: VS Verlag für Sozialwissenschaften (in Vorbereitung).

Hirzel, M.K. (1969). Mathematikunterricht im internationalen Vergleich. *Zeitschrift für Pädagogik, 15*, 329–346.

Hovestadt, G. & Kessler, N. (2005). 16 Bundesländer. Eine Übersicht zu Bildungsstandards und Evaluationen. In: G. Becker u.a. (Hrsg.): *Standards. Unterrichten zwischen Kompetenzen, zentralen Prüfungen und Vergleichsarbeiten* (S. 8–10). Friedrich Jahresheft 2005.

Ingenkamp, K. & Schreiber, W.H. (Hrsg.) (1989). *Was wissen unsere Schüler. Überregionale Lernerfolgsmessung aus internationaler Sicht.* Weinheim: Juventa.

KMK – Kultusministerkonferenz (2006). *Gesamtstrategie der Kultusministerkonferenz zum Bildungsmonitoring.* Beschluss der Kultusministerkonferenz vom 02.06.2006. Verfügbar unter: http://www.kmk.org/aktuell/Gesamtstrategie%20Dokumentation.pdf [22.04.2008].

Konsortium Bildungsberichterstattung (2006). *Bildung in Deutschland. Ein indikatorengestützter Bericht mit einer Analyse zu Bildung und Migration.* Gütersloh: Bertelsmann Verlag.

Prenzel, M., Artelt, C., Baumert, J., Blum, W., Hammann, M., Klieme, E. & Pekrun, R. (Hrsg.) (2007). *PISA 2006. Die Ergebnisse der dritten internationalen Vergleichsstudie.* Münster u.a.: Waxmann.

Prenzel, M., Baumert, J., Blum, W., Lehmann, R., Leutner, D., Neubrand, M., Pekrun, R., Rolff, H.G., Rost, J. & Schiefle, U. (Hrsg.) (2004). *PISA 2003. Der Bildungsstand der Jugendlichen in Deutschland – Ergebnisse des zweiten internationalen Vergleichs.* Münster u.a.: Waxmann.

Schultze, W. & Riemenschneider, L. (1967). Eine vergleichende Studie über die Ergebnisse des Mathematikunterrichts in zwölf Ländern. *Mitteilungen und Nachrichten des DIPF, Nr. 46/47*: Frankfurt, 1–34.

Tillmann, K-J., Dedering, K., Kneuper, D., Kuhlmann, C. & Nessel, I. (Hrsg.) (2008). *PISA als bildungspolitisches Ereignis. Eine Fallstudie in vier Bundesländern.* Wiesbaden: VS Verlag für Sozialwissenschaften (in Vorbereitung).

Falk Radisch

Von FIMS bis PIRLS und PISA

Deutschlands Abschneiden bei internationalen Schulleistungsvergleichen

1. Einleitung

Die internationalen Schulleistungsuntersuchungen der letzten Jahre bescheinigten dem deutschen Bildungssystem insgesamt nur mittelmäßige Leistungen im Sekundarbereich (PISA-Konsortium, 2001; PISA-Konsortium, 2004; Baumert, Lehmann, Lehrke, Schmitz, Clausen, Hosenfeld, Köller & Neubrand, 1997). In der einzigen aktuellen international vergleichenden Schulleistungsstudie im Primarbereich konnten die deutschen Schülerinnen und Schüler Leistungen erreichen, die signifikant über dem internationalen Durchschnitt liegen (Bos, Lankes, Prenzel, Schwippert, Walther & Valtin, 2003)[1].

In der Diskussion um die Ergebnisse dieser Studien wird vielfach außer Acht gelassen, dass groß angelegte internationale Schulleistungsstudien bereits eine lange Tradition haben. Auch die Bundesrepublik Deutschland bzw. einzelne Bundesländer beteiligten sich des Öfteren an den Untersuchungen. Diese werden aber in der aktuellen Diskussion nur selten reflektiert. Das ist besonders bedauerlich, da sich anhand der jeweiligen deutschen Ergebnisse – mit aller gebotenen Vorsicht – durchaus Hinweise auf historische Veränderungslinien ergeben könnten (van Ackeren, 2002, S. 159).

Allerdings ist eine gewisse Vorsicht und Zurückhaltung durchaus geboten. Vor allem ältere Studien waren noch sehr stark mit methodischen Problemen behaftet, die erst in den jüngeren Studien weitgehend ausgeräumt werden konnten.

2. Teilnahme und Nichtteilnahme Deutschlands an internationalen Schulleistungsvergleichen

Bereits seit den ersten internationalen Schulleistungsvergleichsuntersuchungen vor nunmehr über 40 Jahren nimmt Deutschland an derartigen Studien teil. Abbildung 1 zeigt die Teilnahme bzw. Nichtteilnahme Deutschlands an den wichtigsten Untersuchungen. Allerdings nahmen an einigen Untersuchungen für Deutschland nur einzelne Bundesländer (etwa Hamburg: Study of Written Composition) oder einzelne Städte (z.B. München: Classroom Environment Study) teil, bzw. beteiligten sich nicht alle Bundesländer (etwa FIMS, Civic Education-Teil der Six Subject Study, ComPed, TIMSS) (Bos & Schwippert, 2002, S. 10, Tabelle 1).

---

1   Im Folgenden werden nur die Studien berücksichtigt, deren Ergebnisse zum Zeitpunkt der Tagung im September 2007 bereits veröffentlicht waren. Die Ergebnisse der beiden Studien IGLU/PIRLS 2006 und PISA 2006 wurden erst kurz nach der Tagung veröffentlicht.

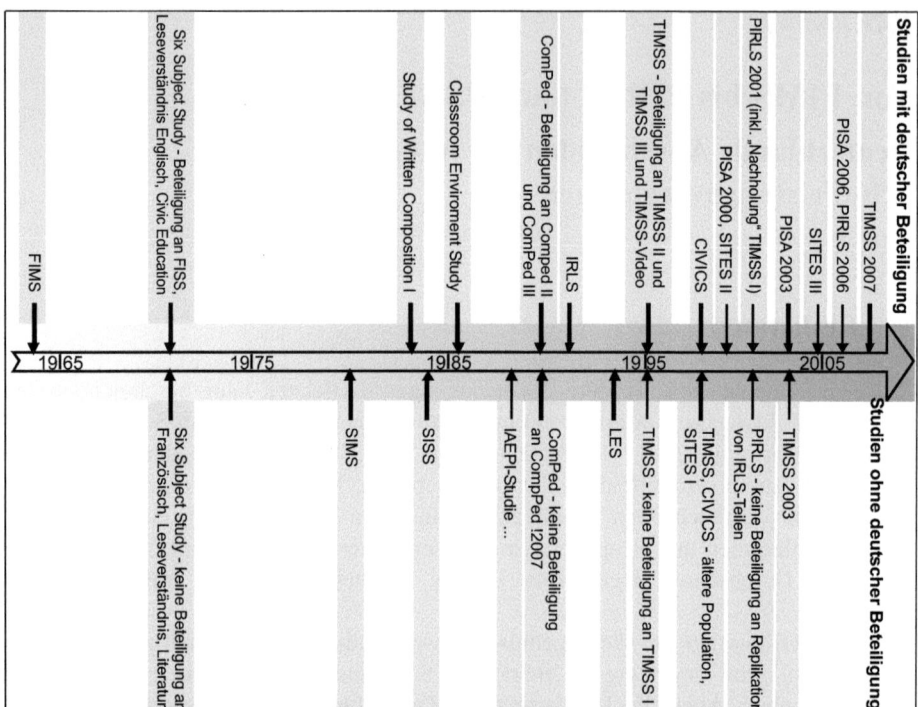

¹Abkürzungen: FIMS – First International Mathematics Study, FISS – First International Science Study, SIMS – Second
International Mathematics Study, SISS – Second International Science Study, Comped – Computers in Education Study,
IRLS – International Reading Literacy Study, LES – Languages in Education Study, TIMSS – Third International Mathematics
and Science Study, CIVICS – Civic Education Study, SITES – Second Information Technology in Education Study. PISA –
Programme for International Student Assessment, PIRLS – Progress in International Reading Literacy Study

Abb. 1: Teilnahme bzw. Nichtteilnahme Deutschlands an internationalen Schulleistungsuntersuchungen der IEA und der OECD (Bos & Schwippert, 2002, S. 10; van Ackeren, 2002,
S. 160; van Ackeren & Klemm, 2000, S. 12; Dohmen & Haileselassie, 2003, S. 16)¹.

Für eine vergleichende Betrachtung der Ergebnisse von Studien ergeben sich unter
Berücksichtigung von gleichen Fächern/Fachgruppen und ähnlicher Alterspopulationen
theoretisch folgende Möglichkeiten (nur Studien, zu denen die Daten zum Zeitpunkt
der Tagung im September 2007 bereits vorliegen):

Leseverständnis:
• IRLS 1991 (9-Jährige), PIRLS 2001 (4-Klässler)
• IRLS 1991 (8-Klässler), PISA 2000 (15-Jährige), PISA 2003 (15-Jährige)

Mathematik:
• FIMS 1964 (13-Jährige), TIMSS 1994/95 (8-Klässler), PISA 2000 (15-Jährige),
PISA 2003 (15-Jährige)

Naturwissenschaften:
• Six Subject Study/FISS 1970/71 (10-Jährige), TIMSS 1994/95 bzw. 2001 (4-Kläss-
ler)
• Six Subject Study/FISS 1970/71 (14-Jährige), TIMSS 1994/95 (8-Klässler), PISA
2000 (15-Jährige), PISA 2003 (15-Jährige)

Im Folgenden sollen aber nur die Vergleiche, die sich auf Populationen der Sekundarstufe I beziehen, präsentiert werden.

Für die Durchführung der Vergleiche müssen einige nicht unbedeutende Kompromisse eingegangen werden:

- Die definitorischen Verständnisse des jeweils getesteten Wissensbereiches variieren zwischen den zu vergleichenden Studien. Am Beginn der einzelnen Vergleiche werden kurz die unterschiedlichen Definitionen dargestellt.
- Selbst bei sehr ähnlichen Definitionen des Untersuchungsgegenstandes verwenden die zu vergleichenden Studien jeweils unterschiedliche Operationalisierungen und daraus resultierend abweichende Erhebungsinstrumente.
- Die methodischen Herangehensweisen sind sehr unterschiedlich, was einen Vergleich erheblich erschwert.
- Die Zusammensetzung der an den Studien teilnehmenden Länder ist je unterschiedlich. Insbesondere in den Studien, in denen die Wissensbereiche anhand der curricular festgeschriebenen Lerninhalte definiert wurden, ergeben sich dabei Probleme.
- Den Studien liegen je unterschiedliche Definitionen der Population zu Grunde. Ein Teil der Studien bezieht sich auf eine altersbasierte Stichprobe (etwa die 15-Jährigen in PISA). Andere Studien legen eine jahrgangsbasierte Stichprobe zu Grunde (etwa die 4-Klässler in IGLU/PIRLS). Für jahrgangs- und altersbasierte Stichproben ergeben sich je unterschiedliche Leistungsstreuungen (Voss, Schwippert & Carstensen, 2004, S. 306) und spezifische Unterschiede für Länder mit unterschiedlichem Einschulungsalter und unterschiedlichen Anteilen von Klassenwiederholern.

Die im Folgenden dargestellten Analysen müssen vor dem Hintergrund dieser Schwierigkeiten mit entsprechender Zurückhaltung gelesen werden. Sie stellen aufgrund der dargestellten Probleme kein statistisch absicherbares Material dar. Aber sie sind durchaus in der Lage, historische Entwicklungslinien wiederzugeben.

Die Vergleiche werden im Folgenden anhand einer Ländergruppe vorgenommen, die an den jeweiligen mit einander zu vergleichenden Untersuchungen teilgenommen haben.

Dargestellt werden nicht die in den jeweiligen Untersuchungen berichteten Kennwerte (Mittelwerte und Standardabweichungen). Um die Werte der verschiedenen Messungen vergleichbar zu machen, werden diese auf eine einheitliche Metrik normiert. Dazu werden die Abstände der mittleren Leistungen der einzelnen Länder von den mittleren Leistungen deutscher Schülerinnen und Schüler als Vielfache der deutschen Standardabweichung anhand der folgenden Formel berechnet und angegeben.

$$b_i = \frac{\overline{X}_i - \overline{X}_D}{s_D}$$

$\overline{X}_i$ = Mittelwert des Landes i in der jeweiligen Studie

$\overline{X}_D$ = Mittelwert Deutschlands in der jeweiligen Studie

s_D = Standardabweichung Deutschlands in der jeweiligen Studie

Für alle Studien wird so die deutsche Untersuchungspopulation zur „Normgruppe", die durchweg den Mittelwert 0 und die Standardabweichung 1 hat.

Dies ist eine sinnvolle Art der Darstellung der Daten, wenn man den internationalen Vergleich aus deutscher Perspektive sehen und dabei unterschiedliche Studien nebeneinander betrachten möchte. Wir fragen hier allein danach, wie sich die Schulleistungen anderer Länder im Vergleich zu Deutschland entwickelt haben. Wenn ein Land in einer früheren Untersuchung den Wert 1,00, in einer späteren den Wert 0,50 hat, zeigt dies, dass es in der ersten Studie eine (deutsche) Standardabweichung besser war als die untersuchten Personen in Deutschland, in der zweiten Untersuchung jedoch nur eine halbe Standardabweichung. Der Vorsprung dieses Landes hat sich also – gemessen an der Variationsbreite, die innerhalb Deutschlands beobachtbar ist – verringert. Ob sich die Leistungen in Deutschland oder in einem anderen Land „absolut" verbessert oder verschlechtert haben, kann dieser Darstellungsweise nicht entnommen werden.

2.2.1 Leseverständnis

IRLS 1991 (8-Klässler), PISA 2000 (15-Jährige) und PISA 2003 (15-Jährige)

Zielpopulation

Problematisch ist bei dem Vergleich dieser drei Studien, wie einleitend erwähnt, dass bei IRLS (Population II) eine klassenstufenbezogene, bei den beiden PISA-Studien hingegen eine altersstufenbezogene Definition der jeweiligen Zielpopulationen zugrunde lagen.

Bei IRLS (Population II) wurde die Klassenstufe getestet, in der mehrheitlich 14-Jährige unterrichtet wurden (Lehmann, Peek, Pieper & von Stritzky, 1995, S. 20). Diese Definition entsprach für Deutschland der 8. Klassenstufe. In PISA 2000 und 2003 hingegen wurde als Zielpopulation nicht ein bestimmter Schuljahrgang gewählt, sondern mit den 15-Jährigen ein Altersjahrgang (Baumert et al., 2001, S. 34f.; Prenzel, Drechsel, Carstensen & Ramm, 2004, S. 24f.). In Deutschland finden sich 15-Jährige hauptsächlich im neunten Jahrgang aber auch zu nicht unerheblichen Teilen im achten und zehnten Jahrgang. Eine kleine Anzahl Schüler besucht sogar Klassenstufen über der zehnten bzw. unter der achten Jahrgangsstufe (Baumert et al., 2001, S. 38, Tab. 1.3; Prenzel et al., 2004, S. 27, Tab. 1.2).

Definition des getesteten Wissensgebietes

In IRLS wurde unter Leseverständnis eine Kulturtechnik verstanden, die „eine Grundqualifikation darstellt, deren Beherrschung Voraussetzung für die Teilnahme an nahezu allen gesellschaftlichen Lebensbereichen ist" (Lehmann et al., 1995, S. 19). Das heißt, Lesen oder Leseverständnis ist mehr als das bloße Dekodieren und Zusammensetzen von Buchstaben zu Wörtern und Sätzen. Viel mehr handelt es sich um „die Fähigkeit, Formen der Schriftsprache zu verstehen und zu benutzen, soweit dies die Gesellschaft erfordert und/oder das Individuum für wünschenswert hält." (Lehmann et al., 1995, S. 19). Diese Definition verdeutlicht, dass es sich bei dem gemessenen Leseverständnis um sinnentnehmendes Lesen handelt. Es geht darum, die in verschiedenen Textformen liegenden Informationen zu verstehen und nutzbar machen zu können.

Die Definition der Lesekompetenz durch die beiden PISA-Studien umfasst ähnlich wie die Definition des Leseverständnisses bei IRLS „nicht lediglich die Fähigkeit zum Entziffern von schriftlichem Material (Decodieren)" (Artelt, Stanat, Schneider

& Schiefele, 2001, S. 70; auch Schaffner, Schiefele, Drechsel & Artelt, 2004, S. 94). Lesekompetenz wird als eine grundlegende Kulturtechnik verstanden, die für eine Teilhabe am gesellschaftlichen Leben und eine befriedigende Lebensführung Voraussetzung ist. „Lesekompetenz *(Reading Literacy)* heißt, geschriebene Texte zu verstehen, zu nutzen und über sie zu reflektieren, um eigene Ziele zu erreichen, das eigene Wissen und Potenzial weiterzuentwickeln und am gesellschaftlichen Leben teilzunehmen" (OECD, 2000, zitiert nach Artelt et al., 2001, S. 80).

In den betrachteten Studien wird also unter Leseverständnis bzw. Lesekompetenz in ähnlicher Weise die Fähigkeit verstanden, die in verschiedenen Formen geschriebener Texte enthaltenen Informationen zu entnehmen und im Sinne individueller Interessen und gesellschaftlicher Anforderungen nutzbar zu machen.

Vergleich der internationalen Testergebnisse

Für insgesamt 18 Länder liegen die Ergebnisse der drei Studien vor. Tabelle 3 zeigt, dass sich die Position Deutschlands in dieser Ländergruppe, gemessen am jeweiligen Rangplatz von IRLS zu PISA 2000 verschlechtert hat. Während in der IRLS-Studie von 1991 die durchschnittlichen Leistungen deutscher Schülerinnen und Schüler der 8. Jahrgangsstufe noch dem zehnten von 17 Rangplätzen (gemeinsam mit Portugal) entsprachen, konnte mit der durchschnittlichen Leistung deutscher Schülerinnen und Schüler in der PISA-Studie von 2000 nur noch der 13. Rangplatz in der Vergleichsgruppe erreicht werden. In PISA 2003 kann allerdings mit dem elften Rang eine positive Veränderung festgestellt werden.

Betrachtet man die relativen Abstände zu den einzelnen Ländern, zeigt sich zunächst von IRLS zu PISA 2000 kein einheitliches Muster. Es finden sich sowohl Länder, die sich im Verhältnis zum deutschen Mittelwert deutlich verbessern konnten als auch Länder, die im Jahr 2000 im Verhältnis zu Deutschland schlechtere Leistungen aufwiesen. Auffällig ist aber, dass sich im Gegensatz dazu von PISA 2000 zu PISA 2003 die Abstände zu allen besseren Ländern mehr oder weniger verringert haben.

2.2.2 Mathematik

FIMS 1964 (7-Klässler), TIMSS 1994/95 (8-Klässler), PISA 2000 (15-Jährige) und PISA 2003 (15-Jährige)

Zielpopulation

In FIMS und TIMSS wurden den Untersuchungen jeweils klassenstufenbezogene Populationen zu Grunde gelegt. In den beiden PISA-Studien erfolgte die Definition der Zielpopulation abweichend davon anhand eines Altersjahrganges.

In FIMS definierte man die Zielpopulation als den Schuljahrgang, „in dem die Mehrheit der 13;0 bis 13;11jährigen Schüler drei Monate vor Ende des laufenden Schuljahres zu finden ist." (Schultze & Riemenschneider, 1967, S. 10). Dies entsprach in Deutschland der 7. Klassenstufe (ebd., S. 5). Erhoben wurde in Deutschland lediglich in den beiden Bundesländern Hessen und Schleswig-Holstein.

In TIMSS wurde die klassenstufenbezogene Zielpopulation ähnlich definiert: „Schülerinnen und Schüler der beiden Klassenstufen, die zum Testzeitpunkt den größten Anteil der 13jährigen aufweisen." (Baumert et al., 1997, S. 44). International entsprach dies in aller Regel der 7. und 8. Klassenstufe. In Deutschland allerdings hätte

Tabelle 1: Leseverständnis bei IRLS (Population II), PISA 2000 und PISA 2003 – Länder, die
an allen drei Studien teilgenommen haben (Quellen: Lehmann et al., 1995, S. 219,
Artelt et al., 2001, S. 107 und Schaffner et al., 2004, S. 99)

IRLS (8-Klässler) 1991			PISA (15-Jährige) 2000			PISA (15-Jährige) 2003		
RP	Ländername	MW	RP	Ländername	MW	RP	Ländername	MW
1	Finnland	0,48	1	Finnland	0,56	1	Finnland	0,48
2	Frankreich	0,34	2	Neuseeland	0,41	2	Neuseeland	0,28
3	Schweden	0,30	3	Irland	0,39	3	Irland	0,22
4	Neuseeland	0,29	4	Schweden	0,29	4	Schweden	0,21
5	Island	0,17	5	Island	0,21	5	Norwegen	0,08
5	Schweiz	0,17	6	Norwegen	0,19	6	Schweiz	0,07
5	Ungarn	0,17	6	Frankreich	0,19	7	Frankreich	0,05
8	USA	0,16	8	USA	0,18	8	USA	0,04
9	Dänemark	0,03	9	Dänemark	0,12	9	Dänemark	0,01
10	Portugal	0	10	Schweiz	0,09	9	Island	0,01
10	Deutschland[1]	0	11	Spanien	0,08	11	Deutschland	0
12	Norwegen	-0,09	12	Italien	0,03	12	Ungarn	-0,08
13	Italien	-0,10	13	Deutschland	0	13	Spanien	-0,09
14	Irland	-0,16	14	Ungarn	-0,04	14	Portugal	-0,12
15	Griechenland	-0,18	15	Belgien (Fr)[3]	-0,07	15	Belgien (Fr)[3]	-0,13
16	Spanien	-0,43	16	Griechenland	-0,09	16	Italien	-0,14
17	Belgien (Fr)[3]	-0,55	17	Portugal	-0,13	17	Griechenland	-0,17

[1] Für Deutschland wurde aus den in IRLS getrennt berichteten Werten für Ost- und Westdeutschland ein
gewichteter Wert berechnet. Grundlage waren die Anzahl der getesteten Schüler sowie die Anteile der getesteten
Schüler an der Grundgesamtheit (Lehmann et al., 1995, S. 22f.):

$$MW_{ges} = \frac{MW_{ost} * \dfrac{n_{ost}}{p_{nvonG_{ost}}} + MW_{west} * \dfrac{n_{west}}{p_{nvonG_{west}}}}{G_{ges}}$$

Die Standardabweichung für Deutschland wurde unter der Annahme homogener Varianzen nach der Formel

$$S_{ges} = \sqrt{\frac{(n_{west}-1) * S_{west}^2 + (n_{ost}-1) * S_{ost}^2}{n_{west} + n_{ost} - 2}}$$

(Fricke & Treinies, 1985, S. 75) berechnet.

[2] Für Kanada nahm in IRLS lediglich British Columbia teil. Die berichteten Werte sind also nicht repräsentativ für
Gesamtkanada.

[3] Für Belgien nahmen in IRLS lediglich die französischsprachigen (wallonischen) Gebiete teil. Die berichteten
Werte sind also nicht repräsentativ für Gesamtbelgien. Für PISA 2000 und PISA 2003 werden – abweichend
von der Darstellung in den angegebenen Quellen – entsprechend auch die Werte für die französischsprachigen
Gebiete berichtet (OECD, 2001, S. 361; OECD, 2004, S. 505).

der 6. und 7. Schuljahrgang diese Vorgabe erfüllt. Abweichend davon wurden auch in
Deutschland die 7. und 8. Jahrgangsstufe untersucht, was vermutlich die Ergebnisse
der deutschen Schülerinnen und Schüler etwas überschätzt. Berichtet werden hier aber
lediglich die Ergebnisse der Schülerinnen und Schüler der 8. Klassenstufe (ebd., S.
91). Weiterhin muss für Deutschland festgehalten werden, dass das Bundesland Baden-
Württemberg nicht an der Untersuchung teilnahm.

Abweichend von den klassenstufenbezogenen Zielpopulationen in FIMS und
TIMSS wurde in PISA die Zielpopulation nicht über eine bestimmte Klassenstufe,
sondern über einen Altersjahrgang (15-Jährige) definiert (Baumert et al., 2001, S.

34f.; Prenzel et al., 2004, S. 24f.). Dieser ist in Deutschland allerdings auf mehrere Klassenstufen verteilt (siehe oben).

Definition des getesteten Wissensgebietes

In der ältesten internationalen Schulleistungsstudie zum Bereich Mathematik wurde das Wissensgebiet über die verschiedenen Lehrpläne der teilnehmenden Länder definiert. Dazu wurden die Lehrpläne von neun Teilnehmerländern analysiert und aus den Ergebnissen ein Leistungstest zusammengestellt, der aus Aufgaben der verschiedenen Teilgebiete der schulischen Mathematik zusammengesetzt war (Schultze & Riemenschneider, 1967, S. 5f). Unter dem getesteten Wissensgebiet der Mathematik wurde also das verstanden, was über die neun Länder hinweg in den Curricula des Faches festgeschrieben ist.

Auch in TIMSS wurden mathematische Leistungen in einem curricularen Kontext untersucht. (Baumert et al., 1997, S. 47f). Bei der Analyse der Lehrpläne und der Aufgabenauswahl konnte festgestellt werden, dass eine Art internationales Kerncurriculum für das Fach Mathematik existiert, das mit Hilfe von TIMSS untersucht wird (ebd., S. 60). Dieses Kerncurriculum wird dabei über mathematische Fertigkeiten und Kompetenzen definiert, die als solche dem Konzept der Grundbildung entsprechen. Die gemessenen mathematischen Kompetenzen werden also als notwendig angesehen, um in einer modernen Gesellschaft erfolgreich agieren zu können. Defizite „gefährden in modernen Gesellschaften die Teilnahme an zentralen gesellschaftlichen Lebensbereichen und stellen Risikofaktoren individueller Lebensführung dar." (ebd., S. 59f.). Neben die Komponente des Beherrschens curricularer Wissensgebiete tritt also im Verständnis der mathematischen Kompetenz die Bedeutung für die Teilhabe am gesellschaftlichen Leben im Sinne einer mathematischen Literalität oder Grundbildung.

In PISA wird unter mathematischer Grundbildung getestet, „inwieweit mathematisches Wissen funktional, flexibel und mit Einsicht zur Bearbeitung vielfältiger kontextbezogener Probleme eingesetzt werden kann (OECD, 1999)" (Klieme, Neubrand & Lüdke, 2001, S. 139). Unter Mathematical Literacy wird die Fähigkeit verstanden, „die Rolle, die Mathematik in der Welt spielt, zu erkennen und zu verstehen, begründete mathematische Urteile abzugeben und sich auf eine Weise mit der Mathematik zu befassen, die den Anforderungen des gegenwärtigen und künftigen Lebens einer Person als eines konstruktiven, engagierten und reflektierenden Bürgers entspricht (OECD, 1999, S. 41)" (Klieme et al., 2001). Somit fokussiert die getestete mathematische Leistung auf die Anwendbarkeit in realitätsnahen Situationen.

Es wird deutlich, dass das Verständnis von Mathematik in den vier Studien nicht unerheblich voneinander abweicht. Nach und nach rückte das Beherrschen mathematischer Verfahren, wie sie im curricularen Kontext gelehrt werden, in den Hintergrund und ein stärker anwendungsbezogenes Verständnis solcher Verfahren und Wissensgegenstände im Sinne des Literacy-Konzeptes im Zeitverlauf wurde stärker betont.

Vergleich der internationalen Testergebnisse

Die Schnittmenge von Staaten, die an allen vier Studien teilgenommen haben, beträgt neun Länder.

Während Deutschland in FIMS innerhalb der Referenzgruppe noch an zweiter Stelle liegt, konnten etwa 30 Jahre später deutsche Schülerinnen und Schüler in TIMSS nur noch Leistungen erreichen, die dem fünften von sieben Rangplätzen entsprechen.

Auch kann festgestellt werden, dass sich der deutsche Mittelwert im Vergleich mit allen sechs Vergleichsländern verschlechtert hat.

Tabelle 2: Mathematische Leistung bei FIMS (Population Ib), TIMSS (Population II) und PISA – Länder, die an den drei Studien teilgenommen haben, [1] (Quellen: Schultze & Riemenschneider, 1967, S. 14, Baumert et al., 1997, S. 90f. und Klieme et al., 2001, S. 173).

FIMS (7-Klässler) 1964			TIMSS (8-Klässler) 1994/95			PISA (15-Jährige) 2000			PISA (15-Jährige) 2003		
RP	Ländername	MW	RP	Ländername	MW	RP	Ländername	MW	RP	Ländername	MW
1	Japan	0,50	1	Japan	1,07	1	Japan	0,65	1	Japan	0,30
2	Deutschland[2]	0	2	Schweden	0,50	2	Australien	0,42	2	Australien	0,20
3	Schottland	-0,26	3	Frankreich	0,32	3	Schottland	0,42	2	Schottland	0,20
4	Frankreich	-0,38	4	Australien	0,23	4	Frankreich	0,26	4	Frankreich	0,08
5	Australien	-0,56	5	Deutschland[3]	0	5	Schweden	0,19	5	Schweden	0,06
6	USA	-0,65	6	USA	-0,10	6	USA	0,03	6	Deutschland	0
7	Schweden	-0,86	7	Schottland	-0,12	7	Deutschland	0	7	USA	-0,19

[1] Belgien wird hier nicht berichtet, da in FIMS die Werte für Gesamtbelgien, in TIMSS aber die Werte getrennt für den flämischsprachigen und französischsprachigen Landesteil berichtet wurden. England wird nicht berichtet, da in 2003 keine Daten vorliegen.

[2] Für Deutschland nahmen an FIMS nur die Bundesländer Hessen und Schleswig-Holstein teil.

[3] An TIMSS nahmen für Deutschland alle Bundesländer außer Baden-Württemberg teil.

In PISA 2000 reichen die mittleren mathematischen Leistungen deutscher Schülerinnen und Schüler nur noch für den letzten Rangplatz innerhalb dieser Referenzgruppe. Gleichzeitig kann aber festgestellt werden, dass es eine Gruppe von Ländern gibt, die zwar nach wie vor besser als Deutschland sind, allerdings ist der relative Abstand zu Japan, Frankreich und Schweden teilweise erheblich zurückgegangen.

In der zweiten Erhebungswelle von PISA im Jahr 2003 entsprechen die Leistungen innerhalb dieser Ländergruppe dem sechsten Rangplatz. Trotz dieser nur geringen Rangplatzverbesserung zeichnen die durchweg geringeren Abstände zu den Vergleichsländern ein positives Bild.

2.2.3 Naturwissenschaften

Six Subject Study/FISS 1970/71 (14-Jährige), TIMSS 1994/95 (8-Klässler), PISA 2000 (15-Jährige) und PISA 2003 (15-Jährige)

Mit FISS, TIMSS und PISA liegen vier Studien vor, anhand derer die relative Leistungsfähigkeit Deutschlands im Bereich der Naturwissenschaften für die Sekundarstufe I untersucht werden kann.

Zielpopulation

In FISS wurde die Population über einen Altersjahrgang definiert: „Population II was defined as all students aged 14 years and in full-time schooling at the time of testing." (Walker, 1976, S. 21). Diese Population verteilt sich über mehrere Jahrgänge. In Deutschland sind die meisten 14-Jährigen in der 8. und 9. Klassenstufe zu finden (Schultze, 1974, S. 6; Comber & Keeves, 1973, S. 48).

Auch in PISA wurde die Zielpopulation über einen Altersjahrgang (15-Jährige) definiert (Baumert et al., 2001, S. 34f.; Prenzel et al., 2004, S. 24f.). Dieser ist in Deutschland auf mehrere Klassenstufen verteilt. 15-Jährige finden sich hauptsächlich im neunten Jahrgang aber auch zu nicht unerheblichen Teilen im achten und zehnten Jahrgang bzw. sogar über der zehnten und unter der achten Jahrgangsstufe (Baumert et al., 2001, S. 38, Tab. 1.3; Prenzel et al., 2004, S. 27, Tab. 1.2).

In TIMSS wurde eine klassenstufenbezogene Zielpopulation definiert: „Schülerinnen und Schüler der beiden Klassenstufen, die zum Testzeitpunkt den größten Anteil der 13jährigen aufweisen." (Baumert et al., 1997, S. 44). International entsprach dies in aller Regel der siebten und achten Klassenstufe. In Deutschland allerdings hätte der sechsten und siebten Schuljahrgang diese Vorgabe erfüllt. Abweichend davon wurden auch in Deutschland die siebten und achten Jahrgangsstufe untersucht. Dadurch werden vermutlich die Ergebnisse der deutschen Schülerinnen und Schüler im internationalen Vergleich etwas überschätzt. Berichtet werden aber nicht die Ergebnisse beider Klassenstufen, sondern lediglich die Ergebnisse der Schülerinnen und Schüler der achten Klassenstufe (Baumert et al., 1997, S. 91).

Definition des getesteten Wissensgebietes

In FISS wurden die Leistungstests über die Lehrpläne der einzelnen Teilnehmerländer definiert. Anhand einer Curriculum-Analyse wurden Testaufgaben für die einzelnen Teilbereiche und Lernziele entwickelt, aus denen die Leistungstests in den Naturwissenschaften zusammengestellt wurden (Schultze, 1974, S. 8; Comber & Keeves 1973, S. 18ff.).

Auch in TIMSS werden naturwissenschaftliche Leistungen in einem curricularen Kontext untersucht. Dazu wurden Aufgaben entwickelt und auf curriculare Validität in den Teilnehmerländern überprüft (Baumert et al., 1997, S. 47f.). Die Aufgaben bilden eine Art internationales Kerncurriculum für die Naturwissenschaften ab (Baumert et al., 1997, S. 62). Dabei handelt es sich um naturwissenschaftliche Fertigkeiten und Kompetenzen, die dem Konzept der Grundbildung oder Literalität entsprechen. Die gemessenen naturwissenschaftlichen Kompetenzen sind also mehr oder weniger notwendig, um in einer modernen Gesellschaft erfolgreich agieren zu können.

In PISA werden die naturwissenschaftlichen Leistungen über das Konzept der Scientific Literacy definiert. Naturwissenschaftliche Grundbildung bzw. Literalität wird dabei als unverzichtbarer Aspekt von Allgemeinbildung angesehen. In einer stark durch naturwissenschaftliches und technisches Wissen geprägten Kultur (Prenzel, Rost, Senkbeil, Häußler & Klopp, 2001, S. 192 und S. 195) ist ein Grundverständnis der Naturwissenschaften Grundvoraussetzung für ein erfolgreiches Agieren. „Naturwissenschaftliche Grundbildung (Scientific Literacy) ist die Fähigkeit, naturwissenschaftliches Wissen anzuwenden, naturwissenschaftliche Fragen zu erkennen und aus Belegen Schlussfolgerungen zu ziehen, um Entscheidungen zu verstehen und zu treffen, welche die natürliche Welt und die durch menschliches Handeln an ihr vorgenommenen Veränderungen betreffen." (OECD; 1999, S. 60, zitiert nach Prenzel et al., 2001, S. 198).

Vergleich der internationalen Testergebnisse

Insgesamt liegen für 10 Staaten die Werte aller Untersuchungen vor. Tabelle 8 zeigt, dass sich von FISS zu TIMSS die relative Position Deutschlands verschlechtert hat. Gleichzeitig kann aber festgestellt werden, dass der Abstand zu den einzelnen Ländern nicht in jedem Fall die gleiche Tendenz aufweist. So konnte etwa der Abstand zum durchgängig besten Land der Gruppe – Japan – verringert werden. Gleiches gilt für Ungarn und Neuseeland.

Bei PISA 2000 ist Deutschland innerhalb der Ländergruppe noch einmal schlechter positioniert. Es lässt sich diesmal auch feststellen, dass abgesehen von Ungarn und Schweden alle Länder einen größeren Abstand zu Deutschland aufweisen.

Für PISA 2003 rückt Deutschland zwar lediglich um einen Rangplatz nach oben, es zeigt sich aber, dass durchweg der Abstand zu den anderen Ländern in der Vergleichsgruppe mehr oder weniger reduziert werden konnte.

Tabelle 3: Leistungen in den Naturwissenschaften bei FISS (Population II), TIMSS (Population II) und PISA – Länder, die an allen drei Studien teilgenommen haben (Quellen: Comber & Keeves, 1973, S. 159, Baumert et al., 1997, S. 98f. und PISA-Konsortium, 2001, S. 229 und PISA-Konsortium, 2004, S. 120).

FISS (14-Jährige) 1970/71			TIMSS (8-Klässler) 1994/95			PISA (15-Jährige) 2000			PISA (15-Jährige) 2003		
RP	Ländername	MW	RP	Ländername	MW	RP	Ländername	MW	RP	Ländername	MW
1	Japan	0,65	1	Japan	0,40	1	Japan	0,62	1	Japan	0,41
2	Ungarn	0,47	2	Schweden	0,39	2	Neuseeland	0,40	2	Belgien (Fl)[1]	0,24
3	Australien	0,08	3	Ungarn	0,23	2	Australien	0,40	3	Australien	0,21
4	Neuseeland	0,04	4	Belgien (Fl)[1]	0,19	4	Schottland[2]	0,34	4	Neuseeland	0,17
5	Deutschland	0	5	Australien	0,14	5	Belgien (Fl)[1]	0,31	5	Schottland[2]	0,11
6	Schweden	-0,17	6	USA	0,03	6	Schweden	0,25	6	Schweden	0,04
7	USA	-0,18	7	Deutschland[3]	0	7	USA	0,12	7	Ungarn	0,01
8	Schottland[2]	-0,20	8	Neuseeland	-0,06	8	Ungarn	0,09	8	Deutschland	0
9	Belgien (Fl)[1]	-0,22	9	Schottland[2]	-0,14	9	Deutschland	0	9	USA	-0,1
10	Belgien (Fr)[1]	-0,72	10	Belgien (Fr)[1]	-0,59	10	Belgien (Fr)[1]	-0,20	10	Belgien (Fr)[1]	-0,17

[1] Für Belgien wurden in FISS und TIMSS die Werte für die französischsprachigen (wallonischen) und flämischsprachigen Gebiete getrennt berichtet. Für die PISA-Studie werden – abweichend von der Darstellung in der angegebenen Quelle – entspricht auch die Werte getrennt für die französischsprachigen und flämischsprachigen Gebiete berichtet (OECD, 2001, S. 361).

[2] Für Großbritannien wurden in FISS und TIMSS die Werte für England und Schottland getrennt berichtet. Für die PISA-Studie werden – abweichend von der Darstellung in der angegebenen Quelle – entsprechend auch die Werte getrennt für Schottland berichtet (Scottish-Executive-Education-Department, 2002, S. 10). England entfällt, da für 2003 keine Daten verfügbar sind.

[3] An TIMSS nahmen für Deutschland alle Bundesländer außer Baden-Württemberg teil.

3. Fazit

Der historische Blick zeichnet ein durchwachsenes aber durchaus positiv gerichtetes Bild auf die deutschen Leistungsergebnisse für den Sekundarbereich. Es finden sich in allen drei betrachteten Leistungsdomänen durchmischte Ergebnisse hinsichtlich der relativen Leistungen innerhalb der betrachteten Ländergruppen. Auffällig ist aber, dass von PISA 2000 zu PISA 2003 in allen drei Leistungsdomänen zwar nur geringe (in allen drei Leistungsdomänen positive) Rangplatzveränderungen, wohl aber mehr oder weniger deutliche durchgängige Verbesserungen in den Abständen zu den einzelnen Vergleichsländern zeigen ließen. Wie eingangs bereits erwähnt, müssen diese Ergebnisse allerdings sehr vorsichtig interpretiert werden. Es handelt sich nicht um belastbare Befunde sondern um historische Entwicklungslinien. Sie geben aber einen

Eindruck davon, wie die Entwicklung über die vergangenen Jahre und Jahrzehnte hinweg zu bewerten ist.

Es wäre wünschenswert, zunächst mit Hilfe von dauerhaften Zeitreihenergebnissen, wie sie etwa durch die kommenden PISA-Wellen vorliegen werden, zu untersuchen, ob sich vor allem die Befunde zu PISA 2000/2003 bestätigen lassen. Für die historischen Studien lässt sich dies in einer belastbaren Weise wohl kaum mehr bewerkstelligen.

Mit den hier vorgestellten Ergebnissen dürfte das vergleichende Potential der älteren Studien aufgrund der genannten Probleme und Einschränkungen bereits erschöpft sein. Für den Zeitraum ab 2000 liegen mit bald drei Erhebungswellen der PISA-Studie allerdings adäquatere und belastbarere Daten vor.

Literatur

Artelt, C., Stanat, P., Schneider, W. & Schiefele, U. (2001). Lesekompetenz: Testkonzeption und Ergebnisse. In: Deutsches PISA-Konsortium (Hrsg.): *PISA 2000. Basiskompetenzen von Schülerinnen und Schülern im internationalen Vergleich* (S. 69–137). Opladen: Leske + Budrich.

Baumert, J., Lehmann, R.H., Lehrke, M., Schmitz, B., Clausen, M., Hosenfeld, I., Köller, O. & Neubrand, J. (1997). *TIMSS – Mathematisch-naturwissenschaftlicher Unterricht im internationalen Vergleich. Deskriptive Befunde.* Opladen: Leske + Budrich.

Baumert, J., Stanat, P. & Demmrich, A. (2001). PISA 2000: Untersuchungsgegenstand, theoretische Grundlagen und Durchführung der Studie. In: Deutsches PISA-Konsortium (Hrsg.): *PISA 2000. Basiskompetenzen von Schülerinnen und Schülern im internationalen Vergleich* (S. 15–68). Opladen: Leske + Budrich.

Bos, W., Lankes, E.-M., Prenzel, M., Schwippert, K., Walther, G. & Valtin, R. (Hrsg.): (2003). *Erste Ergebnisse aus IGLU. Schülerleistungen am Ende der vierten Jahrgangsstufe im internationalen Vergleich.* Münster u.a.: Waxmann.

Bos, W. & Schwippert, K. (2002). TIMSS, PISA, IGLU & Co. Vom Sinn und Unsinn internationaler Schulleistungsuntersuchungen. *Bildung und Erziehung. 55* (1). 5–23.

Comber, L.C. & Keeves, J.P. (1973). *Science Education in Nineteen Countries.* Stockholm: Almqvist & Wiksell International.

Dohmen, D. & Haileselassie, A. (2003). *Die Entwicklung der bildungspolitischen Position Deutschlands im internationalen Vergleich.* Köln: Forschungsinstitut für Bildungs- und Sozialökonomie.

Fricke, R. & Treinies, G. (1985). *Einführung in die Metaanalyse.* Bern: Hans Huber.

Klieme, E., Neubrand, M. & Lüdtke, O. (2001). Mathematische Grundbildung: Testkonzeption und Ergebnisse. In: Deutsches PISA-Konsortium (Hrsg.): *PISA 2000. Basiskompetenzen von Schülerinnen und Schülern im internationalen Vergleich* (S. 141–191). Opladen: Leske + Budrich.

Lehmann, R.H., Peek, R., Pieper, I. & von Stritzky, R. (1995). *Leseverständnis und Lesegewohnheiten deutscher Schüler und Schülerinnen.* Weinheim: Beltz.

OECD (2001). *Lernen für das Leben. Erste Ergebnisse der internationalen Schulleistungsstudie PISA 2000.* Paris: OECD.

OECD (Hrsg.) (1999). *Measuring student knowledge and skills. A new framework for assessment.* Paris: OECD.

OECD (Hrsg.) (2000). *Literacy in the information age. Final report of the international adult literacy survey.* Paris: OECD.

OECD (Hrsg.) (2004). *Lernen für die Welt von morgen. Erste Ergebnisse von PISA 2003.* Paris: OECD.

PISA-Konsortium, Deutsches (Hrsg.) (2001). *PISA 2000. Basiskompetenzen von Schülerinnen und Schülern im internationalen Vergleich.* Opladen: Leske + Budrich.

PISA-Konsortium Deutschland (Hrsg.) (2004). *PISA 2003. Der Bildungsstand der Jugendlichen in Deutschland. Ergebnisse des zweiten internationalen Vergleichs.* Münster u.a.: Waxmann.

Prenzel, M., Drechsel, B., Carstensen, C.H. & Ramm, G. (2004). PISA 2003 – eine Einführung. In: PISA-Konsortium Deutschland (Hrsg.): *PISA 2003. Der Bildungsstand der Jugendlichen in Deutschland. Ergebnisse des zweiten internationalen Vergleichs* (S. 13–46). Münster u.a.: Waxmann.

Prenzel, M., Rost, J., Senkbeil, M., Häußler, P. & Klopp, A. (2001). Naturwissenschaftliche Grundbildung: Testkonzeption und Ergebnisse. In: Deutsches PISA-Konsortium (Hrsg.): *PISA 2000. Basiskompetenzen von Schülerinnen und Schülern im internationalen Vergleich* (S. 192–250). Opladen: Leske + Budrich.

Schaffner, E., Schiefele, U., Drechsel, B., & Artelt, C. (2004). Lesekompetenz. In: PISA-Konsortium Deutschland (Hrsg.): *PISA 2003. Der Bildungsstand der Jugendlichen in Deutschland. Ergebnisse des zweiten internationalen Vergleichs* (S. 93–110). Münster u.a.: Waxmann.

Schultze, W. (1974). *Die Leistungen im naturwissenschaftlichen Unterricht in der Bundesrepublik im internationalen Vergleich.* Frankfurt am Main: Forschungskollegium des Deutschen Instituts für Internationale Pädagogische Forschung.

Schultze, W. & Riemenschneider, L. (1967). *Eine vergleichende Studie über die Ergebnisse des Mathematikunterrichts in zwölf Ländern.* Frankfurt am Main: Deutsches Institut für Internationale Pädagogische Forschung.

Scottish-Executive-Education-Department (2002). Programme for International Student Assessment. Scottish Report. Verfügbar unter: http://www.pisa.oecd.org/NatReports/PISA2000/Scotlandnatrep.pdf. [01.05.2003].

van Ackeren, I. (2002). Von FIMS und FISS bis TIMSS und PISA. Schulleistungen in Deutschland im historischen und internationalen Vergleich. *Die deutsche Schule, 94* (2), 157–175.

van Ackeren, I. & Klemm, K. (2000). TIMSS, PISA, LAU, Markus und so weiter. Ein aktueller Überblick über Typen und Varianten von Schulleistungsstudien. *Pädagogik, 52* (12), 10–15.

Voss, A., Schwippert, K. & Carstensen, C.H. (2004). IGLU und PISA. Überlegungen zur Vergleichbarkeit der deutschen IGLU- und PISA-Ergebnisse. In: W. Bos, E.-M. Lankes, N. Plaßmeier & K. Schwippert (Hrsg.): *Heterogenität. Eine Herausforderung an die Bildungsforschung* (S. 301–310). Münster u.a.: Waxmann.

Walker, D.A. (1976). *The IEA Six Subject Survey: An Empirical Study of Education in Twenty-One Countries.* Stockholm: Almqvist & Wiksell International.

Jens Fleischer, Christian Spoden, Joachim Wirth, Detlev Leutner

Flächendeckende Lernstandserhebungen – spezifische Herausforderungen und Lösungsansätze

Das Beispiel lernstand 8 in Nordrhein-Westfalen

1. Einleitung

Die Ergebnisse der internationalen Schulleistungsstudien TIMSS (Baumert, Lehmann, Lehrke, Schmitz, Clausen, Hosenfeld, Köller & Neubrand, 1997; Baumert, Bos & Lehmann 2000a, b) und insbesondere PISA 2000 (Baumert, Klieme, Neubrand, Prenzel, Schiefele, Schneider, Stanat, Tillmann & Weiß, 2001; Baumert, Artelt, Klieme, Neubrand, Prenzel, Schiefele, Schneider, Tillmann & Weiß, 2002) haben in Deutschland zu einer intensiven öffentlichen und fachlichen Diskussion über die Qualität von Schule und Unterricht geführt. Ein zentrales Ergebnis dieser Diskussion war die Definition nationaler Bildungsstandards (KMK, 2005; Klieme, Avenarius, Blum, Döbrich, Gruber, Prenzel, Reiss, Riquarts, Rost, Tenorth & Vollmer, 2003) sowie die Entscheidung, das Erreichen dieser Standards kontinuierlich und systematisch zu überprüfen (KMK & IQB, 2006).

Im Zuge dieser Umorientierung von einer „Input"- hin zu einer „Output"-Steuerung des deutschen Bildungssystems werden seit 2004 in Nordrhein-Westfalen (NRW) flächendeckende Lernstandserhebungen in der Sekundarstufe I (lernstand 9, bzw. seit 2007 lernstand 8) durchgeführt (Burkard & Peek, 2004; Orth, 2005; Peek, Pallack, Dobbelstein, Fleischer & Leutner, 2006). „Flächendeckend" bedeutet, dass alle Schülerinnen und Schüler der Klassenstufe 9 bzw. 8 in NRW (ca. 200.000 Schülerinnen und Schüler aus ca. 2.000 Schulen) an den Lernstandserhebungen teilnehmen. Die Lernstandserhebungen in NRW sind damit eine Umsetzung der von der deutschen Kultusministerkonferenz geforderten „Maßnahmen zur konsequenten Weiterentwicklung und Sicherung der Qualität von Unterricht und Schule auf der Grundlage von verbindlichen Standards sowie eine ergebnisorientierte Evaluation" (KMK, 2001).

2. Konzeption und Verortung der flächendeckenden Lernstandserhebungen in Nordrhein-Westfalen zwischen Individualdiagnostik und Bildungsmonitoring

Primäre Zielsetzung der Lernstandserhebungen in NRW ist es, Schul- und Unterrichtsentwicklung anzustoßen. Konkret bedeutet dies, dass überprüft wird, inwieweit die Kompetenzstandards, die in den Lehrplänen der Kernfächer Mathematik, Deutsch und Englisch in NRW formuliert sind (z.B. MSJK, 2004), von den Schülerinnen und Schülern tatsächlich erreicht werden. Die Lernstandserhebungen hatten damit zu Beginn auch eine unterstützende Funktion bei der Implementierung dieser neuen Kernlehrpläne in NRW, die wiederum stark an den nationalen Bildungsstandards orientiert sind. Die Schulen des Landes erhalten hierzu im jährlichen Turnus neu entwickelte, hochwertige Testinstrumente, mit deren Hilfe sie ausgewählte Kompetenzen ihrer Schülerschaft in den untersuchten Fächern im Hinblick auf kriteriale und soziale Bezugsnormen selbst verorten können. Die verwendeten Testinstrumente werden zentral entwickelt und ausgewertet (Heymann & Pallack, 2007; Fleischer, Wirth & Leutner, 2007; Leutner, Wirth & Fleischer, 2005), die Durchführung und Kodierung der Tests sowie die Interpretation der zentral bereitgestellten Ergebnisse erfolgen dezentral in den Schulen (Achilles, Kliemann, Kusnierek, Peek & Pallack, 2007; Möller, Pallack & Fleischer, 2007). Direkter Adressat der Ergebnisrückmeldungen sind somit die Schulen bzw. die Fachgruppen und Fachkonferenzen vor Ort (Peek & Dobbelstein, 2006a).

Damit bewegen sich flächendeckende und dezentrale Lernstandserhebungen wie in Tabelle 1 dargestellt in vielerlei Hinsicht in einem Spannungsfeld zwischen individueller Kompetenzdiagnostik und Bildungsmonitoring (Leutner, Fleischer, Spoden & Wirth, 2007). Dies wird zum einen an der *Funktion* von Lernstandserhebungen deutlich. Kompetenzdiagnostik stellt einen Spezialfall der pädagogisch-psychologischen Diagnostik dar, welche die Funktion hat Entscheidungen auf individueller Ebene vorzubereiten (z.B. Selektions- oder Platzierungsentscheidungen einer Schülerin oder eines Schülers für ein bestimmtes Förderprogramm; Leutner, 2006). Beim Bildungsmonitoring (KMK & IQB, 2006; Konsortium Bildungsberichterstattung, 2006) hingegen geht es primär darum, Entscheidungen auf Ebene des Schulsystems vorzubereiten, was Methoden der Fremdevaluation erforderlich macht. Adressaten der Ergebnisse sind vorrangig die Bildungspolitik bzw. Bildungsverwaltung. Flächendeckende Lernstandserhebungen hingegen haben primär die Funktion pädagogische, didaktische und ggf. auch curriculare Entscheidungen auf Schul- und Unterrichtsebene vorzubereiten, was letztendlich ein Vorgehen im Sinne der Selbstevaluation erforderlich macht: Die dabei verwendeten Testverfahren werden de-

Tab. 1:   Funktion und Fokus von Kompetenzdiagnostik, Lernstandserhebungen und Bildungsmonitoring (Leutner et al., 2007)

	Kompetenzdiagnostik	Lernstandserhebungen (in NRW)	Bildungsmonitoring
Funktion	Vorbereitung von Entscheidungen im Einzelfall	Vorbereitung päd./did. /curricularer Entscheidungen auf Schul- und Unterrichtsebene	Vorbereitung politischer Entscheidungen auf Schulsystemebene
	(Selektion, Platzierung)	(Selbstevaluation)	(Fremdevaluation)
Fokus	Inhaltliche Tiefe in einem Fachgebiet:	Erst Tiefe in einem Fachgebiet, dann Breite:	Fachliche Tiefe und zugleich fachliche Breite:
	→ Itemstichprobe	→ Vollerhebung aller Personen; Itemstichprobe	→ Item- und Personenstichprobe (Multiple-Matrix-Sampling)
	→ Kompetenzschätzung des Individuums	→ Kompetenzverteilung in Klassen, Schulen (keine Individualdiagnostik)	→ Kompetenzverteilung in Bundesländern, Staaten (keine Individualdiagnostik, nur eingeschränkt Aussagen auf Schul- und Klassenebene)

zentral in den Schulen von den Lehrkräften selbst durchgeführt, kodiert und bezüglich ihrer Ergebnisse interpretiert. Damit dienen sie weder dazu Entscheidungen auf individueller noch auf Schulsystemebene vorzubereiten. Folglich sind die Adressaten der Ergebnisse vorrangig die Schulen und Lehrkräfte vor Ort (Leutner et al., 2007).

Auch der Fokus liegt bei Lernstandserhebungen zwischen individueller Kompetenzdiagnostik und Bildungsmonitoring. Der Fokus individueller Kompetenzdiagnostik liegt darauf, anhand einer geeigneten, hinreichend großen Itemstichprobe in einem relativ eng definierten Kompetenzbereich eine möglichst reliable und valide Kompetenzschätzung des Individuums zu erhalten (Leutner, 2006). Beim Bildungsmonitoring liegt der Fokus hingegen sowohl auf fachlicher Tiefe als auch auf fachlicher Breite. Das heißt, es geht um die Erhebung der Kompetenzverteilungen möglichst aller in den Bildungsstandards festgelegter Kompetenzbereiche eines Faches auf nationaler und auf Bundeslandebene (KMK & IQB, 2006). Hierfür sind große Item- und auch Personenstichproben erforderlich und damit Methoden des Multiple-Matrix-Samplings (siehe z.B. Baumert, Stanat & Demmrich, 2001). Somit sind keine verlässlichen Aussagen auf Individualebene möglich, und auch Aussagen auf Schul- und Klassenebene sind, abhängig von der Stichprobengröße je Schule und Klasse, nur eingeschränkt möglich (Watermann, Stanat, Kunter, Klieme & Baumert, 2003). Bei den Lernstandserhebungen in NRW hingegen liegt der Fokus zu einem Testzeitpunkt zunächst auf Tiefe in einem Kompetenzbereich eines Faches. Zu den verschiedenen Erhebungswellen werden über die Jahre hinweg jeweils unterschiedliche Schwerpunkte gesetzt, sodass die gesamte inhaltliche Breite eines Faches über die Zeit hinweg abgedeckt werden kann. Ziel ist es, mit Hilfe geeigneter Itemstichproben die Verteilungen der getesteten Kompetenzen im Rahmen einer Vollerhebung aller Klassen und Schulen des Landes zu ermitteln. Dabei wird auf ein Multiple-Matrix-Sampling verzichtet, sodass innerhalb von Lerngruppen identisches Testmaterial bearbeitet wird, wodurch sinnvolle und durch die Lehrkräfte, die Schülerinnen und Schüler sowie die Eltern vor Ort gut nachvollziehbare Aussagen auf Schul- und Klassenebene getroffen werden können. Aufgrund der begrenzten Itemzahl sind jedoch individualdiagnostische Aussagen – wenn überhaupt – nur sehr eingeschränkt möglich (Leutner et al., 2007).

3. Spezifische Herausforderungen und gewählte Lösungsansätze bei den Lernstandserhebungen in Nordrhein-Westfalen

Aus der oben beschriebenen Konzeption der Lernstandserhebungen in NRW ergeben sich spezifische Herausforderungen, die unter anderem der Tatsache geschuldet sind, dass die Testinstrumente von Lehrkräften und nicht von geschulten Testleitern eingesetzt und kodiert werden und auch die Interpretation der Ergebnisse dezentral an den Schulen erfolgt.

3.1 Akzeptanz als Voraussetzung für flächendeckende dezentrale Lernstandserhebungen

Die Akzeptanz der Lernstandserhebungen in NRW insbesondere bei den beteiligten Lehrkräften, Schulleitungen und Koordinatoren ist eine der grundlegenden Voraussetzungen für deren Erfolg. Nur wenn flächendeckende, dezentrale Lernstandserhebungen von den beteiligten Personen als sinnvolles und praktikables Instrument der Selbstevaluation wahrgenommen werden, besteht überhaupt die Möglichkeit, objektive, reliable und valide Informationen zu erhalten, und nur dann sind sinnvolle Aussagen über Kompetenzen von Schülergruppen möglich.

Um dies zu gewährleisten, erhalten die Schulen hochwertige Testinstrumente mit denen sie im Vergleich etwa zu Klassenarbeiten möglichst effektiv und arbeitsökonomisch die Kompetenzen ihrer Schülerschaft selbst erheben können. Sie erhalten außerdem umfangreiches, didaktisches Begleitmaterial, welches die Diskussion der zentral aufbereiteten Ergebnisse innerhalb der Fachkonferenzen anstoßen soll (Achilles, Kliemann, Kusnierek, Peek & Pallack, 2007). Die Testinstrumente ermöglichen leicht nachvollziehbare, kriteriale Vergleiche, indem die Ergebnisse auf der Ebene inhaltlich beschriebener Kompetenzniveaus zurückgemeldet werden, die eine anschauliche und vor allem fachdidaktisch nutzbare Beschreibung der Kompetenzskala erlauben (Fleischer et al., 2007; siehe auch Watermann & Klieme, 2002). Außerdem ermöglichen die Testinstrumente leicht nachvollziehbare (da auf identischem Testmaterial basierende) soziale Vergleiche einer Klasse mit dem gesamten Jahrgang einer Schule und mit allen Schülerinnen und Schülern derselben Schulform (Peek & Dobbelstein, 2006a). Diese sozialen Vergleiche können insofern als „fair" bezeichnet werden, als das Schulen die Möglichkeit haben, ihre Ergebnisse mit den Ergebnissen von Schulen zu vergleichen, die eine ähnliche Zusammensetzung der Schülerschaft bezüglich soziodemographischer Hintergrundmerkmale aufweisen und unter ähnlichen Rahmenbedingungen arbeiten (Peek, 2006; Peek & Dobbelstein, 2006b).

Von diesen Maßnahmen kann angenommen werden, dass sie langfristig geeignet sind, die Akzeptanz der Lernstandserhebungen als Instrument der Selbstevaluation zu gewährleisten (Leutner et al., 2007). Die Ergebnisse verschiedener Online-Befragungen der an den Lernstandserhebungen beteiligten Personen unterstützen dies, wenngleich sie auch noch Verbesserungspotenzial aufzeigen (Bonsen, Büchter & Peek, 2007; Kühle & Peek, im Druck).

3.2　Testkonstruktion, Durchführung & Auswertung – Sicherung psychometrischer Qualitätsstandards

Eine zentrale Herausforderung für Lernstandserhebungen besteht darin, für eine verträgliche Verknüpfung von psychometrischer Testqualität auf der einen und fachdidaktischem Nutzen der Testergebnisse auf der anderen Seite zu sorgen. Vor dem Hintergrund, dass die verwendeten Testverfahren von ungeschulten Lehrkräften vor Ort durchgeführt und kodiert werden, kommt der Sicherung von Qualitätsstandards bei der Datenerhebung, Kodierung und Verarbeitung sowie der Sicherung der psychometrischen Qualität (also der Objektivität, Reliabilität und Validität) der Kompetenzskalen eine besondere Bedeutung zu (Fleischer et al., 2007). Auf der anderen Seite müssen die eingesetzten Tests zur Fachphilosophie bzw. fachdidaktischen Diskussion der jeweiligen Fächer kompatibel sein und dürfen diese nicht konterkarieren (Burkard & Peek, 2004; Dobbelstein & Peek, 2007).

Um diesen unterschiedlichen Interessenslagen (Fachphilosophie vs. Psychometrie) gerecht zu werden, werden Expertengruppen aus Lehrkräften, Fachdidaktikern und Psychometrikern gebildet mit dem Auftrag geeignete Kompetenzskalen zu generieren. Die so entwickelten Testaufgaben werden dann zunächst informell erprobt, um die Schwierigkeit der Aufgaben und die Güte der Kodieranleitungen abschätzen zu können. Im Anschluss erfolgt eine Pilotierung mit ca. 2.000 Schülerinnen und Schülern aus ca. 80 Schulen unter möglichst realen Bedingungen, d.h. es werden, wie auch in der Haupterhebung, ungeschulte Lehrkräfte eingesetzt, die die Tests durchführen und kodieren. Bei der zentralen Auswertung der Pilotierungsdaten wird zunächst die Auswertungsobjektivität über eine zentrale Doppelkodierung einer Stichprobe von Testheften geprüft und im Anschluss die Skalierbarkeit der Daten im Rahmen der Item-Response-Theorie (Rost, 2004) nach dem dichotomen Rasch-Modell (Rasch, 1960) bzw. dem Partial-Credit-Modell (Masters, 1982) untersucht. Die Auswahl der Testaufgaben für die Haupterhebung erfolgt dann wiederum aus fachdidaktischer Perspektive unter Einbezug der Psychometrie (Leutner et al., 2007).

3.2.1 Ergebnisse zur Objektivität und Reliabilität der Testinstrumente

Zur Prüfung der *Auswertungsobjektivität* der eingesetzten Kompetenzskalen wird eine Stichprobe von Testheften der Pilotierung, welche bereits in den Schulen anhand standardisierter Kodiermanuale dezentral ausgewertet wurden, einer zentralen Doppelkodierung unterzogen. Für die Haupterhebung werden nur solche Aufgaben beibehalten, bei denen die Übereinstimmung zwischen Erst- und Zweitkodierung, quantifiziert über den Gamma-Koeffizienten (Woods, 2007), ausreichend hoch ist, sodass für alle berichteten Kompetenzskalen eine hinreichend hohe Auswertungsobjektivität (mittleres Item-Gamma über .70) gewährleistet werden kann (siehe Tabelle 2; Leutner et al., 2007; Fleischer et al., 2007).

Tab. 2:   Auswertungsobjektivität der Kompetenzskalen (Leutner et al., 2007)

	Mittleres Item-Gamma		
	LSE9-2004	LSE9-2005	LSE8-2007
Mathematik	.91	.98	> .90[3]
Deutsch (Leseverstehen)	.82	> .90[3]	> .90[3]
Deutsch (Zuhören und Verarbeiten)	---[1]	.90	---[1]
Deutsch (Schreiben)	< .70[2]	.72	---[1]
Englisch (Leseverstehen)	.80	---[1]	> .90[3]
Englisch (Hörverstehen)	---[1]	> .90[3]	---[1]
Englisch (Schreiben)	< .70[2]	.72	---[1]

Anmerkungen:
[1] nicht erhoben, [2] keine Rückmeldung von Ergebnissen an die Schulen, [3] nur in der Pilotierung überprüft.

Die Prüfung der *Durchführungsobjektivität* ist bei flächendeckenden und dezentralen Tests wie den Lernstandserhebungen in NRW allein aus logistischen Gründen kaum möglich. Es ist jedoch davon auszugehen, dass die Durchführungsobjektivität durch Instruktionen und Maßnahmen zur Sicherstellung der Akzeptanz bei den beteiligten Lehrkräften positiv beeinflusst werden kann. Es gibt Hinweise darauf, dass die Tendenz, Ergebnisse von Lernstandserhebungen zu „schönen", in dem Maße zunimmt, wie die Ergebnisse „high-stakes"-Charakter bekommen (Nichols & Berliner,

2007; Jacob, 2005). Da die Lernstandserhebungen in NRW bisher jedoch eher einen „low-stakes"-Charakter hatten und die Akzeptanz des Verfahrens grundlegend gegeben ist (Bonsen et al., 2007; Kühle & Peek, im Druck), kann davon ausgegangen werden, dass Schönungstendenzen lediglich vereinzelt vorkommen und die Durchführungsobjektivität somit gewährleistet ist. Für die weiteren Erhebungswellen der Lernstandserhebungen werden derzeit Möglichkeiten zur Konstruktion geeigneter Indikatoren zur Erfassung systematischer Täuschung durch Lehrkräfte geprüft (Spoden, Fleischer, Wirth & Leutner, 2007).

Die Prüfung der Reliabilität der verwendeten Kompetenzskalen zeigt ausreichende bis gute Ergebnisse (siehe Tabelle 3), sodass eine hinreichend zuverlässige Ergebnisrückmeldung auf Klassen- und Jahrgangsebene möglich ist.

Tab. 3:   Reliabilitäten (WLE person-seperation-reliability) der Kompetenzskalen

	WLE person-seperation-reliability		
	LSE9-2004	LSE9-2005	LSE8-2007
Mathematik	.86	.84	.81
Deutsch (Leseverstehen)	.83	.84	.68
Deutsch (Zuhören und Verarbeiten)	---[1]	.83	---[1]
Deutsch (Schreiben)	---[1]	.87	---[1]
Englisch (Leseverstehen)	.90	---[1]	.87
Englisch (Hörverstehen)	---[1]	.82	---[1]
Englisch (Schreiben)	---[1]	.95	---[1]

Anmerkung: [1] nicht erhoben

3.2.2 Ergebnisse zur Validität der Testinstrumente

Hinweise auf die Kriteriumsvalidität der Kompetenzskalen lassen sich beispielsweise für die erste Erhebung 2004 aus einem Vergleich der Ergebnisse der Lernstandserhebungen mit den Ergebnissen aus PISA 2000 für NRW (Baumert et al., 2002; Deutsches PISA-Konsortium, o.J.) ableiten. Um die Ergebnisse der Lernstandserhebungen mit den Ergebnissen der PISA-Studie vergleichen zu können, sind in Abbildung 1 die Kompetenz-Mittelwerte der Schulformen der Kompetenzskalen für Mathematik und Deutsch-Leseverstehen als Abweichung vom jeweiligen NRW-Mittelwert in Einheiten der Standardabweichung dargestellt. Die bei den Lernstandserhebungen 2004 in NRW eingesetzten Kompetenzskalen für Mathematik und Deutsch-Leseverstehen replizieren in systematischer Weise die in der PISA-Studie für NRW festgestellten Schulformunterschiede der entsprechenden Kompetenzskalen (Leutner et al., 2007).

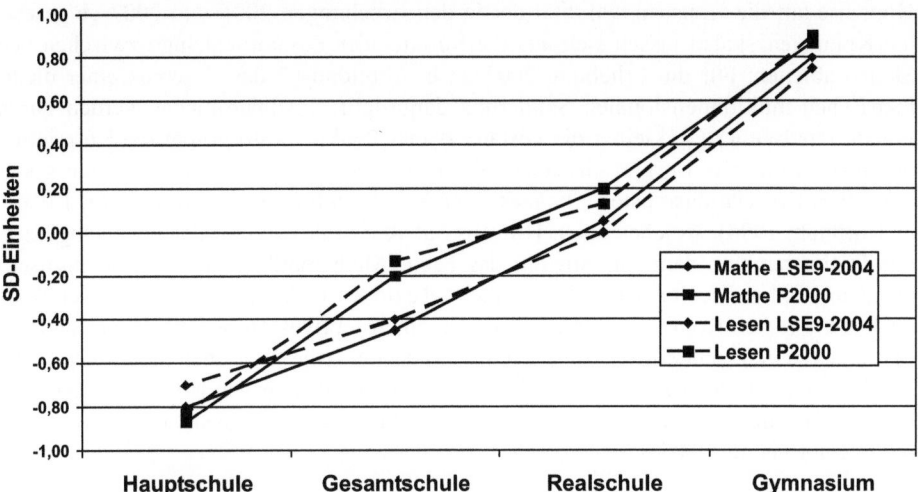

Abb. 1: Vergleich PISA-2000 (NRW) und Lernstandserhebungen 2004 (LSE9-2004) für
Mathematik und Deutsch-Leseverstehen: Position der Schulformen (Mittelwert) in der
Gesamtverteilung in Einheiten der Standardabweichung der Gesamtverteilung (SD-
Einheiten) (Leutner et al., 2007)

Zudem zeigen Vergleiche der Ergebnisse der Lernstandserhebungen in den Jahren
2004, 2005 und 2007 für die Kompetenzbereich Mathematik und Deutsch-Leseverse-
stehen, die als einzige in allen drei Jahren erfasst wurden, eine hohe Stabilität dieser
Schulformunterschiede über die Erhebungswellen hinweg (exemplarisch für Mathematik, siehe Abbildung 2).

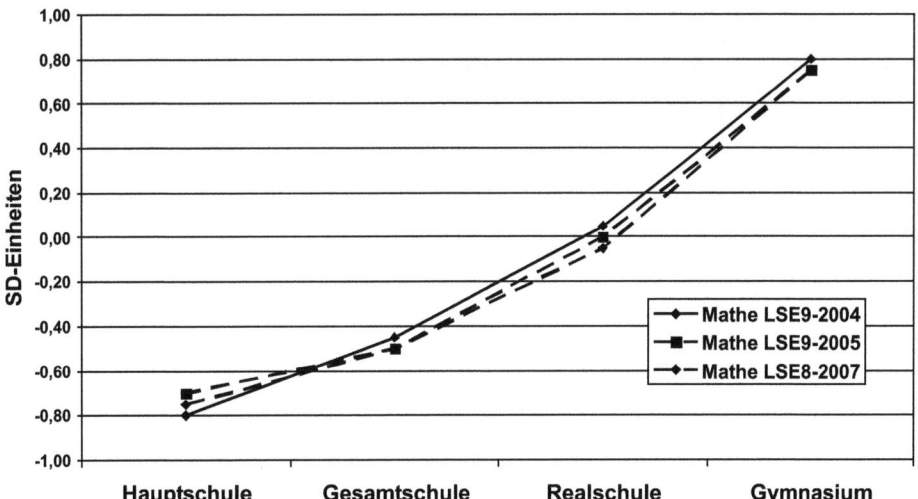

Abb. 2: Stabilität von Schulformunterschieden in den Lernstandserhebungen (2004-2007)
für Mathematik: Position der Schulformen (Mittelwert) in der Gesamtverteilung in
Einheiten der Standardabweichung der Gesamtverteilung (SD-Einheiten)

Hinweise auf die Konstruktvalidität der in den Erhebungen 2005 und 2007 eingesetzten Kompetenzskalen lassen sich aus der Struktur der Zusammenhänge zwischen den Skalen ableiten. Für die Erhebung 2005 ist in Abbildung 3 das Ergebnis einer nicht-metrischen multidimensionalen Skalierung dargestellt (Testinstrumente werden durch Punkte repräsentiert; je kleiner die Distanz zweier Punkte, desto größer die Korrelation der Testinstrumente; Borg & Groenen, 2005). In dieser Abbildung lässt sich ein systematisches Korrelationsmuster erkennen („Radex"-Struktur; siehe hierzu Shye, Elizure & Hoffman, 1994), welches einen Hinweis auf Konstruktvalidität der 2005 eingesetzten Testinstrumente darstellt: Sowohl das Fach (Mathematik, Deutsch und Englisch) als „Circumplex-Facette" (die „Tortenstück"-Regionen in Abbildung 3 definierend) als auch die Art der Kompetenz (rezeptives Lesen, rezeptives Hören sowie produktives Schreiben und Problemlösen) als „Simplex-Facette" (die Regionen definierend, die durch konzentrische Kreise in Abbildung 3 getrennt werden) müssen berücksichtigt werden, um die Korrelationen zwischen den Kompetenzskalen systematisch zu erklären (Leutner et al., 2007).

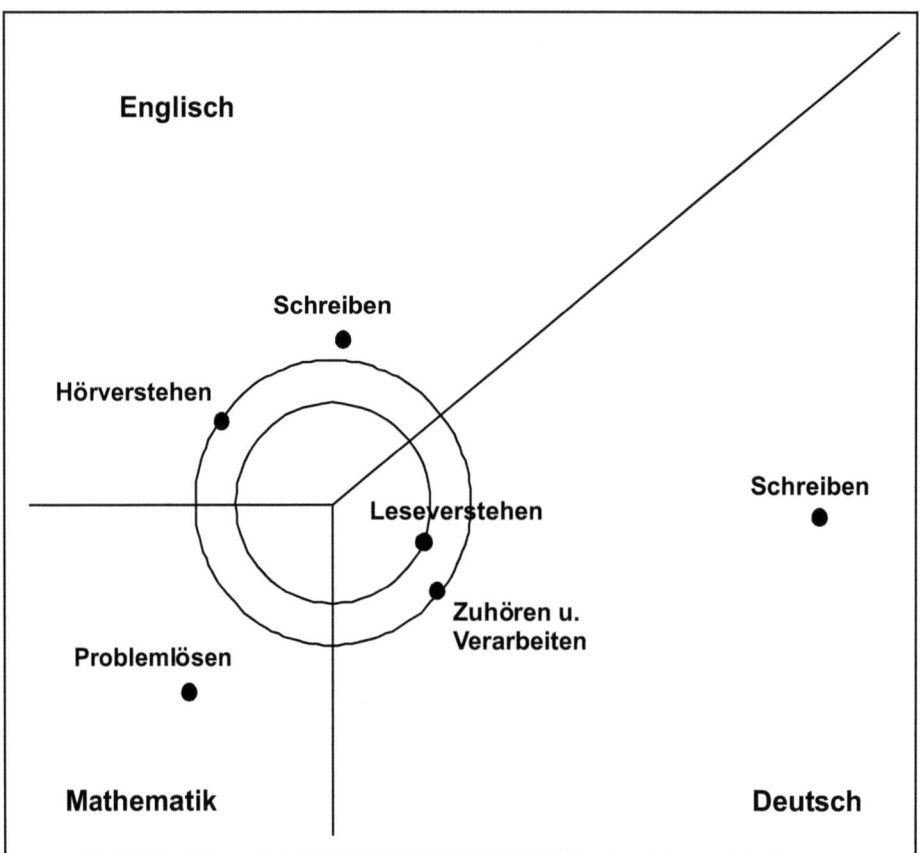

Abb. 3: Nicht-metrische multidimensionale Skalierung der Kompetenzskalen in den Lern-standserhebungen 2005 (Radex-Struktur; Fit-Index „stress" < .001) (Leutner et al., 2007)

Auch für die Erhebung 2007 zeigen sich theoriekonforme Zusammenhänge zwischen den Kompetenzskalen (siehe Tabelle 4). Für die Skala Englisch-Leseverstehen kann ein zusätzlicher Hinweis auf Konstruktvalidität erbracht werden: Die hohe messfehlerbereinigte Korrelation zwischen dieser Skala und einem vom Institut zur Qualitätsentwicklung im Bildungswesen (IQB) auf Basis der Bildungsstandards für das Fach Englisch (siehe KMK, 2003, 2004) entwickelten Leseverstehenstest bewegt sich in der Größenordnung vergleichbarer Untersuchungen (vgl. Leucht, Köller, Fleischer & Leutner, 2007; Rupp, Vock & Harsch, 2008).

Tab. 4: Korrelationen und Reliabilitäten der Kompetenzskalen in den Lernstandserhebungen 2007

	Mathematik	Deutsch	Englisch	Englisch IQB
Mathematik	(.81)			
Deutsch (Leseverstehen)	.74	(.68)		
Englisch (Leseverstehen)	.44	.43	(.87)	
Englisch IQB (Leseverstehen)			.83	(.71)

Anmerkung:
Messfehlerbereinigte Produktmoment-Korrelationen der Personenfähigkeiten (WLE) unterhalb der Hauptdiagonalen; Reliabilitäten der Kompetenzskalen (WLE person-separation-reliability) in Klammern auf der Hauptdiagonalen.

3.3 Rückmeldung der Ergebnisse an die Schulen

Damit die Lernstandserhebungen Prozesse der Schul- und Unterrichtsentwicklung anstoßen können, müssen die Ergebnisrückmeldungen an die Schulen leicht verständlich sein und nachvollziehbare, pädagogisch nutzbare kriteriale und soziale Vergleichsmöglichkeiten anbieten (Leutner et al., 2007; Peek & Dobbelstein, 2006a). Die sozialen Vergleiche müssen dahingehend „fair" gestaltet sein, als dass sie leistungsrelevante Hintergrundmerkmale der Schülerschaft, die außerhalb des Einflussbereichs von Schule und Unterricht liegen, angemessen berücksichtigen. Dadurch wird den Schulen eine möglichst realistische Einschätzung der Qualität ihrer Arbeit ermöglicht (Peek, 2001; Watermann & Stanat, 2004). Zudem sollten die Ergebnisrückmeldungen einen gewissen Aufforderungscharakter zur Nutzung der Ergebnisse für die Schul- und Unterrichtsentwicklung besitzen.

Die bei den Lernstandserhebungen eingesetzten Testaufgaben werden zunächst mit Modellen der Item-Response-Theorie skaliert. Im Anschluss werden für die verschiedenen Kompetenzskalen hierarchisch geordnete Kompetenzniveaus definiert (Fleischer et al., 2007). Diese Kompetenzniveaus werden ausführlich fachdidaktisch beschrieben – auch mit Bezug zu den Kernlehrplänen – und anhand exemplarischer Aufgaben veranschaulicht. Die Schulen erhalten dann internetbasiert über den Lernstandsserver des NRW-Schulministeriums die Kompetenzniveauverteilungen für ihre Klassen und die gesamte Jahrgangsstufe zurückgemeldet. Diese kriteriale Form der Ergebnisrückmeldung ist mit sozialen Vergleichsmöglichkeiten gekoppelt, sodass die Schulen die Möglichkeit haben, die Ergebnisse ihrer Klassen und der Jahrgangsstufe mit den Ergebnissen der

gesamten Schulform über entsprechend bereitgestellte Referenzverteilungen zu vergleichen (Peek & Dobbelstein, 2006a; Leutner et al., 2007).

Diese sozialnormbezogene Ergebnisrückmeldung bietet außerdem die Möglichkeit
„fairer" Vergleiche. Da es in NRW bisher nicht möglich war, leistungsrelevante Hintergrundmerkmale der Schülerschaft über Schüler- und Elternbefragungen zu erheben
und auch die Schulstatistik keine entsprechenden Informationen bereitstellt, ordnen
sich die Schulen selbst anhand eines Kategoriensystems so genannten „Standorttypen"
zu. Diese Standorttypen zeichnen sich durch eine vergleichbare Zusammensetzung
der Schülerschaft sowie vergleichbare Merkmale des Schulstandortes aus und bilden
die Referenzgruppen, zu denen eine Schule ihre Testergebnisse in Bezug setzen kann
(Peek & Dobbelstein, 2006b; Peek, 2006).

Zur Unterstützung der sozialen Vergleiche werden statistische Interpretationshilfen
zur Bewertung von beobachteten Unterschieden zwischen den Verteilungen der
verschiedenen Referenzgruppen einerseits und der Verteilung einer Klasse bzw.
Jahrgangsstufe andererseits angeboten (Fleischer et al., 2007). Hierfür werden zunächst mit Hilfe des U-Tests nach Mann und Whitney (Bortz, Lienert & Boehnke,
1990) Unterschiede im Niveau der Verteilungen und im Anschluss daran (sofern
keine Niveau-Unterschiede festgestellt werden) Unterschiede in der Streubreite der
Verteilungen mittels des Rangdispersionstests nach Siegel und Tukey (Bortz et al.,
1990) überprüft. Die Ergebnisse dieser zufallskritischen Überprüfung beobachteter
Unterschiede werden durch Symbole in den Rückmeldegraphiken angezeigt und geben
so Hinweise auf Unterschiede, die aus statistischer Sicht bedeutsam erscheinen und
über deren Ursachen innerhalb der Fachgruppen und Fachkonferenzen diskutiert werden sollte (Leutner et al., 2007).

Um die Auseinandersetzung mit den Ergebnissen der Lernstandserhebungen in den
Schulen zu unterstützen und Impulse für die Schul- und Unterrichtsentwicklung zu geben, erhalten die Schulen zusätzlich umfangreiches, fachdidaktisches Begleitmaterial,
welches auch Vorschläge zur Verwendung der Ergebnisse und Testmaterialien im
Fachunterricht umfasst (Peek & Dobbelstein, 2006a, b; Achilles et al., 2007; Möller
et al., 2007).

4. Zusammenfassung

Die seit 2004 in NRW durchgeführten, flächendeckenden und dezentral angelegten
Lernstandserhebungen der Sekundarstufe I verfolgen primär das Ziel, Schul- und
Unterrichtsentwicklung anzustoßen. Sie bewegen sich damit in vielerlei Hinsicht
in einem Spannungsverhältnis zwischen individueller Kompetenzdiagnostik auf
der einen und Bildungsmonitoring auf der anderen Seite, wodurch sich spezifische
Herausforderungen ergeben. Wie in diesem Beitrag beschrieben ist das in NRW gewählte Vorgehen unter den bisher gegebenen Bedingungen dazu geeignet, den Schulen
hochwertige Instrumente zur Selbstevaluation bereitzustellen, mit denen Informationen
zur Vorbereitung pädagogischer und didaktischer Entscheidungen auf Klassen- und auf
Schulebene gewonnen werden können. Die Lernstandserhebungen erfüllen damit die
an sie gestellten Anforderungen. Inwiefern es den Lernstandserhebungen jedoch mit-
tel- und langfristig gelingt Prozesse der Schul- und Unterrichtsentwicklung anzustoßen, bedarf weiterer Forschung.

Literatur

Achilles, H., Kliemann, S., Kusnierek, F.J., Peek, R. & Pallack, A. (2007). Umgang mit den Materialien der Lernstandserhebungen. In: MSW (Hrsg.): *Lernstandserhebungen Mathematik in Nordrhein-Westfalen. Impulse zum Umgang mit zentralen Tests* (S. 47–90). Stuttgart: Klett.

Baumert, J., Artelt, C., Klieme, E., Neubrand, M., Prenzel, M., Schiefele, U., Schneider, W., Tillmann, K.-J. & Weiß, M. (Hrsg.) (2002). *PISA 2000 – Die Länder der Bundesrepublik Deutschland im Vergleich.* Opladen: Leske + Budrich.

Baumert, J., Bos, W. & Lehmann, R. (Hrsg.) (2000a). *TIMSS/III. Dritte Internationale Mathematik- und Naturwissenschaftsstudie. Mathematische und naturwissenschaftliche Bildung am Ende der Schullaufbahn. Band 1: Mathematische und naturwissenschaftliche Grundbildung am Ende der Pflichtschulzeit.* Opladen: Leske + Budrich.

Baumert, J., Bos, W. & Lehmann, R. (Hrsg.) (2000b). *TIMSS/III. Dritte Internationale Mathematik- und Naturwissenschaftsstudie. Mathematische und naturwissenschaftliche Bildung am Ende der Schullaufbahn. Band 2: Mathematische und physikalische Kompetenzen am Ende der gymnasialen Oberstufe.* Opladen: Leske + Budrich.

Baumert, J., Klieme, E., Neubrand, M., Prenzel, M., Schiefele, U., Schneider, W., Stanat, P., Tillmann, K.-J. & Weiß, M. (Hrsg.) (2001). *PISA 2000: Basiskompetenzen von Schülerinnen und Schülern im internationalen Vergleich.* Opladen: Leske + Buderich.

Baumert, J., Lehmann, R., Lehrke, M., Schmitz, B., Clausen, M., Hosenfeld, I., Köller, O. & Neubrand, J. (1997). *TIMSS – Mathematisch-naturwissenschaftlicher Unterricht im internationalen Vergleich. Deskriptive Befunde.* Opladen: Leske + Budrich.

Baumert, J., Stanat, P. & Demmrich, A. (2001). PISA 2000: Untersuchungsgegenstand, theoretische Grundlagen und Durchführung der Studie. In: J. Baumert, E. Klieme, M. Neubrand, M. Prenzel, U. Schiefele, W. Schneider, P. Stanat, K.-J. Tillmann & M. Weiß (Hrsg.): *PISA 2000: Basiskompetenzen von Schülerinnen und Schülern im internationalen Vergleich* (S. 15–68). Opladen: Leske + Buderich.

Bonsen, M., Büchter, A. & Peek, R. (2007). Datengestützte Schul- und Unterrichtsentwicklung. Bewertungen der Lernstandserhebungen in NRW durch Lehrerinnen und Lehrer. In: W. Bos, H.G. Holtappels, H. Pfeiffer, H.G. Rolff & R. Schulz-Zander (Hrsg.): *Jahrbuch der Schulentwicklung* (Band 14, S. 125–148). Weinheim: Juventa.

Borg, I. & Groenen, P.J.F. (2005). *Modern multidimensional scaling.* New York: Springer.

Bortz, J., Lienert, G. A. & Boehnke, K. (1990). *Verteilungsfreie Methoden in der Biostatistik.* Berlin: Springer.

Burkard, C. & Peek, R. (2004). Anforderungen an zentrale Lernstandserhebungen. *Pädagogik, 56,* 24–27.

Deutsches PISA-Konsortium (o.J.). *Kommentierte Ländertabellen PISA 2000 – Nordrhein-Westfalen* (interner Bericht).

Dobbelstein, P. & Peek, R. (2007). Einleitung: Lernstandserhebungen als Beitrag zu einer empiriegestützten Unterrichtsentwicklung. In: MSW (Hrsg.): *Lernstandserhebungen Mathematik in Nordrhein-Westfalen. Impulse zum Umgang mit zentralen Tests* (S. 7–13). Stuttgart: Klett.

Fleischer, J., Wirth, J. & Leutner, D. (2007). Testmethodische Grundlagen der Lernstandserhebungen NRW: Erfassung von Schülerkompetenzen für Vergleiche mit kriterialen und sozialen Bezugsnormen. In: MSW (Hrsg.): *Lernstandserhebungen Mathematik in Nordrhein-Westfalen. Impulse zum Umgang mit zentralen Tests* (S. 91–113). Stuttgart: Klett.

Heymann, H.W. & Pallack, A. (2007) Aufgabenkonstruktion für Lernstandserhebungen Mathematik. In: MSW (Hrsg.): *Lernstandserhebungen Mathematik in Nordrhein-Westfalen. Impulse zum Umgang mit zentralen Tests* (S. 14–46). Stuttgart: Klett.

Jacob, B.A. (2005). Accountability, incentives and behavior: Evidence from school reform in Chicago. *Journal of Public Economics, 89,* 761–796.

Klieme, E., Avenarius, H., Blum, W., Döbrich, P., Gruber, H., Prenzel, M., Reiss, K., Riquarts, K., Rost, J., Tenorth, H.-E. & Vollmer, H. (2003). *Zur Entwicklung nationaler Bildungsstandards – Eine Expertise.* Berlin: Bundesministerium für Bildung und Forschung.

KMK (2001). *Pressemitteilung.* Verfügbar unter: http://www.kmk.org/aktuell/ pm011206.htm [09.02.2008].

KMK (Hrsg.) (2003). *Bildungsstandards für die erste Fremdsprache (Englisch/ Französisch) für den Mittleren Schulabschluss: Beschluss vom 04. 12. 2003.* München: Wolters Kluwer.

KMK (Hrsg.) (2004). *Bildungsstandards für die erste Fremdsprache (Englisch/ Französisch) für den Hauptschulabschluss: Beschluss vom 15. 10. 2003.* München: Wolters Kluwer.

KMK (Hrsg.) (2005). *Bildungsstandards der Kultusministerkonferenz. Erläuterungen zur Konzeption und Entwicklung.* München: Wolters Kluwer.

KMK & IQB (Hrsg.) (2006). *Gesamtstrategie der Kultusministerkonferenz zum Bildungsmonitoring.* München: Wolters Kluwer.

Konsortium Bildungsberichterstattung (Hrsg.) (2006). *Bildung in Deutschland. Ein indikatorengestützter Bericht mit einer Analyse zu Bildung und Migration.* Bielefeld: Bertelsmann.

Kühle, B. & Peek, R. (im Druck). Lernstandserhebungen in Nordrhein-Westfalen. Evaluationsbefunde zur Rezeption und zum Umgang mit Ergebnisrückmeldungen in Schulen. *Empirische Pädagogik, 21.*

Leucht, M., Köller, O., Fleischer, J. & Leutner, D. (2007, September). *Validitätsüberprüfung nach Messick: Synopse dreier Studien zur Validierung von Aufgaben zur Erfassung des Leseverstehens in Englisch.* Vortrag während der 11. Fachtagung Pädagogische Psychologie, Humboldt Universität, Berlin.

Leutner, D. (2006). Pädagogisch-psychologische Diagnostik. In: D.H. Rost (Hrsg.): *Handwörterbuch Pädagogische Psychologie* (3. überarbeitete Aufl., S. 559–568). Weinheim: PVU.

Leutner, D., Fleischer, J., Spoden, C. & Wirth, J. (2007). Landesweite Lernstandserhebungen zwischen Bildungsmonitoring und Individualdiagnostik. *Zeitschrift für Erziehungswissenschaft, Sonderheft 8,* 149–167.

Leutner, D., Wirth, J. & Fleischer, J. (2005). *Zentrale Lernstandserhebungen in der Jahrgangsstufe 9 im Jahr 2004 in NRW: Erster Kurzbericht zur wissenschaftlichen Begleitung.* Verfügbar unter: http://www.standardsicherung.schulministerium.nrw.de/ lernstand8/upload/download/ergebn_05/kurzbericht1_wb_04.pdf [09.02.2008].

Masters, G.N. (1982). A Rasch Model for partial credit scoring. *Psychometrika, 47,* 149–174.

Möller, G., Pallack, A. & Fleischer, J. (2007). Da schau hin: Was Lehrerinnen und Lehrer aus Lernstandserhebungen über ihre schwachen Schülerinnen und Schüler erfahren können. In: A. Peter-Koop & A. Bikner-Ahsbahs (Hrsg.): *Mathematische Bildung – Mathematische Leistung. Festschrift für Michael Neubrand zum 60. Geburtstag* (S. 97–113). Hildesheim: Franzbecker.

MSJK – Ministerium für Schule, Jugend und Kinder des Landes Nordrhein-Westfalen (Hrsg.) (2004). *Kernlehrplan für das Gymnasium – Sekundarstufe I in Nordrhein-Westfalen – Mathematik.* Frechen: Ritterbach (jeweils auch für die Gesamtschule, Hauptschule und Realschule).

Nichols, S.L. & Berliner, D.C. (2007). The pressure to cheat in a high-stakes testing environment. In: E.M. Anderman & T.B. Murdock (Eds.): *Psychology of academic cheating* (pp. 289–311). San Diego: Elsevier Academic Press.

Orth, G. (2005). Weiterentwicklung des Lernens. Erfahrungen zu Lernstandserhebungen in NRW. *Schulmanagement, 36* (5), 14–17.

Peek, R. (2001). Die Bedeutung vergleichender Schulleistungsmessungen für die Qualitätskontrolle und Qualitätsentwicklung von Schulen und Schulsystemen. In: F.E. Weinert (Hrsg.): *Leistungsmessungen in Schulen* (S. 323–336). Weinheim: Beltz.

Peek, R. (2006). FAIRgleiche. Wie unterschiedliche Rahmenbedingungen von Schulen bei Leistungsvergleichen und Ressourcenzuteilungen berücksichtigt werden können. *Forum Schule. Magazin für Lehrerinnen und Lehrer, 16*, 10–12.

Peek, R. & Dobbelstein, P. (2006a). Benchmarks als Input für die Schulentwicklung – das Beispiel der Lernstandserhebungen in Nordrhein-Westfalen. In: H. Kuper & J. Schneewind (Hrsg.): *Rückmeldung und Rezeption von Forschungsergebnissen. Zur Verwendung wissenschaftlichen Wissens im Bildungsbereich* (S. 41–58). Münster u.a.: Waxmann.

Peek, R. & Dobbelstein, P. (2006b): Zielsetzung: Ergebnisorientierte Schul- und Unterrichtsentwicklung. Potentiale und Grenzen der nordrhein-westfälischen Lernstandserhebungen. In: W. Böttcher, H.G. Holtappels & M. Brohm (Hrsg.): *Evaluation im Bildungswesen. Eine Einführung in Grundlagen und Praxisbeispiele* (S. 177–193). Weinheim: Juventa.

Peek, R., Pallack, A., Dobbelstein, P., Fleischer, J. & Leutner, D. (2006). Lernstandserhebungen 2004 in Nordrhein-Westfalen – zentrale Testergebnisse und Perspektiven für die Schul- und Unterrichtsentwicklung. In: F. Eder, A. Gastager & F. Hofmann (Hrsg.): *Qualität durch Standards? Beiträge zum Schwerpunktthema der 67. Tagung der AEPF* (S. 219–233). Münster u.a.: Waxmann.

Rasch, G. (1960). *Probabilistic models for some intelligence or attainment tests.* Copenhagen: Nielsen & Lydiche (2nd Edition, Chicago University of Chicago Press, 1980).

Rost, J. (2004). *Lehrbuch Testtheorie und Testkonstruktion.* Bern: Huber.

Rupp, A., Vock, M. & Harsch, C. (2008). *Technical report series: The development, calibration, and validation of standards-based tests for English as a first foreign language at the IQB* (Part I – The context for and processes of task development). Berlin: Institut zur Qualitätsentwicklung im Bildungswesen.

Shye, S., Elizure, D. & Hoffman, M. (1994). *Introduction to facet theory: Content design and intrinsic data analysis in behavioral research.* London: Sage.

Spoden, C., Fleischer, J., Wirth, J. & Leutner, D. (2007, September). *Indikatoren mangelnder Objektivität bei der Durchführung und Auswertung von Lernstandserhebungen durch Lehrkräfte.* Vortrag während der 70. Tagung der Arbeitsgruppe für Empirische Pädagogische Forschung (AEPF) in der Dt. Gesellschaft für Erziehungswissenschaft (DGfE), Universität Lüneburg.

Watermann, R. & Klieme, E. (2002). Reporting results of large-scale assessment in psychologically and educationally meaningful terms. Construct validation and proficiency scaling in TIMSS. *European Journal of Psychological Assessment, 18*, 190–203.

Watermann, R. & Stanat, P. (2004). Schulrückmeldungen in PISA 2000: Sozialnorm- und kriteriumsorientierte Rückmeldeverfahren. *Empirische Pädagogik, 18*, 40–61.

Watermann, R., Stanat, P., Kunter, M., Klieme, E. & Baumert, J. (2003). Schulrückmeldungen im Rahmen von Schulleistungsuntersuchungen: Das Disseminationskonzept von PISA-2000. *Zeitschrift für Pädagogik, 49*, 92–111.

Woods, C.M. (2007). Confidence intervals for gamma-family measures of ordinal association. *Psychological Methods, 12*, 185–204.

Norman Verhelst, Tom Duindam, Marleen van der Lubbe

The Student Monitoring System and School Self Evaluation in the Netherlands

1. Introduction

Monitoring the level of an educational system nationwide forms a serious challenge, and usually it is conceived that such a monitoring system should be designed and carried out by a central authority to guarantee validity of content and objectivity. Without doubt this kind of argument is convincing, but it is our point of view that such a system may be complemented by a system of self evaluation, reflecting the trust that educational authorities may have in the will and capacity of self correcting activities of the schools, given that they are informed in an objective and reliable way about the educational performance and progress of their students.

In the Netherlands, the National Institute for Educational Measurement (Cito) has put in place a Student Monitoring System (SMS, henceforth) for primary education in the eighties. Although its primary purpose was to provide a unified system that enabled the schools to follow the stand and progress of individual students in a number of subjects, the system has gradually evolved to serve a double purpose: besides providing schools and teachers with detailed information on individual students, it also gives information on higher levels of aggregation, such as the grade, the school or even regional clusters of schools.

It should be emphasized that the system is the least directive as possible: use of the system is on a completely voluntary basis, as well as the number of modules (subjects) that a school wishes to use. The information collected by the school is only returned (voluntarily by the schools) to Cito in a highly anonymized way for the purpose of statistical analyses; in all other respects the information is owned by the school and the use they make of it is their full responsibility. Cito as a provider of the system can only judge on its usefulness by the qualitative feedback on the system and by its growing popularity.

In the present report, an overview of the SMS as a student centred system and as a system for school self evaluation will be given. In Section 2, the content of the system is briefly discussed. In Section 3, the psychometric basis as well as some statistical problems will be discussed. Section 4 contains a sample of the many reports that are available for the users of the system and in Section 5, finally, a few words will be devoted to ongoing work.

2. The content of the student monitoring system

The Dutch education system

Before explaining more about the Student Monitoring System, it is important to have some idea of the Dutch education system. In the Netherlands it is compulsory for all children to attend school full-time from the age of five. In practice, however, nearly

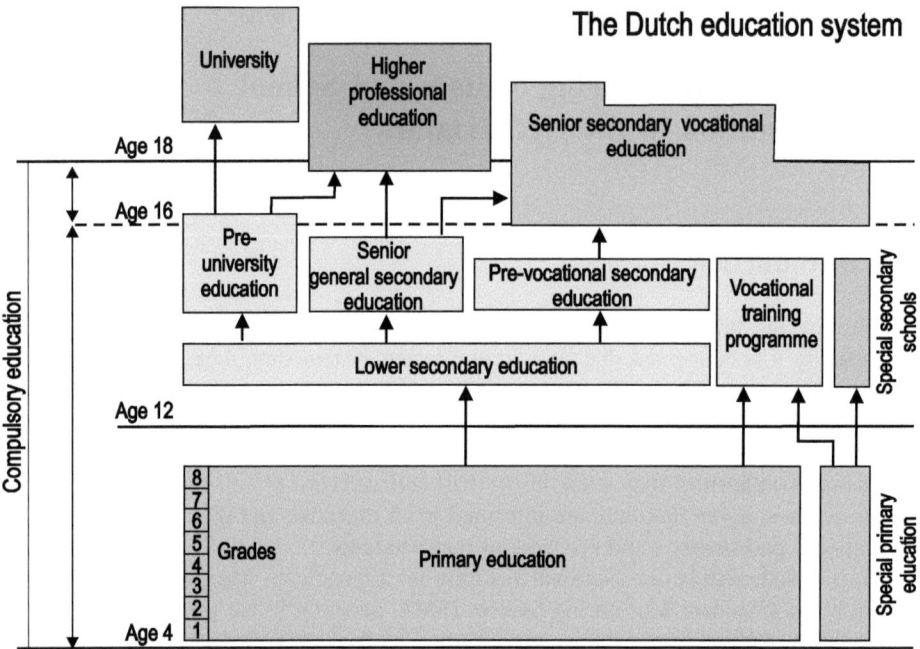

Figure 1:   The Dutch education system

all children start school at four. Full-time education is compulsory until the end of the school year in which the pupil reaches the age of 16. At 16 young people are still required to attend an educational institution part-time until they are 18. Generally speaking, primary education is for children aged 4 to 12 years and secondary general education is for pupils aged between 12 and 18 years. Secondary vocational education can be followed from 16 years up to 20 (see the scheme in Figure 1).

Primary education comprises eight grades, the first two coinciding with what in most countries is kindergarten education. Grades are indicated with the term 'group'; students in 'group 5' are comparable to grade 3 students in most educational systems.

The content of the student monitoring system

In Figure 2, an overview is given of the different domains for which the system provides testing material. Notice that the system covers most of the curriculum with the exception of physical, musical and artistic education, and that a battery of tests has been developed to monitor emotional and social development at the same time.

During the primary school period achievement tests are usually taken once or twice a year. The results of the successive assessments are converted into a fixed scale for each subject in which a pupil's progress over a number of years is monitored. The continuity in the collection of data is of great importance for early identification of any problems. In this way the SMS complements the impression that the teacher has of the pupil on the basis of day-to-day progress assessment. Moreover, the nationally standardized tests of the SMS make it possible to widen one's view beyond the classroom or the school. Thus the results of the pupils can be compared nationally with those of other children.

Working with the SMS does not merely involve testing and the registration of test results. It is an Educational System that allows teachers to make decisions about the progress of the learning process on the basis of the data collected. Should the data *indicate* that the pupil is not performing well, the problems will then have to be *analyzed* and, where needed, appropriate *remedial actions* will have to be taken. Therefore the SMS has been set up as a procedure that calls for a systematic, cyclic, approach. In the present paper, however, we will focus primarily on the descriptive function of the system.

	Grade (group): 1	2	3	4	5	6	7	8
Ordering	*	*						
Language	*	*						
Orientation in Space and Time	*	*						
Technical Reading			*	*	*	*	*	*
Reading Comprehension			*	*	*	*	*	*
Listening Comprehension			*	*	*	*	*	*
Vocabulary			*	*	*	*	*	*
Spelling			*	*	*	*	*	*
General Language Ability				*	*	*	*	*
Arithmetic/Mathematics			*	*	*	*	*	*
World Orientation						*	*	*
Social-emotional development			*	*	*	*	*	*
English							*	*
Science and Technology						*	*	*

Grade 1-2: Kindergarten, nursery school or reception year
Grade 3-4: Foundation Phase
Grade 5-6: Intermediate Phase
Grade 7-8: Final Phase

Figure 2:   Tests in the Student Monitoring System

3.   The psychometric basis of the Student Monitoring System

The basic assumption for developing a system of comparison over time is the comparability of the underlying traits measured by the tests. The position taken by Cito is that for each domain in the system (corresponding to a single line in the overview of table 2), individual development can be conceived (essentially) as development along a single quantitative dimension. As an example, take the domain of Arithmetic/Mathematics. From gaining insight at an elementary level in the number system (grade 3) up to already complicated operations with fractions and ratios is seen as a development along a single dimension.

Collecting evidence about the validity of such an assumption is essential, but it is difficult at the same time, since there is not a single moment in the primary school career of students where all of the test material could be administered in a meaningful way to the same group of students: some of the material will either be too easy (and have become trivial) or contain material that has not been taught yet. Therefore the validation has to be done piecewise as illustrated in Figure 3. The columns represent the test material aimed for administration in the middle of the school year (like M3, M4,...) or at the end of the school year (E3, E4,...). The rows represent the student population where the material is to be administered for calibration and validation purposes. The shaded cells represent the combination of material and student grades that can be meaningfully combined. Of course this figure only illustrates the general principle. For example, not all test material constructed for testing in grade 6 is suitable to be used in grade 5; careful fine tuning in designing the data collection is required.

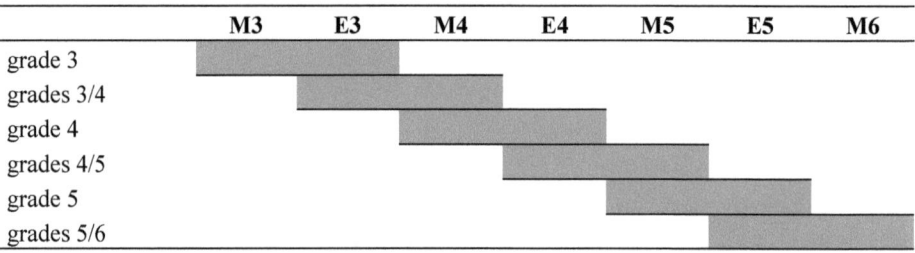

	M3	E3	M4	E4	M5	E5	M6

Figure 3:   Data collection design

The psychometric model used to construct the scales is a generalization of the Rasch model, called the One Parameter Logistic Model (OPLM) that allows at the same time for conditional maximum likelihood estimation of the item parameters and for different discriminatory power of the items. A battery of statistical goodness-of-fit tests allows to judge on the statistical acceptability of the scales thus constructed. More on this will be said in Section 5.

The whole process of analyzing the data collected in a design such as is depicted in Figure 3 is called calibration. Upon successful completion of this analysis one obtains a firm base for the student monitoring system.

First, the analysis posits each item, with known accuracy, one a single dimension. The position of the item corresponds to the 'amount of ability' needed to have a fifty-fifty chance of giving a correct response.

Second, the response pattern obtained from a student to an arbitrary collection of calibrated items allows to make an estimate of the students position on the same scale. The tests eventually delivered as part of the system are subsets of the calibrated items. Since items and students are positioned on the same scale, a detailed content oriented report on the students ability can be constructed (see Section 4).

Third, a same student taking two tests at different points in time can be represented on the same scale two times, the difference between his positions reflecting his (positive or negative) progress on the same underlying ability.

Fourth, if the calibration is done on a representative sample from the target population(s), the distribution of the ability at different ages (different grades or half grades) can be estimated. These estimates form the basis for the norms at each point in age. For some scales, like Arithmetic/Mathematics, norms are estimated for the middle and for the end of the school year. For others, only one set of norms is available per grade.

4. Reporting

In the Student Monitoring System, an attempt has been made to summarize informati-on in easy to interpret graphic displays as well as in tables. Figure 4 is a graphic dis-play that catches most of the information about the progress of an individual student. The horizontal axis represents time, while the vertical axis is the scale that represents the ability.

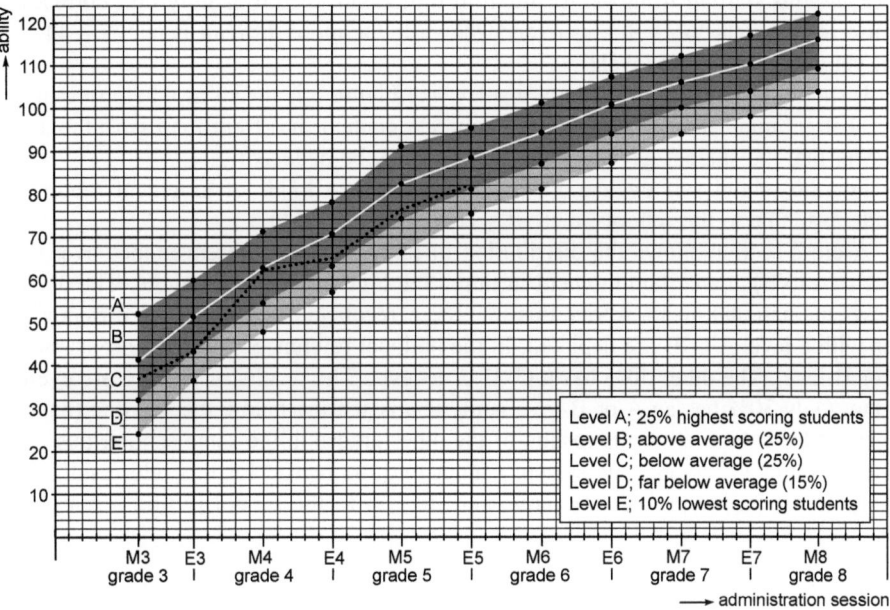

Figure 4:   Progress of an individual student

The dotted line within the grey band summarizes the test performances of the student for six time points, M3 through E5. The grey (shaded) band covering the whole time line from M3 to M8 gives an indication of the ability distribution at each half grade le-vel. The band itself is divided in three areas stacked on top of each other. The two top grey areas of the band are separated by a light grey line which represents the median of the distribution. The top grey band, labelled B represents the 25% of the population from the median until the 75th percentile. The 25% highest scoring students, labelled A, are situated above the top grey band. Category C comprises the 25% students just below the median, and the light grey band, labelled D, represents 15% of the students from the 10th to the 25th percentile. The 10% lowest scoring students are located under the grey band.

The dotted line shows that the student performs below average (as a category C student) and does so for six successive time points, although a relative improvement (see M4 where the median is almost reached) in the beginning seems to have disap-peared and in the last measurement he is at the borderline between categories C and D. Such a profile shows at the same time the growth of the ability and the relative po-sition of the student among his peers.

In Figure 5, a graphical display is given where the growth of a student can be re-lated directly to the content of the test. The middle band in the figure represents the scale. To the left the positions of a single student measured at three consecutive time points are indicated with arrows. The right hand part displays some items and their location on the scale. From the relative position of item points and student points one can obtain a description of the kind of items the student mastered or did not master at each measurement. For example, the item '11 + 7 =' could be answered correctly with a higher than 50% probability at measurement point 1 (E3), while there was a lower than 50% probability of a correct response when the student was required to count back in units starting from 82. At the third time point, the probability of a correct response for the item '65 – 9 =' is over 50% while the more difficult item '77 – 44 =' is not yet mastered at that level.

It should be kept in mind that a display like Figure 5 is meant as a help to translate the abstract numbers of the scale into concrete content, but from the figure the actual answer that the student gave to these items cannot be deduced.

For the school self evaluation, in this report, two kinds of graphical reports are made available to the schools, a cross section and a trend line.

A cross section shows the distribution of pupils of the different grades over the 5 levels (A to E) at a certain moment in time. See Figure 6 for an example. The 0%-line shows the national mean. Above this line the percentage of pupils in the different grades with a level A or B are depicted. In the national reference group about 50% has an A or B-level. The other 50% has a C, D or E-level. The results of grade 6 are eye-catching. Only 30% has an A or B-level and 70% is scoring below the 0%-line (national mean). Also compared to the results of the other grades in the same school, this result is remarkable. Of course, the system cannot find the reason for this odd result, but it points to a possible problematic area, and it is up to the school to find a reasonable

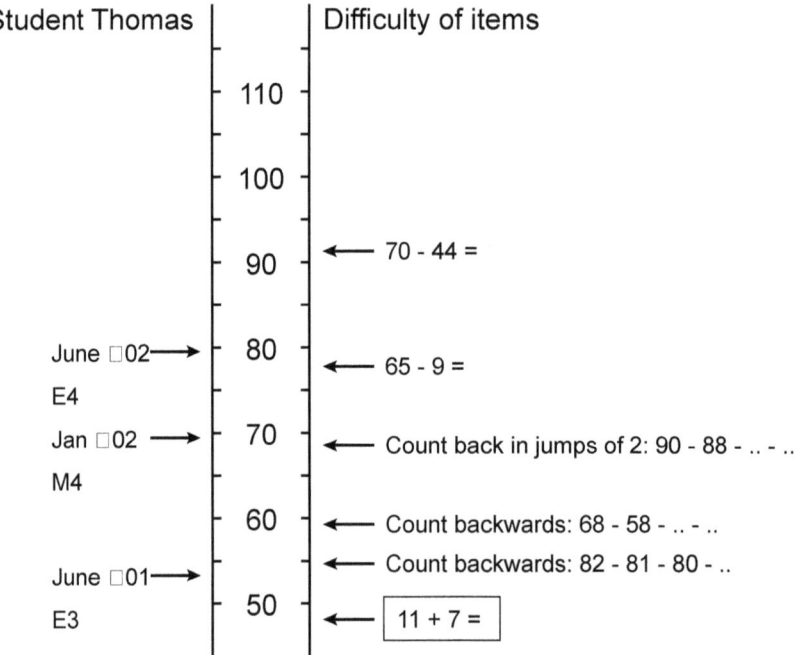

Figure 5:   Individual growth related to test content

explanation for such a phenomenon. In the example given, the reason might be that the group of students is exceptionally weak, or it might be the case that something is going wrong systematically in grade 6. If the former explanation is right, the performance of the same group of students – a cohort – should show below average performance over years. If the latter explanation is the correct one, different cohorts within the same school should show below average performance in grade 6.

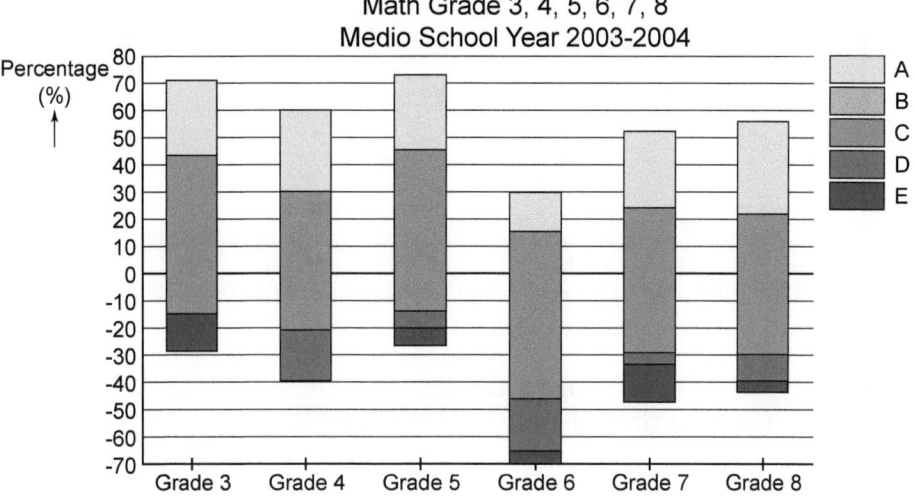

Figure 6:   Example of a cross section for Arithmetic/Mathematics

The student monitoring system allows two kinds of trend analysis: cohort based trends and grade based trends.

Figure 7 shows the results of several cohorts of students over the years compared to the national mean in the different grades. The level of the national means is displayed as the set of irregular grid lines. Results are only displayed for test results in the middle of the school year. For example the pupils from grade 7 in year 2003-2004 score almost all the years (far) below average compared to the national mean; only on the test taken in grade 7 they score around average (Medio 7). This means that they have made progress over time. The cohort of grade 5[1] on the other hand started in their grade 3 (2001-2002) above average, but scored in grade 4 below average (Medio 4). This is a signal for this school to analyze these results closely and investigate what might have happened in the meantime that could explain such a score.

Figure 8 shows the results of different learner groups in a certain grade. The results over grades vary from year to year. It is only in grade 5 that the results are above average (at the medio-moments) throughout the years.

---

1   For grade 4 and grade 5 no scores for year 2003-2004 were available

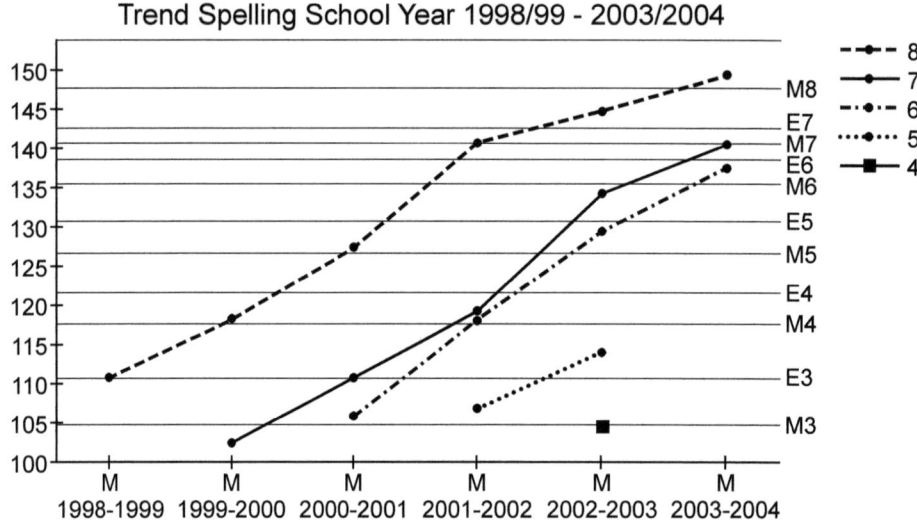

Figure 7: Trend analysis of cohorts for spelling

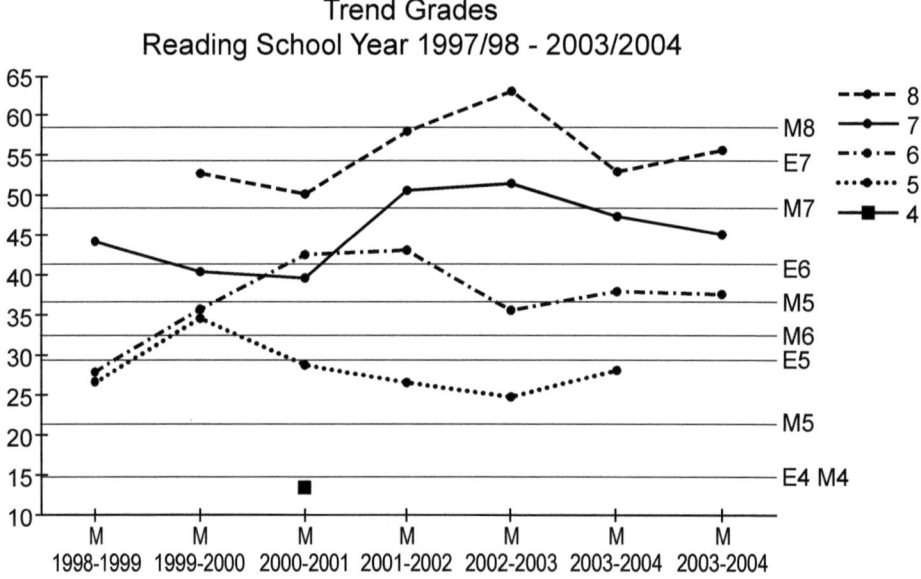

Figure 8: Trend analysis grades for reading

5. Ongoing work: profile analysis

During the calibration phase of the system and also in other contexts such as the national assessment program it turned out that for the domain of Arithmetic/Mathematics the assumption of unidimensionality has to be rejected on statistical grounds. On the other hand, several analyses showed very high correlations (above 0.95 at the latent level) between the unidimensional scales that could be distinguished. Therefore it was decided that treating the whole domain of Arithmetic/Mathematics as a unidimensional one would be sufficient to grab most of the variation in students' performance.

On the other hand, it may be useful for the educational field to distinguish between several sub domains. As a new feature in the student monitoring system, profile analysis for the domain of mathematics has been implemented recently. In Figure 9, left panel, an observed student profile on three sub domains (numbers, measurement and fractions) is displayed. The ordinate values of the graph represent the (weighted) score on each of the sub domains. At first sight, it may appear that the weakest domain for this student is measurement since it leads to the lowest score. This conclusion, however is not warranted since the possible different numbers of items in each of the domains and the differences in difficulty are not taken into account.

In the profile analysis as reported, an expected profile is computed and the observed profile is plotted together with the expected one (right-hand panel of Figure 9), which shows clearly that the weakest domain for this student is not measurement but numbers. The expected profile is conditional on the total observed score, and is a (rather complicated) function of the item parameters. On top of this, a statistical test has been developed to decide whether the observed profile differs significantly from the expected one.

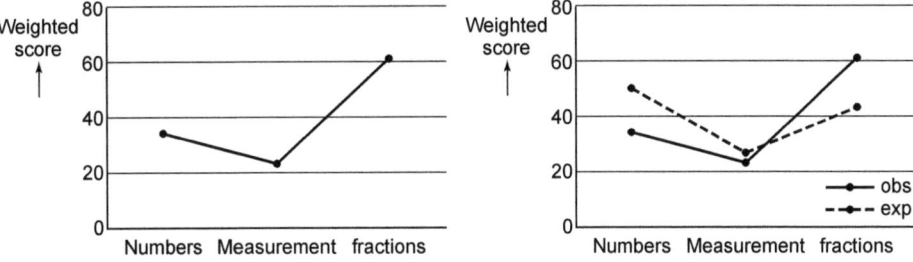

Figure 9:   Student profile (left observed; right: observed and expected)

A yet unsolved problem is the aggregation of profile information at the classroom or the school level, in such a way that the occurrence of similar deviations between observed and expected profiles can be reported as a sign of a classroom problem rather than an individual one.

In this report a student monitoring system is described that serves the double purpose of providing detailed information on individual students but also gives information on higher levels of aggregation, especially that of the school. This information can be used for the purpose of school self evaluation.

The authors see it as important to state that the use of this system by schools is completely voluntarily. Generally speaking the information the system generates is owned by the school who also is fully responsible for the use of it. Although we do not know to which degree schools actually rely on this information for the purpose of school self evaluation, the fact that 90% of the schools for primary education in the Netherlands make use of the system indicates that at least these schools have the necessary information at their disposal, to do so.

Heinz Günter Holtappels

Externe Evaluation durch Schulinspektion und zentrale Prüfungen – eine Einführung

Traditionell wurde in Deutschland im Bildungswesen mit den Mitteln der Input-steuerung gearbeitet. Dies betrifft sowohl personelle als auch materielle Ressourcen, ebenso die Qualifikation der Lehrkräfte durch Aus- und Fortbildung sowie zentrale Vorgaben zu Curricula, zur Schulorganisation und zum pädagogischen Geschehen im Unterricht.

Dass eine Steuerung des Schulwesens allein mit den Mitteln der Inputsteuerung vermutlich nicht Ziel führend sein kann und Elemente der Prozesssteuerung integriert werden müssten, wurde seit langem erkannt (z.B. Rolff, 1993). Da die Vorgaben aus der Inputsteuerung in den einzelnen Schulen umgesetzt werden, ist den unterschiedlichen Konstellationen hinsichtlich des sozialen Kontextes, des Personals, der Schülerschaft etc. in einzelnen Schulen Rechnung zu tragen. Schulen verfügen zudem über unterschiedliche Umsetzungspotentiale auf Einzelschulebene. Mit den Elementen der Organisationsentwicklung, der Personalentwicklung und der Unterrichtsentwicklung sollte und soll so ergänzend zur Inputsteuerung die Prozesssteuerung durch Schulentwicklung der Einzelschule optimiert werden. Art und Umfang dieser Entwicklungsmaßnahmen können wiederum staatlich vorgegeben und kontrolliert werden, der Optimierungsprozess selbst ist aber in die jeweilige Schule verlagert (z.B. durch Schulprogramm, interne Evaluation). Auch in diesem Modell impliziert ist die Vorstellung, dass bei einem gelungenen Schulentwicklungsprozess der Bildungserfolg auf Seiten der Schülerschaft schon irgendwie eintreten wird.

Diese optimistische Vorstellung wurde zum einen durch die Befunde der internationalen Leitungsvergleichsstudien erschüttert, zum anderen wurden auch die „weichen" Entwicklungsinstrumente von Einzelschulen sehr unterschiedlich angenommen und adaptiert bzw. auch überwiegend zuwenig effektiv zur Qualitätsentwicklung und -verbesserung genutzt, wie z.B. das Schulprogramm (Holtappels, 2004; Holtappels & Müller, 2004) oder Datenfeedback (Bonsen & von der Gathen, 2004). Ganz abgesehen davon scheinen Einzelschulen neben Defiziten in der systematischen Selbstentwicklung auch in der konzeptionellen Arbeit, der internen Kooperation und der inneren Steuerung für Prozesse von Change Management überwiegend noch unzureichend entwickelt zu sein (ausführlich Holtappels, 2007).

Diese Einsichten führten unweigerlich zu einer Neuorientierung bzw. Korrektur von Steuerungsüberlegungen und zu einem veränderten Verhältnis bzw. einer „Neukombination" von Systemsteuerung und Selbststeuerung der Schulen. So wurden daher in den letzten Jahren in Deutschland Instrumente der externen Evaluation – neben anderen Komponenten der Systemsteuerung (z.B. Bildungsstandards) – eingeführt, interessanterweise vielfach fast durchgängig über alle Bundesländer, abweichend vom sonst gewohnten föderalen Eigensinn. Die Beiträge im folgenden Teil befassen sich mit der Implementation von Instrumenten externer Evaluation, und zwar der Schulinspektion sowie der zentralen Prüfungen für Schulen.

Traditionell wurde mit der Schulaufsicht auf den verschiedenen administrativen Ebenen versucht, Systemvorgaben durchzusetzen oder die Durchsetzung zu kontrollieren, was sich aber offensichtlich als wenig wirksam erwiesen hat. Das Konzept einer Schulinspektion erscheint insofern grundsätzlich geeignet, die Qualität von Schulen und des Unterrichts zu verbessern, als durch den fachkundigen Blick von außen eine umfassende Diagnose der Schulpraxis ermöglicht wird, Verbesserungspotenziale angeregt und aktiviert werden können und auch Rückmeldungen an Erfordernisse der Systemebene möglich werden. Sämtliche Bundesländer haben Formen externer Evaluation eingeführt oder erproben sie, in Form von Schulinspektion oder gemischten Evaluationsteams (Bos, Dedering, Holtappels, Müller & Rösner, 2007).

Allerdings hängen die Qualität der Evaluation und ihre Wirkungen zunächst von der Qualität der Datenquellen und den Möglichkeiten der inspektionseigenen Erhebungs- und Auswertungsverfahren ab, wobei auch die Einbeziehung vorhandener Datenbestände der Schulstatistik und der Lernstandserhebungen eine Rolle spielen könnte. Nicht zuletzt steht und fällt die Effektivität auch mit der Akzeptanz bei den Beteiligten, insbesondere bei den Schulen. Wenn Fassadenevaluation durch Ausweichstrategien vermieden werden soll, müssen Qualitätskriterien und -indikatoren, das Verfahren der Inspektion, die Qualitätsbeurteilung und die folgenden Konsequenzen auf breite Akzeptanz stoßen. Auch die Kopplung interner und externer Evaluation gehört hierbei zu den ungelösten Aufgaben.

Bei zentralen Prüfungen stellen sich andere Fragen, aber auch deren Einführung folgt anderen Begründungen: Mit zentralen Prüfungen wird auf die nach Einzelschulen bzw. Klassen und Lehrkräften feststellbaren Differenzen in Prüfungsanforderungen und -beurteilungen reagiert. Diese Varianz erschüttert die Vergleichbarkeit und Gerechtigkeit der Leistungsbedingungen und Erfolgschancen sowie des Berechtigungssystems durch Noten und Zertifikate generell. Außer Rheinland-Pfalz suchen daher mittlerweile alle Länder durch zentrale Prüfungselemente die Normierung von Abschlussprüfungen zu erhöhen.

Entscheidend für die Wirksamkeit beider Instrumente – der Schulinspektion und der zentralen Prüfungen – wird es sein, welche Folgen und Konsequenzen Evaluationsergebnisse für die betroffenen Schulen haben und wie über Schulentwicklungsmaßnahmen Qualitätsverbesserung erzielt werden kann. Die bisherigen Erfahrungen und Forschungsbefunde schaffen bislang kaum Gewissheit darüber, ob von den beiden Evaluationsinstrumenten tatsächlich die erhofften Wirkungen ausgehen.

Der Beitrag von Gabriele Bellenberg stellt die Frage nach der Nutzung zentraler Abschlussprüfungen im Rahmen der Qualitätssicherung im Schulwesen. Sie verdeutlicht die in den Ländern unterschiedlich gewählten Prüfungselemente und gibt einen Überblick über die historische Entwicklung. Vor allem aber zeigt der Beitrag die Ansprüche an zentrale Prüfungen und bietet erste Befunde über die Nutzung des Instrumentes in den Ländern, wobei Wirkungen, aber auch Probleme festgestellt werden. Außerdem werden Forschungsdesiderate ausgemacht.

Rob Schouten gibt einen kurzen Überblick über die Schulinspektion in den Niederlanden, insbesondere über Aufbau und Rahmenbedingungen, vor allem zu Verfahren und Instrumenten. Zudem werden Erfahrungen und Ergebnisse berichtet, einige Überlegungen zur Entwicklung und zu Wirkungen gegeben.

Die Schulinspektion in Deutschland ist Gegenstand des Beitrags von Kathrin Dedering und Sabine Müller. Die Autorinnen betrachten Verfahren und Institution aus der Perspektive der wissenschaftlichen Forschung und benennen ausgewählte Bereiche, die potenzielle Schwerpunkte zukünftiger Forschungsaktivitäten darstellen. Sie thematisieren Schulinspektion in dieser Hinsicht im institutionellen Kontext, als Konzept, als Prozess und als Auslöser von Wirkungen. Sie stellen ein theoretisches Rahmenmodell vor, das empirischen Untersuchungen zu den Wirkungen von Schulinspektion zugrunde liegen sollte. Abschließend formulieren die Autorinnen einige forschungsmethodische Desiderata.

Manuela Böttger-Beer und Erik Koch liefern eine Analyse zur externen Schulevaluation in Sachsen. Dabei skizzieren sie Ziele und Entwicklungsmodi des Konzeptes in Sachsen, vor allem über das Handbuch zur externen Evaluation. Im Zentrum des Beitrags steht die Frage der Akzeptanzsicherung: Entwicklung von Einsicht in externe Evaluation soll über professionelle Verfahrensweisen und Erreichen von Akzeptanz bei der Schulpraxis erreicht werden. Dazu werden erste Ergebnisse aus Schulbefragungen zur Akzeptanz einzelner Verfahrensschritte und Methoden der Evaluation dargestellt. Die Überführung der erfassten Informationen in einen Bericht zur Erzeugung von Praxisnähe und handlungsrelevanten Wissens erweisen sich ebenso als zentral wie der Prozess der Zielvereinbarung.

Franz Huber stellt in seinem Forschungsbericht erste Ergebnisse zur externen Evaluation in Bayern vor. Es werden Befunde aus Schulbefragungen zur Weiterarbeit der Schulen nach erfolgter externer Evaluation vorgelegt, vor allem zu Arbeitsphasen und zeitlicher Dauer. Interessante Einblicke in die Entwicklungsarbeit der Schulen bieten die Resultate zur Arbeit mit dem Evaluationsbericht, zu Zielfindungen und zum Umgang mit Zielvereinbarungen, ebenso die Kategorisierung der Entwicklungsmaßnahmen und die Erfolgseinschätzung durch Schulen.

Maike Lambrecht, Hans-Georg Kotthoff und Katharina Maag Merki berichten in ihrer empirischen Studie über die Pilotphase der Fremdevaluation in Baden-Württemberg. Dabei wird als theoretische Hintergrundfolie die Perspektive der Educational Governance gewählt. Insbesondere das Verhältnis von Entwicklung und Kontrolle bei der Fremdevaluation ist für entsprechende Überlegungen leitend. Nach Darstellung der Abläufe der Merkmale der Pilotphase werden erste Forschungsresultate aus Schulbefragungen gezeigt, die verschiedene Spannungsfelder offenbaren, z.B. zwischen Autonomiegewährung und Normierung. Daraus resultiert die Annahme, dass dies bei Schulen einen taktischen Umgang mit der Fremdevaluation fördert.

Insgesamt bieten die Beiträge ein spannungsvolles Mosaik der Einblicke in die Implementation der neuen Steuerungsinstrumente der externen Evaluation und verdeutlichen den enormen Forschungsbedarf, aber auch die Ergiebigkeit empirischer Zugänge.

Literatur

Bonsen, M. & von der Gathen, J. (2004). Schulentwicklung und Testdaten. Die innerschulische Verarbeitung von Leistungsrückmeldungen. In: H.G. Holtappels, K. Klemm, H. Pfeiffer, H.-G. Rolff & R. Schulz-Zander (Hrsg.): *Jahrbuch der Schulentwicklung. Daten, Beispiele und Perspektiven.* Band 13 (S. 225–252). Weinheim/München: Juventa.

Bos, W., Dedering, K., Holtappels, H.G., Müller, S. & Rösner, E. (2007). Schulinspektion in Deutschland – Eine kritische Bestandsaufnahme. In: J. van Buer & C. Wagner (Hrsg.): *Qualität von Schule. Ein kritisches Handbuch* (S. 241–257). Frankfurt/M.: Juventa.

Holtappels, H.G. (2007). Schulprogrammwirkungen und Organisationskultur – Ergebnisse aus niedersächsischen Schulen über Bedingungen und Wirkungen. In: H.G. Holtappels (Hrsg.): *Schulprogramme – Instrumente der Schulentwicklung* (S. 175–194) Weinheim/ München: Juventa.

Holtappels, H.G. (2007). Schulentwicklungsprozesse und Change Management – Innovationstheoretische Reflexionen und Forschungsbefunde über Steuergruppen. In: N. Berkemeyer & H.G. Holtappels (Hrsg.): *Schulische Steuergruppen und Change Management* (S. 11–39). Weinheim/München: Juventa.

Holtappels, H.G. & Müller, S. (2004). Inhalte von Schulprogrammen – Ergebnisse einer Inhaltsanalyse Hamburger Schulprogrammtexte. In: H.G. Holtappels (Hrsg.): *Schulprogramme – Instrumente der Schulentwicklung* (S. 79–102). Weinheim/München: Juventa.

Rolff, H.-G. (1993). *Wandel durch Selbstorganisation. Theoretische Grundlagen und praktische Hinweise für eine bessere Schule*. Weinheim: Juventa.

Gabriele Bellenberg

Zur Nutzung von zentralen Abschlussprüfungen als Bausteine eines umfassenden Qualitätssicherungs- und -entwicklungskonzepts – ein Baustellenbericht

Seit den 1990er Jahren ist durch Large Scale Assessments die gesamte Schulsystemsteuerung – einschließlich der steuerungsrelevanten Akteure und Institutionen – in Frage gestellt worden. Diese reformorientierte Haltung ist primär dem (unerwartet) schlechten durchschnittlichen Abschneiden deutscher Schülerinnen und Schüler geschuldet. Gleichwohl haben die Schulleistungsstudien darüber hinaus in unübersehbarer Breite und mit großer Repräsentativität intuitives ‚Wissen‘ der Beteiligten innerhalb des Systems, bzw. Ergebnisse einzelner, singulärer Forschungsarbeiten bestätigt und einer größeren auch bildungspolitisch interessierten Öffentlichkeit zugänglich gemacht:

- ‚Wussten‘ Eltern schon immer, dass die Ansprüche an Schulnoten – und damit die Kompetenzen, die sich hinter gleichen Schulnoten verbergen – sich von Lehrperson zu Lehrperson, von Schulstandort zu Schulstandort erheblich unterscheiden, belegen die PISA-Studien (insbesondere PISA 2000) eindringlich die pädagogisch unakzeptabel lose Kopplung zwischen Noten und dahinter liegenden Kompetenzen auf der Ebene der Einzelschule, der Schulform und auch zwischen Bundesländern. Handelt es sich hierbei auch nicht um Schulnoten mit Berechtigungsfunktion – schließlich sind 15-Jährige, nicht aber Schulabgänger ‚beforscht‘ worden – so ist es dennoch unwahrscheinlich, dass die Validität der Noten auf den Abschlusszeugnissen größer ausfällt.
- Damit erfüllen die Noten auch in Abschlussprüfungen die traditionelle Gate-Keeper-Funktion des leistungsgerechten Zugangs zu anschließenden Bildungswegen nur unzureichend. Aus der Sicht des Individuums verbirgt sich dahinter insbesondere ein großes Gerechtigkeitsproblem, wenn zunehmend Studienplätze nach den Abiturnoten über den NC vergeben werden.

Die Bildungspolitik der Länder geriet dadurch unter einen vorher in dieser Form nicht vorhandenen Legitimationsdruck, der durch die öffentliche und ebenso in der Fachöffentlichkeit geführten Diskussion um schulische Qualitätsentwicklung allgemein und eine Umsteuerung mit output- und prozessorientierten Instrumenten noch verschärft wurde.

Im deutschen Kulturföderalismus werden auf solche Herausforderungen bundeslandspezifische Antworten gegeben. Die Ebene einer bundesweiten Normierung ist (noch) nicht erreicht, obgleich sie politisch mit der Einrichtung des IQB in Berlin bereits eingeleitet worden ist.

1.   Outputsteuerung im Kulturföderalismus: Bundeslandinterne Abschlussprüfungen mit zentralen Prüfungselementen

In diesem politischen Kontext verfolgen alle Bundesländer – mit der Ausnahme von Rheinland-Pfalz – Anstrengungen, die Normierungswirkungen ihrer Abschlussprüfungen zu erhöhen und führen deshalb zentrale Prüfungselemente dabei ein.

Der dafür verwendete Begriff der ‚Zentralprüfung' ist in vielfacher Weise missverständlich und unzutreffend. Zum einen handelt es sich um landesinterne Prüfungsformate, die Zentralität ist also durchaus beschränkt. Zum anderen verbergen sich hinter diesem Begriff heterogene Prüfungspraxen:

- Geprüft wird am Ende der Sekundarstufe II (Zentralabitur) und/oder am Ende der Sekundarstufe I, dort entweder in allen Schularten oder nur in ausgewählten.
- Einbezogen werden (so gut wie) alle Prüfungsfächer oder nur einige wenige
- Die Schüler können aus einem Angebot Prüfungsfragen auswählen oder bekommen fest vorgegebene Prüfungsaufgaben
- Die in zentralen Prüfungen erwarteten Ergebnisse werden entweder durch Musterlösungen, Lösungsbeispiele oder durch Erwartungshorizonte an die Schulen und die Lehrerinnen und Lehrer zu Korrekturnormierungszwecken zurück gemeldet. Einige Länder, wie z.B. Nordrhein-Westfalen, die erst vergleichsweise spät mit der Entwicklung zentraler Prüfungen eingesetzt haben, schlüsseln die erwarteten Schülerleistungen genauer auf und weisen Teilleistungen feste Punktwerte zu, und legen auf diese Weise ein dezidiertes Bewertungsschema auf.
- Nicht nur die Frage des Vorhandenseins von Korrektur- und Bewertungsverfahren ist entscheidend für die Objektivität der Bewertung der Leistung, sondern auch die Frage, welche Menschen mit welcher Nähe zum erteilten Unterricht die Bewertungen vornehmen. Während in Bayern und dem Saarland die Erst- und Zweitkorrekturen aus der Schule des Prüfungskandidaten kommen, gibt es in vielen anderen Ländern eine Mischung aus schulinternen und externen Korrekturen. In Baden-Württemberg gibt es einen besonderen Objektivierungsversuch: Die Oberschulämter verteilen nach der Erstkorrektur durch den Fachlehrer die Arbeiten ohne Information über das Erstkorrekturergebnis an die Zweitkorrektoren.
- Der Anteil der zentralen Prüfungsanteile an der Abschlussqualifikation kann höchst unterschiedlich ausfallen. Im Abitur sind in aller Regel die Anteile zentraler Prüfungselemente größer als am Ende der Sekundarstufe I, was sich einerseits über die historische Entwicklung (siehe Kapitel 3) begründen lässt, andererseits aber mit der gesellschaftlichen differierenden Bedeutung beider Zugänge zu tun hat. Schließlich muss am Ende der Sekundarstufe I auf die unterschiedlichen Schularten Rücksicht genommen werden. Die Frage der Fairness und der Gerechtigkeit ist hier diffiziler zu beantworten als beim Abitur.

Wegen dieser heterogenen Praxen spreche ich folgend von teilzentralen Prüfungselementen in Abschlussprüfungen.

2. Warum teilzentrale Prüfungselemente in Abschlussprüfungen?

Was ist es, was die Länder nahezu einhellig dazu bewegt, unter großem Kraftaufwand neue teilzentrale Prüfungsformate zu implementieren? Die angegebenen Zielsetzungen von zentralen Prüfungsformaten lassen sich vor dem Hintergrund des veränderten Blicks auf Bildungssteuerung interpretieren. Stärker als dies bei den dezentral organisierten Prüfungsformaten der Fall gewesen ist, sollen teilzentrale Prüfungsformate dazu dienen, die Leistungen der einzelnen Schülerinnen und Schüler in einer festgelegten und für alle Testpersonen einheitlichen Form zu überprüfen, oder testtheoretisch formuliert, sie sollen die kriteriale Bezugsnorm in den Abschlussprüfungen stärker als dies beispielsweise über die EPAs im dezentralen Abitur gegeben war, verankern. Somit ist die Standard- und Qualitätssicherung ein zentrales Ziel.

Die neuen Prüfungsformate haben eine Rechenschaftsfunktion für die Öffentlichkeit mit Blick auf den qualitativen Anspruch des Schulwesens wie auch mit Blick auf die Gerechtigkeit der Vergabe von Abschlüssen. Die Ergebnisse sind nicht nur für die betroffenen Schülerinnen und Schüler relevant, sondern auch für ihre Eltern, für die Bildungsverwaltung und die gesamte Öffentlichkeit. Schließlich werden die Bildungserträge einzelner Bundesländer immer transparenter und der Legitimationsdruck steigt. Mit ihnen sind eindeutige Berechtigungen verbunden und deshalb handelt es sich um sensible Instrumente des deutschen Bildungsakteurs.

Mit diesen Ansprüchen begnügen sich aber die neuen Prüfungsformate nicht, sie werden zunehmend im Rahmen von Schulentwicklungsprozessen genutzt und deshalb ein wichtiger Bezugspunkt für die Arbeit in der Schule. Klassen und Schulen vergleichen sich horizontal anhand der Ergebnisse immer mehr, so dass sie verstärkt auf den Dialog über Qualität von Schule auf den verschiedensten Ebenen zielen, bis hinein auf die Ebene des Unterrichts. Beispiele dafür werden in Kapitel fünf gegeben.

Zuerst aber wird im folgenden Kapitel die Aufmerksamkeit auf die historische Entwicklung von Abschlussprüfungen und ihren normierenden Wirkungen gelenkt.

3. Zur Durchsetzung von Normierungsansprüchen über die Verankerung von Abschlussprüfungen und -formaten

Der Blick in die Bildungsgeschichte zeigt, dass mit der Einführung verbindlicher Abschlussprüfungen Normierungsprozesse, die qualitätssichernde Absichten und Wirkungen hatten, maßgeblich vorangetrieben wurden. Typisch für Deutschland ist, dass Normierungsprozesse zuerst für die höhere Bildung verankert werden, Schulformen, die nicht zu höherer (universitärer) Bildung führen, standen lange nicht im Zentrum des Interesses.

Seit 1834 normiert – in Preußen – das Abitur den Weg junger Menschen (damals ausschließlich von Männern) zur Hochschule. Unbedingte Studienvoraussetzung war seitdem das Bestehen einer gymnasialen Abschlussprüfung. Zuvor bestand eine Leistungsüberprüfung seitens der Schulen noch nicht (Herrlitz, Hopf & Titze, 1993).

Im Zuge dieses politisch höchst umstrittenen Prozesses mussten die höheren Schulen der damaligen Normierungsbehörde, dem Oberschulkollegium in Berlin, unter Beweis stellen, dass sie in der Lage sind, diese Reifeprüfung auch zu vergeben: Von 400 höheren Schulen in Preußen erhielten nur knapp 100 das Recht der Abiturvergabe, die übrigen erhielten damit nicht den gymnasialen Status.

Die Einführung einer verbindlichen Abschlussprüfung führte auch zur Verankerung bestimmter abiturrelevanter Bildungsinhalte, die zur damaligen Zeit vor allem neuhumanistisch geprägt waren. Einheitliche Prüfungsaufgaben waren damals noch nicht im Gespräch. Gleichwohl ist die Einführung der Prüfungsverpflichtung in Verbindung mit einem verbindlichen Curriculum als ein frühes Qualitätssicherungsvorhaben zu interpretieren.

In der anschließenden Entwicklung insbesondere des höheren Schulwesens spielte die Frage nach dem abiturberechtigenden Curriculum eine herausragende Rolle:

Die höheren Schulen, die 1834 nicht das Recht der Abiturvergabe erhielten, entwickelten alternative, attraktive und moderne Curricula und erstritten sich 1900 mit dem allerhöchsten Erlass das Recht der Abiturvergabe (Herrlitz et al., 1993, S. 65ff.). Ab diesem Zeitpunkt gab es drei mit unterschiedlichen Schwerpunkten ausgestattete Curricula – neuhumanistisch-philologisch, neusprachlich, mathematisch-naturwissenschaftlich –, die zur Abiturprüfung führten. Die Lehranstalten für die jungen Frauen im höheren Schulwesen orientierten sich später an diesem Weg und stellten sich durch curriculare Annäherungen den Qualitätsansprüchen der Abiturvergabe. Schließlich konnte ab 1908 auch an Lyzeen durch junge Frauen ein Abitur erworben werden.

Nach dem Ende des zweiten Weltkriegs wurden in einigen Ländern Deutschlands unter Einfluss der jeweiligen Besatzungsmächte über die Abiturvergabe erstmals teilzentrale Prüfungsformate eingeführt, so im Saarland, in Bayern und in den Vorgängerstaaten des heutigen Baden-Württembergs sowie in Rheinland-Pfalz (van Ackeren, 2007, S. 12). In Rheinland-Pfalz allerdings wurden zentrale Prüfungen nach der Besatzungszeit wieder abgeschafft, die übrigen genannten Länder behielten dieses Prüfungsformat bei und können deshalb auf eine lange Prüfungstradition mit diesem Instrument zurück blicken.

Zu dieser Zeit wurden auch in der DDR im Zuge der Zentralisierung innerhalb des sozialistischen Staates zentrale Abschlussprüfungen am Ende des einheitlichen Schulsystems eingeführt. In der alten Bundesrepublik stand die klassische Verteilung in dezentral und zentral prüfenden Länder lange nicht zur Disposition, auch nicht, als 1972 die gymnasiale Oberstufe reformiert und modernisiert wurde.

Normierungsprozesse wurden nicht über Prüfungsformate, sondern über normierende KMK-Vereinbarungen zum mittleren Abschluss bzw. die Einheitlichen Prüfungsanforderungen für den Sekundarstufe II-Abschluss in Gang gesetzt.

Nach 1989 entschieden sich vier von den fünf neuen Bundesländern gemäß der DDR-Tradition für die Einführung des Zentralabiturs, nämlich Thüringen, Mecklenburg-Vorpommern, Sachsen und Sachsen-Anhalt, während sich Brandenburg zunächst an Nordrhein-Westfalen orientierte und auf dezentrale Prüfungen setzte. Im Zuge bildungspolitischer Veränderungen in der Folge der internationalen Schulleistungsvergleiche setzte dann seit etwa 2005 ein neuer, bundesweiter Trend zum teilzentralen Abitur ein, dem mit zeitlichen Verzögerungen bis auf Rheinland-Pfalz alle alten Bundesländer bereits gefolgt sind.

Zeitlich versetzt dazu wurden und werden derartige Formate auch für das Ende der Sekundarstufe I implementiert.

4. Ansprüche an zentrale Abschlussprüfungen als Instrumente im Rahmen eines umfassenden Qualitätssicherungs- und -entwicklungskonzepts

Kürzlich hat Gerhard Eikenbusch Qualitätsansprüche an zentrale Abschlussprüfungen vorgestellt, welche sich daraus begründen, dass „zentrale Prüfungen und Tests derzeit verstärkt auf einen Dialog über Qualität in der Schule" zielen (Eickenbusch, 2007, S. 8). Man könnte auch sagen, er sensibilisiert für den Anspruch an zentrale Prüfungselemente, sich als Teile eines umfassenden Qualitätsmanagements zu verstehen. Unter diesem Blickwinkel betrachtet sollen sich teilzentrale Prüfungselemente in Abschlussprüfungen an einem chancengerechten und humanen Verständnis von Leistung und Unterrichtsergebnissen orientieren. Von ihnen sollen innovative Wirkungen der Aufgaben und Themen für die Unterrichtsentwicklung ausgehen. Damit wird den neuen Prüfungsformaten quasi eine Rückwirkungsfunktion auf unterrichtliche Praxis zugedacht. Sie sollen als Unterrichtsentwicklungsinstrumente fungieren. Die Kehrseite dieser Einschätzung wäre dann die Befürchtung der Verarmung des kognitiven Anspruchs des Unterrichts durch ein ‚Teaching to the test'. Die neuen Prüfungsaufgaben sollen Bezug nehmen auf Standards oder Kriterien. Diese Forderung ist ein fast selbstverständlicher Anspruch und wird in den Ländern, die wie NRW gerade erst neue Kernlehrpläne usw. verankert haben, aufgegriffen. Eickenbusch spricht sich dezidiert für die Transparenz der Auswertung und des Erwartungshorizonts aus und liefert damit einen wichtigen Maßstab zur Beurteilung der Güte der neuen Prüfungsformate. Hierzu gehört auch, dass die Auswertung angemessen und verantwortungsvoll erfolgen soll und bei öffentlichen Vergleichen auf das Gebot der Fairness zu achten ist. Er wünscht sich, dass mit den neuen Testformaten Anregungen und Hilfen für die Selbstevaluation durch Schüler einhergehen (Eikenbusch, 2007). Die zentralen Tests sollen sich eignen, als Diagnoseinstrumente für die Lehrkraft, die Schule und das Schulsystem eingesetzt zu werden und auch Schnittstellen zur Qualitätsentwicklung vor Ort bereit halten. Schließlich und endlich sollte damit eine Arbeitserleichterung und Verbesserung der Professionalität der Lehrerinnen und Lehrer einhergehen. Insbesondere die letzt genannten Ansprüche verweisen auf ein noch nicht beseitigtes Dilemma der deutschen neuen Schulsteuerung. Die Outputsteuerung in Deutschland setzt derzeit fast ausschließlich auf Outputvorgaben und deren Überprüfung, investiert aber viel zu wenig in notwendige Unterstützungsmaßnahmen, diesen Ansprüchen auch gerecht zu werden.

5. Einblicke in die bundeslandspezifische Nutzung von teilzentralen Testformaten

Insbesondere die Länder, die erst kürzlich teilzentrale Prüfungselemente verankert haben, streben danach, dieses neue Instrument auch umfassend zur Qualitätssicherung und -entwicklung zu nutzen. Wie dies geschieht, möchte ich folgend exemplarisch erstens für NRW mit dem Schwerpunkt auf Prüfungen am Ende der Sekundarstufe I vorstellen. Zweitens möchte ich die Strategien in Brandenburg mit Konzentration auf das dortige Zentralabitur präsentieren.

5.1 Zur ‚Architektur‘ zentraler Prüfungsformate und ihrer Nutzung in Nordrhein-Westfalen auf der administrativen Ebene

Die zentralen Prüfungselemente in NRW am Ende der Sekundarstufe I beziehen sich – wie in den meisten Ländern – auf die Kernfächer Deutsch, Mathematik und die Fremdsprache. Die Abschlussnote in den Prüfungsfächern beruht in diesem neuen Verfahren zur Hälfte auf der jeweiligen Jahresleistung und auch die in den übrigen Fächern erbrachten Leistungen behalten ihre bisherige Bedeutung für die Abschlussvergabe bei. Der Stellenwert zentraler Prüfungsanteile unterscheidet sich also deutlich vom Abitur – dort werden in NRW zentrale Prüfungen für alle schriftlichen Abiturfächer abgelegt. Die Begründung dafür ist eine pädagogische: Für die Sekundarstufe I ist neben dem kriterialen Maßstab über zentrale Prüfungsformen auch der Einbezug der sozialen und individuellen sehr wichtig, und zwar insbesondere für leistungsschwache Schülerinnen und Schüler.

Die in NRW entwickelten Aufgaben werden explizit auf die Fachleistungsstandards mit ihren Kompetenzerwartungen in den Kernlehrplänen bezogen und diese werden auch bei den Bewertungskriterien berücksichtigt.

Entsprechend der am Ende der Klasse 10 möglichen beiden Abschlussarten – dem Hauptschulabschluss nach Klasse 10 und dem Mittleren Abschluss – werden in den zentral geprüften Fächern am Ende der Klasse 10 getrennt zwei Prüfungsteile entwickelt. Der erste Teil bezieht sich auf *schulformübergreifende* Basiskompetenzen, die im Laufe der Sekundarstufe I erworben wurden, der zweite Teil bezieht sich auf die Kernlehrpläne für die Klassen 9 und 10 der jeweiligen Schulformen und berücksichtigt somit deren spezifische Profile und Anforderungsniveaus (vgl. Abbildung 1, welche auch schulartenspezifische Differenzierungen verdeutlicht).

Eine solche Architektur erfordert eine geschickte Einpassung in die bisherigen Übergangsregelungen zur gymnasialen Oberstufe: „Aufgrund der schulformspezifischen Bestimmung für den Übergang in die gymnasiale Oberstufe wird der zweite Prüfungsteil differenziert. Dabei wird die Vorgabe, dass Schülerinnen und Schülern an Gymnasien in den Prüfungsfächern in der Regel ein „ausreichend" für die Versetzung in Klasse 11 genügt, während in den anderen genannten Schulformen bzw. Bildungsgängen in der Regel ein „befriedigend" erforderlich ist, in der Form umgesetzt, dass die Prüfungsarbeit an Gymnasien etwa eine Note schwieriger gestaltet wird" (Schulministerium NRW, 2007a, S. 3).

Deutsch		Englisch und Mathematik	
Prüfungsteil1	Prüfungsteil II	Prüfungsteil1	Prüfungsteil II
HSA10	Hauptschule 10A Gesamtschule G-Kurs	HSA10	Hauptschule 10A Gesamtschule G-Kurs
MSA	Hauptschule 10B Gesamtschule E-Kurs Realschule Gymnasium	MSA	Hauptschule 10B Gesamtschule E-Kurs Realschule Gymnasium

Differenzierungsmodell der ZP10

Abb. 1: Quelle: Schulministerium NRW, 2007a, S. 3

Damit wird auch deutlich: Hinter einem mittleren Abschluss an einem Gymnasium werden sich bei gleichen Noten auch weiterhin systematisch höhere Kompetenzen verbergen als bei einem mittleren Abschluss an einer Hauptschule.

Nur im Fach Deutsch haben die nordrhein-westfälischen Zehntklässler alternative Aufgabenstellungen zur Wahl, dies gilt nicht für Englisch und Mathematik.

Für den ersten Durchlauf dieser Prüfungen hat das Schulministerium 2007 einen öffentlich zugänglichen Bericht vorgelegt (Schulministerium NRW, 2007a). Dieser Bericht hat u.a. legitimatorische Funktionen, die sich insbesondere durch den Vergleich mit den Noten im vorherigen dezentralen Prüfungsverfahren zeigt. Aber es gibt auch einen deutlichen Beleg dafür, dass durch das neue Prüfungsverfahren tatsächlich ein kriterialer Maßstab verankert wurde:

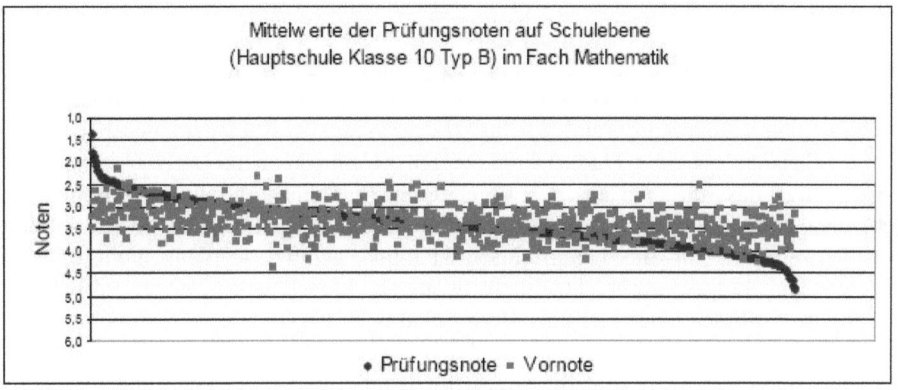

Abb. 2: Quelle: Schulministerium NRW 2007a, S.4

Vergleicht man, wie in Abbildung 2 für die Klassen 10B der Hauptschulen dargestellt, die Prüfungsergebnisse auf Schulebene mit den dezentral vergebenen Vornoten, so zeigt sich ein wesentlicher Effekt zentraler Prüfungen. Während die Vornoten in allen Schulen mit Orientierung an der jeweiligen Lerngruppe das Notenspektrum in ähnlicher Weise ausschöpfen, gibt es bei den Prüfungsnoten mit der Orientierung an landeseinheitlichen Standards die in der Grafik dargestellten Unterschiede.

Im weiteren Bericht wird der Vergleich der Notendurchschnitte in den zentralen Fächern, differenziert nach Kursen und Schulformen, vorgestellt. Es zeigt sich, dass gegenüber den Vornoten in einigen Fächern und Schulformen bzw. Bildungsgängen praktisch keine Veränderung zu verzeichnen ist, während in anderen Bereichen – vor allem in Englisch und Mathematik – Verbesserungen um bis zu einer halben Note festzustellen sind. Dabei streuen die Leistungen innerhalb jeder Schulform bzw. jedes Bildungsgangs erheblich. Besonders groß ist diese Leistungsstreuung zwischen den Hauptschulen (vgl. Abbildung 2). Es wird die Schlussfolgerung gezogen, dass es dringend erforderlich ist, „Schülerinnen und Schüler im untersten Leistungsbereich durch angemessene bildungsgangspezifische Lernangebote an die offensichtlich auch in Hauptschulen möglichen sehr guten Leistungen heranzuführen" (Schulministerium NRW, 2007a, S. 1). Mit welchen Instrumenten dies geschehen soll, bleibt allerdings offen.

Am oberen Ende des Leistungsspektrums hingegen ist aufgefallen, dass an den Gymnasien viele Lerngruppen mehr zu leisten vermögen, als die Prüfungsformate ihnen abverlangen. „Hier existiert offensichtlich ein Potenzial, nach oben, das in einer zentralen Prüfung, die für alle Schülerinnen und Schüler einer Schulform bzw. eines Bildungsgangs identische Aufgaben vorsieht und sich im landesweiten Spektrum der Leistungsfähigkeit verorten muss, nur schwer erfasst werden kann" (Schulministerium NRW, 2007a, S. 1).

Die Auswertung der Ergebnisse im neuen Abitur in Nordrhein-Westfalen beinhaltet ebenfalls interessante Hinweise auf die weitere Nutzung der Daten zur Weiterentwicklung des Instruments (Schulministerium NRW, 2007b, S. 4). Vertiefende Analysen werden angekündigt, in dem Ergebnisse zu Prüfungsaufgaben, die als Stichprobe an 80 Schulen in den Fächern Deutsch, Geschichte, Biologie und Französisch erhoben wurden, ausgewertet werden. Für die Fächer Deutsch und Geschichte steht eine fachdidaktische und fachwissenschaftliche Analyse im Vordergrund, in den Fächern Mathematik und Physik an Gesamtschulen soll nach den Ursachen für die vergleichsweise schlechten Ergebnisse gesucht werden. Auf diese Weise soll eine fachliche Diagnose der Leistungsdefizite und eine Entwicklung von Konzepten zur Problembehebung angestoßen und später vorgelegt werden. Dazu erhalten die Schulen eine aufbereitete Analyse ihrer Ergebnisse als Rückmeldung, bei der sie sich an den landesweiten Durchschnittswerten messen können. Darüber hinaus wird angekündigt, dass die sich aus den Ergebnissen (ggf. auch für die Einzelschule) ergebenden Konsequenzen seitens der Fachaufsicht aufgegriffen und in Abstimmung mit den Schulen für die Unterrichtsentwicklung genutzt werden. Inwieweit dies mit welchen Folgen geschieht, bleibt weiteren Forschungszugängen vorbehalten. Nordrhein-Westfalen zeigt hier eine Bereitschaft, die Ergebnisse zu Schulsystem- und Schulentwicklungsprozessen zu nutzen. Auch die Aufgabe der Unterrichtsentwicklung wird angesprochen. Inwieweit dies tatsächlich umgesetzt wird, kann erst in Zukunft beantwortet werden.

5.2 Zur ‚Architektur' teilzentraler Prüfungsformate und ihrer Nutzung in Brandenburg auf der administrativen Ebene

Brandenburg legt viel Wert auf Wahlmöglichkeiten bei den Aufgabenstellungen, dies gilt für die Prüfung am Ende Klasse 10 wie beim Abitur. Im Abitur wird in 10 Fächern für die drei ersten Abiturfächer zentral geprüft. Die Aufgaben werden so entwickelt, dass sich Wahlmöglichkeiten nicht erst für die Schüler, sondern bereits für die Lehrer ergeben. In Deutsch gibt es beispielsweise ein zweistufiges Auswahlverfahren (Bieber, 2007): Zuerst wählt die unterrichtende Lehrkraft für ihren Kurs drei von vier zur Verfügung stehenden Aufgabenstellungen aus. Den Schülern werden somit noch drei Aufgabenstellungen vorgelegt, von denen sie eine auswählen und bearbeiten. Ähnliche Verfahren gibt es in allen Fächern. Damit bedeutet das Zentralabitur keinesfalls, dass alle Schüler dieselben Aufgaben bearbeiten.

In Brandenburg werden im Anschluss an die zentralen Prüfungen umfangreiche Auswertungen vorgenommen und diese werden noch durch Zusatzerhebungen flankiert. Dies ist damit ein weitaus elaborierteres Verfahren als in NRW.

Anhand einer Stichprobe ausgewählter Schulen werden differenzierte Daten zu den Teilleistungen der Schülerinnen und Schüler, zu den Einschätzungen der Lehrkräfte und der Schüler, zu den Aufgaben und ausgewählten Aspekten der Vorbereitung auf die Prüfungen wie auch zur Unterrichtsqualität (z.T. zusätzlich) erhoben, wenn möglich miteinander in Verbindung gebracht und ausgewertet. Die daraus aufbereiteten

Erkenntnisse sollen den Aufgaben- und Fachkommissionen sowie den Lehrkräften helfen, Schlussfolgerungen für ihre weitere Arbeit abzuleiten. Es wird zum Beispiel überprüft, ob die Aufgaben entsprechend den verschiedenen Schulformen zu differenzierenden Ergebnissen führen.

Im Vordergrund steht dabei auch die Nutzung zur schulaufsichtlichen Arbeit, in dem die entsprechenden Berichte auf allen Ebenen kommuniziert werden: Einerseits vom Ministerium an die Schulräte und von dort aus an die Schulleiter, andererseits vom Landesinstitut über die Fachberater an die Lehrkräfte (ISQ BB, 2007).

In Brandenburg verbindet man mit diesen umfangreichen Monitoringdaten zu den zentralen Prüfungen durch verschiedene Stellen umfangreiche und anspruchsvolle Ziele (ISQ BB, 2007; MBJS LB, 2006; 2007):

Es geht um
- die Bereitstellung von Informationen zur Rechenschaftslegung und Standortbestimmung der Arbeit in den Kursen und in den Schulen
- die Förderung des Austausches über Ziele des Unterrichts
- die Frage nach der Gleichwertigkeit und Vergleichbarkeit von Abschlüssen
- Impulse für Aufgabenkultur und Unterrichtsentwicklung in den einzelnen Fächern
- die Herstellung von öffentlichem Bewusstsein für Leistungen der Schulen
- die Beteiligung unterschiedlicher Gruppen an der Weiterentwicklung der Prüfungen und Aufgaben.

In Brandenburg haben zum Beispiel Schulen, die unterdurchschnittliche Ergebnisse im Verhältnis zur Durchschnittsnote des Landes oder überdurchschnittlich hohe Anteile an den Noten 5 und 6 haben, eine Berichtspflicht gegenüber der Schulaufsicht. Durch diesen erzwungenen Dialog soll sich die Schule auf die Suche nach den möglichen Ursachen machen und Arbeitsvorhaben und Entwicklungsziele benennen.

Die beiden Länderbeispiele zeigen sehr intensiv, wie die zentralen Prüfungen genutzt werden können, um auf Qualitätsentwicklung auf der Ebene des Schulsystems, der Ebene der Einzelschule und auch auf der Unterrichtsebene zu entwickeln. Für Brandenburg zeichnet sich ab, dass zusätzliche Daten zur differenzierten Auswertung gewonnen werden. Beide Länder versuchen damit auf ihre Weise, sich die teilzentralen Prüfungsformate als neues Steuerungswissen nutzbar zu machen. Auf welchen Ebenen dadurch Veränderungen erreicht werden – und ob diese gewünscht oder unerwünscht sind – ist eine spannende Forschungsfrage. Was sich an diesen Berichten allerdings nicht absehen lässt, ist, inwieweit die Länder ein umfassendes Qualitätssicherungs- und -entwicklungskonzept haben, in welchem zentrale Prüfungsformate einen Baustein darstellen. Es ist durchaus fraglich, ob alle Outputinstrumente zu einem sinnvollen Gesamtkonzept zusammengeführt werden können und ob dazu bereits überzeugende Konzepte vorliegen.

6. Zentrale Prüfungsformate als Bausteine eines umfassenden Qualitätssicherungs- und -entwicklungskonzepts im Schulwesen

Zentrale Abschlussprüfungen sind in der Forschung bisher unter dem Blickwinkel der Sicherung von Mindestanforderungen im unteren Leistungsbereich und mit Blick auf die Frage nach mehr Bildungsgerechtigkeit untersucht worden. Die Interpretation der Befunde ist höchst unsicher und umstritten (vgl. dazu den Überblick bei van Ackeren,

2007). Viele Forschungsdesiderate sind zu beschreiben: Der These der heimlichen Normierung der Unterrichtsinhalte durch teilzentrale Prüfungsformate wäre ebenso nachzugehen wie es zu klären gälte, ob und unter welchen Bedingungen verstärkt Memorierungsstrategien durch diese Formate Eingang in die Übungspraxis von Schule und Schülern finden. Auch die Frage nach dem direkten Zusammenhang zwischen der Prüfungsorganisation und der Aufgabenstellung ist noch weitgehend unerforscht.

Aber, und das zeigt dieser knappe Werkstattbericht aus zwei Bundesländern, zentrale Prüfungen ermöglichen gleichwohl vergleichende Einblicke in die Leistungsverhältnisse von Schulen und könnten über das Sichtbarmachen ungleicher Ergebnisse Grundlage ausgleichender schulpolitischer Maßnahmen sein. Die dabei auftretenden gewünschten und unerwünschten Effekte sollten durch wissenschaftliche Forschung sichtbar gemacht werden.

Auf welche Weise vorsichtige Schritte in Richtung einer Integration von unterschiedlichen (zentralen) Prüfungsformaten gemacht werden können, diskutiert Gerhard Orth (2007). Eine nordrhein-westfälische Lösung könnte dabei so aussehen, dass die zentralen Abschlussprüfungen – so sind sie für das Ende der Sekundarstufe I bereits aufgestellt – in einem ersten Prüfungsteil wie die Lernstandserhebungen zentrale Kompetenzen anhand von Mindeststandards überprüfen. In einem zweiten Teil könnten dann wie bisher bildungsgangbezogen curricular pragmatische Aufgaben gestellt werden (S.19).

Weitergehende Überlegungen werden in einer Reihe von Bundesländern vermutlich anstehen, wenn ab 2009 das IQB die Einhaltung der Bildungsstandards in allen Ländern überprüft. Sollte es dann zu erheblichen Diskrepanzen zwischen diesen Überprüfungen und den Ergebnissen der zentralen Prüfungen in den einzelnen Ländern kommen, werden die Länder auch mit Blick auf ihre Prüfungsverfahren unter Druck geraten.

Gerade dann sollte aber die Weiterentwicklung des Instruments der teilzentralen Prüfungsformate in Abschlussprüfungen in Richtung eines umfassenden Qualitätssicherungs- und Entwicklungsinstruments weiterhin Maßstab bleiben, wofür beispielsweise die bereits zitierten Ansprüche von Gerhard Eikenbusch Beachtung finden sollten (2007, S. 8), da sie Gütekriterien eines solchen Anspruchs sind. Klaus Klemm hat in diesem Zusammenhang gefordert, dass der Einführung zentraler Tests die Entwicklung einer Strategie vorangeht, die aufzeigt, wie die Ergebnisse der Evaluation für die Entwicklung jeder einzelnen Schule und zwar orientiert an der „Verpflichtung des Sozialstaates, allen seinen Mitgliedern gleiche und quantitativ wertvolle Bildung zu bieten" nutzbar gemacht werden sollen (1998, S. 294).

Zum Schluss sei noch ein Blick über die Schulen hinaus in die sich anschließenden Hochschulen erlaubt: Die Bedeutung des Zentralabiturs als Gate-Keeper für die Universitäten und Fachhochschulen wird durch den derzeitigen Trend, immer mehr Fächerzugänge über den NC zu steuern, gestärkt. Sollte sich aber durchsetzen, was an einigen baden-württembergischen Universitäten Gang und Gäbe ist, nämlich die Auswahl der Studierenden über ein Assessment oder einen Test, bröckelt diese Funktion des Zentralabiturs. Zudem müsste bereits jetzt an anderer Stelle der Frage nachgegangen werden, ob die gegenwärtigen Prüfungsformate für das Abitur unseren Vorstellungen zur Studierfähigkeit entsprechen. Auch diese Aspekte würden zu einem umfassenden Qualitätssicherungssystem dazu gehören, wenn man dieses nicht nur auf das Schulsystem, sondern auf das gesamte Bildungssystem ausdehnt. Und zu dieser Perspektive haben uns die PISA-Studien mit ihrem Literacy-Konzept verpflichtet.

Literatur

Ackeren, I. van (2007). Zentrale Abschlussprüfungen. Entstehung, Struktur und Steuerungsperspektiven. *Pädagogik, 3,* 12–15.

Bieber, G. (2007). Damit man auch die richtigen Schlüsse ziehen kann ... Aufgabenkonstruktion und Strategien der Rückmeldung bei zentralen Prüfungen. *Pädagogik, 3,* 21–25.

Eickenbusch, G. (2007). Lehrer und Schule in Zeiten der Zentralen Prüfungen. *Pädagogik, 3,* 6–11.

Herrlitz, H.-G., Hopf, W. & Titze, H. (1993). *Deutsche Schulgeschichte von 1800 bis zur Gegenwart,* Weinheim/München: Juventa.

ISQ BB – Institut für Schulqualität der Länder Berlin und Brandenburg (Hrsg.) (2007). *Landesbericht über die Prüfungen in der Jahrgangsstufe 10 im Schuljahr 2005/06 im Land Brandenburg.* Verfügbar unter: http://www.isq-bb.de/pdf/p10/P10%20Landesbericht%202005%2006%20Farbe.pdf [15.2.2008].

Klemm, K. (1998). Steuerung der Schulentwicklung durch zentrale Leistungskontrollen? In: H.-G. Rolff, K.-O. Bauer, K. Klemm & H. Pfeiffer (Hrsg.): *Jahrbuch der Schulentwicklung. Daten, Beispiele und Perspektiven* (S. 291–294). Weinheim/Basel: Juventa.

MBJS LB – Ministerium für Bildung, Jugend und Sport des Landes Brandenburg (2007). *Berichterstattung über die Auswertung der Prüfungen in der Jahrgangsstufe 10 im Schuljahr 2005/06 im Land Brandenburg.* Verfügbar unter: http://www.mbjs.brandenburg.de/media/lbm1.a.3189.de/bb2.c.415972.de [15.02.2008].

MBJS LB – Ministerium für Bildung, Jugend und Sport des Landes Brandenburg (2006). *Prüfungen am Ende der Jahrgangsstufe 10. Evaluation der schriftlichen Prüfungsaufgaben.* Verfügbar unter: http://www.bildung-brandenburg.de/fileadmin/bbs/unterricht_und_pruefungen/pruefungen/pdf/Bericht_P10_2006.pdf. [15.02.2008].

Orth, G. (2007). Lernstandserhebungen und zentrale Prüfungen. Zwei Königskinder, die zueinander kommen? *Pädagogik, 3,* 16-20.

Schulministerium NRW (2007a). *Zentrale Prüfungen am Ende der Klasse 10 im Jahr 2007.* Verfügbar unter: http://www.schulministerium.nrw.de/BP/Presse/Konferenzen14LP/2007/PK_Bilanz_ZP_10_und_Zentralabi/Presseunterlagen_ZP10.pdf [15.2.2008].

Schulministerium NRW (2007b). *Ergebnisse des Zentralabiturs 2007.* Verfügbar unter: http://www.schulministerium.nrw.de/BP/Presse/Konferenzen14LP/2007/PK_Bilanz_ZP_10_und_Zentralabi/Presseunterlagen_ZAbi.pdf [15.2.2008].

Rob Schouten

Schulinspektion in den Niederlanden – Erfahrungen und Ergebnisse zu Verfahren, Instrumenten und Effekten

1 Kontextbedingungen im Schulwesen der Niederlande

Das Schulwesen in den Niederlanden unterscheidet sich grundsätzlich vom deutschen Schulwesen. Zwar gibt es wie in Deutschland Primar-, Sekundar- und Berufsschulen sowie Hochschulen und Universitäten, aber diese Institutionen sind relativ autonom. Relative Autonomie bedeutet in diesem Zusammenhang, dass sie immer noch den gesetzlichen Vorgaben unterliegen.

In den Niederlanden gibt es ca. 7000 Primarschulen. Bereits ab dem vierten Lebensjahr können Kinder auf freiwilliger Basis in diese Schulform eingeschult werden. Tatsächlich besuchen derzeit ca. 90% aller Kinder in den Niederlanden vom vierten Lebensjahr an die Primarschule. Der frühzeitige Schulbesuch wirkt sich besonders positiv auf die Lerneffekte von Kindern aus sozial benachteiligten Familien und Familien mit Sprachproblemen aus.

Vom fünften Lebensjahr an ist der Schulbesuch in den Niederlanden für alle Kinder verpflichtend. Seit 1985 sind die Kindergärten an die Grundschulen angegliedert. Zusammen bilden sie die „Basischule", die von den 4- bis 12-jährigen Schülerinnen und Schülern besucht wird. Alle Kinder lernen somit acht Jahre gemeinsam. Anschließend werden die 11- bis 12-jährigen Schüler in einem staatlichen Verfahren (CITO-Test) auf ihre schulischen Leistungen überprüft. Die Testergebnisse bilden die Grundlage für eine Empfehlung für die entsprechende Sekundarschule.

Die Zahl der Sekundarschulen (Hauptschulen/Realschulen/Gymnasien) wurde in den Niederlanden von ca. 1.450 durch Zusammenlegungen auf 650 Schulen reduziert. Die Schülerinnen und Schüler verbleiben je nach Schulform vier Jahre in der Hauptschule, fünf Jahre in der Realschule oder sechs Jahre auf dem Gymnasium. Im Anschluss findet eine Zentralprüfung statt, nach der die Schülerinnen und Schüler zur Berufsschule, Hochschule oder Universität wechseln.

Einrichtung der Schulen

Die Schulen in den Niederlanden sind relativ autonom. Das bedeutet, dass sie selbst (durch schulspezifische Stellenausschreibungen) über Personalangelegenheiten und die Verteilung von Mitteln entscheiden. Die Lehrplaninhalte werden als Rahmenrichtlinien von staatlicher Seite vorgegeben. In ihnen werden allerdings nur Kernziele und keine Bestimmungen im Detail festgeschrieben.

98% der niederländischen Schulen sind Privatschulen. Die Träger sind Vereine, Stiftungen oder bei öffentlichen Schulen die Stadt bzw. die Gemeinde. Der Schulträger ist verantwortlich für die Qualität der schulischen Lehre, während die Bedingungen für den Lehrplan von ministerialer Seite bestimmt werden. Die Personalkosten werden staatlich finanziert, ebenso wie die Sach- und Materialkosten der Schulen. Die Schulgebäude sind meist Eigentum der Gemeinde bzw. der Stadt. Nur 2% der

Schülerinnen und Schüler besuchen reine Privatschulen. Dort werden alle Kosten für Personal, Materialien und das Schulgebäude von den Eltern getragen. Auch diese Schüler legen die zentralen, staatlichen Prüfungen ab.

In den Niederlanden können Eltern (bzw. in der Praxis die Kinder) frei wählen, welche Schule die Kinder besuchen sollen. Allerdings ist es aufgrund der Empfehlungen des CITO-Tests nicht möglich, wie in einigen deutschen Bundesländern, dass ein Schüler, dem der Besuch der Hauptschule empfohlen wurde, am Gymnasium angemeldet wird. Aufgrund der freien Schulwahl konkurrieren die Schulen untereinander, was die Qualitätsverbesserung der Schulen stimuliert. Diese Konkurrenz ist allerdings in städtischen Gebieten deutlich stärker ausgeprägt als im ländlichen Bereich.

Anders als in Deutschland übernimmt die Schulleitung an niederländischen Schulen die Aufgabe des Schulmanagements. Das Mandat dazu erhält sie vom Träger der Schule. Seit 1996 wird vom Schulleiter nicht mehr als „Primus inter pares" gesprochen, da er andere Befugnisse und Aufgaben übernimmt als die Lehrerinnen und Lehrer. Der Schulmanager ist anders ausgebildet, er/sie weiß, was Qualitätsmanagement in der Praxis bedeutet. Er/sie übt weitreichendere Tätigkeiten aus als die alltägliche Leitung der Schule im Namen der Schulträger. Zur gezielten Steuerung des schulischen Ablaufs wendet die Schulleitung Formen und Verfahren des Qualitätsmanagements an. Entsprechend werden verbindliche Ziele gesetzt und der Fortschritt wird überwacht und evaluiert. Dazu werden alle Stakeholder (Eltern/Schüler/Lehrer) regelmäßig befragt. Die Schulleitung ist zudem verantwortlich für das Personalmanagement der Schule. Sie schreibt Stellen aus, stellt Lehrkräfte ein, begleitet neue Lehrpersonen und organisiert Fortbildungen sowie regelmäßige Arbeitskreise. Darüber hinaus ist die Schulleitung verantwortlich für das Budget der Schule und insbesondere für die Qualität des Unterrichtsangebots.

Die Schulleitung ist im Sinne der Rechenschaftsablegung gegenüber dem Schulträger verantwortlich. Der Schulträger muss diese Rechenschaftsablegung an die anderen Stakeholder (Stadt/Schulinspektion) weitergeben. Dieser Prozess, der mit dem Qualitätsgesetz 1996 eingeleitet wurde, ist derzeit noch in vollem Gang.

Die Kernziele, die in den Rahmenbedingungen der Lehrpläne festgelegt sind, werden in Lernbüchern aufgegriffen. Diese werden in allen Unterrichtsfächern von allen Schulen verwendet und stark in die Unterrichtsgestaltung eingebunden. Auf diese Weise erreichen die meisten Schülerinnen und Schüler die vorgegebenen Kernziele. In der Oberstufe werden die Kernziele an den Inhalten der Zentralprüfung ausgerichtet. Auch hier werden die Schülerinnen und Schüler mit Hilfe der Lernbücher auf das Examen vorbereitet.

In den Niederlanden sind alle Schulen Ganztagsschulen. Die Schülerinnen und Schüler besuchen bereits ab der Primarstufe sowohl morgens als auch nachmittags den Unterricht. Im Vergleich zu Deutschland haben die 15-jährigen Kinder dementsprechend an wesentlich mehr Unterrichtsstunden teilgenommen als Schülerinnen und Schüler in Deutschland.

2   Entwicklung und Arbeitsweise der niederländischen Schulinspektion

Die niederländische Schulinspektion gibt es seit mehr als 200 Jahren. Ihre Arbeitsweise hat sich über einen langen Zeitraum kaum geändert. Früher fand ein kommunikativer Austausch lediglich zwischen der Schulinspektion und dem Schulleiter statt. Die

Ergebnisse wurden in einem Bildungsbericht an das niederländische Parlament weitergegeben. Instrumente zur Messung der Lehrqualität wurden nicht eingesetzt und auch einzelne Schulen wurden nicht auf ihre Qualität hin überprüft. Erst mit der Zeit wurden Untersuchungen zu einzelnen Aspekten der Lehrqualität durchgeführt. Die Öffentlichkeit hatte allerdings nur begrenzten Zugang zu den Untersuchungen zur Schulqualität. Seit Mitte der 1990er Jahre wurde die Arbeitsweise der Schulinspektion grundlegend verändert. Dabei verfügt sie nicht über die Kompetenzen der Schulaufsicht und der Personalverantwortung wie die deutschen Schulbehörden.

Die Schulinspektion arbeitet seitdem wie eine externe Evaluationsinstanz. In einem ersten Schritt wurde eine groß angelegte Evaluation der Lehrqualität in der Unterstufe im Sekundarbereich (Basisvorming) durchgeführt. Evaluationsteams mit bis zu zehn Inspektoren beurteilten an 120 Schulen die inhaltliche Qualität der Schulfächer. Die Untersuchung dauerte drei Jahre (jeweils ein Jahr Vorbereitung, Durchführung und Berichterstattung) und verlief erfolgreich. Im Rahmen der Evaluation wurde aber auch deutlich, dass eine Untersuchung der inhaltlichen Qualität aller Schulfächer einen großen Aufwand darstellt und sehr hohe Kosten verursacht.

Seit 2000 führt die Schulinspektion integrale Qualitätsmessungen durch. Während mehrtägiger Schulbesuche nehmen die Inspektoren alle Qualitätsaspekte des Unterrichts in den Blick und besprechen die Ergebnisse mit allen Beteiligten (Schulleitung/Lehrkräfte/Schülerinnen/Schüler). Die Qualität des Unterrichts wird anhand eines Bewertungsrahmens beurteilt, der Qualitätsaspekte, Indikatoren und Normen umfasst. Dieses Instrument wurde zur Validierung allen Schulleiter-, Lehrer- und Schülervertretern vorgelegt. Nach ihren Vorschlägen wurde der Bewertungsrahmen angepasst.

Im gleichen Jahr begannen in den Niederlanden systematische Integrale Schulinspektionen. Diese Nullmessungen in 7000 Primarschulen, 1450 Sekundarschulen und 70 Berufskollegs sollten aufzeigen, in welchen Regionen Schulen mit mangelnder Unterrichtsqualität angesiedelt sind. Anlass waren Qualitätsprobleme in einer Kleinschule im ländlichen Bereich, die zum Gegenstand einer Befragung der Ministerin im Parlament genommen wurde. Die Schulinspektion konnte entsprechende Fragen nach sehr schwachen Schulen nicht systematisch beantworten. Aus diesem Grund wurde der Bewertungsrahmen zur Qualitätsmessung nach schottischem Vorbild entwickelt. Die Nullmessung wurde 2002 mit dem Ergebnis beendet, dass etwa 4–5% der niederländischen Schulen als sehr schwach einzustufen sind. Sehr schwach bedeutet, dass eine Schule im Vergleich schlechte Ergebnisse in den zentralen Abiturnoten und Vergleichsarbeiten hervorbringt und die Unterrichtsqualität nicht ausreichend ist. Alle Schulberichte wurden im Internet veröffentlicht, was zu mehr Konkurrenz zwischen den Schulen führte. Als sehr schwach beurteilte Schulen wurden im Anschluss extra inspiziert.

Nachdem einmalig alle Schulen durch die Schulinspektion beurteilt wurden, wurde 2003 das Instrumentarium zur Qualitätsmessung angepasst. In einem zweiten Durchgang der Integralen Inspektion wurde eine erneute Nullmessung mit einem nun über 120 Indikatoren umfassenden Bewertungsrahmen durchgeführt. Bei dieser Messung sollte festgestellt werden, ob und inwiefern sich die Schulen verbessert hatten.

Unter dem Einfluss des Parlaments wurde 2005 ein neuer Begriff zur Qualitätsinspektion eingeführt: Im Rahmen „proportioneller Inspektionen" sollten bei Schulen, die in der ersten Nullmessung als qualitativ gut bewertet wurden, nur jene Aspekte erneut untersucht werden, die als schwach eingestuft wurden. Dementsprechend war es wichtig, dass die verwenden Messinstrumente eine proportionelle Arbeitsweise ermöglichen.

2006 wurde die Arbeitsweise der Inspektion noch einmal grundsätzlich verändert. Ähnlich der Vorgehensweise von Finanzprüfern wurden Inspektionen auf Basis von Risiko-Analysen durchgeführt. Bevor die Schulinspektion eine Schule besuchte, wurden mögliche Qualitätsrisiken mittels eines Desk Research (Dokumentenanalyse) dargelegt. Das ermittelte Risikoprofil zeigte, welche Risiken an der Schule zu erwarten waren. Dabei wurde zwischen drei Kategorien von Risiken unterschieden: Die zentral angelieferten Daten und Ergebnisse der Schule, die Beurteilungen aus früheren Schulbesuchen sowie die Kontext-Risiken (z.B. Anzahl der Migranten im Bezirk). Bei der Bewertung war wichtig, dass die Schulinspektion über genügend (Vergleichs-) Daten verfügte. Die ermittelten Qualitätsrisiken wurden in der anschließenden Schulinspektion bewertet, während andere Aspekte nicht berücksichtigt wurden.

2007 änderte sich die Vorgehensweise bei der Qualitätsermittlung der Schulen: Die Schulinspektion sollte von nun an kaum noch Schulbesuche durchführen. Der Governance-Gedanke betonte die wichtige Rolle der niederländischen Schulträger, die seitdem vorrangig verantwortlich sind für die Qualität ihrer Schulen. Zudem wurden sind verpflichtet, gegenüber den Stakeholdern Rechenschaft abzulegen. Die Schulinspektion sollte als digitale Inspektion tätig werden und die etwa 75% der Schulen, die als qualitativ gut bewertet wurden, nicht mehr besuchen. Nur schwache und sehr schwache Schulen mit schlechten Qualitätsergebnissen sollten weiterhin besucht und überprüft werden. Am 3. Oktober 2007 korrigierte das Parlament diese Vorgehensweise ein weiteres Mal. Seitdem werden alle Schulen ein Mal in vier Jahren besucht. Neu ist, dass in der Regel Schulbesuche nicht mehr in den Schulen beginnen, sondern beim Schulträger. Die Anzahl der Schulen pro Schulträger ist übrigens sehr unterschiedlich. Ein Schulträger kann in der Großstadt für bis zu 40 Schulen zuständig sein, während ein Schulträger im ländlichen Raum vielerorts nur eine Schule begleitet.

3 Ergebnisse und Effekte der Schulinspektion

Seit mehr als zehn Jahren führt die Schulinspektion Qualitätsmessungen an Schulen durch. Ihre Arbeitsweise wird regelmäßig an neue Entwicklungen angepasst; praktisch alle drei Jahre gibt es wesentliche Veränderungen im Verfahren. Die Bedeutung der Schulinspektion bei der Qualitätsverbesserung der Schulen nimmt allerdings ab, während die Schulen mittels ihrer Selbstevaluation mehr Verantwortung für die Qualität ihres Unterrichts übernehmen.

In der Niederlande gab es mehrere Untersuchungen über Ergebnisse und Effekte der Arbeit der Schulinspektion. Jedes Jahr wird ein Bildungsbericht für das Parlament erstellt und die Berichte der einzelnen Schulen werden veröffentlicht. Durch die Schulinspektionen und die Berichte kommen Schulen in Bewegung und die Konkurrenz zwischen den Schulen nimmt zu. Untersuchungen haben gezeigt, dass durch die Arbeit der Schulinspektion die Prozessmerkmale der Schulen (z.B. die Qualität der Unterrichtsstunden) positiv beeinflusst werden. Die tatsächlichen Ergebnisse der Schulen (z.B. Abiturnoten) werden allerdings nur in geringem Maße durch Schulinspektionen verbessert.

Hinsichtlich der Arbeitsweise und Wirksamkeit stellen sich abschließend zentrale Fragen:

- Kann man ohne Fachinspektion überhaupt Unterrichtqualität messen?
- Ist die Arbeitsweise der niederländische Schulinspektion trotz unterschiedlicher Kontextbedingungen auf andere Länder übertragbar?
- Warum ist die Trennung zwischen Schulinspektion und Schulaufsicht wichtig?
- Was sind die wichtigsten Indikatoren?
- Was sind Merkmale von guten Indikatoren?
- Kann man Schulen noch vergleichen, wenn der Bewertungsrahmen geändert wird?
- Wie steht es um die Interbeurteiler-Reliabilität der Inspektoren?

Kathrin Dedering, Sabine Müller

Schulinspektion in Deutschland –
Forschungsbereiche und -desiderata

1. Einleitung

Im Zuge des „Paradigmenwechsel[s] in der Organisations- und Steuerungsphilosophie" (Lange, 1999, S. 425), der sich knapp als Wechsel von der Input- und Prozesssteuerung zur Outputsteuerung beschreiben lässt, d.h. als tendenzieller Rückzug des Staates „auf das budgetierte Bereitstellen von Ressourcen, die Vorgabe zu erreichender Ziele sowie die Kontrolle der Zielerreichung" (Bellenberg, Böttcher & Klemm, 2001, S. 5), wird der Schulinspektion[1] als Verfahren der externen Evaluation von Seiten der Bildungsadministration eine gesteigerte Bedeutung beigemessen: In allen deutschen Bundesländern sind in den letzten Jahren Bestrebungen zur Entwicklung und Implementierung von Inspektionsmodellen zu erkennen. In einigen Ländern ist ihre Umsetzung bereits erfolgt, andere Länder befinden sich auf dem Weg zu ihrer verpflichtenden Einführung (Bos, Holtappels & Rösner, 2006).

Die deutschen Bundesländer folgen damit einem Trend, der international bereits viel früher eingesetzt hat: In zahlreichen Ländern innerhalb und außerhalb Europas ist die Inspektion von Schulen schon lange ein wichtiger Bestandteil der Qualitätssicherung im Schulwesen (van Ackeren, 2003; Böttcher & Kotthoff, 2007). Dementsprechend existiert dort bezüglich ihrer wissenschaftlichen Erforschung schon eine gewisse Tradition.

Gegenwärtig gibt es zum einen – insbesondere für Großbritannien – zahlreiche national bzw. regional ausgerichtete empirische Untersuchungen (z.B. Matthews & Sammons, 2004; McCrone, Rudd, Blenkinsop & Wade, 2006; Thrupp, 2001; Wilcox & Gray, 1995). Zum anderen liegen einige wenige international vergleichende Analysen von Inspektionssystemen vor (z.B. Maes, Ver Eecke & Zaman, 1999; SICI 2003; 2005; 2006; Standaert 2001).

In Deutschland findet sich inzwischen eine beachtliche Anzahl an Erfahrungsberichten von Vertretern der Administration (Ministerium), der Institution Schulinspektion (Inspektoren, Schulaufsicht) und der inspizierten Schulen, die teilweise in der Formulierung von Gelingensbedingungen münden (z.B. Daschner, 2007; Lohmann, 2006; Müller, Dedering & Bos, 2008). Die wissenschaftliche Erforschung des Verfahrens hat hier hingegen gerade erst eingesetzt (Böttcher & Kotthoff 2007; Bos et al. 2006; Lambrecht in diesem Band).

---

[1] Die Bezeichnung Schulinspektion wird hier synonym für alle anderen in Deutschland vorfindbaren Begrifflichkeiten genutzt.

2. Forschungsbereiche von Schulinspektion

Die Schulinspektion stellt einen sehr facettenreichen Untersuchungsgegenstand dar, dessen wissenschaftliche Erforschung sich komplex gestaltet. Im Folgenden werden ausgewählte Bereiche als potenzielle Schwerpunkte zukünftiger Forschungsaktivitäten exemplarisch umrissen (Kapitel 2). Schulinspektion wird dabei im *institutionellen Kontext* (Kapitel 2.1), als *Konzept* (Kapitel 2.2), als *Prozess* (Kapitel 2.3) und als *Auslöser von Wirkungen* (Kapitel 2.4) thematisiert. Der letztgenannten Perspektive wird besondere Beachtung geschenkt. Dazu wird ein theoretisches Rahmenmodell präsentiert (Kapitel 2.4.1) und erweitert (Kapitel 2.4.2), das als wichtige Voraussetzung für den Ausbau des bisher eher spärlichen Wissens in diesem Bereich betrachtet wird. Abschließend werden einige Desiderata formuliert, denen Forschungsvorhaben zur Schulinspektion in methodischer Hinsicht Rechnung tragen sollten (Kapitel 3).

2.1 Schulinspektion im institutionellen Kontext

Schulinspektion kann zunächst einmal in seiner institutionellen Verortung wissenschaftlich untersucht werden. Dabei kann sie zum einen im Kontext anderer Maßnahmen der Qualitätssicherung und zum anderen kann Schulinspektion in ihrem Verhältnis zur Schulaufsicht und zum Unterstützungssystem betrachtet werden.

Schulinspektion und andere Maßnahmen der Qualitätssicherung

In den meisten Bundesländern ist die Schulinspektion ein Element zur Qualitätssicherung, das neben zahlreichen anderen externen Evaluationsverfahren wie etwa Vergleichsarbeiten, Lernstandserhebungen und zentralen Prüfungen sowie internen Evaluationsverfahren steht.

Inwiefern diese Maßnahmen im Gesamtzusammenhang aufeinander abgestimmt sind und – in der Wahrnehmung der unterschiedlichen Akteure des Bildungssystems (Schulinspektion, Schulaufsicht und Schulen) – Synergien entwickeln können, ist bisher nicht erforscht worden. Hier können künftige Vorhaben ansetzen.

Schulinspektion und Schulaufsicht

Mit Ausnahme von Schleswig-Holstein haben die Bundesländer eine deutliche Rollen- und Aufgabentrennung von traditioneller Schulaufsicht und Inspektion vorgenommen. Die Aufgabe der Inspektion besteht in der Vorbereitung, Durchführung und Auswertung der Schulbesuche und endet mit der Aushändigung des Inspektionsberichts. Das Aufgabenspektrum der Schulaufsicht ist umfassender und hat sich spätestens durch die Einführung der Schulinspektion erweitert: Weiterhin obliegt ihr die Dienstaufsicht über die Schulen, gleichzeitig soll sie jedoch auch beratend tätig werden und die Schulen in ihrem Entwicklungsprozess unterstützen. Das in zahlreichen Ländern im Zuge der Inspektion eingeführte Verfahren der Zielvereinbarungen zwischen Schule und Aufsicht im Anschluss an eine Inspektion ist eines der neuen Instrumente, mit denen die Schulaufsicht konfrontiert ist. Zu erforschen ist einerseits das Verhältnis zwischen Inspektion und Schulaufsicht, zum anderen aber auch die „neue" Rolle der Schulaufsicht. Auch hier geht es um die Passung des Aufgabenspektrums, um zeitliche Ressourcen sowie vorhandene Kompetenzen. Darüber hinaus ist die Ausgestaltung und Bedeutung von Zielvereinbarungen ein zentraler Aspekt einer wissenschaftlichen Betrachtung.

Schulinspektion und Unterstützungssysteme

In den einzelnen Bundesländern werden unterschiedliche Systeme zur Unterstützung von Schulen vorgehalten. Eine wichtige Forschungsfrage ist in diesem Zusammenhang, inwieweit das bestehende Angebot sowohl für die Vorbereitung auf den Schulbesuch als auch für die Umsetzung der Ergebnisse einer Inspektion in konkrete Schulentwicklungsmaßnahmen aus schulischer Sicht einerseits ausgeschöpft und andererseits als hilfreich und ausreichend empfunden wird.

2.2 Schulinspektion als Konzept

Schulinspektion kann zunächst einmal als *Konzept* wissenschaftlich betrachtet werden. Im Mittelpunkt stehen dann die einzelnen Komponenten wie der Orientierungs-, Referenz- oder Handlungsrahmen von Schulqualität, die Instrumente zur Datenerhebung von Schulinspektion und die Inspektionsberichte.

Orientierungs-, Referenz- und Handlungsrahmen von Schulqualität

Die meisten Bundesländer arbeiten bei der Schulinspektion mit einem Orientierungs-, Referenz- bzw. Handlungsrahmen von Schulqualität (Bos et al., 2006). Dieser dient zur Qualitätsausrichtung der externen Analyse bzw. des standardisierten Qualitätsprofils und enthält einheitliche Qualitätskriterien. Darüber hinaus verfügt die überwiegende Mehrheit der Länder über einheitliche Instrumente zur Datenerhebung (z.B. Unterrichtsbeobachtungsbögen).

Derzeit ist noch unklar, inwiefern die Kriterien dem aktuellen Stand der wissenschaftlichen Erkenntnisse im Bereich der Schulforschung entsprechen. Zudem muss geklärt werden, in welchem Maße eine Passung von Dimensionen, Indikatoren und Instrumenten besteht – inwiefern also verlässliche Aussagen in Bezug auf den Orientierungs-, Referenz- bzw. Handlungsrahmen von Schulqualität getroffen werden können.

Instrumente zur Datenerfassung

Die Aussagen, die im Rahmen der Schulinspektion über den erreichten Qualitätsstand der begutachteten Schulen gemacht werden, stützen sich auf Daten, die anhand unterschiedlicher Instrumente erhoben werden. In der Mehrheit der Bundesländer werden dazu Dokumentenanalysen, schriftliche Befragungen (Fragebögen), mündliche Befragungen (Interviews) sowie Beobachtungen (überwiegend mit standardisierten Kategoriensystemen) durchgeführt (ebd.).

Ein Informationsdefizit besteht hinsichtlich der Frage, wie die Qualität der einbezogenen Instrumente (zugrunde liegende Standards, Eignung und Güte) eingeschätzt werden kann. Ferner ist zu fragen, wie sich das Zusammenspiel und die Passung der einzelnen Instrumente gestaltet.

Inspektionsberichte

Die Ergebnisse der externen Evaluation werden den Schulen, der Schulaufsicht und ggf. der Öffentlichkeit in festgelegten Formaten zurückgemeldet. In allen Bundesländern werden hierzu Inspektionsberichte erstellt, in denen die identifizierten Stärken und Schwächen der Schulen herausgestellt werden (Maritzen, 2006). Wissenschaftlich untersucht werden kann, wie der Inspektionsbericht aufgebaut ist und welche Informationen er enthält. Von Interesse ist zudem, inwiefern die Adressaten Informationen aus ihm ableiten können, die sich in relevantes Wissen für die innerschulische Entwicklungsarbeit sowie die Beratungsarbeit der Schulaufsicht übersetzen lassen.

2.3 Schulinspektion als Prozess

Schulinspektion kann darüber hinaus als *Prozess* wissenschaftlich beleuchtet werden. Untersuchungsgegenstand sind dann die Verläufe von Schulinspektionen, die Handlungsweisen der Schulinspektoren und die Entwicklungen, die sich in den Schulen vollziehen.

Verläufe von Schulinspektionen

Über die Grenzen der einzelnen Bundesländer hinweg lassen sich als Charakteristika des Inspektionsverlaufs u.a. die Ankündigung der Inspektion in transparenten Verfahren, der Schulbesuch mit Gesprächen (Schulleitung, Personal, Vertreter der schulischen Mitwirkungsgremien), Unterrichtsbeobachtungen und Schulbegehung sowie Rückkopplungsverfahren nennen (ebd.). Auf welche Weise diese Elemente jeweils ausgestaltet werden und wie sinnvoll sie für das gesamte Verfahren sind, ist bisher nicht wissenschaftlich untersucht worden.

Handlungsweisen von Schulinspektoren

Die Schulinspektoren sind während ihres Einsatzes an die Einhaltung dieser Verlaufselemente gebunden. Darüber hinaus sind sie in ihrem Inspektionshandeln bestimmten Verhaltensgrundsätzen verpflichtet, etwa der Neutralität und der Objektivität in der Bewertung. Zum Umgang der Schulinspektoren mit den zur Verfügung gestellten Instrumenten liegen nur wenige Erkenntnisse vor. Auch Aussagen dazu, in welchem Maße der Ablauf des Schulbesuchs im Sinne einer Verfahrenstreue dem konzeptionell verankerten Vorgehen entspricht, stehen derzeit noch aus.

Entwicklungen in den Schulen

Die Schulinspektion im engeren Sinne endet mit der Aushändigung eines Berichts u.a. an die Schulen. Von Seiten der Administration wird dem Verfahren jedoch eine weitergehende Einflusskraft auf die innerschulische Qualitätsarbeit beigemessen. In diesem Sinne sollen die Schulinspektionsberichte als Impulsgeber für die innere Schulentwicklung dienen (über eine verpflichtende Nutzung des Berichts, teilweise vor dem Hintergrund von Zielvereinbarungen). Die Schulaufsicht soll hierbei als beratende bzw. unterstützende und intervenierende Instanz fungieren.

   Forschungsvorhaben mit einem Schwerpunkt auf den innerschulischen Entwicklungen sollten klären, wie die Schulen mit den in den Berichten zurückgemeldeten Ergebnissen umgehen. Zu erfragen ist demnach, wie sich die Rezeption und Verarbeitung der Inspektionsdaten an den Schulen gestaltet. Darüber hinaus ist zu untersuchen, ob Zielvereinbarungen zwischen den Schulen und der Schulaufsicht getroffen werden. Beleuchtet werden muss außerdem, wie sich das Aufstellen von Entwicklungsplänen und die Umsetzung der geplanten Maßnahmen gestaltet.

Studien dieser Art sollten zudem überprüfen, ob und auf welche Weise durch die Inspektion diagnostizierte Schwächen von Schulen aufgearbeitet werden. Grundlage hierfür sind die jeweiligen Qualitätsaspekte aus den Orientierungs-, Referenz- bzw. Handlungsrahmen, nach denen die Schulen bewertet werden. Hier können Zusammenhänge zu den in einigen Ländern verbindlichen Zielvereinbarungen zwischen Schule und zuständiger Schulaufsicht hergestellt werden. Eine Schule, die beispielsweise Defizite im Bereich der Lehrerkooperation aufweist, muss diesbezügliche Maßnahmen zur Verbesserung ergreifen und diese (in einigen Ländern) mit der Schulaufsicht in einer Zielvereinbarung abstimmen.

Der letztgenannte Schwerpunkt bezieht sich nun aber nicht nur auf eine Betrachtung der Schulinspektion als Prozess – er impliziert eine weitere Forschungsperspektive: Die Schulinspektion als Auslöser von *Wirkungen*.

2.4 Schulinspektion als Auslöser von Wirkungen

Legt man den Fokus auf die Untersuchung jener Folgen, die der Einsatz des Verfahrens an den einzelnen Schulen auslösen kann, ist zunächst einmal eine Unterscheidung zwischen beabsichtigten und nicht beabsichtigten Wirkungen erforderlich (de Wolf & Janssens, 2007). Zuvor wurde bereits expliziert, dass die Schulinspektion dazu dient, an den Schulen Entwicklungsaktivitäten zur Verbesserung der Schulqualität zu stimulieren. Ihr Zweck besteht darüber hinaus darin, ein Mindestmaß an Qualität an den Schulen zu sichern und die dortige Einhaltung gesetzlicher Vorgaben zu kontrollieren. Dies sind die Wirkungen, die mit dem Programm vorgesehen sind.

Der Einsatz des Verfahrens der Schulinspektion kann darüber hinaus jedoch auch Wirkungen entfalten, die vom Programm her zunächst einmal nicht intendiert sind (Böttcher & Kotthoff, 2007; de Wolf & Janssens, 2007; Ehren & Visscher, 2006). Diese Nebeneffekte können erwünscht oder nicht erwünscht sein und im schlimmsten Falle die positiven Wirkungen von Schulinspektion gänzlich außer Kraft setzen. Auf sie wird an späterer Stelle genauer eingegangen.

2.4.1 Theoretisches Rahmenmodell für die Erforschung von Wirkungen

Als Hintergrundfolie für die wissenschaftliche Untersuchung der Auswirkungen von Schulinspektion auf der Ebene der einzelnen Schule stellen Ehren und Visscher (2006) ein theoretisches Rahmenmodell zur Verfügung, das auf der Basis von bisher vorliegenden internationalen Forschungsbefunden – vorwiegend aus den Niederlanden und aus Großbritannien – entwickelt worden ist. Dieses bildet das Beziehungsgeflecht ab, das – im Sinne von Kausalketten – zwischen (1) Merkmalen des Schulinspektionsprozesses, (2) Reaktionen der Schulen auf die Ergebnisse der Schulinspektion und (3) daraus resultierenden Effekten und Nebeneffekten bestehen. Es nimmt darüber hinaus mit (4) innerschulischen Merkmalen sowie den (5) externen Impulsen und Unterstützungsleistungen zwei weitere Faktorengruppen auf, die

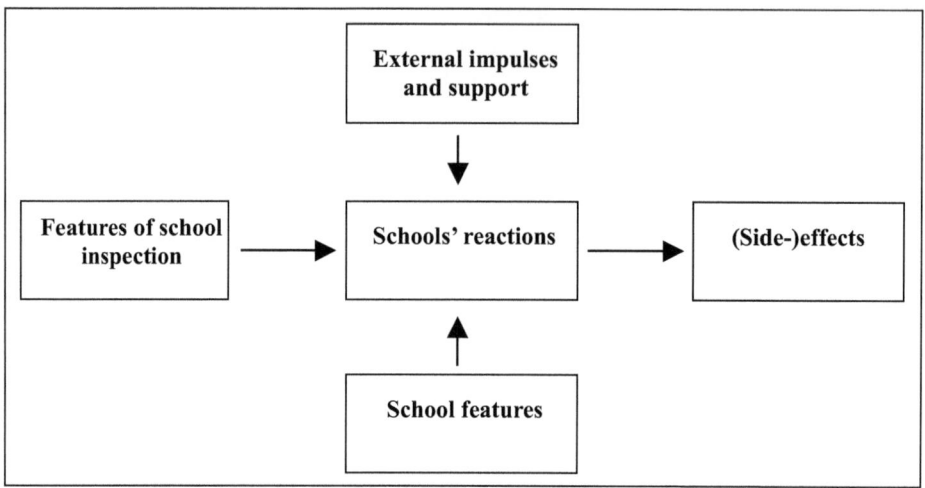

Abb. 1: Modell zu den Auswirkungen von Schulinspektion nach Ehren & Visscher (2006)

die innerschulischen Aktivitäten in Folge von Schulinspektion beeinflussen (Ehren & Visscher, 2006). Abbildung 1 veranschaulicht das Modell:

Das Modell geht davon aus, dass zunächst einmal die Merkmale des Inspektionsprozesses selbst einen Einfluss auf seine Wirkungen ausüben (ebd.). Eine Bedeutung kommt hier *erstens* dem Maß an Wechselseitigkeit und Vertrauen zu, durch das sich die Beziehungen zwischen den Schulinspektoren und den Mitgliedern der Schulgemeinde (Schulleitung, Lehrer-, Schüler-, Elternschaft, anderen Mitarbeitern) auszeichnen. Mit der Wechselseitigkeit ist dabei ein beidseitiger Informationsaustausch gemeint: Einerseits erhalten die Schulinspektoren von den Schulen die für die Bewertung der Schulqualität erforderlichen Informationen, andererseits bekommen die Schulen von den Schulinspektoren eine Rückmeldung über das in den bewerteten Schulqualitätsbereichen erreichte Niveau. Eine Rolle spielt *zweitens* der Kommunikationsstil der Schulinspektoren während der externen Begutachtung der Schulen. Die Interaktion zwischen Schulinspektoren und den Mitgliedern der Schulgemeinde kann auf ganz unterschiedliche Weise gestaltet werden. Die Schulinspektoren können den Interaktionsprozess dabei mehr oder weniger stark richtungweisend beeinflussen und sich während des Interaktionsprozesses mehr oder weniger stark von den Teilnehmenden emotional distanzieren. Wichtig ist *drittens* die Art der Rückmeldung von Inspektionsergebnissen an die Schulgemeinde. In diesem Kontext geben die Schulinspektoren Auskunft über die an der Schule identifizierten Stärken und Schwächen und formulieren ggf. Verbesserungsvorschläge und Handlungsempfehlungen.

Schließlich sind *viertens* auch Aspekte der Inspektionsorganisation zu nennen, die der Vermeidung negativer Nebeneffekte dienen. Eine Strategie, die einer Konzentration der Schulen auf messbare, kurzfristig veränderbare Qualitäts- und Leistungsindikatoren entgegenwirken könnte, ist beispielsweise eine flexible Handhabung der Indikatoren, die offen lässt, welche Indikatoren bei einer Inspektion bewertet werden. Darüber hinaus könnte über die Einbeziehung des Schulpersonals in die Entwicklung und Umsetzung von Qualitäts- und Leistungsindikatoren eine höhere Akzeptanz der Indikatoren und eine Implementierung von gemeinsamen Werten erzielt werden.

Wirkungen von Schulinspektion werden zudem von den Reaktionen der inspizierten Schulen auf die Inspektionsergebnisse beeinflusst (ebd.). Schulen können dabei entweder auf beabsichtigte oder auf nicht beabsichtigte Weise auf die Rückmeldungen der Schulinspektoren reagieren. Auf beabsichtigte Weise reagieren Schulen, wenn sie die Ergebnisse akzeptieren und Aktivitäten zur Weiterentwicklung und Verbesserung der Schulqualität in Gang setzen. In diesem Fall werden die Ergebnisse hier einem möglichst großen Kreis der am Schulleben beteiligten Gruppen zugänglich gemacht und Schlussfolgerungen aus ihnen abgeleitet, die in Maßnahmeplanungen und verbindlichen Entwicklungsplänen münden.

Auf nicht beabsichtigte Weise reagieren Schulen hingegen, wenn sie die Ergebnisse der Schulinspektion zurückweisen oder andere nicht intendierte Handlungsweisen hervorbringen. Die Ablehnung (rejection) der Ergebnisse kann dabei mit unterschiedlichen Begründungen erfolgen; es kann etwa behauptet werden, dass die Tage, die die Schulinspektoren in der Schule verbracht haben, für die Schule untypisch gewesen seien u.Ä.

Nicht beabsichtigte Verhaltensweisen können vor, während und nach dem Schulbesuch gezeigt werden. Nach der Rückmeldung der Inspektionsergebnisse sind zum Beispiel folgende negative Reaktionen denkbar, die daraus resultieren, dass die expliziten und impliziten Ziele der Schulinspektion nicht mit den aktuellen Zielen der Schule übereinstimmen:

- Schulen betrachten die quantifizierbaren Aspekte der Orientierungs-, Referenz- und Handlungsrahmen von Schulqualität als höherwertiger als die nicht quantifizierbaren Indikatoren (tunnel vision).
- Schulen formulieren für ihre Entwicklungsarbeit kurzfristige Ziele und vernachlässigen langfristige Ziele. In diesem Falle arbeiten Schulen auf Erfolge hin, die schnell zu erreichen sind, anstatt Verbesserungen der Schulqualität auf lange Sicht in den Blick zu nehmen (myopia).
- Schulen gehen in ihrer Entwicklungsarbeit wenig innovativ vor, sie experimentieren also nicht mit neuen Methoden, weil dies bei der nächsten Inspektion aufgrund einer starren Anwendung des Indikatorensystems nicht belohnt wird (ossification).
- Schulen manipulieren Daten bewusst, so dass die Informationen von der Realität abweichen; von einem bewussten Betrug ließe sich dabei zum Beispiel sprechen, wenn Schulen Problemschüler vor der nächsten Inspektion an andere Schulen verweisen (misrepresentation).

De Wolf und Janssens (2007) nennen ganz ähnliche nicht intendierte Effekte und differenzieren hier zwischen beabsichtigtem strategischen Verhalten und nicht beabsichtigtem strategischen Verhalten. Während im ersten Fall Arrangements bewusst hergestellt werden, die im Sinne einer Bilanzverschönerung ausschließlich dazu dienen, bei der Inspektion besser bewertet zu werden, erfolgt die Beeinflussung im zweiten Fall unbeabsichtigt (de Wolf & Janssens, 2007).

Eine Einflusskraft auf die Wirkungen von Schulinspektion wird außerdem einigen innerhalb der Schule liegenden sowie einigen außerhalb der Schule liegenden Faktoren zugestanden (ebd.).

Innerhalb der Schule spielt das Ausmaß eine Rolle, in dem die Schule sich als lernende Organisation versteht. In einer solchen sind nicht nur die Schülerinnen und Schüler, sondern auch die Lehrkräfte und schließlich die Einrichtungen als Ganze zum Lernen fähig. Lernende Schulen zeichnen sich durch Selbststeuerung, -reflexion und -organisation und den Aufbau bzw. die Pflege der dazu notwendigen Strukturen und Kapazitäten aus (Rolff, 2002). Sie reflektieren sowohl ihre realen Ziele als auch ihre realen Möglichkeiten und suchen systematisch nach Ansatzpunkten für innerschulische Initiativen und Verbesserungsmöglichkeiten (Büeler, 2004). Lernende Schulen streben eine Erhöhung der Problemlösekapazität und eine Verbesserung des Handlungsrepertoires an. Die Mitglieder des Systems entwickeln ihre Organisation – überwiegend selbstständig – von innen heraus, wobei der Leitung einschließlich einer Steuergruppe eine besondere Funktion zukommt (Rolff, 2002).

In Bezug auf die Schulinspektion bedeutet dies, dass die Einstellung der Schulleitung und der Lehrkräfte Veränderungen gegenüber und die Fähigkeit der Schule zur Erneuerung wichtige Faktoren sind, die die schulischen Reaktionen auf die Ergebnisse der Schulinspektion beeinflussen.

Außerhalb der Schule sind externe Impulse und Unterstützungsleistungen von Bedeutung (Ehren & Visscher, 2006). Das Umfeld der Schule – die Gemeinde, externe Berater, Wissenschaftler etc. – können innerschulische Entwicklungsprozesse in Folge der Schulinspektion insofern beeinflussen, als sie Druck auf die Schule ausüben können, Maßnahmen zur Verbesserung der in der Schulinspektion identifizierten Defizite zu ergreifen. Andererseits können sie finanzielle oder personelle Ressourcen für Veränderungsprozesse zur Verfügung stellen und u.a. dadurch innerschulische Entwicklungsarbeit befördern.

Die beabsichtigten und die nicht beabsichtigten Reaktionen der Schulen auf die Ergebnisse der Schulinspektion führen – nach dem hier präsentierten Modell – an den Schulen zu bestimmten Wirkungen, wobei zwischen beabsichtigten Wirkungen und nicht beabsichtigten Nebeneffekten differenziert wird (ebd.). Als beabsichtigte Wirkungen werden dabei die erwünschten Veränderungen betrachtet, die als Folge von Schulinspektionen in den Schulen auftreten. Das höchste Ziel stellt – dem hier präsentierten Modell nach – in diesem Zusammenhang die Verbesserung fachlicher Schülerleistungen dar, zu dessen Erreichen allerdings einige Voraussetzungen erfüllt werden müssen. Als solche sind – unter Rückgriff auf die Ergebnisse der Schuleffektivitätsforschung – vor allem positive Rückmeldungen an Schülerinnen und Schüler, bestimmte Lehrmethoden wie das kooperative Lernen sowie bestimmte Unterrichtsstile wie die Praxisorientierung zu nennen (ebd.).

Als Folgen jener nicht beabsichtigten Reaktionen der Schulen, die zuvor knapp umrissen worden sind, können Schulinspektionen jedoch auch negative Nebeneffekte haben. Exemplarisch genannt werden soll hier zum einen eine Nebenwirkung, die im Rahmen des Modells als „performance paradox" bezeichnet wird. Mit diesem Effekt wird ein schwacher Zusammenhang zwischen dem gemessenen Qualitäts- und Leistungsstand und dem tatsächlichen Qualitäts- und Leistungsstand bezeichnet. Es ist hier nicht möglich, gute und schlechte Leistungen zu unterscheiden, weil die Messung von Leistungen durch das Wissen beeinflusst wird, welche Leistungen gemessen werden und welche nicht. Auf diese Weise verbessern sich die berichteten Leistungen, nicht aber die tatsächlichen.

Zum anderen soll die Stigmatisierung von Schulen als negativer Nebeneffekt angeführt werden. Dieser Effekt bezieht sich auf die Veröffentlichung von Inspektionsergebnissen und die daraus resultierende negative Bekanntheit, die zu einem veränderten Schulwahlverhalten der Eltern führen kann.

Alle zuvor ausführlich beschriebenen, als wichtig erachteten Einflussfaktoren auf die Auswirkungen von Schulinspektion werden in Abbildung 2 angeführt, die das beschriebene Modell in der detaillierten Version zeigt.

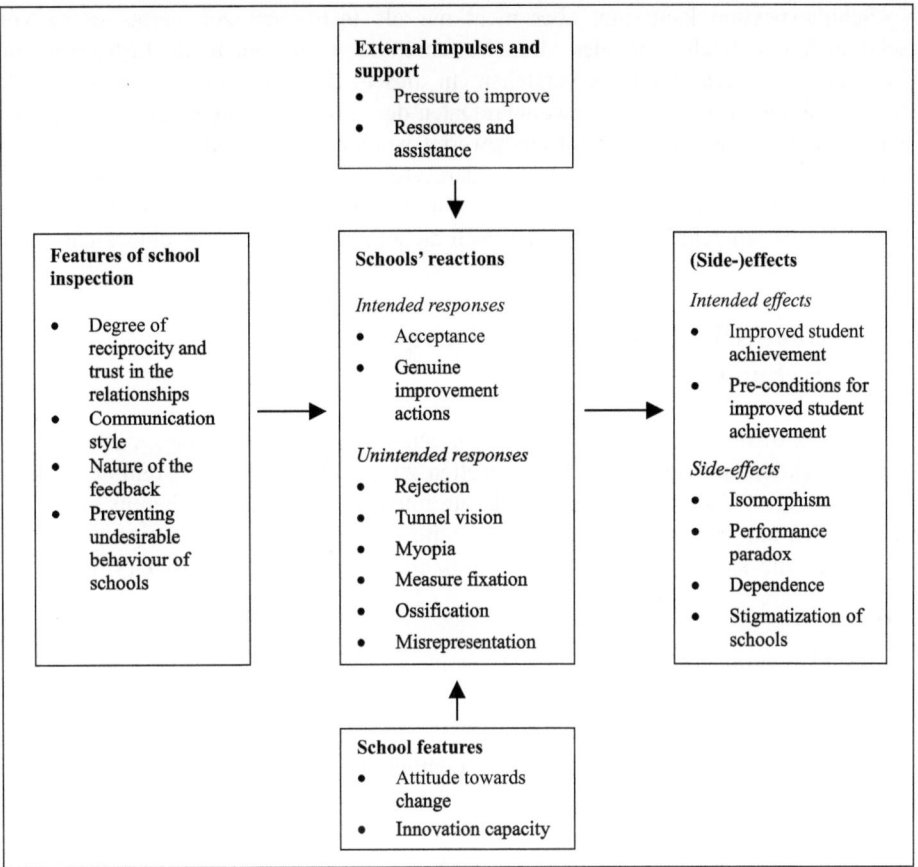

Abb. 2: Detailliertes Modell zu den Auswirkungen von Schulinspektion nach Ehren & Visscher (2006)

2.4.2 Weiterentwicklung des theoretischen Rahmenmodells

Im Zuge weiterer Forschungsaktivitäten gilt es zu prüfen, inwiefern das dargestellte Rahmenmodell um weitere Aspekte ergänzt werden sollte. Überlegenswert erscheint es beispielsweise, neben den Merkmalen des Schulinspektionsprozesses auch die Merkmale der einzelnen Verfahrenskomponenten auf ihre Einflusskraft hin zu untersuchen. So könnten etwa der Aufbau des Orientierungs-, Referenz- oder Handlungsrahmens oder die Auswahl der Erhebungsinstrumente einen Einfluss auf die Akzeptanz des Verfahrens und damit auf die Reaktionen der Schulen auf die Ergebnisse der Schulinspektion ausüben. Darüber hinaus könnte diskutiert werden, die Gruppe der externen Impulse und zielgerichteten Unterstützungsleistungen um administrative Aktivitäten zu erweitern.

De Wolf und Janssens (2007) nennen als weiteren, empirisch bereits ermittelten Nebeneffekt den „Stress", den die Vorbereitung und Durchführung der Schulinspektionen bei den Lehrkräften und Schulleitungen auslöst. Er kann die Weiterverarbeitung der Inspektionsergebnisse ebenfalls negativ beeinflussen. Außerdem weisen sie auf die mögliche Reaktion guter Schulen hin, sich auf dem Erreichten (auf den Lorbeeren) auszuruhen, hin. Auch um diese Wirkungen könnte das Modell ergänzt werden.

Schulinspektion kann nun aber nicht nur als Instrument zur Verbesserung von Schulqualität betrachtet werden. Das Verfahren lässt sich auch als Instrument zur Steuerung des Gesamtsystems verstehen. In diesem Zusammenhang wird unterstellt, dass die durch die Inspektion gewonnen Daten der einzelnen Schulen auf der administrativen Ebene schulübergreifend ausgewertet werden und eine Basis für gesamtsystemische Überlegungen darstellen. Das dargestellte Modell nimmt diese Perspektive nicht in den Blick, greift in dieser Hinsicht also zu kurz. Es müsste hier in einen größeren Kontext eingebettet werden, der auch die administrative Ebene einbezieht.

3. Methodische Desiderata in Bezug auf zukünftige Forschungsvorhaben

Wissenschaftliche Studien, die dazu dienen, den komplexen Forschungsgegenstand der Schulinspektion in seinen einzelnen Facetten zu erhellen, sollten bestimmte Aspekte berücksichtigen. Vor dem Hintergrund der im internationalen Kontext bereits vorliegenden Studien und in ihnen erkennbaren Defizite werden nachfolgend einige Desiderata formuliert, die sich auf die künftig zu konzipierenden methodischen Designs beziehen.

Einbeziehung aller Stakeholder

Während zu den Wirkungen von Schulinspektion aus der Perspektive der Lehrkräfte und Schulleitungen eine Fülle von Studien vorliegt, sind die Sichtweisen der anderen am Schulleben beteiligten Gruppen bisher deutlich unterbelichtet (Kotthoff, 2003). Nur vereinzelt finden sich Untersuchungen, die die Wahrnehmungen der Eltern (Ousten & Klenowski, 1995) und der Inspektoren (Wilcox & Gray, 1995) aufgreifen. Die Sicht der Schülerinnen und Schüler hingegen muss im Augenblick noch als gänzlich unerforscht gelten.

Künftigen Forschungsvorhaben zur Schulinspektion sollte deshalb ein methodisches Design zugrunde gelegt werden, das die Einschätzungen möglichst aller am Schulleben Beteiligten einbezieht (de Wolf & Janssens 2007). Es sollte demnach das Prinzip der Multiperspektivität realisiert werden.

Einbeziehung von Kontrollgruppen

Die bisher vorliegenden Untersuchungen zu den Wirkungen von Schulinspektion basieren auf der impliziten Annahme, dass eine kausale Beziehung zwischen der Schulinspektion und den intendierten Wirkungen auf den unterschiedlichen Ebenen besteht. Mit anderen Worten: Erkennbare Veränderungen im Kompetenz- bzw. Qualitätsprofil der Schulen werden auf das „Treatment" Schulinspektion zurückgeführt. Die vorliegenden Studien nutzen allerdings kaum methodische Designs, die stärker auf das Herausstellen des kausalen Verhältnisses abheben. De Wolf und Janssens (2007) fordern für zukünftige Forschungsvorhaben daher methodische Designs, die quasi-experimentelle Ansätze oder Kontrollgruppen, auf die entweder kein „Treatment" oder andere Formen von Stimuli zur Qualitätsentwicklung einwirken, vorsehen. Sie sind die Voraussetzung für die Bestimmung von Wirkungswahrscheinlichkeiten und deren Überprüfung. Eine Möglichkeit besteht darin, inspizierte Schulen mit nicht inspizierten Schulen zu vergleichen. Dies ist in Bundesländern möglich, in denen die Kapazität der Inspektionssysteme nicht ausreicht, um in absehbarer Zeit alle Schulen zu begutachten. Einschränkend muss dabei jedoch bedacht werden, dass möglicherweise die Ankündigung und verpflichtende Einführung von Schulinspektion für alle Schulen bereits einen Einfluss auch auf die Schulen ausübt, die noch nicht unmittelbar von einer Inspektion betroffen sind.

Unterscheidung von Schulen mit unterschiedlichen Qualitätsständen

Es ist davon auszugehen, dass das Ausmaß der Wirkungen von Schulinspektion an den Schulen auch von dem bei der Inspektion identifizierten Qualitätsstand abhängt. Schulen, die bei der externen Begutachtung in vergleichsweise vielen Qualitätsbereichen eher gute Ergebnisse erzielt haben, zeigen ggf. andere Handlungsweisen als Schulen, deren Inspektionsergebnisse in verhältnismäßig vielen Bereichen eher weniger gut ausgefallen sind (ebd.). Auch ein mittelmäßiges Abschneiden bei der Schulinspektion kann unter Umständen zu spezifischen Reaktionen – und somit Wirkungen – an den Schulen führen. Die bisher vorliegenden Studien tragen diesem Aspekt noch zu wenig Rechnung. Künftige Forschungsvorhaben sollten eine systematische Unterscheidung dieser Schultypen in ihrem methodischen Design berücksichtigen, um zu differenzierten Befunden zu kommen und der Realität gerecht zu werden.

Unterscheidung von kurz- und mittel- bzw. langfristigen Effekten

De Wolf und Janssens (2007) weisen darauf hin, dass in den derzeit vorliegenden Studien Wirkungen von Schulinspektion – insbesondere im Bereich der Schülerleistungen – vornehmlich im Jahr der stattgefundenen externen Evaluation selbst überprüft werden und hinterfragen, ob diese durch das Programm intendierten Effekte überhaupt so schnell auftreten können. Sie gehen davon aus, dass die Schulinspektion in unterschiedlichen Zeitphasen unterschiedliche Wirkungen hervorbringen kann und dass deshalb eine Unterscheidung von kurzfristigen und langfristigen Wirkungen sinnvoll ist. Künftige Forschungsvorhaben sollten in diesem Sinne auf einem methodischen Design fußen, das auf einen längeren Untersuchungszeitraum hin ausgerichtet ist. Auf diese Weise könnte ermittelt werden, ob bestimmte erkennbare Effekte per se kurzfristiger Natur sind, wohingegen andere Effekte stets erst nach einer längeren Zeitspanne auftreten.

Literatur

Bellenberg, G., Böttcher, W. & Klemm, K. (2001). *Stärkung der Einzelschule. Ansätze zum Management der Ressourcen Geld, Zeit und Personal.* Neuwied/Krieftel: Luchterhand.

Böttcher, W. & Kotthoff, H.-G. (2007). *Schulinspektion: Evaluation, Rechenschaftslegung und Qualitätsentwicklung.* Münster u.a.: Waxmann.

Bos, W., Holtappels, H.G. & Rösner, E. (2006). Schulinspektion in den deutschen Bundesländern – eine Baustellenbeschreibung. In: W. Bos, H.G. Holtappels, H. Pfeiffer, H.-G. Rolff, & R. Schulz-Zander (Hrsg.): *Jahrbuch der Schulentwicklung. Daten, Beispiele und Perspektiven.* Band 14 (S. 81–123). Weinheim/München: Juventa.

Büeler, X. (2004). Qualitätsevaluation und Schulentwicklung. In: R. Stockmann (Hrsg.): *Evaluationsforschung. Grundlagen und ausgewählte Forschungsfelder.* 2. Aufl. (S. 259–286) Opladen: Leske + Budrich.

Daschner, P. (2007). Schulinspektion [Themenheft]. *Journal für Schulentwicklung 03/07.*

De Wolf, I. & Janssens, F.J.G. (2007). Effects and side effects of inspections and accountability in education: An overview of empirical studies. *Oxford Review of Education, 33* (3), 379–396.

Ehren, M.C.M. & Visscher, A.J. (2006). Towards A Theory On the Impact of School Inspections. *British Journal of Educational Studies, 54* (1), 51–72.

Kotthoff, H.G. (2003). *Bessere Schulen durch Evaluation? Internationale Erfahrungen.* Münster u.a.: Waxmann.

Lange, H. (1999). Schulautonomie und Neues Steuerungsmodell. *Recht der Jugend und des Bildungswesens,* 47 (4), 423–438.

Lohmann, A. (2006). Externe Evaluation. Balance zwischen Bewertung und Entwicklungsförderung [Themenheft]. *Pädagogische Führung, 17* (3).

Maes, B., Ver Eecke, E. & Zaman, M. (1999). *Inspectorates of Education in Europe. A Descriptive Analysis.* Brussels: SICI.

Maritzen, N. (2006). Schulinspektion in Deutschland. In: H. Buchen, L. Horster & H.G. Rolff (Hrsg.): *Schulinspektion und Schulleitung* (S. 7–26). Stuttgart: Raabe.

Matthews, P. & Sammons, P. (2004). *Improvement through Inspection.* London: Ofsted.

McCrone, T., Rudd, P., Blenkinsop, S. & Wade, P. (2006). *Impact of Section 5 Inspections: Maintained Schools in England.* Slough: National Foundation for Educational Research.

Müller, S., Dedering, K. & Bos, W. (2008): *Schulische Qualitätsanalyse in NRW. Konzepte, erste Erfahrungen und Perspektiven.* Neuwied: Luchterhand.

Ousten, J. & Klenowski, V. (1995). *The OFSTED Experience: The Parents' Eye View.* London: RISE.

Rolff, H.G. (2002). Lernende Organisationen – Umrisse einer neuen Schule? In: H.-U. Otto, T. Rauschenbach & P. Vogel (Hrsg.): *Erziehungswissenschaft: Politik und Gesellschaft* (S. 155–164). Opladen: Leske + Budrich.

SICI (2003). Effective School Self-Evaluation. A SICI Project. Verfügbar unter: http://www.sici-inspectorates.org/ww/en/pub/sici/projects/effective_school_self_evaluati.htm [15.02.2008].

SICI (2005). *How Good Is Our Inspectorate? SICI-Workshop, Final Report.* Louvan/ Belgium, Nov. 2-4, 2005. Verfügbar unter: http://www.sici-inspectorates.org/shared/ data/pdf/sici_-_workshop_louvain_-_final_report_-_2006_09.pdf [15.02.2008].

SICI (2006). *How Good Is Our Inspectorate? Follow Up. SICI-Workshop, Final Report.* Bad Nauheim/Germany, Nov. 1-3, 2006. Verfügbar unter: http://www.sici-inspectorates.org/shared/data/pdf/badnauheim_fina_lreport_gesamt.pdf [15.02.2008].

Standaert, R. (2001). Inspectorates of Education in Europe. A Critical Analysis. Leuven: Acco.

Thrupp, M. (2001). *Failing Schools and social disadvantage: An over-view of New Labour policies and their impact.* Paper presented on British Educational Research Association Conference, 13–15 September, Leeds.

Van Ackeren, I. (2003). *Evaluation, Rückmeldung und Schulentwicklung. Erfahrungen mit zentralen Tests, Prüfungen und Inspektionen in England, Frankreich und den Niederlanden.* Münster u.a.: Waxmann.

Wilcox, B. & Gray, J. (1996). The OFSTED Inspection Model: the views of LEA chief inspectors. *Cambridge Journal of Education, 25* (1), 63–73.

Wilcox, B. & Gray, J. (1996). *Inspecting Schools: Holding Schools to Account and Helping Schools to Improve.* Buckingham/Philadelphia: University Press.

Manuela Böttger-Beer, Erik Koch

Externe Schulevaluation in Sachsen – ein Dialog zwischen Wissenschaft und Praxis

1. Einführung

In Sachsen wurde ein Verfahren der externen Evaluation zur Bewertung der Qualität von Schulen konzipiert. Im Jahr 2004 hatte der Aufbaustab der Sächsischen Evaluationsagentur seine Arbeit aufgenommen. Er bestand neben einer Sachbearbeiterin aus fünf Mitarbeitern[1] mit sozialwissenschaftlichem Hintergrund, die bis auf die Geschäftsleitung neu eingestellt worden sind und mit der Entwicklung eines wissenschaftlich gestützten Verfahrens zur Schulevaluation beauftragt wurden. Der Aufbaustab war der Abteilung Grundsatzangelegenheiten des Sächsischen Staatsministeriums für Kultus unterstellt. Die Konzeptions- und Erprobungszeit für das Verfahren an allgemein bildenden Schulen ist abgeschlossen. Der Aufbaustab wurde in die Abteilung 4 des Sächsischen Bildungsinstitutes überführt und mit dem Schuljahr 2007/2008 begann der Einstieg in das Regelverfahren der Schulevaluation an 100 repräsentativ ausgewählten Schulen. In den zweieinhalb Jahren der Aufbauzeit wurde zuerst ein wissenschaftlich abgeleiteter Qualitätsrahmen zur Definition von Schulqualität erarbeitet, der in eine mit der Schulverwaltung ausgehandelte Kriterienbeschreibung zur Bestimmung von Schulqualität mündete. Darauf aufbauend wurde ein Verfahren zur Messung der Schulqualität mit sozialwissenschaftlichen Instrumenten entworfen, welches in zwei Erprobungsjahren an insgesamt 59 Schulen getestet und optimiert wurde.[2] Zur Durchführung des Verfahrens sind Schulpraktiker – in einem Assessment Center ausgewählte Lehrerinnen und Lehrer – ausgebildet worden, die auch in die Optimierung des Verfahrens einbezogen waren.

Bei der Konzeption des Verfahrens wurde ein sozialwissenschaftlicher Ansatz verfolgt, mit dem systematisch und nachvollziehbar schulische Qualität kriterienorientiert bewertet wird (zur Abgrenzung zum Ansatz der Schulinspektion siehe z.B. Brügelmann, 2007). Das Ziel ist es, auf möglichst objektive Art und Weise verlässliche Informationen über die Ergebnisse und Prozesse schulischer Arbeit zu liefern, um auf dieser Basis Veränderungspotenziale der Schule aufzuzeigen. Für die Umsetzung des Verfahrens wurde davon ausgegangen, dass Innovationen nur dann erfolgreich implementiert werden, wenn sie bei den Betroffenen eine hohe Akzeptanz erfahren (vgl. Oelkers, 2006). Dies war für die externe Evaluation in Sachsen von besonderer Relevanz, da ein Verfahren favorisiert wurde, bei dem Qualitätsentwicklung in erster Linie durch Einsicht erzeugt wird.

Im Folgenden wird ausgehend von den unterschiedlichen Zielen und Entwicklungsmodi externer Evaluation gezeigt, weshalb der Fokus der externen Evaluation auf die Entwicklung über Einsicht gerichtet wird. Anschließend wird dargestellt, wie der Weg der Akzeptanzsicherung, und zwar über einen Dialog von Wissenschaft und Praxis,

---

1 Im gesamten Beitrag sind unter den Bezeichnungen Evaluator, Schüler, Lehrer usw. stets beide Geschlechter zu verstehen.
2 Detaillierte Informationen zum Verfahren der externen Evaluation und den Kriterien schulischer Qualität in Sachsen finden sich unter: www.sachsen-macht-schule.de/evaluation.

beschritten wurde. Dies wird auf verschiedenen Ebenen der externen Evaluation veranschaulicht: Durchführungs-, Erhebungs- und Auswertungsebene. Belege zur Akzeptanz der externen Evaluation werden angeführt.

2.   Ziele und Entwicklungsmodi externer Evaluation

Zentrales Ziel der externen Evaluation von Schulen im Freistaat Sachsen ist die Sicherung und Entwicklung schulischer Qualität. Geht man davon aus, dass Evaluationsverfahren immer im Spannungsfeld verschiedener Ziele zu verorten sind, dann muss man neben dem angestrebten Ziel der Entwicklung auch die Ziele Erkenntnis, Legitimation und Kontrolle mit bedenken. Diese vier Ziele lassen sich als Funktionen zwar analytisch trennen (vgl. Stockmann, 2007, S. 36ff.), sind aber in der Praxis eng miteinander verbunden. Der Auftrag zur Entwicklung eines Verfahrens der externen Evaluation von Schulen beinhaltete eine klare Fokussierung auf „eine entwicklungsstützende Bewertung" der Schulen. Damit sind die anderen Ziele nicht ausgeschlossen, sie werden aber in der nachfolgenden Betrachtung dem Entwicklungsziel untergeordnet: „Ohne die Gewinnung von Erkenntnissen kann keine der anderen Funktionen erfüllt werden. Umgekehrt gilt aber ebenfalls, dass dann, wenn andere Funktionen im Vordergrund stehen, durch Evaluationen immer auch Erkenntnisse gewonnen werden. Die Festlegung auf eine prioritäre Funktion steuert die Herangehensweise und bestimmt das Design und die Durchführung der Evaluation" (Stockmann, 2007, S. 39). Die Unterordnung führt zu einer neuen Systematik der Ziele von Evaluation: Die mitzudenkenden Ziele, Erkenntnis, Legitimation und Kontrolle, werden als potentielle Funktionen zur Erreichung des übergeordneten Ziels der Qualitätsentwicklung verstanden und sind somit kein Selbstzweck.

Entscheidend für die Herangehensweise an Evaluation ist nun die Frage, mit welchem Entwicklungsmodus das übergeordnete Ziel erreicht werden soll. Abbildung 1 soll das Zusammenspiel der verschiedenen Ziele und Entwicklungsmodi verdeutlichen.

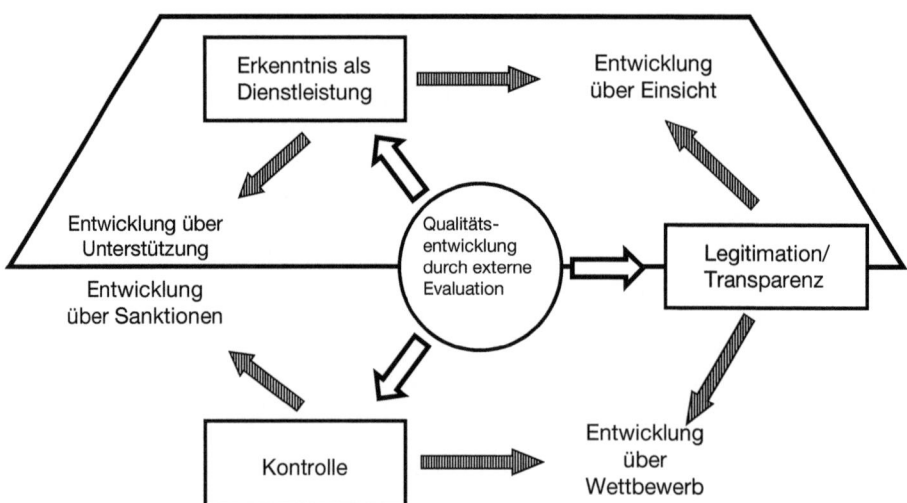

Abb. 1: Ziele und Entwicklungsmodi externer Evaluation

Das Anstreben der beiden Ziele, Kontrolle und Transparenz, fokussiert eine Entwicklung über Wettbewerb: Intendiert wird dabei in der Regel, dass die Ergebnisse der externen Evaluation veröffentlicht und gegebenenfalls in ein Ranking gebracht werden. Voraussetzung für einen solchen Entwicklungsmodus ist eine absolute Wahlfreiheit der Eltern, freier Zugang zu allen Schulen sowie vollständig eigenverantwortliche Schulen, die auf Schülerrückgang ebenso reagieren können wie auf hohe Anmeldezahlen. Entwicklung über Wettbewerb scheitert, wenn diese Rahmenbedingungen nicht gegeben sind.

Das Anstreben der beiden Ziele, Erkenntnis als Dienstleistung und Kontrolle, fokussiert die Entwicklung über Konsequenzen. Je nachdem welches Ziel stärker in den Mittelpunkt gerückt wird, strebt man im Fall der Erkenntnis als Dienstleistung eher eine Entwicklung über Unterstützung und im Fall der Kontrolle eher eine Entwicklung über negative oder positive Sanktionen an.

Das Sächsische Bildungsinstitut strebt die beiden Ziele, Erkenntnis als Dienstleistung und Legitimation, im Sinne der Transparenzherstellung an und fokussiert damit eine Entwicklung der Qualität über Einsicht. Diese Herangehensweise in Sachsen wird in Abbildung 1 durch das Trapez verdeutlicht. Das Verfahren der externen Evaluation wird als Unterstützung für die Schule verstanden, welche eigenverantwortliches Handeln der Schulleitungen und der schulischen Steuergruppen stärken soll. Der Ergebnisbericht wird nur innerhalb der Schulöffentlichkeit diskutiert, sorgt somit auf dieser Ebene für Transparenz. Eine weitere Veröffentlichung des Schulberichtes ist nicht vorgesehen. Die Schule entscheidet, wie sie mit dem Bericht umgeht und in welcher Form sie ihn veröffentlichen möchte. Damit der Bericht der externen Evaluation an allen Schulen Wirkung entfaltet, gibt die Schulleitung den Bericht an den zuständigen Schulreferenten der Schulaufsicht (in Sachsen die Sächsische Bildungsagentur). Auf der Basis des Berichtes sollen zwischen der Schulaufsicht und der Schule Ziele vereinbart werden, deren Erreichung die Schulleitung verantworten kann. Zur Umsetzung dieser Ziele steht den Schulen ein Unterstützungssystem zur Verfügung. Wesentlich ist, dass nach der Berichtsübergabe die Ebene der Erhebung des Ist-Zustandes verlassen wird und man sich auf die Ebene eines diskursiven Aushandlungsprozesses möglichst mit allen an Schule beteiligten Gruppen begibt. Der Diskurs richtet sich auf eine zukunftsorientierte Entwicklung (Was kann verbessert werden?) und nicht auf Rechtfertigung des Vergangenen (Was wurde falsch gemacht und wer ist dafür verantwortlich?).

Das gesamte Verfahren der externen Evaluation von der Gestaltung der Prozesse über die Gestaltung des Berichtes bis hin zum Auftreten der Evaluatoren ist also auf die Entwicklung über Einsicht ausgerichtet. Dies folgt der Erkenntnis, dass wirksame Veränderungen nur dann stattfinden, wenn die Ergebnisse angenommen werden und eine Veränderungsbereitschaft besteht. Im folgenden Abschnitt wird geschildert, welcher Kommunikationskultur es bedurfte, um die dafür notwendige Akzeptanz bei den Schulen für den Prozess der externen Evaluation zu gewinnen.

3.   Akzeptanzsicherung über den Dialog zwischen Wissenschaft und Praxis

Eine Entwicklung über Einsicht kann erreicht werden, wenn bei den zu treffenden Entscheidungen professionell gehandelt und Akzeptanz für das Verfahren erreicht wird. Ein Dialog zwischen Vertretern der Wissenschaft und Vertretern der Praxis ist die Voraussetzung eines akzeptierten, wirksamen und professionellen

Evaluationsverfahrens von Schule. Ein konstruktiver Dialog ist dabei zu verstehen als „die Kunst gemeinsam zu denken" (Isaacs, 2002). Während die Wissenschaftler die Systematik und Nachvollziehbarkeit, z.B. über theoretisch fundierte und sozialwissenschaftlich geprüfte Instrumente, einbringen, können die Lehrkräfte aus der Praxis die Realitätsnähe und die Umsetzbarkeit im Feld garantieren (vgl. Argyris, 1997). In Sachsen arbeiteten Sozialwissenschaftler und Schulpraktiker bei der Konzeption des Verfahrens eng zusammen und öffneten sich gegenseitig für die Perspektive des Anderen. Die dabei geleistete Übersetzung wissenschaftlicher Erkenntnisse zur Schulqualität in ein (im Sprachgebrauch der Schulleiter und Lehrer verständliches) Handlungswissen und die Überführung sozialwissenschaftlicher Erhebungsmethoden in ein anwendbares und nachvollziehbares Schulbesuchsverfahren erzeugte eine hohe Akzeptanz an den Schulen (siehe Punkt 3.1). Der Dialog zwischen Wissenschaft und Praxis hat eine neue Profession hervorgebracht – die Profession des Evaluators, der sich als Dienstleister bei der Vermittlung von wissenschaftlichen Erkenntnissen an die Praxis zum Zwecke der Schulentwicklung versteht. Zur Durchführung der Evaluation greift er auf speziell für dieses Feld erstellte Instrumente zurück, verfügt als Vermittler über ein spezialisiertes Wissen und ein eigenes Rollenbild.

Zur Veranschaulichung des Dialoges zwischen den wissenschaftlichen Mitarbeitern des Aufbaustabes und den Lehrkräften aus der Schulpraxis werden im Folgenden verschiedene Beispiele angeführt, die sich auf die Durchführung der Evaluation, die Art der Erhebung während der Evaluation und die Auswertung der Evaluationsergebnisse beziehen.

3.1 Die Durchführung am Beispiel des Handbuches zur externen Evaluation

Zur Durchführung des Schulbesuchsverfahrens ist nach der ersten Erprobungsphase ein 78 Seiten umfassendes Handbuch entstanden, in dem 33 Verfahrensprozesse detailliert beschrieben werden. Das Handbuch beginnt bei der Stichprobenziehung der Schulen, umfasst auch alle Verwaltungsabläufe, wie z.B. den Druck der Materialien, und endet mit der Archivierung der Schulordner. Der Kern des Handbuches ist dem eigentlichen Verfahren der externen Evaluation gewidmet. Es wird beispielsweise beschrieben, wie die Unterrichtstunden ausgewählt werden oder wie die Durchführungsbedingungen der Schülerbefragung gestaltet sein müssen. Die Beschreibung des Verfahrens war ein wichtiger Schritt zur Standardisierung des Verfahrens und zur Herstellung eines handlungssicheren Rollenbildes des Evaluators. Die normative Grundlage des Rollenbildes ist in gemeinsam erarbeiteten Leitsätzen verankert, die während mehrerer Diskussionen zwischen den Schulpraktikern und den wissenschaftlichen Mitarbeitern entstanden sind. Jede im Handbuch getroffene Entscheidung zum Verfahren sollte dieser normativ wirkenden Vision gerecht werden und wurde an ihr geprüft. Die dadurch entstandene Handlungssicherheit hat die Professionalität der Evaluatoren gestützt. Das Handbuch entstand nach der ersten Erprobung des Verfahrens an neun Schulen. Die einzelnen Schritte des Gesamtverfahrens wurden in einer Arbeitsgruppe, bestehend aus einem wissenschaftlichen Referenten und den in der Praxis tätigen Evaluatoren, analysiert und in Prozessbeschreibungen festgehalten. Das Handbuch hat die Funktion eines Qualitätsmanagements und dient der Angleichung und Standardsicherung der Prozesse. Eine Prozessbeschreibung beinhaltet neben dem Ziel, dem Geltungsbereich, dem Beginn und dem Ende des Prozesses sowie einer Prozessbewertung eine verbindliche Regelung zum Ablauf. Dies war notwendig, da die Schulbesuche von mehreren für jeweils ein Jahr feststehenden Teams durchgeführt werden und dabei eine Unterschiedlichkeit in Teamroutinen und möglichen Teamkulturen entstehen könnte, die der Systematik und Objektivität des Verfahrens entgegenwirken könnte. Die Regelungen in den Prozessbeschreibungen enthalten diejenigen Vorgaben im Ablauf, die für die Einheitlichkeit, Datenqualität und die Akzeptanz unbedingt notwendig sind. Daneben sollte Flexibilität und Gestaltungsspielraum für das Handeln der Evaluatoren ermöglicht werden, da ein zu statisches Verfahren der Unterschiedlichkeit der Schulen nicht gerecht werden kann und so die Akzeptanz im Feld verloren gehen könnte. Zur Handhabbarkeit der insgesamt 57 Dokumente und Instrumente (z.B. Protokolle, Gesprächsleitfäden, eingesetzte Fragebögen, Bewertungsbögen), die zu mehreren Zeitpunkten im Verfahren verwendet werden, wurden diese den jeweiligen Prozessen im Handbuch als Anlagen zugewiesen. Das Handbuch enthält damit das vollständige Instrumentarium und die Beschreibung der Abläufe basierend auf der Philosophie des Verfahrens. Aus Systematik, Nachvollziehbarkeit, sozialwissenschaftlichen Standards und Realitätsnähe ist damit ein Produkt entstanden, dass die Profession und die Professionalität des Evaluators unterstützt, Argumentationssicherheit im Arbeitsfeld herstellt und damit die Akzeptanz bei den Schulen befördert.

In der zweiten Erprobungsrunde wurde an 49 Schulen ein umfangreiches Feedback eingeholt. Ausgewertet wurden Feedbackbögen, die die verschiedenen Vertreter der Schule (Schüler, Eltern, Lehrer, insbesondere die Kontaktgruppe) nach den Gesprächen bzw. nach dem Lesen des Berichtes beantwortet haben. Grundsätzlich lässt sich feststellen, dass ein wesentliches Ziel, nämlich die Sicherung der Akzeptanz für das Verfahren bei den beteiligten Schulen, erreicht worden ist. Exemplarisch sei hierzu das Feedback der Kontaktgruppen angeführt. Die Kontaktgruppen wurden unter anderem zu jedem einzelnen Verfahrensschritt befragt, wie angemessen er empfunden wurde. Zudem wurde das Auftreten der Evaluatoren erfragt. Hierzu wurde eine Skala (N = 3, α = 0,70) verwendet, in die die eingeschätzte Freundlichkeit, die wertschätzende Haltung und die fachliche Kompetenz der Evaluatoren einging. Wie der Tabelle 1 zu entnehmen ist, sind durchgehend sehr hohe Akzeptanzwerte erreicht worden.

Tabelle 1: Angemessenheit der verschiedenen Verfahrensschritte der externen Evaluation und Auftreten der Evaluatoren

Verfahrensschritt	M	SD	Min	Max
Kontaktgespräch	4,71	0,27	4,00	5,00
Auftaktgespräch	4,67	0,28	4,00	5,00
Unterrichtsbeobachtungen	4,62	0,26	4,00	5,00
schriftliche Befragungen	4,26	0,34	3,40	5,00
Feedbackgespräch	4,66	0,24	4,00	5,00
Schulrundgang	4,86	0,25	4,00	5,00
Schulleiterinterview	4,74	0,43	3,33	5,00
Auftreten der Evaluatoren	4,90	0,15	4,28	5,00

Antwortskala von stimmt gar nicht (1) bis stimmt ganz genau (5),
M = Mittelwert, SD = Standardabweichung, Min = Minimum, Max = Maximum, Werte basieren auf Schulwerten, N = 49

3.2 Die Erhebung am Beispiel der Unterrichtsbeobachtung

Aus dem Bereich der Erhebungen soll das Beispiel der Unterrichtsbeobachtung den Dialog zwischen Wissenschaft und Praxis veranschaulichen. Grundlage für die Unterrichtsbeobachtung stellt ein theoretisch fundiertes Modell guten Unterrichts dar, das eine systematisch nachvollziehbare Aufarbeitung der Forschungsliteratur und Herleitung relevanter Lehraspekte beinhaltet (vgl. Koch, 2004). Hierbei wurden auch Überblicksarbeiten empirischer Forschungsergebnisse zur Unterrichtsqualität berücksichtigt (z.B. Ditton, 2000, 2002; Dubs, 1995; Helmke, 2003; Helmke & Weinert, 1997; Slavin, 1996, 2000). Der Vorteil einer theoriebezogenen Herleitung besteht darin, dass zum einen die Fragen, warum und welche Lehraspekte wirksam sind, beantwortet werden können. Zum anderen können die Zielkriterien von Unterricht integriert werden. Bevor man sich die Frage stellt, was guter Unterricht ist, muss zunächst das Ziel von Unterricht bestimmt werden, da die Gestaltung des Unterrichts vom Ziel abhängig ist. Im Schulgesetz für den Freistaat Sachsen (§1, SchulG) ist als ein wesentliches Ziel definiert, dass die Schüler bis zum Ende der Schullaufbahn in der Lage sein sollen, kompetent selbstbestimmt zu lernen und zu arbeiten. Zum kompetenten selbstbestimmten Lernen und Arbeiten gehört zum einen intelligentes und anwendungsorientiertes Wissen und zum anderen die prozessbezogene Komponente selbstbestimmt zu lernen und zu arbeiten. Zur theoriebezogenen Herleitung wurden die grundlegenden kognitionspsychologischen Gedächtnisspeicher- sowie Repräsentationsmodelle (propositionale Netzwerke, Schemata, Mentale Modelle, vgl. im Überblick Anderson, 2001; van der Meer, 1996; Wessels, 1990) betrachtet und didaktische Konsequenzen aus den Annahmen und empirischen Überprüfungen zum Wissenserwerb gezogen. Zudem wurden die beiden zentralen Richtungen der kognitiven Instruktionspsychologie, nämlich der systemvermittelnde Ansatz (Ausubel, 1968) und das entdeckenlassende Lehren (Bruner, 1966) herangezogen und relevante Lehrdimensionen herausgearbeitet, wobei sich wiederum auf deren Wirksamkeitsprüfungen gestützt wurde. Die bisher genannten Ansätze sind vor allem auf die Vermittlung bzw. den Erwerb von inhaltlichem Fachwissen ausgerichtet. Die prozessbezogene Komponente des selbstgesteuerten bzw. selbstbestimmten Lernens wird in konstruktivismusbezogenen Lehrkonzeptionen (Gerstenmaier & Mandl, 1995) und in einem zentralen Ansatz von Prenzel (1997; Prenzel, Kramer & Drechsel, 2001) thematisiert. Diese Ansätze fokussieren die direkte und indirekte Unterstützung der Ausbildung selbstgesteuerten Lernens bzw. die Förderung einer intrinsischen Motivation. Bei den hergeleiteten Lehraspekten handelt es sich um wissenschaftlich begründete Standards von Lehrerverhalten auf der Ebene von Unterrichtselementen, die bestimmte Funktionen erfüllen sollen. Es handelt sich um Qualitätsstandards, die unbedingt und fraglos gelten, d.h. unabhängig von der Unterrichtsform (z.B. fragenentwickelnder Unterricht vs. offener Unterricht) und dem zugrundeliegenden Fach. Das im Folgenden näher zu erläuternde Unterrichtsmodell ist in Abbildung 2 veranschaulicht.

Zum Aufbau eines intelligenten und anwendungsorientierten Wissens gehört selbstverständlich auch die Auswahl relevanten Fachwissens und die Ermöglichung von Erfahrungen, z.B. Praktika und Schullandaufenthalte. Die Auswahl der Inhalte kann von den Evaluatoren nicht bewertet werden, da jeder Evaluator auch fachfremden Unterricht beobachten muss. Ebenfalls nicht beobachtet wird die Vermittlung von Lern- und Methodenstrategien, die eine notwendige Komponente des selbstbestimmten Lernens und Arbeitens darstellen, da dies nicht in jeder Stunde zu beobachten ist. Das, was beobachtet werden kann, sind die Indikatoren und Kriterien, die als Mittel zu ver-

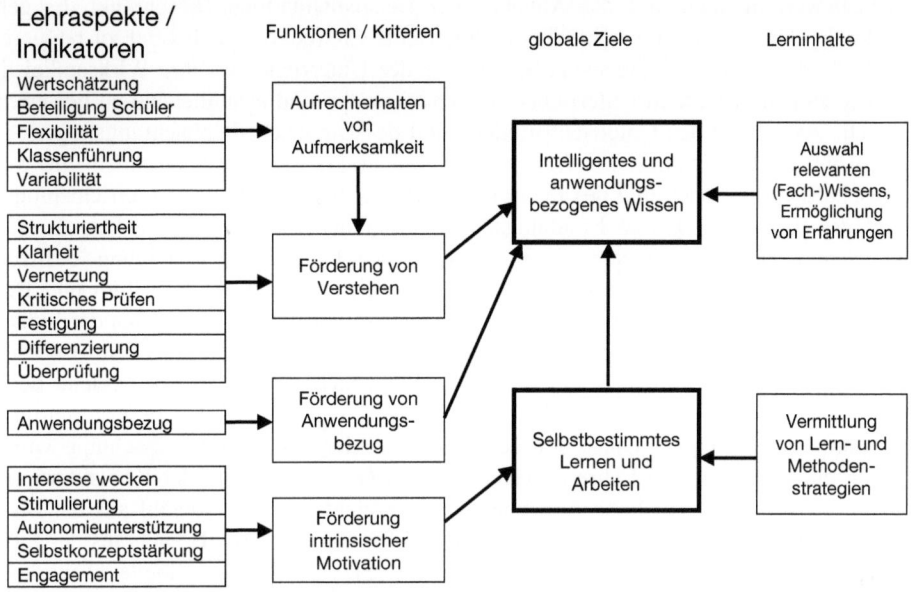

Abb. 2: Ziel-Mittel-Modell guten Unterrichts

stehen sind, die genannten Ziele von Unterricht zu erreichen. Es wird die Struktur von Unterricht beobachtet, die mit den vier Kriterien Aufrechterhalten von Aufmerksamkeit, Förderung von Verstehen, Förderung von Anwendungsbezug und Förderung intrinsischer Motivation abgebildet wird: Für das Gelingen von Lernprozessen müssen bestimmte Voraussetzungen gegeben sein, die es den Schülern ermöglichen, intelligentes Wissen zu erwerben. Eine positive Beeinflussung der Aufmerksamkeit ist eine grundsätzliche Bedingung für erfolgreiches Lernen. Im Unterricht müssen Lernarrangements so gestaltet werden, dass sie Verstehensprozesse bei den Schülern fördern. Für flexibel nutzbares Wissen ist neben dem Verstehen der Anwendungsbezug des Lernstoffes relevant, so dass das Wissen nachhaltiger und das reale Leben begreifbarer werden. Für die Ausbildung von selbstbestimmtem Lernen und Arbeiten ist schließlich eine Förderung intrinsischer Lernmotivation anzustreben.

Die Kriterien für den Unterricht sind mit einer unterschiedlichen Anzahl von Indikatoren abgebildet, die sich als Gelingensbedingungen für die einzelnen Kriterien verstehen. Zur Messbarmachung dieser Indikatoren wurde ein Beobachtungsbogen entwickelt, der auf hochinferenten Beobachtungen (Clausen, Reusser & Klieme, 2003) basiert und der es erlaubt, aus Expertensicht die Qualität von Unterricht zu bewerten. Die Indikatoren sind im Unterrichtsbeobachtungsbogen jeweils mit Beispielsituationen unterlegt, die einzelne Lehr- und Lernaspekte im Unterricht beschreiben. Sie dienen in der Unterrichtsbeobachtung unterstützend dazu, den Indikator immer mit Blick auf das jeweilige Unterrichtskriterium bewerten zu können. Die Untersetzungen sind Orientierungen dafür, mit welchen didaktisch-methodischen Mitteln diese Kriterien erfüllt werden können. Dabei gibt es unterschiedliche Wege, ans Ziel zu kommen. Es werden demnach keine bestimmten Unterrichtsformen und -methoden favorisiert. Die Bewertung der einzelnen Kriterien erfolgt immer im Kontext der gesamten Unterrichtseinheit (Einzel-, Blockstunde). Aus dieser Gesamtwahrnehmung heraus erschließen sich die Einzelurteile auf Indikatorenebene, so dass sich die Unterrichtsbewertung nicht auf das Abhaken der Beispielsituationen beschränkt. Es geht vielmehr darum, auf unterschiedliche Unterrichts-Choreografien flexibel zu reagieren und alle didaktisch-methodischen Situationen des Unterrichts auf ihre Wirksamkeit in Bezug zu den genannten Unterrichtskriterien zu prüfen und anschließend zu bewerten.

Die Akzeptanz des Unterrichtsmodells und des Unterrichtsbeobachtungsbogens ist auch hier in dem Dialog von Wissenschaft und Praxis begründet. Nachdem die wissenschaftliche Entwicklung des Instrumentes erfolgt war, wurde das Unterrichtsmodell und der davon abgeleitete Erhebungsbogen mit einer Gruppe von Evaluatoren, die gleichzeitig hohe Kompetenzen im Bereich der Unterrichtsentwicklung besitzen, diskutiert. Während die Grundstruktur erhalten blieb, wurden an Begriffen und Beispielsituationen Änderungen vorgenommen. Zudem wurde die Reihenfolge der Indikatoren in Übereinstimmung mit zentralen didaktischen Modellen gebracht. Im Ergebnis liegt ein Unterrichtsmodell und ein Unterrichtbeobachtungsbogen vor, welche beide von Lehrkräften akzeptiert werden und zugleich wissenschaftlichen Kriterien und Erkenntnissen genügen. Die Frage der Akzeptanz der Unterrichtsbeobachtung wurde durch ein Feedback von Lehrern (Teilnehmer an Gesprächen und der Kontaktgruppe) geprüft. Auch hier sind hohe Akzeptanzwerte erreicht worden. Sowohl aus der Sicht von befragten Lehrern (N = 49 Schulen, M = 3,99, SD = 0,49), als auch aus der Sicht der Kontaktgruppe (N = 49 Schulen, M = 4,62, SD = 0,26; vgl. Tabelle 1) wird die Unterrichtsbeobachtung als angemessen betrachtet. Die etwas höhere Bewertung durch die Kontaktgruppe, die zum großen Teil ebenfalls aus Lehrern besteht, könnte mit dem höheren Informationsgrad dieser Gruppe erklärt werden.

3.3 Die Auswertung der Ergebnisse der Evaluation

Der Dialog zwischen Wissenschaft und Praxis bei der Auswertung wird anhand der Berichtslegung anschaulich. Die Überführung der erhobenen Informationen in einen Bericht zur Bewertung der Schule stellt die stärkste Übersetzungsleistung zwischen Theorie und Praxis dar. Denn es muss gewährleistet sein, dass aus der Messung von Schulqualität über ein Evaluationsverfahren handlungsrelevantes Wissen für die Schule hervorgeht, da ansonsten der Bericht für die evaluierten Schulen wertlos wäre. Das Mosaik der mit verschiedenen Methoden erhobenen Indikatoren muss für die Schulen ein verständliches Abbild der vorgefundenen Schulqualität ergeben. Neben der Unterrichtsbeobachtung, bei der 18 Indikatoren bewertet werden, werden 14 Indikatoren aus der Inhaltsanalyse von Dokumenten (Schulprogramm und Fortbildungskonzept) abgebildet, weitere acht Indikatoren aus der Bewertung des Schulleitungsinterviews und je nach Schulform bis zu fünf Indikatoren aus statistischen Indizes. Eine Vielzahl der Bewertungen, beim Gymnasium z.B. 78 Indikatoren, beruht daneben auf der Grundlage von Befragungen der Schüler, Eltern und Lehrer mit standardisierten Fragebogen. Für die Befragungen werden sozialwissenschaftliche Skalen genutzt. Die Fragebogenskalen wurden aus wissenschaftlichen Untersuchungen übernommen, teilweise adaptiert oder selbst konzipiert. Bei der Übernahme aus anderen Untersuchungen wurde neben der inhaltlichen Validität auf eine hohe Reliabilität geachtet. Sämtliche Skalen wurden in der Erprobungsphase getestet. Skalen, die sich nicht bewährt haben, wurden optimiert. Bei dem aufgezeigten Umfang an Daten und Informationen ist es eine große Herausforderung, handlungsrelevantes Wissen für die Schule bereitzustellen. Ziel des Berichtes ist es, eine konkrete Beschreibung und Bewertung der an der Schule vorgefundenen Prozesse und Ergebnisse schulischer

Qualität zu liefern. Eine Bewertung der Prozesse und Ergebnisse ist aus der Perspektive der Entwicklung über Einsicht notwendig, da nur die Benennung von Standpunkten zu Einsicht und Veränderungswillen führt. In der Auseinandersetzung mit Praktikern wurde deutlich, dass ein deskriptiv-beschreibender Bericht mit einer Vielzahl von statistischen Aufbereitungen zu komplex wäre, um Veränderungen an Schulen stimulieren zu können. Ergebnisse aus sozialwissenschaftlichen Erhebungsverfahren bedürfen immer einer Interpretation. Mittelwerte liefern keine Antwort auf die Frage, wie gut an der eigenen Schule gearbeitet wird. Eine Interpretation der Daten durch das Aussprechen eines Qualitätsurteils erzeugt schließlich Handlungsmotivation für die Bereiche, in denen Schwächen festgestellt wurden.

Die Übersetzung der Evaluationsergebnisse in handlungsrelevantes Wissen erfolgte schrittweise. Eine wichtige Prämisse bei der Gestaltung des Berichtes war, dass er aus sich selbst heraus lesbar sein muss, ohne dass auf weitere Dokumente zurückgegriffen werden sollte. Daher ist der Bericht so aufgebaut, dass er die Kriterienbeschreibung jeweils als Einstieg für die abzubildenden Indikatoren wählt. Auch die Indikatoren werden im Bericht verbal umschrieben; sie beinhalten zusammenfassend das, was gemessen wurde. Es handelt sich bis auf die statistischen Indizes um die Beschreibung der Erhebungsskalen, welche inhaltlich die maximale Anforderung des Indikators abbilden. Die Ausformulierung der Indikatoren stellt insofern eine konkretisierte inhaltliche Setzung von Schulqualität dar. Des Weiteren werden im Bericht die Gespräche wiedergegeben, die mit Eltern, Schülern und Lehrern geführt worden sind. In den Gesprächen werden die individuellen Stärken und Schwächen der Schule aus Sicht der Beteiligten in offener Form erfragt. Sie eröffnen Veränderungsperspektiven. Diese Form der Erhebung von Schulqualität – die Befragung Beteiligter in Gesprächen – bildet eine Schnittstelle zum Bereich der schulischen Selbstevaluation. Es wird für die Unterstützung der Schulentwicklung als förderlich angesehen, wenn auch durch die externe Evaluation solche Ansatzpunkte für die weitere Qualitätsarbeit geliefert werden. Da in den Gesprächen jeweils maximal acht Vertreter der jeweiligen Gruppe zu Wort kommen, werden die Aussagen nur wiedergegeben und nicht bewertet. Für die anderen standardisiert im Schulbesuchsverfahren erhobenen Indikatoren aus den Befragungen, dem Interview, den Unterrichtsbeobachtungen und der Dokumentenanalyse ist die Einordnung der Ergebniswerte in eine Qualitätsskala – die Bildung eines Qualitätsurteils – der nächste Schritt. Das Urteil basiert auf einer rechnerischen Überführung der Werte. Die Mittelwerte, welche bei den Befragungen aus den Einschätzungen der Schüler, Eltern und Lehrer oder bei den Unterrichtsbeobachtungen aus ca. 30 Beobachtungen entstehen, können aufgrund der vorgegebenen Einschätzungsskala in einem Bereich von „1,00" bis „5,00" liegen. Für die Überführung in die Qualitätsskala wird der Mittelwertbereich von „1,00" bis „5,00" in fünf gleiche Abschnitte geteilt, die ein gestuftes Qualitätsurteil ermöglichen (s. Tabelle 2). Das Qualitätsurteil von „niedrig" bis „hoch" und die zugehörige Qualitätsskala von „1" bis „5" werden mit einem Symbol und einer Farbe versehen, so dass ein verbales, farbliches und symbolisches Signal für die Aufmerksamkeit und Orientierung im Bericht gegeben ist. Eine Interpretationshilfe für den Handlungsbedarf soll schließlich die Einordnung der Ergebnisse unterstützen.

Tabelle 2: Qualitätsurteile und Handlungsbedarf

Mittelwert-bereich	Qualitäts-skala	Qualitäts-urteil	Symbol und Farbe	Handlungsbedarf
1,00 – 1,79	1	niedrig	- - (rot)	Es sollten dringend Maßnahmen eingeleitet werden, die zu einer Verbesserung führen.
1,80 – 2,59	2	eher niedrig	- (orange)	Es sollten Maßnahmen eingeleitet werden, die zu einer Verbesserung führen.
2,60 – 3,39	3	mittel	O (gelb)	Sofern keine dringlicheren Entwicklungsschwerpunkte vorliegen, sollte die Schule versuchen, sich hier über Maßnahmen zu verbessern.
3,40 – 4,19	4	eher hoch	+ (hellgrün)	Es sind noch Verbesserungen auf hohem Niveau möglich. Sofern keine dringlicheren Entwicklungsschwerpunkte vorliegen, sollte die Schule dies versuchen.
4,20 – 5,00	5	hoch	+ + (dunkelgrün)	Hier sollte es nun darum gehen, die Qualität auf einem solch hohen Niveau zu halten.

Die Überführung in eine Qualitätsskala ermöglicht es, in einem weiteren Schritt die Einzelindikatoren mit dazugehörigen Einzelurteilen durch Mittelwertbildung der Urteile rechnerisch zu einem Gesamturteil zum Kriterium und schließlich zum Gesamturteil zum Qualitätsmerkmal zu verdichten. Bei der Zuordnung dieser Mittelwerte zu Urteilen wird den gängigen Rundungsregeln gefolgt. Auch wenn die Informationen auf unterschiedlichem Datenniveau vorliegen, kann diese Verdichtung auf Grund der Einstufung in eine einheitliche Qualitätsskala erfolgen. Liegen Kennwerte oder Quoten, wie beispielsweise bei der Abschlussquote, vor, werden diese durch im Bericht ausgewiesene Zuordnungsregeln in Qualitätsurteile überführt, die eine Setzung von Grenzen beinhalten.

Der Bericht ist somit ein auf sozialwissenschaftlicher Grundlage und Methodik erstelltes Gutachten. Nicht das Evaluatorenteam legt ein Urteil für jeden Indikator fest, indem es Einzelergebnisse und subjektive Eindrücke gegeneinander abwägt. Vielmehr führt ein Algorithmus die Ergebnisse systematisch und nachvollziehbar zusammen; jedes Einzelergebnis bleibt sichtbar.

Tabelle 3: Verständlichkeit und Nutzen des Berichtes

	Lehrer		Eltern		Schüler	
	M	SD	M	SD	M	SD
Verständlichkeit	4,33	0,50	4,25	0,52	4,17	0,69
Nutzen	4,42	0,52	4,38	0,59	4,16	0,72

Antwortskala von stimmt gar nicht (1) bis stimmt ganz genau (5), M = Mittelwert, SD = Standardabweichung, Min = Minimum, Max = Maximum, Werte basieren auf Schulwerten, N = 44

Zur Bewertung des Berichtes liegen Ergebnisse zur Befragung von 44 Schulen vor. Unter anderem wurde nach der Verständlichkeit und nach dem Nutzen für die weitere Schulentwicklung gefragt. Hinsichtlich der Verständlichkeit wurde gefragt, ob der Bericht klar und verständlich, gut strukturiert sei und einen angemessenen Umfang habe (N = 3, α = 0,64). Zum Nutzen für die weitere Schulentwicklung sollte eingeschätzt werden, ob der Bericht hilfreich für die weitere Schulentwicklung sei, Entwicklungsschwerpunkte aufzeige sowie Ansatzpunkte und Orientierung für die weitere Schulentwicklung liefere (N = 4, α = 0,87). Wie der Tabelle 3 zu entnehmen ist, wurde die Verständlichkeit und der Nutzen für die weitere Schulentwicklung von allen Personengruppen sehr positiv eingeschätzt.

4. Ausblick

Bei der Konzeption des Verfahrens der externen Evaluation in Sachsen wurde versucht, die Wissenschaftlichkeit mit Praxisnähe und Praxisrelevanz zu verbinden. Das Verfahren hat bisher eine gute Akzeptanz erfahren. Erste Hinweise zur Wirksamkeit ergeben sich aus den in Abschnitt 3.3 genannten Rückmeldungen, die sich auf den erwartbaren Nutzen des Verfahrens für die Schulentwicklung beziehen. Die Wirksamkeit des Verfahrens kann nicht losgelöst von dem wichtigen Prozess der Zielvereinbarung zwischen Schule und Schulaufsicht gesehen werden, da entscheidend ist, wie an Schulen mit dem Bericht umgegangen und gearbeitet wird. Die Fragen, wie z.B. mit den Berichten über einen längeren Zeitraum verfahren wird, ob bestehende Unterstützungen (Fachberater, Prozessmoderatoren, Trainer für Unterrichtsentwicklung etc.) ausreichen und ob der Bericht auch rückblickend für die Schulentwicklung hilfreich ist, können erst in der Zukunft beantwortet werden. Zur fortschreitenden Begleitung des Verfahrens sollen dazu weitere Befragungen von Schulleitungen zur Nutzung des Berichtes für Zielvereinbarungen durchgeführt werden. Daneben wird eine externe Evaluation des Verfahrens angestrebt, um Erkenntnisse zur Wirksamkeit des Verfahrens für die Schulentwicklung zu gewinnen.

Literatur

Anderson, J.R. (2001). *Kognitive Psychologie.* Heidelberg: Spectrum der Wissenschaft.

Argyris, Ch. (1997). *Wissen in Aktion.* Stuttgart: Klett-Cotta.

Ausubel, D.P. (1968). *Educational psychology: A cognitive view.* New York: Holt, Rinehardt & Winston.

Brügelmann, H. (2007). Scharfe Brillen, wache Augen und ein einfühlsamer Blick. *Pädagogik, 59* (3), 36–41.

Bruner, J.S. (1966). *Toward a theory of instruction.* Cambridge: Harvard University Press.

Clausen, M., Reusser, K. & Klieme, E. (2003). Unterrichtsqualität auf der Basis hochinferenter Unterrichtsbeurteilungen: Ein Vergleich zwischen Deutschland und der deutschsprachigen Schweiz. *Unterrichtswissenschaft, 31* (2), 122–141.

Ditton, H. (2000). Qualitätskontrolle und Qualitätssicherung in Schule und Unterricht. Ein Überblick zum Stand der empirischen Forschung. *Zeitschrift für Pädagogik, 41* (Beiheft), 73–92.

Ditton, H. (2002). Unterrichtsqualität – Konzeptionen, methodische Überlegungen und Perspektiven. *Unterrichtswissenschaft, 30*, 197–212.

Dubs, R. (1995). *Lehrerverhalten.* Zürich: Verlag des Schweizerischen Kaufmännischen Verbandes.

Gerstenmaier, J. & Mandl, H. (1995). Wissenserwerb unter konstruktivistischer Perspektive. *Zeitschrift für Pädagogik, 41,* 867–888.

Helmke, A. (2003). *Unterrichtsqualität. Erfassen, Bewerten, Verbessern.* Seelze: Kallmeyer.

Helmke, A. & Weinert, F.E. (1997). Bedingungsfaktoren schulischer Leistungen. In: F.E. Weinert (Hrsg.): *Psychologie des Unterrichts und der Schule* (S. 71–176). Göttingen: Hogrefe.

Isaacs, W. (2002). *Dialog als Kunst gemeinsam zu denken. Die neue Kommunikationskultur in Organisationen.* Bergisch Gladbach: EHP.

Koch, E. (2004). *Gute Hochschullehre: Theoriebezogene Herleitung und empirische Erfassung relevanter Lehraspekte.* Hamburg: Kovač.

Oelkers, J. (2006). *Eine pragmatische Sicht auf „Schulentwicklung".* Vortrag auf der Tagung „Theorie(n) der Schulentwicklung" am 14. Februar 2007 in der Sportschule Köln. Verfügbar unter http://www.paed.unizh.ch/ap/downloads/oelkers/Vortraege/255_KoelnSchulentwicklung.pdf.

Prenzel, M. (1997). Sechs Möglichkeiten, Lernende zu demotivieren. In: H. Gruber & A. Renkl (Hrsg.): *Wege zum Können* (S. 32–44). Bern: Huber.

Prenzel, M., Kramer, K. & Drechsel, B. (2001). Selbstbestimmt motiviertes und interessiertes Lernen in der kaufmännischen Erstausbildung – Ergebnisse eines Forschungsprojekts. In: K. Beck & V. Krumm (Hrsg.): *Lehren und Lernen in der beruflichen Erstausbildung* (S. 37–61). Opladen: Leske + Budrich.

Slavin, R.E. (1996). *Education for all.* Lisse: Swets & Zeitlinger.

Slavin, R.E. (2000). *A model of effective instruction.* Verfügbar unter http://www.successforall.net/resource/research/modeleffect.htm.

Stockmann, R. (2007). Einführung in die Evaluation. In: R. Stockmann (Hrsg.): *Handbuch zur Evaluation* (S. 24–71). Münster u.a.: Waxmann.

Van der Meer, E. (1996). Gesetzmäßigkeiten und Steuerungsmöglichkeiten des Wissenserwerbs. In: D. Albert & K.-H. Stapf (Hrsg.): *Gedächtnis* (Enzyklopädie der Psychologie: Themenbereich C, Theorie u. Forschung: Ser. 2, Kognition; Bd. 4, S. 209-248). Göttingen: Hogrefe.

Wessells, M.G. (1990). *Kognitive Psychologie.* München: E. Reinhardt.

Franz Huber

Konsequenzen aus der externen Evaluation an Bayerns Schulen

Auswertung einer Befragung von Schulleiterinnen und Schulleitern zu den Entwicklungen an ihren Schulen

1. Ziel der Befragung

Die Veröffentlichung der PISA-Ergebnisse im Jahr 2001 hat vielerorts dazu angestoßen, über Maßnahmen der Qualitätssicherung im Bildungswesen nachzudenken. Im Zuge dieser Überlegungen wurde in Bayern wie in vielen anderen Bundesländern die externe Evaluation von Schulen eingeführt. In einer zweijährigen Pilotphase sollten zunächst Instrumente und Verfahren entwickelt und erprobt werden, bevor sie im Schuljahr 2005/06 allgemein und für alle Schulen verbindlich eingerichtet wurden.[1]

Nach drei Jahren wurde im Sommer 2006 zum ersten Mal der Versuch unternommen, zu prüfen, ob sich die mit der externen Evaluation verbundenen Erwartungen auch erfüllen und die Qualitätsentwicklung an den Schulen dadurch neue Impulse erhält. Deshalb wurden die Leiterinnen und Leiter all jener bayerischen Schulen, die in der Pilotphase zunächst freiwillig, danach auch verpflichtend an einer externen Evaluation teilgenommen haben, danach befragt, wie die Ergebnisse der Evaluation an den Schulen aufgegriffen und in Zielvereinbarungen und Maßnahmen umgesetzt wurden und wie die Schulleiterinnen und Schulleiter den Evaluationsprozess selbst und die sich daran anschließenden Maßnahmen insgesamt beurteilen.

2. Durchführung und Rücklauf

Die Schulleiterinnen und Schulleiter waren zur Teilnahme an der Befragung verpflichtet. Der Fragebogen wurde ihnen Mitte Juli zugesandt, als Rücklauftermin war der 04. August 2006 festgelegt.

Von den 320 angeschriebenen Schulen erhielt die Qualitätsagentur 317 Fragebogen zurück. Sechs Fragebogen waren nicht auswertbar. Die verbleibenden 311 Fragebogen entsprechen einer Ausschöpfungsquote von 97% der in Frage kommenden Schulen.

Zwar waren unter den befragten Schulen die Schularten unterschiedlich stark vertreten; da aber keine Unterschiede zwischen den Schularten festgestellt werden konnten, spielt dies für die weitere Analyse keine Rolle.

---

1 Über Konzept und Verfahren der externen Evaluation vgl.: Staatsinstitut für Schulqualität und Bildungsforschung, 2005.

3. Ergebnisse der Befragung

3.1 Information der Schulfamilie über die Ergebnisse der externen Evaluation

In einem ersten Fragenkomplex wurden die Schulleiterinnen und Schulleiter gebeten, anzugeben, welche Mitglieder der Schulfamilie auf welche Weise über die Ergebnisse der externen Evaluation informiert worden sind.[2]

Für die Antworten standen einige vorgegebene Alternativen zur Auswahl, die nur angekreuzt werden mussten, die Befragten konnten aber auch offene Antworten formulieren. In der Zusammenschau ergeben die Antworten folgendes Bild:

An ca. 80% der befragten 311 Schulen wurden die Ergebnisse der externen Evaluation im Rahmen einer Lehrerkonferenz vorgestellt und diskutiert. An 40% der Schulen gab es eine Informationsveranstaltung, an der nicht nur die Lehrer, sondern auch Eltern und Schüler teilgenommen haben. An weiterer knapp 40% der Schulen wurden eigene Versammlungen für Eltern und Schüler durchgeführt. Ansprechpartner in der Gruppe der Eltern waren Elternbeiräte, Klassenelternsprecher, manchmal sogar alle Eltern, sofern sie der Einladung zu einem Austausch gefolgt sind (ca. 13%). Bei den Schülern wurden entweder die Schülervertreter, also Schulsprecher, Klassensprecher oder andere Mitglieder der Schülermitverantwortung, in manchen Fällen sogar alle Schüler im Rahmen von Schülervollversammlungen oder aber von Diskussionen in den Klassen über die Ergebnisse informiert. Eine wichtige Quelle für Informationen scheint auch der Aushang der Ergebnisse im Lehrerzimmer (38%) gewesen zu sein. Demgegenüber haben ein öffentlicher Aushang im Schulgebäude bzw. eine Veröffentlichung im Intranet oder auf der Homepage oder Ergebnisberichte in speziellen Rundschreiben oder im Jahresbericht nur eine nachrangige Bedeutung. Auch das Schulforum oder der Berufsschulbeirat haben sich gelegentlich mit den Ergebnissen der Evaluation beschäftigt (6.1%).

Alles in Allem deuten die Ergebnisse darauf hin, dass man nicht nur die verschiedenen Interessensgremien (Personalrat, Eltern- und Schülervertreter) über die Ergebnisse informiert hat, sondern versucht hat, alle Interessierten insbesondere unter den Lehrern, Eltern und Schülern einzubeziehen.

3.2 Zeitdauer, die seit der externen Evaluation bisher vergangen ist

Die externe Evaluation an den befragten Schulen liegt nach Angabe der Schulleiterinnen und Schulleiter zwischen 0 und 30 Monaten zurück.

Hinter den Schulen der ersten beiden Antwortkategorien (bis zwei Monate und drei bis zehn Monate) verbergen sich in etwa diejenigen, die im Schuljahr 2005/06 evaluiert worden sind. Unter den beiden folgenden Antworten finden sich jene der Pilotphase aus den Schuljahren 2003/04 und 2004/05.

---

2 Das Konzept der externen Evaluation in Bayern sieht vor, dass die Mitglieder der Schulfamilie über die Ergebnisse der Evaluation an der Schule informiert werden (vgl. Staatsinstitut für Schulqualität und Bildungsforschung, 2005, S. 30).

Tab. 1: Zeitraum seit Abschluss der externen Evaluation

Zeitraum seit Abschluss der externen Evaluation	Anzahl Schulen	Anteil in %	gültige[1] %
bis 2 Monate	41	13.2	14.3
3 bis 10	175	56.3	61.0
11 bis 20	50	16.1	17.4
20 bis 30	21	6.8	7.3
keine Angabe[2]	24	7.7	
Σ	311	100	100

1 Die Grundgesamtheit bilden in diesem Fall nur jene Schulen, die sich zur Frage geäußert haben (unter Ausschluss der Kategorie „keine Angaben").
2 Vermutlich blieben einige Fragen deshalb unbeantwortet, weil man aus der Kombination der Antworten eine Reanonymisierbarkeit und Identifizierbarkeit der Schule befürchtete.

3.3 Arbeitsphase nach der externen Evaluation

Im nächsten Abschnitt des Fragebogens wurden die Schulleiterinnen und Schulleiter danach gefragt, in welcher Phase sich die Schule bei der Weiterarbeit nach der externen Evaluation mittlerweile befindet. Als Meilensteine standen sechs Antwortalternativen zur Wahl:

1. *Abschluss der externen Evaluation*: Die Evaluation wurde soeben erst abgeschlossen. Wir haben uns noch nicht über die Ziele verständigt, die wir anpacken wollen.
2. *Zielfindung*: Wir sprechen zurzeit intern über die Ziele, die wir in Angriff nehmen wollen.
3. *Zielvereinbarung*: Wir haben bereits Ziele mit der Schulaufsicht vereinbart.
4. *Planung*: Wir haben bereits mit der Planung konkreter Maßnahmen begonnen.
5. *Umsetzung*: Wir haben bereits mit der Umsetzung von Maßnahmen begonnen.
6. *Überprüfung* (des Erfolgs der Maßnahmen): Wir haben bereits einzelne Maßnahmen evaluiert.

Die Verteilung der Schulen auf diese sechs Arbeitsphasen zeigt die folgende Tabelle:

Tab. 2: Arbeitsphasen nach der externen Evaluation

Arbeitsphase	Anzahl Schulen	Anteil in %
Abschluss der Evaluation	64	20.6
Zielfindung	52	16.7
Zielvereinbarung	46	14.8
Planung	34	10.9
Umsetzung	100	32.2
Überprüfung	15	4.8
keine Angaben	0	0
Σ	311	100

Die Beantwortung der weiteren Abschnitte des Fragebogens war an die hier disku-
tierte Frage geknüpft; niemand musste Fragen über Phasen beantworten, zu denen er/
sie noch keine Aussagen machen konnte. So brauchte z.B. zur Zielvereinbarung keine
Auskunft gegeben werden, wenn die Schule erst mit der Zielfindung beschäftigt war.

3.4   Zeitspannen für einzelne Arbeitsphasen nach einer externen Evaluation

Die Kombination der Frage nach der Arbeitsphase, in der sich die Schule derzeit befindet, mit der Angabe der Zeit, die seit der externen Evaluation vergangen ist, liefert
einen Hinweis darauf, wie lange einzelne Arbeitsphasen an den Schulen gedauert haben.

Wie die folgende Grafik zeigt, liegt die externe Evaluation an den Schulen, die
angegeben haben, sie sei soeben erst abgeschlossen worden und man sei noch nicht
in einen Zielfindungsprozess eingestiegen (59 Schulen), im Durchschnitt 2.9 Monate
zurück.[3] Bei etwa zwei Drittel dieser Schulen hat die externe Evaluation vor bis zu
drei Monaten stattgefunden, bei einem weiteren Drittel liegt die Evaluation bereits
zwischen vier und acht Monate zurück, ohne dass bisher irgend etwas Nennenswertes
geschehen wäre.

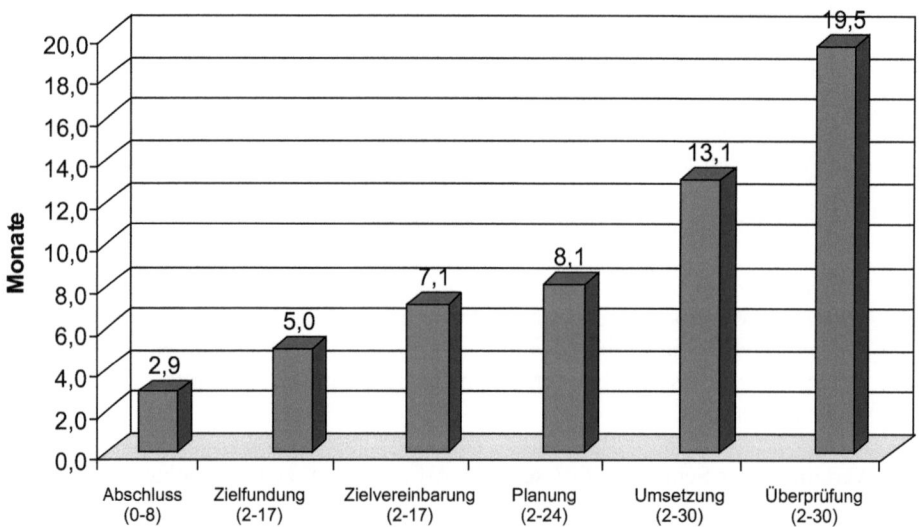

Abb. 1:   Arbeitsphase und Zeitdauer

An den Schulen, die angegeben haben, sich in der Zielfindungsphase zu befinden
(46 Schulen), liegt die externe Evaluation durchschnittlich fünf Monate zurück. Die
Streuung ist dabei allerdings erheblich: An manchen Schulen hat die Evaluation erst
vor zwei Monaten, an anderen schon vor mehr als einem Jahr stattgefunden. 20%
der Schulen in dieser Gruppe brauchen mehr als fünf Monate, bis eine Zielfindung in
Gang kommt.

---

3   Die Anzahl der Schulen reduziert sich gegenüber der Tabelle 2, weil nicht alle Schulen die Frage nach dem Zeitraum, der seit der externen Evaluation vergangen ist, beantwortet haben.

An den Schulen, die bekundet haben, bereits Ziele mit der Schulaufsicht vereinbart zu haben (44 Schulen), sind im Durchschnitt schon 7.1 Monate vergangen. Auch hier beträgt die Zeitspanne zwischen zwei und 17 Monaten. Bei 20% dieser Schulen liegt die Evaluation mehr als acht Monate zurück.

An 34 Schulen werden bereits konkrete Maßnahmen geplant. An diesen Schulen liegt die Evaluation durchschnittlich 8.1 Monate zurück. Während einige Schulen schon nach zwei Monaten in diese Phase eingestiegen sind, hat etwa ein Fünftel der Schulen die Planungsphase nach acht Monaten immer noch nicht abgeschlossen.

90 Schulen sind mit der Umsetzung der Maßnahmen beschäftigt. Bei ihnen liegt die externe Evaluation zwischen zwei und 30 Monaten, im Durchschnitt 13.1 Monate zurück. Die große Streuung bei dieser Gruppe kann in den Maßnahmen und deren unterschiedlichen Laufzeiten begründet liegen.

Nach durchschnittlich 19.5 Monaten finden sich dann auch 14 Schulen, die schon einzelne Maßnahmen evaluiert haben.

Insgesamt zeigt sich, dass die Mehrheit der Schulen zwar zielstrebig in einen der externen Evaluation folgenden Entwicklungsprozess einsteigt. Bei zwei Drittel der Schulen geschieht dies innerhalb der ersten drei Monate. Bei einem Drittel der Schulen dauert es aber z.T. erheblich länger, bis erste Initiativen für die weitere Arbeit erkennbar werden.

Nach etwa fünf Monaten befinden sich die Schulen im Durchschnitt in der Phase der Zielfindung, nach gut sieben Monaten in der Phase der Zielvereinbarung mit der Schulaufsicht und nach gut acht Monaten in der Planungsphase. Dabei fallen aber die enormen Streuungen auf: Jeweils um die 20% der Schulen brauchen für die Zielfindung, die Zielvereinbarung und die Planung von Maßnahmen z.T. erheblich länger als die Schulen im Durchschnitt.

3.5 Arbeit mit dem Evaluationsbericht

Bei der Befragung interessierte nicht nur, wer auf welche Weise über die Ergebnisse der externen Evaluation informiert worden ist (vgl. oben), sondern auch, ob und gegebenenfalls wie man sich an den Schulen mit den Ergebnissen beschäftigt hat. Die einleitende Frage zu diesem Fragenkomplex lautete deshalb: „Nach Abschluss der externen Evaluation hat sich die Schule intensiv mit den Ergebnissen des Evaluationsberichts auseinander gesetzt". Von den 247 Schulen, die aufgefordert waren, zu dieser Frage Stellung zu nehmen, haben 235 (95.1%) mit „ja" und neun Schulen (3.6%) mit „nein" geantwortet. Drei Schulen haben die Antwort verweigert.

Die folgende Tabelle zeigt, bei welcher Gelegenheit bzw. in welcher Form man sich mit den Ergebnissen befasst hat.

Tab. 3:   Arbeit mit dem Evaluationsbericht

Auseinandersetzung mit den Ergebnissen (Mehrfachantworten möglich)	Anzahl der Nennungen	Anteil der Schulen (n[1] = 235) in %
thematische Arbeitsgruppen mit Kollegen	131	53.0
pädagogischer Tag (päd. Konferenz) mit dem Kollegium	126	51.0
Fachschaftssitzungen[2]	84	34.0
thematische Arbeitsgruppen mit Lehrern, Eltern und Schülern	48	19.4
sonstige Veranstaltungen	60	24.3
Σ	449	

1   Mit „N" oder „n" wird im Folgenden jeweils gekennzeichnet, wie viele Schulleiterinnen und Schulleiter zur jeweiligen Frage geantwortet haben. Wenn alle befragten Personen Stellung genommen haben, steht „N", wenn sich nicht alle geäußert haben und deshalb Antworten fehlen, steht „n".
2   Berechnet man den Anteil auf der Grundlage der Schulen, an denen es Fachschaftssitzungen gibt (also ohne Volksschulen und Förderschulen), so entfallen auf diese Kategorie 68 Schulen oder 55.3%

Für den Fall, dass die Schulleiterinnen und Schulleiter „sonstige Veranstaltungen" angekreuzt haben, waren sie gebeten, anzugeben, um welche es sich dabei gehandelt hat. Die offenen Antworten lassen sich drei Kategorien zuordnen: Thematische Veranstaltungen mit den *Lehrkräften* (16 Nennungen), mit den innerschulischen Gremien und *Interessensvertretern* (20 Nennungen) und mit *öffentlichen Einrichtungen und Ämtern außerhalb der Schule* (15 Nennungen).

3.6   Zielfindung

Die folgenden Fragen zielen darauf ab, in Erfahrung zu bringen, wie die einzelnen Arbeitsschritte nach einer externen Evaluation verlaufen sind.

Der Fragenkomplex zur Zielfindung wurde mit dem Statement eingeleitet: „An unserer Schule werden derzeit bzw. wurden Vorschläge für Zielvereinbarungen erarbeitet". Von den 247 Schulen, die hier für eine Antwort in Frage kommen, haben 211 Schulen mit „ja" (85.4%) und 21 (8.5%) mit „nein" geantwortet. 15 Schulen (6.1%) haben keine Angaben gemacht.

Ca. 85% der Leiterinnen und Leiter wirken an der Erarbeitung von Vorschlägen für Zielvereinbarungen mit. Wenn man erwartet hat, dass die Schulleitungen in jedem Fall an der Erarbeitung von Vorschlägen für Zielvereinbarungen beteiligt sind, dann zeigen die Daten, dass dem offensichtlich nicht so ist. Der Anteil der Lehrerinnen und Lehrer entspricht dagegen eher den Erwartungen: Sie sind in der überwiegenden Mehrheit (81%) in die Überlegungen über mögliche Ziele eingebunden. Elternvertreter sind dagegen nur noch etwa in 36% der Fälle an der Erarbeitung der Zielvereinbarungen beteiligt, bei den Schülern ist es nur noch ein Viertel.

3.7   Zielvereinbarung

Nach der Erarbeitung der Zielvorschläge sowohl durch die Schule als auch durch die Schulaufsicht folgt eine gegenseitige Abstimmung (vgl. dazu: Staatsinstitut, 2005, S. 33ff.). Schule und Schulaufsicht vereinbaren die Ziele, die in der nächsten Zeit in

Angriff genommen werden sollen. Unter anderem interessiert dabei auch die Frage, wie diese Abstimmung verlaufen ist. 189 Schulen haben diese Frage beantwortet, die Angaben von sechs Schulen fehlen. Fünf Antwortalternativen waren den Befragten vorgegeben.

Laut Angaben der Schulleiterinnen und Schulleiter werden bzw. wurden die Zielvereinbarungen zwischen Schule und Schulaufsicht überwiegend in einem „gegenseitigen Abstimmungsprozess" festgelegt (73.3%). Die beiden Antwortalternativen, dass die Schulaufsicht die „Vorschläge der Schule ohne weitere Abstimmung übernommen", oder „Vorschläge zwar übernommen, aber um eigene Ziele ergänzt" habe, werden noch von knapp 10% der Schulen angekreuzt. Nur noch marginale Bedeutung haben demgegenüber die Antworten „Wir haben keine Ziele vorgeschlagen, sondern abgewartet, was die Schulaufsicht an uns heranträgt." (3.1%) und „Die Schulaufsicht hat der Schule die Ziele vorgegeben." (2.1%).

In diesem Zusammenhang wurde auch danach gefragt, ob bei den Zielvereinbarungen „die wichtigsten Empfehlungen des Evaluationsberichts aufgegriffen" worden sind. Von den 189 Schulen, die diese Frage beantwortet haben, äußerten sich 185 mit „ja" (98%) und vier (2%) mit „nein". Damit zeigt sich, dass die Empfehlungen aus dem Evaluationsbericht sowohl für die Schulen selbst als auch für die Schulaufsicht die Arbeitsgrundlage für die Ausgestaltung der Zielvereinbarungen darstellen.

Insgesamt lassen diese Ergebnisse erkennen, dass der Prozess der Zielvereinbarung zwischen Schule und Schulaufsicht im Großen und Ganzen einvernehmlich geschehen ist. Selbst eine „Vorgabe durch die Schulaufsicht" kann nicht als einseitige Direktive interpretiert werden. Es ist nämlich durchaus möglich, dass die Schulaufsicht erst dann eingeschritten ist und Ziele „verordnet" hat, als einzelne Schulen über längere Zeit keine weiterführenden Initiativen haben erkennen lassen, wie es manche bereits erläuterten Befunde nahelegen (vgl. oben).

3.8 Umsetzung der Zielvereinbarungen

Die 115 Schulen, die angegeben haben, sich mindestens in der Umsetzungsphase zu befinden, sollten zunächst eine Reihe von Fragen beantworten, die Aufschluss darüber geben, ob sie dabei im Sinne eines Projektmanagements zielgerichtet und systematisch vorgehen.

Die Leitfrage lautete: „Zur Umsetzung der festgelegten Maßnahmen wurde ein Projektplan/wurden Projektpläne erarbeitet, in dem/in denen ..."
- Verantwortliche bestimmt und Zuständigkeiten geregelt sind,
- einzelne Arbeitsschritte festgelegt sind,
- ein genauer Zeitplan festgelegt ist,
- Kriterien definiert sind, mit deren Hilfe später der Erfolg der Maßnahmen festgestellt werden kann."

Von ca. drei Viertel der befragten Schulen werden Verantwortliche bestimmt, die sich um einzelne Maßnahmen kümmern sollen. Nur noch zwei Drittel der Schulen haben Arbeitsschritte und einen genauen Zeitplan festgelegt. Kriterien für eine spätere Überprüfung des Erfolgs der Maßnahmen wurden dagegen nur noch von gut 40% der Schulen definiert.

Zwei zusätzliche Fragen bezogen sich auf eine regelmäßige Überprüfung des Zeitplans und die Einrichtung einer Steuergruppe zur Koordination der schulischen

Aktivitäten: Dem Statement „Die Einhaltung des Zeitplans wird regelmäßig überprüft" haben 72%, dem Item „Zur Koordination der schulischen Aktivitäten wurde eine eigene Arbeitsgruppe (Steuergruppe) eingesetzt", nur noch 54% der Befragten zugestimmt.

Abgesehen von solchen strukturell-organisatorischen Aspekten der Umsetzung der Zielvereinbarungen interessierte natürlich vor allem, welche inhaltlichen Schwerpunkte die Schulen dabei verfolgen. Als Ordnungsraster für die Klassifizierung der Maßnahmen dienten dabei die vier Qualitätsbereiche und 37 Qualitätskriterien, nach denen die Schulen bei der externen Evaluation bewertet werden (vgl. Staatsinstitut, 2005, S. 13).

Tab. 4:   Maßnahmen zur Umsetzung der Zielvereinbarungen, kategorisiert nach Qualitäts-
           bereichen (N = 115)

Anzahl der Maß-nahmen pro Schule	Rahmen-bedingungen		Prozessqualitäten Schule		Prozessqualitäten Unterricht		Ergebnisse, Monitoring	
	abs.	rel. in %	abs.	rel. in %	abs.	rel. in %	abs.	rel. in %
0	50	43.5	10	8.7	46	40.0	101	87.8
1	39	33.9	20	17.4	49	42.6	12	10.4
2	20	17.4	34	29.6	14	12.2	2	1.7
3	6	5.2	29	25.2	3	2.6		
4			14	12.2	3	2.6		
5			6	5.2				
6			2	1.7				
Σ Schulen	65	56.5	105	91.3	69	60.0	14	12.1
Σ Maßn.	97		273		98		16	

Der Spalte „abs." dieser Tabelle (absolute Häufigkeiten) ist zunächst zu entnehmen, wie viele Maßnahmen pro Schule in den vier Qualitätsbereichen an wie vielen Schulen durchgeführt werden. So werden an 50 Schulen keine, an 39 Schulen eine, an 20 Schulen zwei und an sechs Schulen sogar drei Maßnahmen im Bereich „Rahmenbedingungen" bearbeitet. In den Spalten rechts daneben werden die relativen Häufigkeiten angegeben (rel. in %). Die Spaltensumme „Schulen" zeigt die Zahl der Schulen, die in einem Qualitätsbereich aktiv sind, die Spaltensumme „Maßnahmen" die Anzahl der Maßnahmen, die über alle Schulen hinweg in dem Bereich durchgeführt werden. Diese Darstellung ermöglicht es, nicht nur die absolute Zahl der Maßnahmen, sondern auch die Zahl der Schulen, die in einem Tätigkeitsfeld aktiv sind, zu benennen: So werden etwa an 65 Schulen insgesamt 97 Maßnahmen zu den schulischen Rahmenbedingungen durchgeführt.

Die Aufteilung der Maßnahmen in die vier Qualitätsbereiche ergibt allerdings nur einen recht groben Überblick über die schulischen Aktivitäten zur Qualitätsverbesserung im Anschluss an eine externe Evaluation. Deshalb sind in Tabelle 5 (vgl. unten) die Maßnahmen der Schulen nach den einzelnen Qualitätskriterien systematisiert.

Unter den „Rahmenbedingungen" nehmen Fragen des „Standorts" die erste Stelle ein (48 Maßnahmen an 42 Schulen). Darunter sind in erster Linie bauliche Maßnahmen gemeint aber auch die Gestaltung von Räumlichkeiten und/oder des Schulgeländes, die eine Schule selber bewerkstelligen kann. An zweiter Stelle folgen die „Ressourcen"

(26 Maßnahmen an 22 Schulen). Hierunter fallen Maßnahmen, die eine Verbesserung bei der Ausstattung und den verfügbaren Unterrichtsmaterialien betreffen.

Bei „Schulleitung und Schulmanagement" in den „Prozessqualitäten Schule" steht die „Organisation der Arbeitsabläufe" im Vordergrund. An 43 Schulen werden insgesamt 53 Maßnahmen zur Optimierung der schulischen Abläufe durchgeführt. Allerdings werden an gut der Hälfte der Schulen (51.3%) in keinem der drei Kriterien zu Schulleitung und Schulmanagement Maßnahmen durchgeführt. Besonders viele Aktivitäten richten sich auf die „Zusammenarbeit im Kollegium/den Fachschaften": Dort sind es 72 Maßnahmen an 54 Schulen. An zweiter Stelle rangiert die „Fortbildung". An 19 der insgesamt 115 Schulen, die bei dieser Frage in Betracht zu ziehen sind, finden Aktivitäten statt, die diesem Kriterium zugeordnet werden können. Bei der Schulkultur liegen Maßnahmen zur Verbesserung des „Schulklimas" (25 Maßnahmen an 24 Schulen) und zur „Öffnung der Schule" (22 Maßnahmen an 18 Schulen) vorne. Einen weiteren Schwerpunkt bilden Aktivitäten im Bereich „Schulentwicklung, Schulprofil": 24 Maßnahmen an 23 Schulen thematisieren das Feld „Schulentwicklung". Darunter fallen u.a. die Entwicklung eines Schulprofils, die Erstellung eines Schulprogramms, ein gezieltes Prozessmanagement oder Fragen der Beteiligung von Eltern und Schülern. Demgegenüber beinhaltet das Kriterium „Qualitätssicherung" (16 Maßnahmen an 15 Schulen) Aspekte einer systematischen, nachhaltigen Entwicklung mit Elementen eines umfassenden Qualitätsmanagements.

Die Schwerpunkte bei den Initiativen zur Unterrichtsqualität liegen in einer stärkeren „Individualisierung" (21 Maßnahmen an 20 Schulen), einer größeren „Methodenvariabilität" (16 Maßnahmen an 16 Schulen), veränderten Formen der „Leistungserhebung" (13 Maßnahmen an 13 Schulen), womit sowohl eine besseren Abstimmung über Klassen und Jahrgangsstufen hinweg als auch die Erprobung neuer Prüfungsformen gemeint sind, und in einer Intensivierung des „selbstständigen Lernens" (11 Maßnahmen an 11 Schulen). An 40% der Schulen finden sich keinerlei Maßnahmen zur Verbesserung des Unterrichts.

Alle Angaben der Schulen, die sich nur sehr allgemein und unspezifisch auf die „Verbesserung der Unterrichtsqualität" bezogen, wurden der Kategorie „unterrichtsbezogene Zusammenarbeit im Kollegium" zugeordnet. Damit kümmern sich noch einmal 21 Schulen um die Verbesserung des Unterrichts (22 Maßnahmen).

Aktivitäten im Bereich der „Ergebnisse" sind hingegen nur spärlich zu finden. Bei den „Schulaufgaben, Leistungsfeststellungen" wollen sich immerhin sechs Schulen verbessern, weitere sieben Schulen versuchen sich intensiver mit den schulischen Leistungsergebnissen zu beschäftigen, um aus einem systematischen „Monitoring" Anhaltspunkte für eine Qualitätsverbesserung zu gewinnen.

Tab. 5:   Maßnahmen zur Umsetzung der Zielvereinbarungen, kategorisiert nach
          Qualitätskriterien (N = 115)

Anzahl der Maßnahmen	Rahmenbedingungen													Prozessqualitäten Schule ...						
											Schulleitung, Schulmanagement								
	Standort		Lehrerschaft (Personal)		Schülerschaft		Ressourcen		regionale Besonderheiten		Personalführung		Leitung		Arbeitsabläufe	
	abs.	in %	abs.	in %	abs.	in %	abs.	in %	abs.	in %	abs.	in %	abs.	in %	abs.	in %
1	36	31.3	5	4.3	1	0.9	18	15.7	17	14.8	11	9.6	8	7.0	33	28.7
2	6	5.2					4	3.5			1	0.9	1	0.9	10	8.7
Σ Schulen	42	36.5	5	4.3	1	0.9	22	19.2	17	14.8	12	10.5	9	7.9	43	37.4
Σ Maßn.	48		5		1		26		17		13		10		53	

Anzahl der Maßnahmen	... Prozessqualitäten Schule																	
	Arbeit des Kollegiums/der Fachschaften								Schulkultur									
	koll. Zusammenarbeit		berufliche Weiterentw.		Fortbildung		Zusammenarbeit Eltern		Schulklima		Schülermitwirkung		Elternmitwirkung		Öffnung		außerunt. Veranstalt.	
	abs.	in %	abs.	in %	abs.	in %	abs.	in %	abs.	in %	abs.	in %	abs.	in %	abs.	in %	abs.	in %
1	37	32.2			19	16.5	2	1.7	23	20.0	7	6.1	4	3.5	15	13.0	4	3.5
2	16	13.9							1	0.9					2	1.7		
3	1	0.9													1	0.9		
Σ Schulen	54	47.0	0	0	19	16.5	2	1.7	24	20.9	7	6.1	4	3.5	18	15.6	4	3.5
Σ Maßn.	72		0		19		2		25		7		4		22		4	

Anzahl der Maßnahmen	... Prozessqualitäten Schule				Prozessqualitäten Unterricht									
	Schulentw., Schulprofil				Unterrichtsqualität									
	Schulentwicklung		Qualitätssicherung		Klassenführung		Unterrichtsklima		Motivierung		Strukturiertheit		Zielorientierung	
	abs.	in %	abs.	in %	abs.	in %	abs.	in %	abs.	in %	abs.	in %	abs.	in %
1	22	19.1	14	12.2			1	0.9			2	1.7	1	0.9
2	1	0.9	1	0.9										
Σ Schulen	23	20.0	15	13.1	0	0	1	0.9	0	0	2	1.7	1	0.9
Σ Maßn.	24		16		0		1		0		2		1	

Anzahl der Maßnahmen	... Prozessqualitäten Unterricht													
	... Unterrichtsqualität										qualitätssichernde Maßnahmen			
	Individualisierung		selbstst. Lernen		Methodenvariabilität		Lernerfolgssicherung		Leistungserhebung		unterrichtsbezog. ZA		unterrichtsbez. Init.	
	abs.	in %	abs.	in %	abs.	in %	abs.	in %	abs.	in %	abs.	in %	abs.	in %
1	19	16.5	11	9.6	16	13.9	5	4.3	13	11.3	20	17.4	7	6.1
2	1	0.9									1	0.9		
Σ Schulen	20	17.4	11	9.6	16	13.9	5	4.3	13	11.3	21	18.3	7	6.1
Σ Maßn.	21		11		16		5		13		22		7	

Anzahl der Maßnah-men	Niveau der Lernergebnisse												Monitoring	
	Schulaufg. Leistungsf.		Vergleichs-aufgaben		Schullauf-bahnent.		Abbrecher		Wiederholer		Abschluss-prüfungen		Umgang mit Ergebnissen	
	abs.	in %	abs.	in %	abs.	in %	abs.	in %	abs.	in %	abs.	in %	abs.	in %
1	6	5.2	2	1.7	0	0	0	0	1	0.9	0	0	7	6.1

Anzahl der Maßnah-men	Zufriedenheit							
	Schüler		Lehrer		Eltern		Ausbilder	
	abs.	in %	abs.	in %	abs.	in %	abs.	in %
1	0	0	0	0	0	0	0	0

Die schriftlichen Eintragungen der angestrebten Maßnahmen im Fragebogen machen jedoch noch etwas anderes deutlich: Nicht immer wird klar zwischen Zielen und Maßnahmen unterschieden. So handelt es sich beispielsweise bei der von einer Schule als Maßnahme genannten „Verstärkung der kollegialen Zusammenarbeit" oder der „Verbesserung der Lesefähigkeit" bei einer anderen Schule nicht um eine Maßnahme, sondern um ein Ziel, das durch verschiedene Mittel (Maßnahmen) erreicht werden soll. Dies zeigt, dass an den Schulen im Bereich eines systematischen Projektmanagements noch Fortbildungsbedarf herrscht.

Insgesamt lässt sich feststellen, dass der Katalog an Maßnahmen, die zur Umsetzung der Zielvereinbarungen ergriffen wurden, genau jene Arbeitsfelder abdeckt, die sich bei der Auswertung der Evaluationsberichte der Schulen, die an der Pilotphase beteiligt waren, als Handlungsfelder aufgedrängt haben (vgl. Staatsinstitut für Schulqualität und Bildungsforschung, 2006, S. 52ff.). Damit bestätigt sich ein Ergebnis, das oben bereits angesprochen wurde: Fast alle Schulleiterinnen und Schulleiter haben den Eindruck, dass in den Zielvereinbarungen „die wichtigsten Empfehlungen des Evaluationsberichts aufgegriffen" worden sind (vgl. oben, Kapitel 3.7).

3.9 Erfolg der Maßnahmen

Mit einigen Fragen wurde versucht zu erfahren, wie es um den Erfolg der sich an eine externe Evaluation anschließenden Maßnahmen bestellt ist, und wie man jetzt, nach einer gewissen Zeit und den Erfahrungen mit der Umsetzung der Zielvereinbarungen die externe Evaluation im Nachgang beurteilt. Die Statements konnten mit einer vierstufigen Skala von „trifft genau zu" bis „trifft nicht zu" bewertet werden. Einen Überblick gibt die folgende Grafik (siehe Abb. 2).

Das erste Statement lautete: „Wir sind mit den Ergebnissen der Maßnahmen zur Umsetzung der Zielvereinbarungen sehr zufrieden". Es wurde von den 101 Schulen, die diese Frage beantwortet haben, überwiegend mit Zustimmung bedacht ($\bar{x}$ = 1.84, sd = .578): Etwa ein Viertel der Befragten (24.8%) stimmt „genau" zu, weitere zwei Drittel (67.3%) stimmen „eher" zu. Nur 6.9% lehnen das Statement „eher" und 1% vollständig ab.

Dem Statement, „Die erfolgreiche Arbeit an den Zielvereinbarungen hat die Akzeptanz der Lehrkräfte gegenüber der externen Evaluation erhöht", stimmen von den 100 Schulen, die darauf geantwortet haben ($\bar{x}$ = 2.38, sd = .874), 13% mit „trifft genau zu" und 49% mit „trifft eher zu". In den Zustimmungsbereich fallen damit insgesamt 62%. Ein Viertel der Schulen (25%) bewertet das Statement als „eher nicht

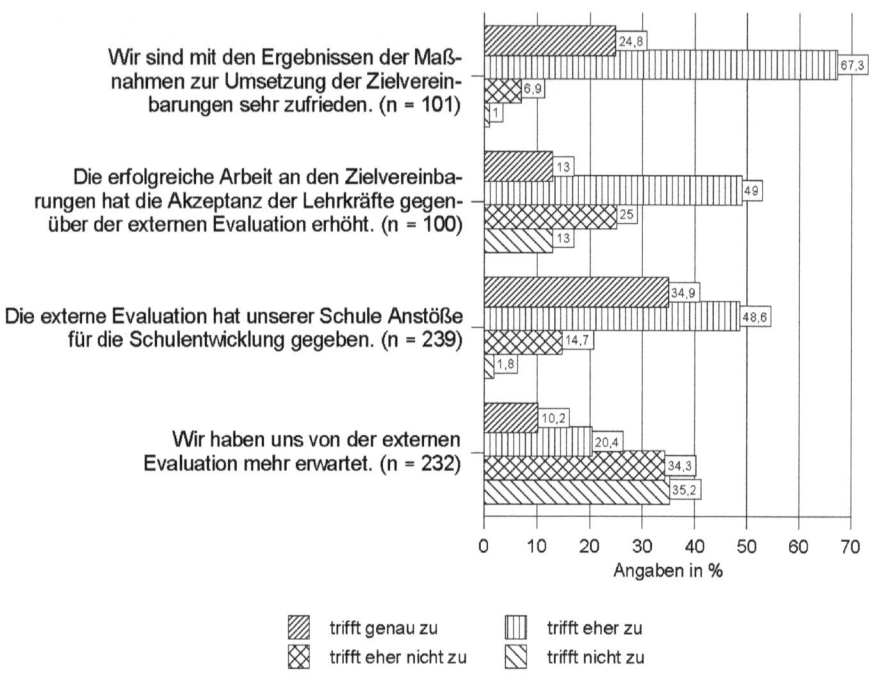

Abb 2:   Beurteilung des Erfolgs der externen Evaluation

zutreffend", weitere 13% als „nicht zutreffend". Auf der Ablehnungsseite finden sich
also insgesamt gut ein Drittel der Antworten (38%).

Zwei weitere Fragen sollten alle Schulen mit Ausnahme derjenigen beantworten, bei denen die externe Evaluation „soeben erst abgeschlossen" wurde. Dies waren insgesamt 247 Schulen. Die Zustimmung zum ersten Statement „Die externe
Evaluation hat unserer Schule Anstöße für die Schulentwicklung gegeben", das von
239 Schulen beantwortet wurde ($\bar{x}$ = 1.89, sd = .737), fiel mit 81.2% überaus positiv aus. Ein knappes Drittel (31.4%) der Befragten stimmte „genau" und noch einmal
49.8% „eher zu". Nur 17.2% lehnte das Item „eher" und 1.7% „ganz" ab.

Das Statement „Wir haben uns von der externen Evaluation mehr erwartet." wird
demgegenüber nicht mehr mit so viel Zustimmung bedacht (n = 232, $\bar{x}$ = 2.77, sd =
1.014): 34.9% lehnen es „eher", weitere 28% „ganz" ab. 14.2% bewerten das Item
mit „trifft genau zu" und 22.8% mit „trifft eher zu". Bei diesem Statement stehen
also 37.1% der Schulen, die zustimmen, 62.9% gegenüber, die es ablehnen, deren
Erwartungen also nicht enttäuscht wurden.

Die Erwartung, die Zustimmung zu den beiden zuletzt genannten Statements könnte von den fortschreitenden Arbeitsphasen und damit von der Zeit, die seit der externen Evaluation bereits zurückliegt, abhängen, hat sich als nicht zutreffend erwiesen.
Zwischen den einzelnen Gruppen, die sich in den verschiedenen Phasen der Zielfindung, Zielvereinbarung, Planung, Umsetzung und Überprüfung befinden, lassen sich
keine statistisch bedeutsamen Unterschiede ausmachen.

4. Zusammenfassung

Im Folgenden werden die wichtigsten Ergebnisse der Befragung noch einmal in aller Kürze dargestellt:

1) Nach einer externen Evaluation wird die Schulfamilie in aller Regel hinreichend über die Ergebnisse informiert. Dazu finden nicht nur interne Lehrerkonferenzen (80%) sondern auch gemeinsame Veranstaltungen mit Eltern und Schülern statt.

2) Bei etwa 80% der Schulen verlaufen die sich an eine Evaluation anschließenden Maßnahmen zur Qualitätsentwicklung in erwartbarer Form: Die Schulen ergreifen zielstrebig die Initiative, setzen sich mit den Ergebnissen der Evaluationsberichte auseinander, schlagen Ziele für die anschließenden Zielvereinbarungen mit der Schulaufsicht vor, planen Maßnahmen und setzen diese zügig um. Für 20% der Schulen trifft dies so nicht zu: Sie brauchen für einzelne Arbeitsschritte z.T. erheblich länger.

3) Die Aufarbeitung der Evaluationsergebnisse erfolgt in erster Linie im Kollegium in unterschiedlichen Konstellationen: häufig werden thematische Arbeitsgruppen eingerichtet (53%), pädagogische Tage durchgeführt (51%) oder Fachschaftssitzungen abgehalten (55% der befragten Realschulen, Gymnasien und beruflichen Schulen). An 20% der Schulen werden auch Eltern und Schüler, in manchen Fällen sogar Vertreter des öffentlichen Lebens zur Diskussion der Evaluationsergebnisse eingeladen.

4) Nicht alle Schulen (nur 85%) versuchen von sich aus Ziele für die weitere Arbeit zu definieren und in die Verhandlungen mit der Schulaufsicht einzubringen. Auch die Schulleitungen sind nicht immer, wie zu erwarten wäre, sondern nur zu 85%, die Lehrkräfte aber doch überwiegend (81%) in die Erarbeitung von Zielen eingebunden. In einem Drittel der Fälle sind die Eltern und in einem Viertel die Schüler an den Überlegungen beteiligt.

5) Die Zielvereinbarungen zwischen Schule und Schulaufsicht erfolgen in den meisten Fällen einvernehmlich. Die Ergebnisse zeigen, dass die Empfehlungen aus den Evaluationsberichten für beide Seiten die Arbeitsgrundlage für die Gestaltung der Zielvereinbarungen darstellen: 98% der befragten Schulleiterinnen und Schulleiter geben an, dass in den Zielvereinbarungen „die wichtigsten Empfehlungen des Evaluationsberichts aufgegriffen" worden sind.

6) In Bezug auf die Umsetzung der Zielvereinbarungen wurden sowohl formale Aspekte als auch inhaltliche Aspekte erfasst.
Zum Formalen ist festzustellen, dass die Arbeit an zwei Drittel bis drei Viertel der evaluierten Schulen nach Art eines systematischen Projektmanagements erfolgt, bei dem Verantwortlichkeiten geregelt, Arbeitsschritte und Zeitpläne definiert und deren Einhaltung kontrolliert wird. An knapp der Hälfte der Schulen wurde zur Koordination der Aktivitäten auch eine Steuergruppe eingerichtet.
Bei einem Viertel der Schulen verläuft der sich an eine externe Evaluation anschließende Entwicklungsprozess nicht in dieser geregelten Form. Der Sachverhalt, dass viele Schulen bei der Frage nach den schulischen Vorhaben nicht zwischen Zielen und Maßnahmen unterscheiden, ist ein weiterer Hinweis darauf, dass nicht alle Schulen über hinreichende Kenntnisse über ein Projektmanagement verfügen.
Betrachtet man die Aktivitäten zur Umsetzung der Zielvereinbarungen unter inhaltlichen Gesichtspunkten, so fällt eine große Übereinstimmung zwischen den in den Evaluationsberichten formulierten Schwächen und Empfehlungen und den

von den Schulen ergriffenen Maßnahmen auf (vgl. Staatsinstitut für Schulqualität und Bildungsforschung, 2006, S. 52ff.). Dies ist ein weiterer Beleg dafür, dass die Evaluationsberichte eine wichtige Arbeitsgrundlage für die Schulen darstellen.

Allerdings werden an etwa der Hälfte der Schule keine Maßnahmen zur Verbesserung im Bereich der Schulleitung und des Schulmanagements und an 40% der Schulen keine Aktivitäten zur Unterrichtsentwicklung durchgeführt.

(7) Ca. 90% der Schulleiterinnen und Schulleiter jener Schulen, die im Entwicklungsprozess, der einer externen Evaluation folgt, schon fortgeschritten und bereits mit der Umsetzung der Maßnahmen beschäftig sind (115), äußern sich mit dem Erfolg dieser Maßnahmen „eher" bis „sehr" zufrieden. Ein knappes Drittel dieser Befragten beurteilt die Frage, ob sich durch die erfolgreiche Arbeit die Akzeptanz der Lehrkräfte gegenüber der externen Evaluation erhöht habe, zustimmend, ein gutes Drittel eher ablehnend. Ein Vergleich mit einer früheren Auswertung gibt Anlass zu der Vermutung, dass die Akzeptanz über längere Zeit relativ stabil geblieben ist.

Über 80% der Befragten, die im Anschluss an eine externe Evaluation in ein Change Management eingestiegen sind (247 Schulen), sind der Überzeugung, dass die externe Evaluation „Anstöße für die Schulentwicklung" gegeben habe. Ein gutes Drittel dieser Schulen hätte sich allerdings von der externen Evaluation „mehr erwartet".

5.   Ausblick

Die vorgetragene Untersuchung versucht in Erfahrung zu bringen, ob die landesweit eingeführten Instrumente der Qualitätssicherung, externe Evaluation mit anschließenden Zielvereinbarungen genutzt werden, um an den Schulen Verbesserungen in Gang zu setzen. Sicherlich handelt es sich dabei um einen ersten Zugang, zu überprüfen, ob die damit verbundenen Erwartungen erfüllt werden. Mit zunehmender Zahl evaluierter Schulen lassen sich weiterführende, vertiefende Analysen durchführen. So wäre etwa zu klären, ob ein positiver Zusammenhang zwischen der Leistungsentwicklung von Schülerinnen und Schülern und der externen Evaluation besteht, oder der Frage nachzugehen, ob dabei bestimmte Maßnahmen der Qualitätsverbesserung an Schulen erfolgreicher sind als andere. Damit sind sicherlich nur einige, nahe liegende Themen angeschnitten, weitere sind nötig, um Aufschluss über die Wirkungen der externen Evaluation zu bekommen.

Literatur

Staatsinstitut für Schulqualität und Bildungsforschung, Qualitätsagentur (2006). *Bildungsberichterstattung 2006*. Wolnzach: Kastner (vgl. auch www.isb.bayern.de)

Staatsinstitut für Schulqualität und Bildungsforschung (2005). *Externe Evaluation an Bayerns Schulen. Das Konzept, die Instrumente, die Umsetzung*. München: Bayerisches Staatsministerium für Unterricht und Kultus (vgl. auch: www.isb.bayern. de þ Qualitätsagentur þ Publikationen).

Maike Lambrecht, Hans-Georg Kotthoff, Katharina Maag Merki

Taktieren oder Öffnen?

Die Pilotphase Fremdevaluation in Baden-Württemberg zwischen Entwicklung und Kontrolle – eine mikropolitische Prozess- und Ergebnisanalyse

1. Einführung

Die Annahme, man könne Systeme im Allgemeinen und das Schulsystem im Besonderen über lineare Prozesse steuern, hat sich mittlerweile als Mythos entpuppt. Im Bildungswesen wird daher „umgesteuert": Von einer vorgabenorientierten Inputsteuerung geht man zunehmend zu einer auf Produkte und deren Wirksamkeit orientierten Output- bzw. Outcomesteuerung über (Fend, 2005). Zentral ist dabei die sogenannte management- oder evaluationsbasierte Steuerung (Kussau & Brüsemeister, 2007, S. 42), bei der neben Bildungsstandards und zentralen Prüfungen interne und externe Evaluationsprozesse und -ergebnisse eine entscheidende Rolle spielen.

In den verschiedenen Bundesländern werden mittlerweile „Schulinspektionen", „externe Evaluationen" oder – im Fall von Baden-Württemberg – „Fremdevaluationen" eingesetzt oder erprobt. Dieser Artikel stellt erste Ergebnisse der wissenschaftlichen Begleitung der Einführung dieses neuen Steuerungsinstruments in Baden-Württemberg dar. Unter Berücksichtigung der Governance-Perspektive (z.B. Altrichter, Brüsemeister & Wissinger, 2007) wird im Folgenden das Konzept der baden-württembergischen Fremdevaluation unter der Fragestellung analysiert, welche Handlungs- und Deutungsmuster bei relevanten Akteuren sichtbar werden, wobei spezifische Spannungsfelder herausgearbeitet und am Beispiel zweier Pilotschulen der Umgang sehr unterschiedlicher Schultypen mit dem Prozess und Ergebnis der Fremdevaluation beschrieben wird.

Die hier vorgestellten Erkenntnisse können einen Eindruck davon geben, was es bedeutet unter der Maßgabe nicht-linearer Prozesse zu steuern: Anders als gelegentlich verkürzt dargestellt, bedeutet die Abkehr von klassischen Steuerungskonzepten vor allem *nicht*, nicht mehr zu steuern. Vielmehr dienen die neueren „Governance-Konzepte" der Rückgewinnung politischer Steuerungsmacht bzw. sind der erkenntnistheoretische Versuch, diesen politischen Prozess analytisch zu fassen. Deshalb stellt sich auch für die Schulen die Frage, wie mit diesem neuen Steuerungsinstrument am besten umzugehen ist: Öffnen oder Taktieren?

2. Steuerung im Bildungswesen: die Perspektive der Educational Governance

Obwohl oder gerade weil der Begriff „Governance" mittlerweile in unterschiedlichen Kontexten und Disziplinen gebraucht wird, ist er nach wie vor nicht klar definiert

(Heinrich, 2007, S. 39ff.). So kann Governance sowohl eine politische (Steuerungs-) Praxis als auch deren wissenschaftlich-theoretische Reflexion beschreiben. Gemeinsam ist beiden Ansätzen die Abkehr von klassischen linearen Steuerungskonzepten.

In der Forschungsperspektive der Educational Governance werden Steuerungs- und Umstrukturierungsfragen im Bildungswesen in erster Linie als „Problem der Hand-lungskoordination zwischen Akteurkonstellationen in einem Mehrebenensystem" (Altrichter et al., 2007, S. 10) verstanden. Im Gegensatz zum klassischen Steue-rungsverständnis, das von der Möglichkeit eines linearen Durchsetzens von Vorgaben von einer Hierarchieebene auf eine andere ausgeht, werden Steuerungsprozesse als „Ko-Produktionen" (Fend, 2000, S. 58) unterschiedlicher Akteure auf unterschied-lichen Ebenen beschrieben:

> „Steuerung und Kontrolle sind nicht einseitige Tätigkeiten einer zuständigen Institution (etwa des Staates), sondern Prozesse der Interaktion zwischen kollektiven Akteuren, wobei zwischen Steuerungssubjekt und Steuerungsobjekt nicht mehr eindeutig unterschieden werden kann" (Benz, 2004, S. 17).

In den Blick genommen werden nicht mehr individuelle Akteure, sondern Akteurs-konstellationen. Das Handeln innerhalb dieser Akteurskonstellationen ist von Inter-dependenzen gekennzeichnet. Die Handlungskoordination wird unter anderem durch die Festlegung von Verfügungsrechten geregelt.

Die politischen Governance-Konzepte sind normative Konzepte („good gover-nance"), die eine *bestimmte* politische Steuerungspraxis – oft unter Berücksichtigung von Marktmechanismen – nahelegen. Die politischen Akteure versuchen mit Kon-zepten wie dem *New Public Management* bzw. der *Neuen Steuerung* über eine Er-weiterung von Handlungsspielräumen für bisher subalterne Akteure einerseits und die Einführung neuer Kontrollmechanismen andererseits Steuerungsmöglichkeiten in Bezug auf die Handlungsebene, in diesem Fall die Schulen, zurückzugewinnen. So wird Schulen politisch seit einiger Zeit mehr (Teil-) Autonomie zugestanden, d.h. be-stimmte Verfügungsrechte auf Schulebene verlagert. Die Forschungsperspektive der Educational Governance versucht diese und andere Steuerungsbemühungen analytisch zu fassen und kritisch zu reflektieren (z.B. Jann & Wegrich, 2004, S. 203)

Die folgenden Ausführungen fokussieren vor allem auf das Verhältnis von Ent-wicklung und Kontrolle im Konzept der baden-württembergischen Fremdevalua-tion. Generell wird davon ausgegangen, dass Schulinspektionsmodelle über zwei unterschiedliche Funktionen verfügen, eine Entwicklungsfunktion und eine Kontroll-bzw. Rechenschaftsfunktion (Brägger, Bucher & Landwehr, 2005, S. 21ff.). Inter-nationale Erfahrungen verweisen auf differenzielle Prozesse und Ergebnisse in Abhängigkeit der Konzepte der Schulinspektionen, wie sie implementiert worden sind (Böttcher & Kotthoff, 2007). Allerdings fehlen Untersuchungen, die die Prozesse und Deutungsmuster mikroanalytisch, insbesondere auch für den deutschsprachi-gen Raum, untersucht haben. Zu fragen bleibt daher, wie die Steuerung über ein Schulinspektionsmodell aussieht, das die Entwicklungsorientierung in den Vordergrund stellt.

3. Die Pilotphase Fremdevaluation in Baden-Württemberg

3.1 Organisation und Ablauf der Pilotphase Fremdevaluation

Selbst- und Fremdevaluation sind seit Ende 2006 verbindlich im baden-württembergischen Schulgesetz festgeschrieben. Zurzeit befindet sich die Fremdevaluation noch in der Pilotphase; ab dem Schuljahr 2008/2009 geht das Konzept in die Regelphase. Verantwortlich für Konzeption und Durchführung der Fremdevaluation ist das Landesinstitut für Schulentwicklung Stuttgart (LS). Das LS hat als Anstalt öffentlichen Rechts *keine* schulaufsichtliche Funktion, ebenso wenig wie die Fremdevaluatorinnen und -evaluatoren, die selbst Lehrerinnen und Lehrer sind und als Mitarbeiterinnen und Mitarbeiter an das LS abgeordnet werden. Selbst- und Fremdevaluation sind in Baden-Württemberg über einen gemeinsamen Orientierungsrahmen für Schulqualität verbunden, der sich für die Fremdevaluation aus folgenden Qualitätsbereichen zusammensetzt:

- Qualitätsmanagement
- Unterrichtsergebnisse und Unterrichtsprozesse
- Professionalität der Lehrkräfte
- Schulführung und Schulmanagement
- Schul- und Klassenklima
- Außenbeziehungen

Die Schulen erstellen im Vorfeld ein Schulportfolio, das alle wichtigen schulischen Prozesse dokumentieren soll und von den Fremdevaluatorinnen und -evaluatoren analysiert wird. Vor Ort werden leitfadengestützte Interviews mit Schulleitung, Lehrkräften, Eltern sowie Schülerinnen und Schülern, Beobachtungen von Unterrichtssituationen (BUS) sowie ein Schulhausrundgang durchgeführt. Auf Basis der gesammelten Daten erstellt das Fremdevaluationsteam einen Bericht zu den evaluierten Bereichen und Kriterien mit einem Qualitätsprofil und Empfehlungen. Über die Empfehlungen sollen die Schulen dann mit der Schulaufsicht Zielvereinbarungen treffen.

3.2 Merkmale des entwicklungsorientierten Schulinspektionsmodells in Baden-Württemberg

Das baden-württembergische Fremdevaluationsmodell betont stark die Entwicklungsfunktion:

> „Die Fremdevaluation dient wie die Selbstevaluation vorrangig der innerschulischen Qualitätssicherung und Qualitätsentwicklung, ein Ranking der Schulen findet nicht statt" (Landesinstitut für Schulentwicklung, 2007, S. 7).

Es ist, insbesondere in Abgrenzung zu Konzepten, wie sie beispielsweise im angelsächsischen Raum eingesetzt werden (z.B. Böttcher & Kotthoff, 2007), durch folgende Merkmale gekennzeichnet:

- *Funktionstrennung*: Es findet eine strenge organisatorische und personelle Trennung zwischen „beurteilender" Fremdevaluation und „kontrollierender" Schulaufsicht statt.

- *Fokus Gesamtsystem:* Die Fremdevaluation beurteilt die Schule als Gesamtsystem, nicht jedoch einzelne Lehrpersonen. Dies zeigt sich am deutlichsten in der Konzeption der Beobachtungen von Unterrichtssituationen (BUS), die auf die Feststellung der überfachlichen Kompetenzen der Schülerinnen und Schüler (methodisch, sozial, personal) gerichtet sind.
- *Output/Outcome:* Die Ergebnisse von Schülerleistungen, zentralen Prüfungen oder Diagnose- und Vergleicharbeiten werden in die Beurteilung nicht einbezogen.
- *Qualitative Verfahren:* Das Konzept hat den Anspruch, sämtliche Daten zur Schulqualität über qualitative Verfahren zu gewinnen. Dies soll u.a. das Prinzip der Offenheit gegenüber den Besonderheiten der Schule garantieren.

Für die freiwillig an der Pilotphase Fremdevaluation teilnehmenden Schulen ergeben sich im Konzept bestimmte Spielräume. So können sie
- zwischen verschiedenen Evaluationsvarianten wählen;
- die Auswahl der Personen für Interviews und BUS zum Teil mitbestimmen;
- die Rangfolge der Bearbeitung der Empfehlungen festlegen;
- den Fremdevaluationsbericht selbst an die zuständige Schulaufsichtsbehörde weiterleiten.

Die Entwicklungsorientierung wird zusätzlich dadurch betont, dass das *Qualitätsmanagement* im Sinne einer „Metaevaluation" in der Pilotphase der einzige verpflichtende Qualitätsbereich ist. Im Fremdevaluationsprozess werden jedoch auch inhaltlich-strukturelle Schulbereiche erfasst, d.h. es findet eine Verknüpfung von Meta- und Primärevaluation statt. Dadurch gewinnt neben der Entwicklungsorientierung eine weitere Funktion an Bedeutung, nämlich eine „Implementationsfunktion" oder „normierende Funktion":

> „Inspektionen orientieren sich an einem schulübergreifenden Qualitätsverständnis, das gegebenenfalls im Rahmen des Inspektionskonzepts durch Standards, Kriterien oder gegebenenfalls allgemein verbindlichen Indikatoren zur Beurteilung der Qualität der schulischen Arbeit konkretisiert wird. Steuernden Einfluss auf die pädagogische Arbeit hat externe Evaluation auf dieser Ebene durch den Transport dieser Standards bzw. Qualitätsvorstellungen" (Burkard, 2005, S. 89)

Diese Implementationsfunktion kann als Subkategorie der Kontrollfunktion gesehen werde und unterläuft somit das „reine" Paradigma der Entwicklungsorientierung.

3.3 Das methodische Vorgehen der wissenschaftlichen Begleitung

Die Pädagogische Hochschule Freiburg hat im Auftrag des baden-württembergischen Kultusministeriums die Pilotphase Fremdevaluation wissenschaftlich begleitet. Der Auftrag umfasste die Analyse der folgenden Aspekte:
- Gesamtkonzept, Passung Selbstevaluation-Fremdevaluation,
- Qualität des Instrumentariums,
- Gelingens- und Risikofaktoren,
- Wirkungen und Nebenwirkungen für Schule, Personen, Prozesse,
- Rollenausgestaltung/Rollenrekonstruktion der verschiedenen Akteursgruppen.

Ziel war, diese Aspekte über eine dichte Beschreibung von Prozessen, Wahrnehmungen und Ergebnissen mehrperspektivisch und unter Berücksichtigung unterschiedlicher Methoden der Datenerhebung (Dokumentenanalyse, Shadowing, Leitfadeninterviews, standardisierte Befragung, Workshop) zu analysieren. Mehrperspektivisch bedeutet, dass die wichtigsten an der Fremdevaluation beteiligten Akteursgruppen in die wissenschaftliche Verfahrensbegleitung einbezogen wurden:

- Schulen (Schulleitungen, Lehrpersonen, Schülerinnen und Schüler, Eltern),
- Fremdevaluatorinnen und -evaluatoren,
- Vertreterinnen und Vertreter der Schulaufsicht.

Diesem Artikel liegen in erster Linie Leitfadeninterviews, die an sechs Pilotschulen des ersten Jahres der Pilotphase jeweils vor und nach der Fremdevaluation mit Schulleitungen, Lehrpersonen, durchgeführt wurden, sowie eine standardisierte Befragung aller Schulleitungen des ersten Jahres der Pilotphase (N=17) zugrunde.

Für die Auswahl der Schulen wurden strukturelle Kriterien (z.B. Stadt-Land, Schultyp, sozio-ökonomischer Status der Schule, Größe der Schule, Profil der Schule) berücksichtigt, wobei darauf geachtet worden ist, dass ein breites Spektrum möglicher Merkmalskonfigurationen einbezogen werden konnte. Die Interviews wurden inhaltsanalytisch (Mayring, 2003) und computergestützt (MAXqDA) ausgewertet.

Die Zitate wurden mit einer anonymisierten Quellenangabe versehen. Neben der anonymisierten Schulbezeichnung ist ersichtlich, ob die Zitate aus einem Interview vor oder nach der Fremdevaluation stammen und um welche befragte Gruppe es sich handelt (SL = Schulleitung, La = Lehrpersonen mit Funktion in Bezug auf Schulentwicklung, Lp = Lehrpersonen ohne Funktion in Bezug auf Schulentwicklung).

4. Ergebnisse

4.1 Stärken des Konzepts

Generell scheint der Wunsch nach einem objektiven Feedback zur eigenen Arbeit an den im Rahmen der wissenschaftlichen Begleitung erfassten Pilotschulen vorhanden zu sein. Auch die Festlegung von Bereichen und Dimensionen von Schulqualität wird positiv gesehen. So sind alle Bereiche des Qualitätsrahmens der Fremdevaluation für die befragten Schulleitungen zumindest „eher wichtig" und werden nur von sehr wenigen Schulleitungen eher kritisch beurteilt. Die eigentliche Durchführung der Fremdevaluation scheint aus Sicht der Schulen unproblematisch zu sein, ebenso wie die Zusammenarbeit mit den Fremdevaluatorinnen und -evaluatoren. Die Befragung der Schulleitungen zur Durchführung der Fremdevaluation zeigt ein mehrheitlich positives Bild:

- Alle Schulleitungen sind eher (7 Schulleitungen) oder vollständig (10 Schulleitungen) der Meinung, dass die Datenerhebung methodisch korrekt erfolgte.
- Zehn Schulleitungen empfanden die Durchführung der Fremdevaluation als professionell. Fünf Schulleitungen unterstützen diese Aussage teilweise, einzig eine Schulleitung ist eher nicht dieser Ansicht.
- Sieben Schulleitungen sind der Überzeugung, dass durch die Fremdevaluation eine objektive Einschätzung ihrer Schule möglich war, acht Schulleitungen unterstützen

diese Aussage teilweise und wiederum eine Schulleitung teilt diese Aussage eher nicht.

- Alle Schulleitungen beurteilten die Fremdevaluatorinnen und -evaluatoren als eher (9 Schulleitungen) oder vollständig (8 Schulleitungen) fachlich kompetent und als eher (4 Schulleitungen) oder vollständig (12 Schulleitungen) gut vorbereitet.

4.2 Spannungsfelder

Auch wenn in den Schulen generell ein Wunsch nach Feedback besteht und die Durchführung der Fremdevaluation in der Regel als unproblematisch erlebt wird, wird die Fremdevaluation von vielen Befragten ambivalent beschrieben. Im Rahmen der schriftlichen Befragung wurden die Schulleitungen gebeten, das Konzept der Fremdevaluation auf einer bipolaren Skala einzuschätzen (vgl. Abbildung 1). Die Auswertung zeigt, dass die Fremdevaluation tendenziell mit Offenheit, Entwicklung, Beratung, Veränderung sowie mit „auf die Schule als Ganzes bezogen" (und nicht „auf die einzelne Lehrperson bezogen") assoziiert wird, die Schulleitungen also eine relativ hohe Kongruenz mit den Zielen und Absichten der Konzeption der Fremdevaluation aufweisen. Die Dimensionen „Standardisierung vs. Flexibilität", „Autonomie vs. Vorgaben von außen" und „Dokumentation vs. Handlung" werden dagegen uneinheitlich eingeschätzt.

Auch in den Interviews der wissenschaftlichen Begleitung mit Lehrerinnen und Lehrern der Pilotschulen können diese ambivalenten Aspekte identifiziert werden. Auffallend sind zumindest drei Spannungsfelder.

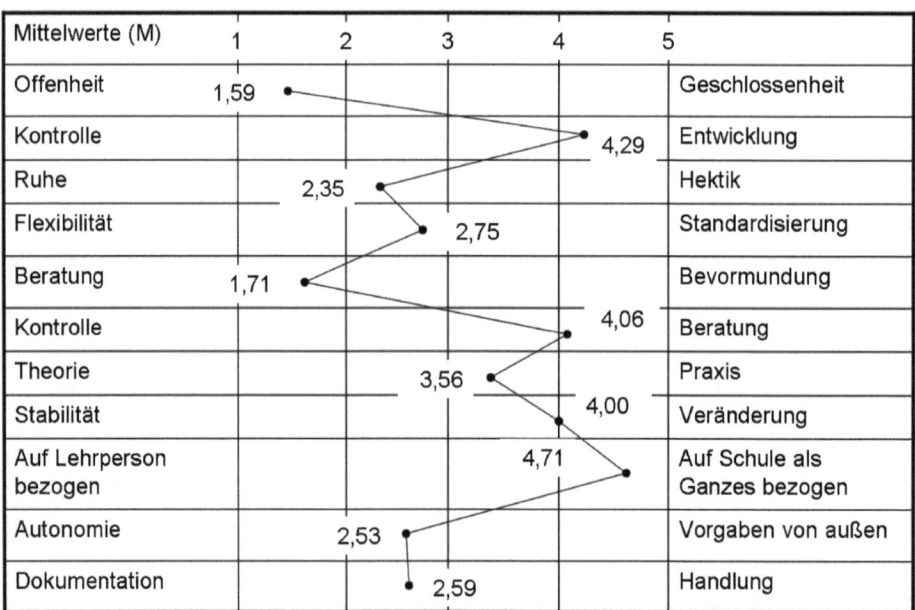

Abb. 1: Charakterisierung des Fremdevaluationskonzepts durch die Schulleitungen, N=17

Spannungsfeld I: „Autonomie vs. Standardisierung"

In den Interviews zeigt sich, dass die normierende Funktion der Fremdevaluation als direkter Widerspruch zur postulierten Schulautonomie empfunden wird, in Baden-Württemberg *Operativ eigenständige Schule* genannt:

> „Einerseits sagt man Operativ eigenständige Schule, will man einerseits. Aber auf der anderen Seite gibt's doch bestimmte Dinge, die durch die Fremdevaluation abgefragt werden und die Schule dann sicherlich schon in eine bestimmte Richtung bringen oder auch nicht bringen." (Schule 6, NACH, SL)

Dies zeigt sich neben anderen Bereichen besonders deutlich im Bereich des Unterrichts. So betont der Qualitätsrahmen zur Fremdevaluation im Qualitätsbereich I „Unterrichtsergebnisse und Unterrichtsprozesse" stark die Aspekte Schüleraktivierung, Individualisierung und Förderung von überfachlichen Kompetenzen. In den geführten Interviews in den Schulen wird nahezu durchgängig beschrieben, dass mit dem Fremdevaluationskonzept bestimmte Vorgaben zur Gestaltung der Unterrichtspraxis gemacht werden:

> „Weiß nicht, wer das Gerücht in die Welt gesetzt hat, schülerzentriertes Unterrichten sei wohl das, worauf sie Wert legen. Haben jetzt wohl x Lernzirkel gesehen, das ist ja auch realitätsfremd. Das ist bei manchen Themen angesagt, bei einem anderen Inhalt ist eine andere Methode angemessen. Sehr undifferenziertes Kriterium." (Schule 1, NACH, La)

Spannungsfeld II: Dokumentation und Institutionalisierung von Prozessen

Das Konzept der baden-württembergischen Fremdevaluation ist stark auf die Dokumentation und Institutionalisierung von Prozessen ausgerichtet. Viele Befragte äußern nach der Fremdevaluation, dass ihrer Schule empfohlen worden sei, „mehr zu dokumentieren". Tatsächlich wird die Dokumentation von Prozessen von den Fremdevaluatorinnen und -evaluatoren eher selten explizit empfohlen, der Wunsch nach mehr Dokumentation scheint von den Schulen jedoch implizit als unterschwellige „Quasi-Empfehlung" empfunden zu werden. Dieser Eindruck scheint durch die Art der Fragen in den Interviews der Fremdevaluation zu entstehen. Hier wird vor allem nach Konzepten, Strukturen und Verbindlichkeiten gefragt:[1]

- Gibt es ein *Gesamtkonzept* zur Förderung überfachlicher Kompetenzen?
- *Auf welche Weise* wird das Konzept abgesprochen und weiterentwickelt?
- *Welche Vereinbarungen* gibt es in Ihrem Kollegium bezüglich der Leistungsmessung?
- *Wie organisiert* Ihre Schule die Integration von neuen Impulsen in den Unterricht?

Verstärkte Dokumentation und Institutionalisierung von Prozessen wird von vielen befragten Lehrerinnen und Lehrern als unnötige Bürokratisierung, zusätzliche Arbeitsbelastung oder auch Kontrolle von oben empfunden. Auffällig ist, dass die Institutionalisierung von Prozessen nicht nur als Vorgabe für die Schulen wahrgenom-

---

1 Die Fragen stammen aus den Interviewleitfäden der Fremdevaluatorinnen und -evaluatoren, sie liegen lediglich als unveröffentlichte interne Papiere vor. Hervorhebungen durch die Autorinnen und Autoren.

men wird, sondern vor allem auch als nötig, um Qualität überhaupt messen zu können:

> „An so einem Punkt kann man das ja auch festmachen in so einem Bericht. Da kann man sagen, dies oder jenes ist da im Stundenplan oder im Bildungsplan berücksichtigt, da gibt es diese Funktionsstellen oder Gruppen. Dann ist das messbar. Teamarbeit im diffusen, informellen Bereich, das kann man zwar erwähnen. Aber für so eine Evaluationsgruppe ist es halt geschickter, wenn solche Absprachen irgendwo im Organisationsplan auftauchen und man sagen kann, die und die Person hat die Funktionsstelle und macht das dann auch." (Schule 2, NACH, La)

Der Anspruch einer qualitativen Datenerhebung scheint aus der Perspektive der Befragten durch die Art und Weise der Fragestellungen eher nicht eingelöst werden zu können. Vielmehr entsteht bei vielen Befragten der Eindruck, dass in den Interviews vor allem das Schulportfolio „abgefragt" würde.

Spannungsfeld III: Paradoxe Kritik an der „weichen Linie" der Fremdevaluation

In Baden-Württemberg wurde versucht, über ein niederschwelliges Schulinspektionskonzept, das einerseits entwicklungsorientiert ist und andererseits den Schulen zumindest in der Pilotphase einigen Spielraum in der Gestaltung lässt, die Akzeptanz der Schulen in Bezug auf das neue Steuerungsinstrument zu erhöhen. Die Steigerung der Akzeptanz und damit der Steuerungsmöglichkeit scheint aber auch bei einem „weichen" Zugang nicht sicher zu sein. Vielmehr wird insbesondere in den Lehrerinterviews der wissenschaftlichen Begleitung Methodenkritik geäußert, und zwar vor allem in Bezug auf drei Kriterien:
- Vorauswahl der Bereiche durch die Schulen,
- Freiwilligkeit und Vorankündigung der Beobachtungen von Unterrichtssituationen,
- Vorauswahl der Personen für die Interviews durch die Schulen.

Kritisiert wird die „weiche" Linie der Fremdevaluation, die auf Kooperation, Freiwilligkeit und Lehrerunabhängigkeit setzt. Viele Befragte fordern ein härteres Verfahren, um „objektive" bzw. „repräsentative" Ergebnisse zu erzielen. Diese Kritik richtet sich vor allem auf die Beobachtungen von Unterrichtssituationen. Gelegentlich werden sogar „Razzien", d.h. Unterrichtsbesuche ohne Vorankündigung, gefordert.

Auch die Wahl der Variante kann problematisch sein. Eine der im Rahmen der wissenschaftlichen Begleitung interviewten Schulleitungen hat sich bewusst für eine enge Evaluationsvariante ohne den Bereich Unterricht entschieden, um die Akzeptanz des Konzepts im Kollegium zu fördern. Die schmale Evaluationsvariante wurde vom Kollegium jedoch als „Farce" empfunden. Die Akzeptanz der Fremdevaluation ist im Kollegium ausgesprochen niedrig:

> „Wir haben den Bereich ja angegeben, den wir evaluieren lassen wollten. Wir haben punktemäßig voll abgesahnt. (…) Evaluation ist eine Farce, wenn man einen Bereich evaluieren lässt, wo man ohnehin weiß, dass man gut ist. Geld zum Fenster raus geschmissen. Für dieses Geld hätte man einen Lehrer einstellen können. Ist eine Katastrophe." (Schule 3, NACH, La)

Bei den Schulleitungen hingegen zeigt sich ein etwas anderes Bild. Alle Schulleitungen sind der Ansicht, dass die Datenerhebung methodisch teilweise (N=7) oder vollständig (N=10) korrekt erfolgte. Sieben Schulleitungen geben zudem auch an, dass eine objektive Einschätzung der eigenen Schule durch die Fremdevaluation möglich war, acht Schulleitungen unterstützen diese Aussage teilweise und nur eine Schulleitung gibt zum Ausdruck, dass sie eher nicht dieser Ansicht ist.

4.3 Taktieren oder Öffnen? – Reaktionen unterschiedlicher Schultypen auf die Fremdevaluation

Die Schulen der Fallanalyse der wissenschaftlichen Begleitung unterscheiden sich zum Teil erheblich in Bezug auf ihre Motivation für die Pilotphase. Am häufigsten wurden der Wunsch nach Feedback, der Wunsch nach Einflussnahme auf das Konzept der Fremdevaluation sowie pragmatische Aspekte genannt. Es scheint in Bezug auf die Motivation mindestens zwei Typen zu geben. Bei Typ 1 ist die Teilnahme an der Pilotphase ein Element im Rahmen der Schulentwicklung. Bei Typ 2 scheint weniger die Schulentwicklung im Vordergrund zu stehen, als vielmehr ein pragmatischer Umgang mit dem neuen Steuerungselement Fremdevaluation. Diese Typisierung bedeutet jedoch nicht, dass Schulen des Typ 2 nicht innovativ sind bzw. sein können. Der Unterschied scheint vielmehr darin zu bestehen, inwieweit Steuerungsbemühungen von außen bzw. „von oben" als positiv für den Schulentwicklungsprozess gesehen werden. Dies zeigt sich insbesondere in der Gegenüberstellung der Schulen 1 und 4 aus der Fallanalyse der wissenschaftlichen Begleitung. Beide Schulen zeichnen sich durch eine ausgesprochen aktive Schulleitung und innovative Konzepte aus und wurden durch die Fremdevaluation relativ gut bewertet. Sie unterscheiden sich jedoch deutlich in Bezug auf ihre Motivation. Schule 1 scheint eher dem pragmatischen Typ zuzuordnen zu sein. Die Schulleitung steht Steuerungsbemühungen von außen kritisch gegenüber. Schulentwicklung, so wird es kommuniziert, findet weniger durch die Fremdevaluation statt, sondern trotz ihr. Die Teilnahme an der Pilotphase Fremdevaluation scheint vor allem der Informationsgewinnung über das Verfahren sowie der Werbung für die Schule zu dienen:

> „Wir werden in der Pilotphase auch merken, wie die Fremdevaluation läuft, worauf die Wert legen." (Schule 1, VOR, SL)
> „Schulleitung ist von der Schule überzeugt. Will durch Fremdevaluation positive Bestärkung. Können uns in der Öffentlichkeit präsentieren. Von Fremden soll bestätigt werden, wie gut wir sind." (Schule 1, VOR, Lp)

Die normativen Vorgaben des Qualitätsrahmens zu „guter Schule" werden im Nachhinein deutlich kritisch gesehen.

Schule 4 scheint eher dem entwicklungsorientierten Typ zuzuordnen zu sein. Die Schule hat sich relativ eng an den Kurs der offiziellen Schulentwicklung angeschlossen. Für die Schulleitung ist die Fremdevaluation eine Möglichkeit, den Schulentwicklungsprozess voran zu treiben. Sie soll zum Beispiel der Professionalisierung des Kollegiums dienen. Die normativen Vorgaben des Qualitätsrahmens werden in den Interviews dieser Schule kaum thematisiert und wenn, dann zustimmend:

„Was ich noch anfügen will, es ist sicherlich auch eine Art von Professionalisierung des Kollegiums. Weil wenn die sehen, „Moment, auf was wird dann da eigentlich Wert gelegt? Was werde ich hier gefragt? Wie guckt der meinen Unterricht an? Was ist das überhaupt für ein ganzer Prozess hier?", das ist ja auch eine Art von Professionalisierung an den Lehrern, dass die mal sehen „Was geht hier?". Und das ist uns auch wichtig, weil einige, die sich nicht so mit den neueren Themen der Schulentwicklung beschäftigen, die sehen es jetzt hier ganz konkret und hören das auch noch mal von einer anderen Seite und sehen, ach ja, das sind die Kriterien eines guten Unterrichts, und die gucken auf Handlungsstrukturen meiner Schüler." (Schule 4, VOR, SL)

Im Rahmen der wissenschaftlichen Begleitung wurden die Befragten nach der Fremdevaluation gefragt, welche Tipps sie anderen Schulen für die Fremdevaluation geben würden. Dabei zeigt sich ein deutlicher Unterschied zwischen Schule 1 und Schule 4 in Bezug auf die Rekontextualisierung des Konzepts. Schule 4 plädiert für eine Öffnung, um die Entwicklungspotentiale des Konzepts überhaupt nutzen zu können. Missbrauchsmöglichkeiten des Konzepts werden durchaus erkannt, aber abgelehnt (vgl. Tabelle 1).

Tab. 1:   Tipps für andere Schulen, Schule 4, Zitate aus einzelnen Interviews

Tipps Schule 4: Öffnen
Öffnet euch, verheimlicht nichts. Sucht Eltern, Schüler, Lehrer nicht aus. Kein Showergebnis haben wollen, sonst sind die Ergebnisse noch flacher, als sie ohnehin sind. (Schule 4, NACH, SL)
Ist wie bei den DVAs, da wird an vielen Schulen vorher dafür geübt. Das ist Quatsch. Bei der Fremdevaluation kann man das Instrument schon auch sehr missbrauchen. Aber dann sagt es halt nichts mehr aus. (Schule 4, NACH, SL)
Den Evaluatoren sagen, was wir von ihnen erwarten. Damit die darauf unmittelbar reagieren können. Damit die Rollen klar sind, keine Missverständnisse entstehen können. (Schule 4, NACH, Lp)

Im Fall von Schule 1 wird dagegen ein eher taktischer Umgang mit dem Konzept sichtbar. Die Befragten lehnen die „Quasi-Empfehlung" verstärkt zu dokumentieren und Prozesse zu institutionalisieren tendenziell ab. In den „Tipps" für andere Schulen finden sich jedoch vor allem Äußerungen, die diese Quasi-Empfehlung aufgreifen (vgl. Tabelle 2).

Tab. 2:   Tipps für andere Schulen, Schule 1, Zitate aus einzelnen Interviews

Tipps Schule 1: Taktieren
Schulportfolio durchackern. (Schule 1, NACH, Lp)
Auf Strukturen achten, Abprüfbarkeit. (Schule 1, NACH, Lp)
Einer anderen Schule könnte man sagen, ihr müsst Gremien einrichten und das im Portfolio festschreiben. „Nach der ZK setzt sich die Klassenkonferenz zusammen und macht Systemanalyse." Wie das dann läuft, ob sie das in 5 Minuten abhaken, ob's überhaupt nötig ist, das ist dann egal. (Schule 1, NACH, La)
Beteiligte waren bei uns gebrieft. (Schule 1, NACH, SL)

5. Resümee und Ausblick

Die baden-württembergische Fremdevaluation ist ein ambivalentes Konzept. Sie lässt sowohl eine Nutzung für die interne Schulentwicklung zu, als auch eine rein formale Anpassung. Gleichzeitig zeigt sich, dass ein möglichst weicher, entwicklungsorientierter Ansatz des politischen Akteurs nicht in jedem Fall die Akzeptanz des Konzepts und damit seine Steuerungswirkung erhöht. Die Struktur der Handlungskoordination innerhalb der Akteurskonstellation scheint also (noch) flexibel zu sein und maßgeblich von der motivabhängigen Nutzung des Akteurs Schule abzuhängen.

Schulen sind es gewohnt, Steuerungsbemühungen zu unterlaufen (z.B. Ekholm, 1997). Das zeigt möglicherweise auch die paradoxe Methodenkritik der Befragten. Die Fremdevaluation kann für den internen Schulentwicklungsprozess hilfreich sein. Andererseits werden im Konzept der Fremdevaluation zusätzliche normierende Vorgaben für die Schulen deutlich, die aus Sicht der Schulen im Widerspruch zum Entwicklungs- bzw. Autonomiegedanken steht. Für die Schulen stellt sich daher die Frage: Öffnen oder Taktieren?

Der Topos von der „Umsteuerung" des Bildungssystems von einer Input- auf eine Outputsteuerung ist weitgehend gesetzt. Allerdings weisen zahlreiche Autoren darauf hin, dass es sich dabei nicht um einen vollständigen Austausch alter Steuerungsinstrumente gegen neue handelt. Kussau und Brüsemeister haben darauf hingewiesen, dass im Bildungswesen eine „Amalgamierung" alter und neuer Steuerungselemente stattfindet, was die Wahrscheinlichkeit von nicht-intendierten Wirkungen erhöht (Kussau & Brüsemeister, 2007, S. 43). Auch andere Autoren betonen, dass sich Input- und Outputsteuerung nicht ausschließen, sondern die Outputsteuerung der „Optimierung der Inputsteuerung" diene:

> „Die Schulinspektion kann somit nicht nur eine Wirkung in die Schulen hinein ausüben, sie kann ebenfalls helfen, den inputsteuernden Instanzen relevante Daten zur verbesserten Steuerung zur Verfügung zu stellen. In diesem Sinne wird die Outputsteuerung mit den Elementen der Schulinspektion, der Outputmessung und der Unterstützung nicht alternativ zur Inputsteuerung einzuschätzen sein, sondern als deren Ergänzung." (Bos, Holtappels & Rösner, 2006, S. 84)

Angesichts dieser Beschreibungen stellt sich die Frage worin denn nun die „Umsteuerung" im deutschen Bildungswesen besteht. Heinrich zeigt, dass Schulautonomiekonzepte nicht statisch sind, sondern einem Wandel unterliegen. Im Rahmen der evaluationsbasierten Steuerung wird Autonomie vor allem als „Autonomie der Wege" gefasst:

> „Der Weg (griech. *methodos*), d.h. die Methode, mit derer die LehrerInnen die von außen gesteckten Ziele erreichen, soll den Fokus der pädagogischen Freiheit darstellen. (...) Aus dem Blick gerät dabei, dass mit dem Schlagwort der ‚Autonomie der Wege' zugleich in ihrer Praxis implizit eine nicht mehr bzw. nicht mehr so weit reichende Autonomie der Ziele für die LehrerInnen weggefallen ist" (Heinrich, 2007, S. 69).

Nichtsdestotrotz wird, wie in anderen Bundesländern auch (Maritzen, 2005), im baden-württembergischen Qualitätsrahmen zumindest teilweise auch diese „Autonomie der Wege" beschnitten, indem ein mehr oder weniger explizites Konzept von „guter Schule" bzw. „gutem Unterricht" definiert wird. Im Zuge der „Umsteuerung" im deutschen Bildungswesen scheinen die Unschärfebereiche in der Definition von Input-, Output-, Outcome- und Prozesssteuerung groß zu sein. Was genau im Modus der *Neuen Steuerung* kontrolliert werden soll und was nicht (mehr), scheint nicht eindeutig geklärt zu sein. Die ambivalente Haltung der Schulen gegenüber der Fremdevaluation ist vor diesem Hintergrund nachvollziehbar. Ein taktisches Vorgehen in Bezug auf die Fremdevaluation bzw. eine zunächst paradox anmutende Methodenkritik können dann auch als Versuch von Schulen und Lehrkräften interpretiert werden, die eigene Autonomie zu erhalten, zurückzugewinnen oder überhaupt aufzubauen. Vor diesem Hintergrund erscheint es lohnend und zwingend, eine Begriffsbestimmung und empirische Analyse des Charakters des momentanen Steuerungskonzepts im deutschen Bildungswesen vorzunehmen und dabei vor allem die nicht-intendierten Wirkungen von sich überlappenden Steuerungskonzepten ins Auge zu fassen. Zu klären wäre beispielsweise, inwiefern normative Vorgaben einen taktischen Umgang seitens der Schulen mit Steuerungsinstrumenten fördern. Es scheint außerdem festzustehen, dass „der externen Evaluation immer normierende und kontrollierende Funktionen auf der einen und unterstützende und stimulierende Funktionen auf der anderen Seite" (Burkard, 2005, S. 95) zukommen. Auch die Wirkung der Vermischung unterschiedlicher Funktionen innerhalb des Steuerungsinstruments der Schulinspektion gilt es näher zu untersuchen.

Literatur

Altrichter, H., Brüsemeister, T. & Wissinger, J. (2007). *Educational Governance. Handlungskoordination und Steuerung im Bildungssystem.* Wiesbaden: VS Verlag für Sozialwissenschaften.

Benz, A. (2004). Einleitung: Governance – Modebegriff oder nützliches sozialwissenschaftliches Konzept? In: A. Benz (Hrsg.): *Governance – Regieren in komplexen Systemen. Eine Einführung* (S. 11–28). Wiesbaden: VS Verlag für Sozialwissenschaften.

Böttcher, W. & Kotthoff, H.-G. (Hrsg.) (2007). *Schulinspektion: Evaluation, Rechenschaftslegung und Qualitätsentwicklung.* Münster u.a.: Waxmann.

Bos, W., Holtappels H.G. & Rösner, E. (2006). Schulinspektion in den deutschen Bundesländern – eine Baustellenbeschreibung. In: W. Bos, H.G. Holtappels, H. Pfeiffer, H.-G. Rolff & R. Schulz-Zander (Hrsg.): *Jahrbuch der Schulentwicklung – Daten, Beispiele und Perspektiven, 14,* (S. 81–123). Weinheim/München: Juventa.

Brägger, G., Bucher, B. & Landwehr, N. (2005). Voraussetzung für eine gute Praxis der externen Schulevaluation. In: G. Brägger, B. Bucher & N. Landwehr (Hrsg.): *Schlüsselfragen zur externen Schulevaluation* (S. 21–50). Bern: hep-Verlag.

Burkard, C. (2005). Ergebnisorientierte Systemsteuerung: Konsequenzen für die externe Evaluation. In: G. Brägger, B. Bucher & N. Landwehr (Hrsg.): *Schlüsselfragen zur externen Schulevaluation* (S. 79–109). Bern: hep-Verlag.

Ekholm, M. (1997). Steuerungsmodelle für Schulen in Europa. Schwedische Erfahrungen mit alternativen Ordnungsmodellen. *Zeitschrift für Pädagogik, 43* (4), 597–610.

Fend, H. (2000): Qualität und Qualitätssicherung im Bildungswesen. In: A. Helmke, W. Hornstein & E. Terhart (Hrsg.): *Qualitätssicherung im Bildungsbereich. 41. Beiheft der Zeitschrift für Pädagogik,* 55–72.

Fend, H. (2005). Systemsteuerung im Bildungswesen – Anschlussfähigkeiten an die Schulwirklichkeit. In: K. Maag Merki, A. Sandmeier, P. Schuler & H. Fend (Hrsg.): *Schule wohin? Schulentwicklung und Qualitätsmanagement im 21. Jahrhundert. Schriftenreihe zu „Bildungssystem und Humanentwicklung": Berichte aus dem For-*

schungsbereich Schulqualität & Schulentwicklung (S. 15–27). Zürich: Universität, Pädagogisches Institut.

Heinrich, M. (2007). Governance in der Schulentwicklung. Von der Autonomie zur evaluationsbasierten Steuerung. Wiesbaden: VS Verlag für Sozialwissenschaften.

Jann, W. & Wegrich, K. (2004). Governance und Verwaltungspolitik. In: A. Benz (Hrsg.): *Governance – Regieren in komplexen Systemen. Eine Einführung* (S. 193–214). Wiesbaden: VS Verlag für Sozialwissenschaften.

Kussau, J. & Brüsemeister, T. (2007). Educational Governance: Zur Analyse der Handlungskoordination im Mehrebenensystem der Schule. In: H. Altrichter, T. Brüsemeister & J. Wissinger (Hrsg.): *Educational Governance. Handlungskoordination und Steuerung im Bildungssystem* (S. 15–53). Wiesbaden: VS Verlag für Sozialwissenschaften.

Landesinstitut für Schulentwicklung (2007). *Informationen zur Pilotphase Fremdevaluation. Fremdevaluation an allgemein bildenden Schulen in Baden-Württemberg.* Verfügbar unter: http://www.schule-bw.de/entwicklung/qualieval/qualiabs/fev/QE2_Pilotschulen-broschuereFEV.pdf [28.02.2008].

Maritzen, N. (Hrsg.) (2005). *Schulinspektion in Deutschland. Eine Trendanalyse. Schulinspektion zwischen Aufsicht und Draufsicht.* Stuttgart: Raabe Verlag.

Mayring, P. (2003). *Qualitative Inhaltsanalyse. Grundlagen und Techniken.* Weinheim: Beltz.

Autorinnen und Autoren

Bellenberg, Gabriele, Prof. Dr. phil., Professorin für Schulforschung und Schulpädagogik an der Ruhr-Universität Bochum. E-Mail: gabriele.bellenberg@ruhr-uni-bochum.de

Böttcher, Wolfgang, Prof. Dr. rer. pol., Dipl. Soz., habil. Universitätsprofessor für das Fach Erziehungswissenschaft mit dem Schwerpunkt Qualitätsentwicklung und Evaluierung von Einrichtungen im Bildungs- und Sozialwesen an der Westfälischen Wilhelms-Universität Münster, Arbeitsschwerpunkte: Steuerung und Management, Bildungsökonomie, Ungleichheit im Bildungswesen, Wirkungsevaluation. E-Mail: wolfgang.boettcher@uni-muenster.de

Böttger-Beer, Manuela, M.A. Soziologie/Kulturwissenschaften, Referentin im Sächsischen Bildungsinstitut (SBI), Arbeitsschwerpunkte: Definition und Messung von Qualität, Qualitätsmanagement, Qualitätssicherung und -entwicklung im Schulwesen. E-Mail: manuela.boettger-beer@sbi.smk.sachsen.de

Bormann, Inka, Dr. phil., Wissenschaftliche Assistentin an der Freien Universität Berlin. Arbeitsschwerpunkte: Innovationstransfer im Bildungssystem, Organisationstheorie, Indikatorenentwicklung, Bildung für nachhaltige Entwicklung. Mitglied der UNECE Expert Group on Indicators for Education for Sustainable Development. E-Mail: inka.bormann@fu-berlin.de

Bos, Wilfried, Prof. Dr. Phil., Professor für Qualitätssicherung im Bildungswesen an der Technischen Universität in Dortmund; Direktor des Instituts für Schulentwicklungsforschung (IFS). E-Mail: officebos@ifs.uni-dortmund.de

Dedering, Kathrin, Dr. Phil, Dipl.-Päd., Wissenschaftliche Mitarbeiterin am Deutschen Institut für Internationale Pädagogische Forschung (DIPF), Arbeitsschwerpunkte: Qualitätssicherung und -entwicklung des Bildungssystems, insbesondere durch schulische Netzwerkarbeit und Verfahren der externen Evaluation. E-Mail: dedering@bbf.dipf.de

Dicke, Jan Nikolas, Wissenschaftlicher Mitarbeiter, Westfälische Wilhelms-Universität Münster, Institut für Erziehungswissenschaft, Abteilung II, Arbeitsbereich „Qualitätsentwicklung und Evaluierung". E-Mail: jan.dicke@uni-muenster.de

Dietze, Lutz, Prof. Dr. jur. Dr. phil., Hochschullehrer für Öffentliches Recht an der Universität Bremen (1973–2005), 1974 abgeordnet ins Ministerbüro des Hess. Kultusministers, 1976 Rechtsgutachten zur Verfassungskonformität der Hessischen Rahmenrichtlinien Gesellschaftslehre für die Sekundarstufe I; 1977 Rechtsgutachten zur Verfassungs- und Schulrechtskonformität der Bielefelder Schulprojekte Hartmut von Hentigs, derzeitig: Arbeit an einem Rechtsgutachten zur Einklagbarkeit des Rechts auf unverkürzten Unterrichts für den Bundeselternrat (BER), Praxis für Examensberatung und -konditionierung. E-Mail: Dr.Lutz.Dietze@t-online.de

Döbert, Hans, Prof. Dr. habil., Deutsches Institut für Internationale Pädagogische Forschung, Arbeitseinheit Steuerung und Finanzierung des Bildungswesens, Koordinator der Nationalen Bildungsberichterstattung. Arbeitsschwerpunkte: Indikatorenforschung, internationale Bildungsentwicklung, Steuerung von Bildungssystemen/Schulsystemen. E-Mail: doebert@bbf.dipf.de

Duindam, Tom, Mitarbeiter im Institut voor Toetsontwikkeling (CITO), Arnhem, Niederlande, Project Manager für die Entwicklung eines schülerbasierten Monitorsystems im Rahmen des von der Mercator Stiftung und des Ministeriums für Schule und Weiterbildung des Landes NRW finanzierten Projekts „Schulen im Team". E-Mail: tom.duindam@cito.nl

Feller, Gisela, Dr. phil., Wissenschaftliche Direktorin am Bundesinstitut für Berufsbildung in Bonn, Abteilung „Sozialwissenschaftliche Grundlagen der Berufsbildung" mit den Arbeitsschwerpunkten Qualifikationsforschung/Konzeption und Auswertung von Erhebungen zur Aus- und Weiterbildung in Betrieben, Schulen und anderen Institutionen. E-Mail: feller@bibb.de

Fleischer, Jens, Dipl.-Psych., Wissenschaftlicher Mitarbeiter am Lehrstuhl für Lehr-Lern-psychologie der Universität Duisburg-Essen, Arbeitsschwerpunkte: Erfassung von Schulleistungen, analytisches Problemlösen, Large-Scale-Assessments.
E-Mail: jens.fleischer@uni-due.de

Hauer, Erich, Prof. Dr., M.A., FH-Professor an der IMC Fh Krems, Institut für Unter-nehmensführung und E-Business-Management; Arbeitsschwerpunkte: Verhältnis Uni-versität – Fachhochschule: Motiv- und Imageanalysen, Erstellung und Einsatz von Bildungsstandards; 2001–2007 Univ. Ass. am Institut für Wirtschaftspädagogik (Prof. Aff) an der WU Wien, Lehrtätigkeit an mehreren Fachhochschulen in Österreich; Mit-glied in den vom bm:ukk eingerichteten Arbeitsgruppen zur Erstellung von Bildungs-standards für „Entrepreneurship & Management" sowie „Wirtschaft & Recht".
E-Mail: erich.hauer@fh-krems.ac.at

Holtappels, Heinz Günter, Prof. Dr. rer. Soc., Dipl.-Soz. Wiss., seit 2001 Universitäts-professor für Erziehungswissenschaft, Schwerpunkt Bildungsmanagement und Evalua-tion, an der Technischen Universität Dortmund, Institut für Schulentwicklungs-forschung (IFS). Von 1980 bis 1996 in Lehre und Forschung tätig an den Universitäten Wuppertal, Dortmund (IFS); Univ.-Professor für Schulpädagogik an der Hochschule Vechta 1996-2001. E-Mail: holtappels@ifs.uni-dortmund.de

Huber, Franz, Dr., stellvertretender Leiter der Qualitätsagentur am Staatsinstitut für Schulqualität und Bildungsforschung, Arbeitsschwerpunkt: Schulentwicklung und Qualitätssicherung; seit Gründung der Qualitätsagentur Leiter des Referats Q3: Merkmale von Schulqualität und ihre empirische Erfassung.
E-Mail: franz.huber@isb.bayern.de

Krempkow, René, Dr., Dipl.-Soz., Arbeitsschwerpunkte: Indikatorenentwicklung zur Ergeb-nis- und Prozessqualität von Studienangeboten, Berufseinstieg/beruflicher Verbleib und retrospektive Bewertung des Studiums sowie Hochschulbindung von Absolventen, Arbeitszufriedenheit und Weiterbildungsinteressen von Lehrenden an Hochschulen.
E-Mail: krempkow@verwaltung.uni-freiburg.de

Koch, Erik, Dr. phil., Referatsleiter Grundlagen der Evaluation am Sächsischen Bil-dungsinstitut, Arbeitsschwerpunkte: Systemische Einordnung der externen Evaluation, theoretische Grundlagen der Unterrichtsbeobachtung, qualitative Wirkungsanalysen, Konzepte zur Verbindung von Theorie und Praxis.
E-Mail: erik.koch@sbi.smk.sachsen.de

Kotthoff, Hans-Georg, Prof. Dr. phil., Professur für Schulpädagogik mit dem Schwerpunkt International vergleichende Bildungsforschung an der Pädagogischen Hochschule Freiburg/Brsg., Arbeitsschwerpunkte: Vergleichende Analysen von Bildungssystemen in Bezug auf aktuelle schulpädagogische Fragen: Educational Governance, Evaluation von Schulen, Lehrerbildung; Europäische Bildungspolitik, frühere wichtige Tätig-keiten: wissenschaftlicher Assistent am Institut für Schulpädagogik und Allgemeine Didaktik der Westfälischen Universität Münster, wissenschaftlicher Referent für den Aufgabenbereich ‚Gymnasium' am Landesinstitut für Schule (Soest).
E-Mail: hg.kotthoff@ph-freiburg.de

Kutz, Rudolf, Dr., Unternehmensberater, Arbeitsschwerpunkte: Qualitätsmanagement, Bil-dungs-, Gesundheitsmanagement, Sozialforschung, frühere wichtige Tätigkeiten: Do-zent an der Universität und Fachhochschule Regensburg, wissenschaftlicher Referent VDR, Frankfurt/M., Geschäftsführer TUZ Regensburg, Referatsleiter ‚Bildungs-berichterstattung und Statistik', Stuttgart. E-Mail: Dr.Kutz@t-online.de

Lambrecht, Maike, M.A., wissenschaftliche Mitarbeiterin im Projekt „Wissenschaftliche Begleitung der Pilotphase Fremdevaluation an allgemein bildenden Schulen in Baden-Württemberg" an der Pädagogischen Hochschule Freiburg/Brsg; Arbeitsschwerpunkt: Steuerung im Bildungswesen (Educational Governance).
E-Mail: maike.lambrecht@ph-freiburg.de

Langer, Roman, Dr., Dipl.-Soz., Assistent am Institut für Pädagogik und Psychologie der Johannes-Kepler-Universität Linz. Arbeitsschwerpunkte: Governance des Bildungssystems; Strukturanalyse von Bildungsinstitutionen; Mechanismen sozialer Selbstorganisation; allgemeine Sozialtheorie. Vorsitzender der Sektion Schulforschung und -entwicklung der ÖFEB. E-Mail: Roman.Langer@jku.at

Lehmpfuhl, Uwe, Dr. paed. Dipl.-Paed., seit 1992 wissenschaftlicher Mitarbeiter am IFS der TU Dortmund, ab 01.06.2008 wiss. Mitarbeiter im Arbeitsbereich 1.1 am Bundesinstitut für Berufsbildung (BIBB) in Bonn. Arbeitsschwerpunkte: Bildungsplanung und -berichterstattung (Berufliche Schulen), Beratung von Schulträgern, Schulaufsicht und Schulen in Fragen der Schulentwicklung. E-Mail: lehmpfuhl@bibb.de

Lehmann, Rainer, Prof. Dr. Dr. h.c., Leiter der Abteilung Empirische Bildungsforschung der Humboldt-Universität zu Berlin, Arbeitsschwerpunkte: Beteiligung an mehreren international vergleichenden Studien, als Internationaler Koordinator Verantwortlichkeit für die IEA Civic Education Study, zudem Leitung einer Reihe regionaler Lernstandserhebungen. E-mail: rlehmann@educat.hu-berlin.de

Leutner, Detlev, Prof. Dr., Inhaber des Lehrstuhls für Lehr-Lernpsychologie der Universität Duisburg-Essen, Arbeitsschwerpunkte: Lehr-Lernforschung, Forschungsmethodik und Diagnostik. E-Mail: detlev.leutner@uni-due.de

Lubbe, Marleen van der, Mitarbeiterin im Institut voor Toetsontwikkeling (CITO), Arnhem, Niederlande, Product Manager „Student and Education Monitoring Systems". E-Mail: marleen.vanderlubbe@cito.nl

Maag Merki, Katharina, Prof.'in Dr. phil., Professorin für Schulpädagogik mit den Schwerpunkten Schulentwicklung und empirische Schul- und Unterrichtsforschung an der Pädagogischen Hochschule Freiburg/Brsg., Arbeitsschwerpunkte: Kompetenzentwicklung im schulischen Kontext, Wirkungsforschung, Schulqualitäts- und Schulentwicklungsforschung, Systemsteuerung im Bildungsbereich, frühere wichtige Tätigkeiten: 2000–2005 Leitung des FS&S – Forschungsbereich Schulqualität & Schulentwicklung der Universität Zürich; 2005–2006 Professorin für empirische Bildungsforschung an der Universität Frankfurt/M. und am Deutschen Institut für Internationale Pädagogische Forschung, Frankfurt/M. E-Mail: maagmerki@ph-freiburg.de

Müller, Sabine, Dr. phil., Wissenschaftliche Mitarbeiterin im Institut für Schulentwicklungsforschung (IFS) der Technischen Universität Dortmund, Arbeitsschwerpunkte: Schulinspektion, Evaluation, Schulentwicklung. E-Mail: mueller@ifs.uni-dortmund.de

O'Day, Jennifer, Managing Research Scientist at the American Institutes for Research in Palo Alto (California), over the past 25 years, Dr. O'Day has carried out research, advised national and state policy makers, and written extensively in the areas of systemic reform, educational equity, and capacity-building strategies, currently Chair of the California Collaborative on District Reform, which joins researchers, district practitioners, state policymakers, and funders in an on-going, evidence-based dialogue to improve instruction and student learning for all students in California's urban school systems. E-Mail: joday@air.org

Radisch, Falk, Dipl.-Päd., Wissenschaftlicher Mitarbeiter in der Arbeitseinheit Bildungsqualität und Evaluation am Deutschen Institut für Internationale Pädagogische Forschung in Frankfurt/M., Arbeitsschwerpunkte: Institutionelle Aspekte der Bildungsqualität, Ganztagsschule, Effektivität und Effizienz im Bildungswesen, Evaluationsforschung. E-Mail: radisch@dipf.de

Schouten, Rob, Niederländischer Schulinspektor, Arbeitsschwerpunkte: international als Inspektor für Externe Evaluation tätig in Deutschland (seit 2001), Tirol (seit 2005) und Kroatien (seit 2007), frühere Tätigkeiten: von 2001–2003 als Projektleiter verantwortlich für die Unterstützung der niederländischen Seite bei der Einführung der Schulinspektion in Niedersachsen und Nordrhein-Westfalen. E-Mail: r.l.schouten@gmail.com

Spoden, Christian, Dipl.-Psych., Wissenschaftlicher Mitarbeiter am Lehrstuhl für Lehr-Lernpsychologie der Universität Duisburg-Essen, Arbeitsschwerpunkte: Large-Scale-Assessments. E-Mail: christian.spoden@uni-due.de

Verhelst, Norman, Mitarbeiter im Institut voor Toetsontwikkeling (CITO), Arnhem, Niederlande, seit 2008 Project Director of the European Survey for Language Competences; work at the National Institute for Educational Measurement as senior researcher, especially in the domain of Item Response Theory. Since 1998 member of the technical advisory group of the Pisa project. E-Mail: norman.verhelst@cito.nl

Wirth, Joachim, Univ.-Prof. Dr., Inhaber des Lehrstuhls für Lehr-Lernforschung der Ruhr-Universität Bochum, Arbeitsschwerpunkte: Erfassung fächerübergreifender Kompetenzen (selbstreguliertes Lernen, Problemlösen), computerbasierte Diagnostik, Large-Scale-Assessments. E-Mail: joachim.wirth@rub.de